Nadja Braun   Stimmgeheimnis

D1720086

Abhandlungen zum schweizerischen Recht

Neue Folge

Begründet von † Prof. Dr. Max Gmür
Fortgesetzt durch † Prof. Dr. Theo Guhl
und † Prof. Dr. Hans Merz

Herausgegeben von

Dr. Dr. h.c. Heinz Hausheer

em. Professor an der Universität Bern

 Stämpfli Verlag AG Bern · 2006

Nadja Braun

Dr. iur.

Stimmgeheimnis

Eine rechtsvergleichende und
rechtshistorische Untersuchung
unter Einbezug des geltenden Rechts

 Stämpfli Verlag AG Bern · 2006

Inauguraldissertation zur Erlangung der Würde eines Doctor iuris der Rechtswissenschaftlichen Fakultät der Universität Bern.

Die Rechtswissenschaftliche Fakultät der Universität Bern hat diese Arbeit am 8. September 2005 auf Antrag der beiden Gutachter, Professor Dr. Andreas Kley (Erstgutachter) und Professor Dr. Ulrich Zimmerli (Zweitgutachter), als Dissertation angenommen, ohne damit zu den darin ausgesprochenen Auffassungen Stellung nehmen zu wollen.

Bibliografische Information Der Deutschen Bibliothek
Die Deutsche Bibliothek verzeichnet diese Publikation in der Deutschen Nationalbibliografie; detaillierte bibliografische Daten sind im Internet über <http://dnb.ddb.de> abrufbar.

© Stämpfli Verlag AG Bern · 2006

Gesamtherstellung:
Stämpfli Publikationen AG, Bern
Printed in Switzerland

ISBN 3-7272-0457-5

DANKSAGUNG

Mein aufrichtiger Dank gilt Erika Braun, Herbert Braun, Ramon Braun, Nicolas Schnegg, Dr. Hans-Urs Wili, Christine Schneeberger, Dr. Gerold Steinmann, Daniel Brändli und Yves Fischer für ihre äusserst wertvolle Unterstützung, ihre konstruktiven und kritischen Anmerkungen und die vielen anregenden Gespräche rund um diese Dissertation.

Bei Prof. Dr. Andreas Kley bedanke ich mich für die Betreuung dieser Arbeit, insbesondere dafür, dass er stets selbständiges Arbeiten ermöglichte und unterstützte. Herrn Prof. Dr. Ulrich Zimmerli danke ich herzlich für die Zweitbegutachtung meiner Dissertation.

Bern, November 2005   Nadja Braun

INHALTSÜBERSICHT

DANKSAGUNG V

INHALTSÜBERSICHT VII

INHALTSVERZEICHNIS IX

ABKÜRZUNGSVERZEICHNIS XVII

LITERATURVERZEICHNIS XLI

EINLEITUNG 1

TEIL 1: RECHTSHISTORISCHE UND RECHTSVERGLEICHENDE BETRACHTUNG DES
STIMMGEHEIMNISSES 5

1   STIMMABGABE IN DER ANTIKE 6

2   MITTELALTER BIS 18. JH.: ENGLAND UND VENEDIG ALS PARADIGMATISCHE
MODELLE 17

3   AUFKOMMEN DER GEHEIMWAHL IN EUROPA UND AUSTRALIEN IM 19. JH. 28

4   WEITERE ENTWICKLUNG DER GEHEIMEN STIMMABGABE UND KRITISCHE STIMMEN 70

5   ZUSAMMENFASSUNG TEIL 1 87

TEIL 2: STIMMGEHEIMNIS IN DER SCHWEIZ 89

6   STIMMGEHEIMNIS ZUR ZEIT DER ALTEN EIDGENOSSENSCHAFT 91

7   STIMMGEHEIMNIS ZUR ZEIT DER HELVETIK (1798-1803) 98

8   STIMMGEHEIMNIS ZUR ZEIT DER MEDIATION (1803-1813) 109

9   STIMMGEHEIMNIS ZUR RESTAURATIONSZEIT (1814-1830) 115

10 STIMMGEHEIMNIS ZUR REGENERATIONSZEIT (1830-1847) 126

11 STIMMGEHEIMNIS IM BUNDESSTAAT (SEIT 1848) 146

12 ARGUMENTATION FÜR UND WIDER DAS STIMMGEHEIMNIS IN DER SCHWEIZ 168

13 STIMMGEHEIMNIS HEUTE 176

14 E-VOTING 203

15 ZUSAMMENFASSUNG TEIL 2 226

TEIL 3: ERGEBNISSE DER UNTERSUCHUNG 229

AUTORENREGISTER 233

SACHREGISTER 243

Inhaltsverzeichnis

Abkürzungsverzeichnis XVII
    Allgemeine Abkürzungen XVII
    Abgekürzt wiedergegebene Rechtsquellen der Schweiz XXI
    Ausländische, abgekürzt wiedergegebene Rechtsquellen........................... XL
Literaturverzeichnis XLI

Einleitung 1
    Fragestellung... 1
    Aufbau der Arbeit 1
    Stand der bisherigen Forschung und technische Hinweise............................ 2
Teil 1: Rechtshistorische und Rechtsvergleichende Betrachtung des
Stimmgeheimnisses.. 5
1   Stimmabgabe in der Antike... 6
    1.1   Stimmabgabe in der athenischen Demokratie................................... 6
        1.1.1   Grundsätzlich offene Stimmabgabe in der Volksversammlung und
                im Rat der Fünfhundert 6
        1.1.2   Geheime Stimmabgabe in den Geschworenengerichten..................... 7
        1.1.3   Gründe für die geheime Stimmabgabe.. 9
        1.1.4   Auseinandersetzung in der politischen Theorie 10
    1.2   Entscheidfindung in Rom 12
        1.2.1   Übergang von offener zu geheimer Stimmabgabe auf den Comitien
                (Leges Tabellariae)... 12
        1.2.2   Gründe für die geheime Stimmabgabe.. 13
        1.2.3   Auseinandersetzung in der politischen Theorie 15
    1.3   Bedeutung der geheimen Stimmabgabe.. 15
2   Mittelalter bis 18. Jh.: England und Venedig als paradigmatische
Modelle.. 17
    2.1   Parlamentswahlen in England... 18
    2.2   Dogenwahl mittels Ballòtta in Venedig.. 18
    2.3   Wahlverfahren in der politischen Theorie des Mittelalters und der frühen
        Neuzeit 20
        2.3.1   Wahlverfahren in der Literatur des Mittelalters............................... 21
        2.3.2   Wahlverfahren in der politischen Theorie der englischen
                Revolution 22
        2.3.3   Wahlverfahren in den politischen Theorien des 18. Jh. 24
    2.4   Bedeutung der geheimen Stimmabgabe.. 26
3   Aufkommen der Geheimwahl in Europa und Australien im 19. Jh............... 28
    3.1   Einführung der geheimen Stimmabgabe in Frankreich 28

3.1.1   Durchsetzung der geheimen Stimmabgabe während und nach der Revolution (1789-1799) 28

3.1.2   Entwicklung unter Napoleon (1799-1814/15) 30

3.1.3   Entwicklung von der Restaurationsmonarchie bis zum Ende des Zweiten Kaiserreichs (1814-1870) 30

3.1.4   Entwicklung in der Dritten Republik (1870-1940) 32

3.2   Argumentation für die geheime Stimmabgabe 35

3.2.1   Geheimhaltung zum Schutz der Schwächeren 35

3.2.2   Geheimhaltung zur Steigerung der Partizipation 36

3.2.3   Wahlrecht als individuelles Recht 36

3.2.4   Geheime Stimmabgabe zur Verhinderung von Korruption und Agitation 36

3.2.5   Reformen zur Herstellung der Geheimhaltung/Legitimation durch Tradition 37

3.3   Argumentation gegen die geheime Stimmabgabe 37

3.3.1   Öffentlichkeit als Ausdruck von Freiheit und Gleichheit 37

3.3.2   Wahlrecht als öffentliche Funktion 38

3.3.3   Offene Stimmabgabe bei eingeschränktem Wahlrecht 38

3.3.4   Moralische Bedenken gegenüber der geheimen Stimmabgabe 39

3.3.5   Reformdebatten 1865-1913: Opportunistische Haltungen 39

3.3.6   Technische Unmöglichkeit der Geheimhaltung 39

3.3.7   Missmut gegenüber dem Isoloir 41

3.4   Bewertung der französischen Entwicklung 41

3.5   Einführung der geheimen Stimmabgabe in England und Australien 43

3.5.1   England: Reformkampagne in den 30-er Jahren des 19. Jh. 43

3.5.2   Einführung des Ballots in Australien innerhalb von vier Jahren 45

3.5.3   England: Einführung des Ballots 1872 47

3.6   Argumentation für das Ballot 47

3.6.1   Geheime Stimmabgabe zum Schutz der Schwächeren 48

3.6.2   Jeremy Bentham: Utilitaristische Begründung 49

3.6.3   James Mill: herrschende Verhältnisse machen Ballot notwendig 50

3.6.4   Grundrecht auf Privatheit 50

3.6.5   Trennung zwischen politischem und gesellschaftlichem Bereich 51

3.7   Argumentation gegen das Ballot 52

3.7.1   Angst vor Kettenreaktionen 52

3.7.2   Fehlende Tradition 53

3.7.3   Wahlrecht als „trust" 54

3.7.4   Moralische Bedenken gegenüber der geheimen Stimmabgabe 56

3.8   Bewertung der britischen Entwicklung 56

3.9   Einführung der geheimen Stimmabgabe in Deutschland 58

3.9.1   Frankfurter Reichsverfassung 58

3.9.2 Preussen nach 1848 58

3.9.3 Reichstagswahlrecht 59

3.10 Argumentation für die geheime Stimmabgabe 61

3.10.1 Geheime Stimmabgabe zum Schutz der Schwächeren 61

3.10.2 Trennung zwischen politischem und gesellschaftlichem Bereich 62

3.10.3 Wahlrecht als „trust" 63

3.11 Argumentation gegen die geheime Stimmabgabe 64

3.11.1 Fehlender Grund für die geheime Stimmabgabe 64

3.11.2 Wahlrecht als „trust" 64

3.11.3 Wahrung von Einflussmöglichkeiten 65

3.11.4 Offene Stimmabgabe führt zu gemeinwohlorientierten Entscheiden 66

3.12 Bewertung der deutschen Entwicklung 67

3.13 Bedeutung der geheimen Stimmabgabe im 19. Jh. 67

3.13.1 Zusammenfassung der Gründe 68

3.13.2 Würdigung 69

4   WEITERE ENTWICKLUNG DER GEHEIMEN STIMMABGABE UND KRITISCHE STIMMEN 70

4.1 Frankreich: Geheime Stimmabgabe heute 70

4.1.1 Grundsatz 70

4.1.2 Abschaffung briefliche Stimmabgabe 1975 71

4.1.3 E-Voting 72

4.2 England: Geheime Stimmabgabe heute 73

4.2.1 Grundsatz 73

4.2.2 „Vote tracing" 74

4.2.3 „Tendered ballot" 75

4.2.4 Briefliche Stimmabgabe und Stellvertretung 75

4.2.5 E-Voting 76

4.3 Deutschland 76

4.3.1 Weimarer Reichsverfassung 76

4.3.2 Drittes Reich 77

4.3.3 Stimmabgabe nach der Niederlage des Nationalsozialismus 77

4.3.4 Geheime Stimmabgabe heute 78

4.3.5 Briefliche Stimmabgabe 79

4.3.6 E-Voting 80

4.4 Bedeutung der geheimen Stimmabgabe heute 82

4.4.1 Kritik an der geheimen Stimmabgabe 82

4.4.2 Bewertung der Kritik an der geheimen Stimmabgabe 85

5   ZUSAMMENFASSUNG TEIL 1 87

TEIL 2: STIMMGEHEIMNIS IN DER SCHWEIZ 89

6   STIMMGEHEIMNIS ZUR ZEIT DER ALTEN EIDGENOSSENSCHAFT 91

6.1 Alte Eidgenossenschaft 91

6.2   Politische Struktur der einzelnen Orte 91
6.3   Landsgemeindeorte 92
6.4   Offene Stimmabgabe bei Volksanfragen in Bern, Zürich, Luzern, Freiburg,
      Solothurn und Neuenburg 95
6.5   „Raun" in der Ostschweiz 95
6.6   Briefliche Stimmabgabe in der Stadt St. Gallen 96
6.7   Forderung nach geheimer Stimmabgabe im Genfer Conseil Général 96
6.8   Bedeutung des Stimmgeheimnisses 97

7   STIMMGEHEIMNIS ZUR ZEIT DER HELVETIK (1798-1803) 98
7.1   Ereignisse und Verfassungen 98
7.2   Wahlrecht in der Helvetik 100
      7.2.1   Erste helvetische Verfassung vom 12.4.1798 und Verfassungsentwurf
              vom 5.7.1800 101
      7.2.2   Unitarische Verfassungsentwürfe vom 8.1.1801 und 24.10.1802 und
              Verfassungsentwurf von Malmaison vom 30.5.1801 104
      7.2.3   Föderalistischer Verfassungsentwurf vom 27.2.1802 und
              Bestimmungen zur Wahl der Kantonstagsatzungen 104
      7.2.4   Zweite helvetische Verfassung vom 25.5.1802 106
7.3   Stimmrecht in der Helvetik 106
      7.3.1   Veto-Abstimmung über die zweite helvetische Verfassung 107
7.4   Bedeutung des Stimmgeheimnisses 108

8   STIMMGEHEIMNIS ZUR ZEIT DER MEDIATION (1803-1813) 109
8.1   Ereignisse 109
8.2   Bundesverfassung 109
8.3   Stimm- und Wahlrecht in den Kantonsverfassungen 110
      8.3.1   Landsgemeindeorte 110
      8.3.2   Neue Kantone 111
      8.3.3   Städtekantone 112
      8.3.4   Graubünden 113
8.4   Bedeutung des Stimmgeheimnisses 114

9   STIMMGEHEIMNIS ZUR RESTAURATIONSZEIT (1814-1830) 115
9.1   Ereignisse 115
9.2   Bundesvertrag 116
9.3   Kantonale Verfassungen 116
      9.3.1   Ehemals aristokratische Städteorte 117
      9.3.2   Ehemalige Zunftstädte 119
      9.3.3   Neue Kantone 120
      9.3.4   Landsgemeindekantone 121
      9.3.5   Graubünden 122
      9.3.6   Wallis 122

	9.3.7	Neuenburg	122
	9.3.8	Genf	123
9.4	Bedeutung des Stimmgeheimnisses		124

10	STIMMGEHEIMNIS ZUR REGENERATIONSZEIT (1830-1847)		126
10.1	Regenerationszeit in den Kantonen		126
	10.1.1	Regenerationskantone: Liberale Phase (1830-1839)	126
	10.1.2	Regenerationskantone: Konservative Gegenbewegung (1839-1844)	135
	10.1.3	Regenerationskantone: Radikale Phase (1845-1847)	137
	10.1.4	Entwicklung in den anderen Kantonen	139
10.2	Verfassungen und Vorgänge auf Bundesebene		142
10.3	Bedeutung des Stimmgeheimnisses		144

11	STIMMGEHEIMNIS IM BUNDESSTAAT (SEIT 1848)		146
11.1	Bundesverfassung von 1848		146
11.2	Erste Nationalratswahlen (1848 und 1851)		148
11.3	Einführung der geheimen Stimmabgabe für eidgenössische Wahlen und Abstimmungen 1872		150
11.4	Weitere Entwicklung der geheimen Stimmabgabe		150
	11.4.1	Bundesverfassung und Bundesgesetzgebung 1874	150
	11.4.2	Erfolglose Revisionsversuche 1877 und 1883	151
	11.4.3	Verschärfung der Massnahmen ohne einheitliches Bundesgesetz	153
	11.4.4	Bundesgesetz betreffend die Wahl des Nationalrates (1919) und Strafgesetzbuch, SR 311.0 (1937)	155
	11.4.5	Einführung der brieflichen Stimmabgabe (1966)	158
11.5	Bundesgesetz über die politischen Rechte 1976 (SR 161.1)		162
	11.5.1	Unterzeichnen von Nationalratswahlvorschlägen, Initiativ- und Referendumsbegehren	163
	11.5.2	Ausbau der Stimmabgabeerleichterungen	164
11.6	Weitere Entwicklungen		166

12	ARGUMENTATION FÜR UND WIDER DAS STIMMGEHEIMNIS IN DER SCHWEIZ		168
12.1	Befürworter der Geheimhaltung		168
	12.1.1	Geheime Stimmabgabe zum Schutz der Schwächeren	168
	12.1.2	Geheimhaltung zur Sicherung der Wahl- und Abstimmungsfreiheit	170
	12.1.3	Strömung der neueren Zeit	170
	12.1.4	Zunehmender Bildungsstand macht Landsgemeinde überflüssig	171
	12.1.5	Debatte um das Urnensystem – Faktische Ermöglichung der Teilnahme	171
12.2	Gegner der Geheimhaltung		172
	12.2.1	Verherrlichung der Landsgemeinde	172
	12.2.2	Fehlender Grund für die Einführung der geheimen Stimmabgabe	173

12.2.3   Missbrauch bei geheimer Stimmabgabe 173

12.2.4   Offene Stimmabgabe führt zu gemeinwohlorientierten Entscheiden

.... 174

12.2.5   Ablehnung des Urnensystems wegen fehlender Diskussion 174

12.3 Bedeutung des Stimmgeheimnisses 175

13   STIMMGEHEIMNIS HEUTE 176

13.1 Grundsatz 176

13.1.1   Stimmgeheimnis als verfassungsmässiges Recht 176

13.1.2   Positivierung des Stimmgeheimnisses auf Gesetzesstufe und im
kantonalen Recht 178

13.1.3   Stimmgeheimnis in internationalen Übereinkünften 179

13.1.4   Sicherstellung des Stimmgeheimnisses 180

13.1.5   Zum verfahrensrechtlichen Schutz des Stimmgeheimnisses 182

13.2 Schutzbereich des Stimmgeheimnisses 182

13.2.1   Ausfüllen der Stimmzettel ausserhalb des Wahllokals 184

13.2.2   Exkurs: Petitionsgeheimnis 186

13.3 Einschränkungen 187

13.3.1   Unterzeichnen von Nationalratswahlvorschlägen 188

13.3.2   Stimmabgabeerleichterungen 190

13.4 Offene Stimmabgabe auf kantonaler und kommunaler Ebene 196

13.5 Bedeutung des Stimmgeheimnisses 201

14   E-VOTING 203

14.1 E-Voting in der Schweiz 203

14.1.1   Definition 203

14.1.2   Erfahrungen mit Distanz-E-Voting 204

14.1.3   Rechtliche Grundlage für Pilotversuche 205

14.2 Probleme und Lösungsvorschläge 207

14.2.1   Stimmabgabe 208

14.2.2   Stimmübertragung 210

14.2.3   Kontrolle der Stimmberechtigung 212

14.2.4   Ergebnisermittlung 213

14.2.5   Stimmenaufbewahrung 215

14.2.6   Elektronische Unterzeichnung von Initiativ- und
Referendumsbegehren 216

14.2.7   Bewertung der Probleme und Lösungsvorschläge 217

14.3 Vereinbarkeit von Distanz-E-Voting und Stimmgeheimnis 218

14.3.1   Risikoeinschätzung 218

14.3.2   Chancen 221

14.3.3   Mindestanforderungen 222

14.4 Bedeutung des Stimmgeheimnisses 224

15   ZUSAMMENFASSUNG TEIL 2 226

TEIL 3: ERGEBNISSE DER UNTERSUCHUNG 229

AUTORENREGISTER 233

SACHREGISTER 243

ABKÜRZUNGSVERZEICHNIS

Allgemeine Abkürzungen

a.A.	anderer Ansicht
Abs.	Absatz
ACM	Association for Computing Machinery
a.F.	alte Folge
AG	Aargau
AI	Appenzell Innerrhoden
AJP	Aktuelle Juristische Praxis (Schweiz)
a.M.	am Main
Amtl. Bull.	Amtliches Bulletin der Bundesversammlung (NR: Nationalrat, StR: Ständerat) Seit 1963. 1891-1963: Amtl. sten. Bull. (Schweiz)
AR	Appenzell Ausserrhoden
Art.	Artikel
AS	Amtliche Sammlung des Bundesrechts (Schweiz)
ASHR	Actensammlung aus der Zeit der helvetischen Republik. 16 Bde., Bde. 1-11 bearbeitet von *Strickler*, Johannes; Bde. 12-16 bearbeitet von *Rufer*, Alfred; Bern 1886-1911, Freiburg i.Ü. 1940-1966
b.	bei
B.	Buch
BBl	Bundesblatt (Schweiz)
Bd., Bde.	Band, Bände
BE	Bern
BG	Bundesgesetz (Schweiz)
BGBl.	Bundesgesetzblatt (Deutschland)
BGE	Bundesgerichtsentscheid (Schweiz)
BL	Basel-Landschaft
BS	Basel-Stadt
bspw.	beispielsweise
Bst.	Buchstabe
BVerfGE	Entscheidungen des Bundesverfassungsgerichts (Deutschland)
BVerwGE	Entscheidungen des Bundesverwaltungsgerichts (Deutschland)
BVR	Bernische Verwaltungsrechtsprechung
CD-ROM	Compact Disc Read-Only Memory
DDR	Deutsche Demokratische Republik (1949-1991)
d.h.	das heisst
Diss.	Dissertation
E.	Erwägung

eidg.	eidgenössisch
et al.	et alii, und weitere
etc.	et cetera, und so weiter
ev.	eventuell
f., ff.	folgende, fortfolgende
Fn.	Fussnote
FR	Freiburg
GE	Genf
GL	Glarus
GR	Graubünden
H.	Heft
Hrsg.	Herausgeber
i.e.S.	im engeren Sinn
inkl.	inklusive
insbes.	insbesondere
i.S.	im Sinne
i.V.m.	in Verbindung mit
i.w.S.	im weiteren Sinn
Jg.	Jahrgang
Jh.	Jahrhundert
JU	Jura
Kap.	Kapitel
KV	Kantonsverfassung
L.	Partie législative d'un code (Frankreich)
LeGes	Gesetzgebung und Evaluation. Mitteilungsblatt der Schweizerischen Gesellschaft für Gesetzgebung (SGG) und der Schweizerischen Evaluationsgesellschaft (SEVAL)
LGVE	Staatskanzlei des Kantons Luzern
LU	Luzern
m.a.W.	mit anderen Worten
m.w.N.	mit weiteren Nachweisen
NE	Neuenburg
n.F.	neue Folge
Nr.	Nummer
NR	Nationalrat
NW	Nidwalden
NZZ	Neue Zürcher Zeitung (Schweiz)
o.J.	ohne Jahresangabe
o.O.	ohne Ortsangabe
Ord.	Ordonnanz
OS	Offizielle Sammlung

OW	Obwalden
PC	Personal Computer
PKV	Partialrevision Kantonsverfassung
R.	Partie réglementaire d'un code (Frankreich)
Rec.	Recueil
Röm.	Römisch
Rz.	Randziffer
S.	Seite
schweiz.	Schweizerisch
Sect.	Section
SG	St. Gallen
SGK	Systematische Gesetzessammlung des Kantons ... (Schweiz)
SH	Schaffhausen
SO	Solothurn
SR	Systematische Sammlung des Bundesrechts (Schweiz)
STCE	Série des traités du Conseil de l'Europe
StR	Ständerat
SZ	Schwyz
TG	Thurgau
TI	Tessin
u.a.	unter anderem
UR	Uri
UTB	Uni-Taschenbücher
v. Chr.	vor Christus
VD	Waadt
vgl.	vergleiche
VPB	Verwaltungspraxis der Bundesbehörden (Schweiz)
vs.	versus
VS	Wallis
z.B.	zum Beispiel
ZBJV	Zeitschrift des Bernischen Juristenvereins (Schweiz)
ZBl	Schweizerisches Zentralblatt für Staats- und Gemeindeverwaltung
ZG	Zug
ZH	Zürich
Ziff.	Ziffer
zit.	Zitiert
ZP	Zusatzprotokoll (zur EMRK)
ZSR	Zeitschrift für Schweizerisches Recht

Abgekürzt wiedergegebene Rechtsquellen der Schweiz

Eidgenossenschaft (alphabetische Reihenfolge)

Geltendes Recht

BPR	BG vom 17. Dezember 1976 über die politischen Rechte, SR 161.1
BPRAS	BG vom 19. Dezember 1975 über die politischen Rechte der Auslandschweizer, SR 161.5
BV	Bundesverfassung der Schweizerischen Eidgenossenschaft vom 18. April 1999, SR 101
BWIS	BG vom 21. März 1997 über Massnahmen zur Wahrung der inneren Sicherheit, SR 120
CCPR	Covenant on Civil and Political Rights (= UNO-Pakt II)
Conseil de l'Europe, Recommendation sur le vote électronique (30.9.2004)	Conseil de l'Europe, Recommendation du Comité des Ministres aux Etats membres sur les normes juridiques, opérationnelles et techniques relatives au vote électronique, adoptée le 30 septembre 2004, Rec(2004)11, 2004
DSG	BG vom 19. Juni 1992 über den Datenschutz, SR 235.1
EMRK	Konvention vom 4. November 1950 zum Schutze der Menschenrechte und Grundfreiheiten, SR 0.101 (auch „Europäische Menschenrechtskonvention")
OG	BG vom 16. Dezember 1943 über die Organisation der Bundesrechtspflege, SR 173.110
SchKG	BG vom 11. April 1889 über Schuldbetreibung und Konkurs, SR 281.1
StGB	Schweizerisches Strafgesetzbuch vom 21. Dezember 1937, SR 311.0
UNO-Pakt II	Internationaler Pakt vom 16. Dezember 1966 über bürgerliche und politische Rechte, SR 0.103.2
VPR	Verordnung vom 24. Mai 1978 über die politischen Rechte, SR 161.11
VPRAS	Verordnung vom 16. Oktober 1991 über die politischen Rechte der Auslandschweizer, SR 161.51

Historische Rechtsquellen

Abschied (ausserordentliche/ ordentliche) Tagsatzung (Jahr, ev. Teil)	Abschiede der eidgenössischen Tagsatzung vom 27. Dezember 1813 bis zum 22. September 1848, o.O.

BV 1803	Bundesverfassung der Acte de médiation (19.2.1803), in: *Kaiser* 1886, S. 478-484
BV 1848	Bundesverfassung der Schweizerischen Eidgenossenschaft (12.9.1848), in: *Kölz* 1992b, S. 447-481
BV 1874	Bundesverfassung der schweizerischen Eidgenossenschaft (31.1.1874), AS n.F I 1ff.
Protokoll Kommission 1848	Protokoll über die Verhandlungen der am 16. August 1847 durch die hohe eidgenössische Tagsatzung mit der Revision des Bundesvertrages vom 7. August 1815 beauftragten Kommission, in: Abschied ordentliche Tagsatzung 1847, Teil 4
Protokoll Revision BV, eidg. Räte (1873/1874)	Protokoll über die Verhandlungen der eidgenössischen Räte betreffend Revision der Bundesverfassung 1873/1874, Bern 1877
Protokoll Revision BV, Kommission NR (1871)	Protokoll über die Verhandlungen der im Juli 1870 mit Vorberathung der Revision der Bundesverfassung vom 12. September 1848 beauftragten Kommission des schweizerischen Nationalraths, Bern 1871
Protokoll Revision BV, NR (1871/1872)	Protokoll über die Verhandlungen des schweiz. Nationalrathes betreffend Revision der Bundesverfassung 1871/1872, Bern 1873
Protokoll Revision BV, Kommission NR (1873)	Protokoll über die Verhandlungen der am 17. Juli 1873 mit Vorberathung der Revision der Bundesverfassung vom 12. September 1848 beauftragten Kommission des schweizerischen Nationalrathes, Bern 1873
Protokoll Revision BV, Kommission StR (1871)	Protokoll über die Verhandlungen der im Juli 1870 mit Vorberathung der Revision der Bundesverfassung vom 12. September 1848 beauftragten Kommission des schweizerischen Ständerathes, Bern 1871
Protokoll Revision BV, Kommission StR (1873)	Protokoll über die Verhandlungen der am 18. Juli 1873 mit Vorberathung der Revision der Bundesverfassung vom 12. September 1848 beauftragten Kommission des schweizerischen Ständerathes, Bern 1873

Kantone (verfassungsmässige Reihenfolge, inkl. älterer Kantonsformen)

Zürich

Geltendes Recht

GPR ZH	Gesetz über die politischen Rechte vom 1. September 2003, SGK 161
VPR ZH	Verordnung über die politischen Rechte vom 27. Oktober 2004, SGK 161.1

Historische Rechtsquellen (alphabetische Reihenfolge)

Beschluss Grosser Rath (10.3.1831), in: OS ZH seit 1831, Bd. 1	Beschluss des Grossen Rathes betreffend die Form, in welcher die neue Verfassung der Bürgerschaft des Kantons zur Annahme oder Verwerfung vorgelegt werden soll (10.3.1831), in: Offizielle Sammlung der seit Annahme der Verfassung vom Jahre 1831 erlassenen Gesetze, Beschlüsse und Verordnungen des Eidgenössischen Standes Zürich, Bd. 1, Zürich 1831, S. 435-438
Gesetz Versammlungen Bürger (28.9.1832), in: OS ZH seit 1831, Bd. 2	Gesetz betreffend die Versammlungen der Bürger in den Zünften (28.9.1832), in: Offizielle Sammlung der seit Annahme der Verfassung vom Jahre 1831 erlassenen Gesetze, Beschlüsse und Verordnungen des Eidgenössischen Standes Zürich, Bd. 2, Zürich 1832, S. 368-371
KV ZH 1803	Verfassung des Kantons Zürich der Acte de médiation fait par le premier Consul de la République française, entre les partis qui divisent la Suisse (19.2.1803), in: *Kaiser* 1886, S. 473-477
KV ZH 1814	Staatsverfassung für den eidsgenössischen Stand Zürich (11.6.1814), in: *Usteri* 1821, S. 215-223
KV ZH 1831	Staatsverfassung für den eidgenössischen Stand Zürich (10.3.1831), in: *Bornhauser* 1833, S. 1-34
Reglement Grosser Rath (19.5.1831), in: OS ZH seit 1831, Bd. 1	Reglement für den Grossen Rath des Standes Zürich (19.5.1831), in: Offizielle Sammlung der seit Annahme der Verfassung vom Jahre 1831 erlassenen Gesetze, Beschlüsse und Verordnungen des Eidgenössischen Standes Zürich, Bd. 1, Zürich 1831, S. 52-81

Bern

Geltendes Recht

GPR BE	Gesetz über die politischen Rechte vom 5. Mai 1980, SGK 141.1

| VPR BE | Verordnung über die politischen Rechte vom 10.12.1980, SGK 141.112 |

Historische Rechtsquellen (alphabetische Reihenfolge)

Dekret Volksabstimmungen und Volkswahlen (22.11.1904), in: Gesetze BE, n.F. Bd. 4	Dekret über das Verfahren bei Volksabstimmungen und Volkswahlen (22.11.1904), in: Gesetze, Dekrete und Verordnungen des Kantons Bern, n.F. Bd. 4, Bern 1904, S. 52-67
Ergebnis Abstimmung (4.8.1846), in: Gesetze BE 1846, Bd. 1	Ergebnis der am 31. Juli 1846 stattgefundenen Abstimmung über Annahme oder Verwerfung der neuen Staatsverfassung (4.8.1846), in: Gesetze, Dekrete und Verordnungen des Kantons Bern, Bd. 1, Bern 1846, S. 74-88
Fundamentalgesetze BE 1816	Fundamentalgesetze der Stadt und Republik Bern (3.9.1816), in: *Usteri* 1821, S. 226-241
Gesetz Annahme Verfassung (16.7.1831), in: Gesetze BE 1833, Bd. 1	Gesetz über die Annahme der Verfassung (16.7.1831), in: Gesetze, Dekrete und Verordnungen der Republik Bern, Bd. 1, Burgdorf 1833, S. 39-43
Gesetz öffentliche Wahlen (7.10.1851), in: Gesetze BE 1851, Bd. 6	Gesetz über die öffentlichen Wahlen (7.10.1851), in: Gesetze, Dekrete und Verordnungen des Kantons Bern, Bd. 6, Bern 1851, S. 166-200
KV BE 1803	Verfassung des Kantons Bern der Acte de médiation fait par le premier Consul de la République française, entre les partis qui divisent la Suisse (19.2.1803), in: *Kaiser* 1886, S. 410-414
KV BE 1831	Verfassung für die Republik Bern (6.7.1831), in: *Bornhauser* 1833, S. 35-66
KV BE 1846	Staatsverfassung des Kantons Bern (1846), in: *Kölz* 1992b, S. 414-429
Reglement Grosser Rath (4.8.1831), in: Gesetze BE 1833, Bd. 1	Reglement über die innere Organisation und die Art der Berathungen des Grossen Rathes der Republik Bern (4.8.1831), in: Gesetze, Dekrete und Verordnungen der Republik Bern, Bd. 1, Burgdorf 1833, S. 44-78

Verordnung Wahlen Grosser Rath (14.7.1846), in: Gesetze BE 1846, Bd. 1	Verordnung über die einstweilige Eintheilung der Wahlkreise und die Wahlen für den Grossen Rath (14.7.1846), in: Gesetze, Dekrete und Verordnungen des Kantons Bern, Bd. 1, Bern 1846, S. 45-69
Verordnung Abstimmung Verfassung (13.7.1846), in: Gesetze BE 1846, Bd. 1	Verordnung betreffend die Abstimmung über die Annahme oder Verwerfung der Verfassung (13.7.1846), in: Gesetze, Dekrete und Verordnungen des Kantons Bern, Bd. 1, Bern 1846, S. 39-44
Verordnung Wahlen (5.8.1831), in: Gesetze BE 1833, Bd. 1	Verordnung über die vorzunehmenden Wahlen (5.8.1831), in: Gesetze, Dekrete und Verordnungen der Republik Bern, Bd. 1, Burgdorf 1833, S. 90-99
Vollziehungsverordnung Wahlen Nationalrat (20.9.1848), in: Gesetze BE 1848, Bd. 3	Vollziehungsverordnung zur Vornahme der Wahlen für den Nationalrath der Schweizerischen Eidgenossenschaft im Kanton Bern (20.9.1848), in: Gesetze, Dekrete und Verordnungen des Kantons Bern, Bd. 3, Bern 1848, S. 173-180

Luzern
Geltendes Recht

KV LU	Staatsverfassung des Kantons Luzern vom 29. Januar 1874, SR 131.213
SRG LU	Stimmrechtsgesetz vom 25. Oktober 1988, SGK 10

Historische Rechtsquellen (alphabetische Reihenfolge)

Beschluss Nationalratswahlen (4.10.1848), in: Kantonsblatt LU, Nr. 40	Beschluss Präsident und Grosser Rath betreffend Nationalrathswahlen (4.10.1848), in: Luzernisches Kantonsblatt, Nr. 40, o.O. 1848, S. 1085-1090
Dekret Volksabstimmung Bundesentwurf (9.8.1848), in: Gesetze LU, Bd. 1	Dekret, die Art und Weise der Volksabstimmung über den Bundesentwurf festsetzend (9.8.1848), in: Gesetze, Dekrete und Verordnungen für den Kanton Luzern, Bd. 1, Luzern 1848, S. 73-79
Dekret Wahl Nationalräte (9.10.1851), in: Gesetze LU, Bd. 2	Dekret über die Wahl der Nationalräthe des Kantons Luzern (9.10.1851), in: Gesetze, Dekrete und Verordnungen für den Kanton Luzern, Bd. 2, Luzern 1851, S. 161-168

Gesetz Abänderung Staatsverfassung (26.11.1890), in: Gesetze LU, Bd. 7	Gesetz betreffend Abänderung der Staatsverfassung des Kantons Luzern vom Jahr 1875 (26.11.1890), in: Gesetze, Dekrete und Verordnungen für den Kanton Luzern, Bd. 7, Luzern 1896, S. 151-160
Gesetz Wahlen und Abstimmungen (29.11.1892), in: Gesetze LU, Bd. 7	Gesetz über Wahlen und Abstimmungen (29.11.1892), in: Gesetze, Dekrete und Verordnungen für den Kanton Luzern, Bd. 7, Luzern 1896, S. 226-248
KV LU 1803	Verfassung des Kantons Lucern der Acte de médiation fait par le premier Consul de la République française, entre les partis qui divisent la Suisse (19.2.1803), in: *Kaiser* 1886, S. 423-427
KV LU 1814	Verfassung des Kantons Luzern (29.3.1814), in: *Usteri* 1821, S. 244-249
KV LU 1831	Staatsverfassung oder Grundgesetz des Kantons Luzern (5.1.1831), in: *Bornhauser* 1833, S. 67-86
KV LU 1841	Staats-Verfassung des Kantons Luzern (1.5.1841), in: *Snell* 1844, S. 89-105
Uebersicht Abstimmung Bundesverfassung (20.8.1848), in: Gesetze LU, Bd. 1	Uebersicht der Abstimmung über die Bundesverfassung der schweizerischen Eidgenossenschaft im Kantone Luzern (20.8.1848), in: Gesetze, Dekrete und Verordnungen für den Kantone Luzern, Bd. 1, Luzern 1848, S. 88-91

Uri
Geltendes Recht

KV UR	Verfassung des Kantons Uri vom 28. Oktober 1984, SR 131.214
WAVG UR	Gesetz über die geheimen Wahlen, Abstimmungen und die Volksrechte (WAVG), vom 21.10.1979, SGK 2.1201

Historische Rechtsquellen (alphabetische Reihenfolge)

KV UR 1803	Verfassung des Kantons Uri der Acte de médiation fait par le premier Consul de la République française, entre les partis qui divisent la Suisse (19.2.1803), in: *Kaiser* 1886, S. 462-464
KV UR 1820	Verfassung des Standes Uri (1820), in: *Usteri* 1821, S. 252-256

Ausser-Schwyz (Historische Rechtsquellen)

KV Ausser-Schwyz 1832	Staatsverfassung des Kantons Schwyz äusseres Land (27.4.1832), in: *Bornhauser* 1833, S. 95-123

Schwyz
Geltendes Recht

KV SZ	Verfassung des eidgenössischen Standes Schwyz vom 23. Oktober 1898, SR 131.215
WAG SZ	Gesetz über die Wahlen und Abstimmungen vom 15. Oktober 1970, SGK 120.100

Historische Rechtsquellen (alphabetische Reihenfolge)

KV SZ 1803	Verfassung des Kantons Schwyz der Acte de médiation fait par le premier Consul de la République française, entre les partis qui divisent la Suisse (19.2.1803), in: *Kaiser* 1886, S. 440-441
KV SZ 1833	Verfassung des eidsgenössischen Standes Schwyz (5.10.1833), in: *Snell* 1844, S. 174-188

Unterwalden (Historische Rechtsquellen)

KV Unterwalden 1803	Verfassung des Kantons Unterwalden der Acte de média- tion fait par le premier Consul de la République française, entre les partis qui divisent la Suisse (19.2.1803), in: *Kaiser* 1886, S. 460-462

Obwalden
Geltendes Recht

KV OW	Verfassung des Kantons Unterwalden ob dem Wald vom 19. Mai 1968, SR 131.216.1
AG OW	Gesetz über die Ausübung der politischen Rechte vom 17. Februar 1974, SGK 122.1
AV OW	Vollziehungsverordnung zum Gesetz über die Ausübung der politischen Rechte (Abstimmungsverordnung) vom 1. März 1974, SGK 122.11

Historische Rechtsquellen

KV OW 1816	Kantonsverfassung des eidsgenössischen Standes Unter- walden ob dem Wald (28.4.1816), in: *Usteri* 1821, S. 264-268

Nidwalden

Geltendes Recht

KV NW	Verfassung des Kantons Unterwalden nid dem Wald vom 10. Oktober 1965, SR 131.216.2
EVBPR NW	Einführungsverordnung zum Bundesgesetz über die politischen Rechte vom 12. Oktober 1979, SGK 131.1

Historische Rechtsquellen

KV NW 1816	Verfassung des eidsgenössischen Kantons Unterwalden nid dem Kernwald (12.8.1816), in: *Usteri* 1821, S. 268-273

Glarus

Geltendes Recht

KV GL	Verfassung des Kantons Glarus vom 1. Mai 1988, SR 131.217
AbstG GL	Gesetz über die Wahlen und Abstimmungen an der Urne (Abstimmungsgesetz), vom 7.5.1989, SGK I D/22/2

Historische Rechtsquellen (alphabetische Reihenfolge)

KV GL 1803	Verfassung des Kantons Glarus der Acte de médiation fait par le premier Consul de la République française, entre les partis qui divisent la Suisse (19.2.1803), in: *Kaiser* 1886, S. 419-421
KV GL 1815	Verfassung des Kantons Glarus (1815), in: *Usteri* 1821, S. 276-277
KV GL 1836	Verfassung des Kantons Glarus (2.10.1836), in: *Bornhauser* 1836, S. 323-363
KV GL 1842	Verfassung des Kantons Glarus (22.5.1842), in: *Snell* 1844, S. 271-293

Zug

Geltendes Recht

KV ZG	Verfassung des Kantons Zug vom 31. Januar 1894, SR 131.218
WAG ZG	Gesetz über die Wahlen und Abstimmungen vom 23. Januar 1969, SGK 131.1
GG ZG	Gesetz über die Organisation und die Verwaltung der Gemeinden vom 4. September 1980, SGK 171.1

Historische Rechtsquellen (alphabetische Reihenfolge)

KV ZG 1803	Verfassung des Kantons Zug der Acte de médiation fait par le premier Consul de la République française, entre les partis qui divisent la Suisse (19.2.1803), in: *Kaiser* 1886, S. 471-472
KV ZG 1814	Verfassung des Kantons Zug (5.9.1814), in: *Usteri* 1821, S. 285-294

Freiburg

Geltendes Recht

PRG FR	Gesetz vom 6. April 2001 über die Ausübung der politischen Rechte, SGK 115.1
PRR FR	Reglement vom 10. Juli 2001 über die Ausübung der politischen Rechte, SGK 115.11

Historische Rechtsquellen (alphabetische Reihenfolge)

KV FR 1803	Verfassung des Kantons Freiburg der Acte de médiation fait par le premier Consul de la République française, entre les partis qui divisent la Suisse (19.2.1803), in: *Kaiser* 1886, S. 415-419
KV FR 1814	Verfassung der Stadt und Republik Freyburg (4.-10.5.1814), in: *Usteri* 1821, S. 296-304
KV FR 1832	Staatsverfassung des Kantons Freiburg (24.1.1832), in: *Bornhauser* 1833, S. 124-146

Solothurn

Geltendes Recht

GPR SO	Gesetz über die politischen Rechte vom 22. September 1996, SGK 113.111

Historische Rechtsquellen (alphabetische Reihenfolge)

Beschluss Abstimmung Staatsverfassung (21.12.1840), in: Sammlung Gesetze SO, Bd. 38	Beschluss des Grossen Rathes in Bezug auf die Abstimmung über Annahme oder Verwerfung der Staatsverfassung vom 21. Christmonat 1840, in: Sammlung der Gesetze und Verordnungen für den eidgenössischen Stand Solothurn, Bd. 38, Solothurn o.J., S. 84-87

Gesetz gegen Wahlbe- stechungen (1.4.1846), in: Sammlung Gesetze SO, Bd. 44	Gesetz gegen Wahlbestechungen vom 1. April 1846, in: Sammlung der Gesetze und Verordnungen für den eidge- nössischen Stand Solothurn, Bd. 44, Solothurn 1846, S. 3-4
KV SO 1803	Verfassung des Kantons Solothurn der Acte de médiation fait par le premier Consul de la République française, entre les partis qui divisent la Suisse (19.2.1803), in: *Kaiser* 1886, S. 442-446
KV SO 1814	Staatsverfassung des Standes Solothurn (17.8.1814), in: *Usteri* 1821, S. 312-319
KV SO 1830	Staatsverfassung der Republik Solothurn (29.12.1830), in: *Bornhauser* 1833, S. 148-166
KV SO 1840	Staatsverfassung des Kantons Solothurn (19.12.1840), in: *Snell* 1844, S. 340-349
Wahlgesetz (21.12.1840), in: Sammlung Gesetze SO, Bd. 38	Wahlgesetz für die Kreis- und Kollegienwahlen vom 21. Christmonat 1840, in: Sammlung der Gesetze und Verordnungen für den eidgenössischen Stand Solothurn, Bd. 38, Solothurn o.J., S. 87-93

Basel (Historische Rechtsquellen)

KV Basel 1803	Verfassung des Kantons Basel der Acte de médiation fait par le premier Consul de la République française, entre les partis qui divisent la Suisse (19.2.1803), in: *Kaiser* 1886, S. 405-410
KV Basel 1814	Verfassung des Kantons Basel (4.3.1814), in: *Usteri* 1821, S. 321-325

Basel-Stadt
Geltendes Recht

KV BS	Verfassung des Kantons Basel-Stadt vom 2. Dezember 1889, SR 131.222.1
WAG BS	Gesetz über Wahlen und Abstimmungen (Wahlgesetz), vom 21.4.1994, SGK 132.100
WAV BS	Verordnung zum Gesetz über Wahlen und Abstimmun- gen vom 3. Januar 1995, SGK 132.110

Historische Rechtsquellen (alphabetische Reihenfolge)

KV BS 1833	Verfassung des Kantons Basel-Stadttheil (28.9.1833), in: *Snell* 1844, S. 371-379

KV BS 1847	Verfassung des Kantons Basel-Stadt (8.4.1847), in: Sammlung der Gesetze und Beschlüsse wie auch der Polizei-Verordnungen welche seit Anfang 1847 bis Ende 1850 für den Kanton Basel-Stadttheil erlassen worden, Bd. 5, Basel 1851, S. 16-32

Basel-Landschaft
Geltendes Recht

KV BL	Verfassung des Kantons Basel-Landschaft vom 17. Mai 1984, SR 131.222.2
GPR BL	Gesetz über die politischen Rechte vom 7. September 1981, SGK 120
VPR BL	Verordnung zum Gesetz über die politischen Rechte vom 17. Dezember 1991, SGK 120.11

Historische Rechtsquellen (alphabetische Reihenfolge)

Beschluss Abstimmung Verfassung (1.8.1838), in: Gesetze BL, Bd. 3	Beschluss, betreffend die Abstimmung über die erneuerte Verfassung und die Einführung der durch dieselbe bedingten neuen Behörden (1.8.1838), in: Gesetze, Verordnungen und Beschlüsse für den Kanton Basel-Landschaft, Bd. 3, Liestal o.J., S. 26-30
Beschluss Abstimmung Bundesverfassung (25.7.1848), in: Gesetze BL, Bd. 4	Beschluss, betreffend die Abstimmung über die von der Tagsatzung vom 15. Mai-27. Juni 1848 entworfene neue Schweizerische Bundes-Verfassung (25.7.1848), in: Gesetze, Verordnungen und Beschlüsse für den Kanton Basel-Landschaft, Bd. 4, Liestal o.J., S. 266-268
Beschluss Bundesverfassung (19.6.1833), in: Gesetze BL, Bd. 1	Beschluss in Betreff der neurevidirten Bundesverfassung (19.6.1833), in: Gesetze, Verordnungen und Beschlüsse für den Kanton Basel-Landschaft, Bd. 1, Liestal 1838, S. 257-258
Beschluss Bildung Verfassungsrat (25.3.1832), in: Gesetze BL, Bd. 1	Beschluss über die Bildung und Einführung eines Verfassungs-Rathes, welcher einstweilen zugleich die oberste Behörde des Kantons Basel-Landschaft bildet (25.3.1832), in: Gesetze, Verordnungen und Beschlüsse für den Kanton Basel-Landschaft, Bd. 1, Liestal 1838, S. 17-21
Gesetz Abstimmung Verfassung (30.4.1832), in: Gesetze BL, Bd. 1	Gesetz, betreffend die Abstimmung über die Verfassung und die Einführung der neuen Behörden (30.4.1832), in: Gesetze, Verordnungen und Beschlüsse für den Kanton Basel-Landschaft, Bd. 1, Liestal 1838, S. 54-57

Gesetz Bildung Verfassungsrat (10.4.1838), in: Gesetze BL, Bd. 3	Gesetz über die Bildung eines Verfassungsrathes Behufs Revision der Verfassung vom 27. April 1832 (10.4.1838), in: Gesetze, Verordnungen und Beschlüsse für den Kanton Basel-Landschaft, Bd. 3, Liestal o.J., S. 1-8
Gesetz Volkswahlen (29.10.1844), in: Gesetze BL, Bd. 3	Gesetz über den Hergang bei den Wahlen, welche nach der Verfassung und den Gesetzen dem Volke vorbehalten sind (29.10.1844), in: Gesetze, Verordnungen und Beschlüsse für den Kanton Basel-Landschaft, Bd. 3, Liestal o.J., S. 496-504
KV BL 1832	Verfassung für den Kanton Basellandschaft (27.4.1832), in: *Bornhauser* 1833, S. 167-186
KV BL 1838	Verfassung für den Kanton Basel-Landschaft (1.8.1838), in: *Snell* 1844, S. 381-391
Verordnung Erneuerungswahlen Landrath (9.9.1841), in: Gesetze BL, Bd. 3	Verordnung, betreffend die zur verfassungsmässigen Erneuerung des Landraths zu veranstaltenden Wahlen (9.9.1841), in: Gesetze, Verordnungen und Beschlüsse für den Kanton Basel-Landschaft, Bd. 3, Liestal o.J., S. 297-305
Verordnung Erneuerungswahlen Landrath (4.1.1848), in: Gesetze BL, Bd. 4	Verordnung, betreffend die zur verfassungsmässigen Erneuerung des Landraths zu veranstaltenden Wahlen (4.1.1848), in: Gesetze, Verordnungen und Beschlüsse für den Kanton Basel-Landschaft, Bd. 4, Liestal o.J., S. 221-227
Vollziehungsverordnung Wahlen Nationalrath (26.9.1848), in: Gesetze BL, Bd. 4	Vollziehungsverordnung des Regierungsrathes vom 26. September 1848, betreffend die Wahl zweier Mitglieder für den laut Tagsatzungsbeschluss auf den 6. Novbr. nächstkünstig einzuberufenden Schweizerischen Nationalrat, in: Gesetze, Verordnungen und Beschlüsse für den Kanton Basel-Landschaft, Bd. 4, Liestal o.J., S. 332-335

Schaffhausen
Geltendes Recht

WAG SH	Gesetz über die vom Volke vorzunehmenden Abstimmungen und Wahlen sowie über die Ausübung der Volksrechte vom 15. März 1904, SGK 3

Historische Rechtsquellen (alphabetische Reihenfolge)

KV SH 1803	Verfassung des Kantons Schaffhausen der Acte de médiation fait par le premier Consul de la République française, entre les partis qui divisent la Suisse (19.2.1803), in: *Kaiser* 1886, S. 435-440
KV SH 1814	Verfassung des Kantons Schaffhausen (12.7.1814), in: *Usteri* 1821, S. 327-333
KV SH 1831	Verfassung des Kantons Schaffhausen (1831), in: *Bornhauser* 1833, S. 187-218
KV SH 1834	Verfassung des Kantons Schaffhausen (1834), in: *Bornhauser* 1836, S. 102-137

Appenzell (Historische Rechtsquellen)

KV Appenzell 1803	Verfassung des Kantons Appenzell der Acte de médiation fait par le premier Consul de la République française, entre les partis qui divisent la Suisse (19.2.1803), in: *Kaiser*, 1886, S. 396-398

Appenzell Ausserrhoden
Geltendes Recht

GPR AR	Gesetz über die politischen Rechte vom 24. April 1988, SGK 131.12

Historische Rechtsquellen (alphabetische Reihenfolge)

KV AR 1814	Staatsverfassung des Kantons Appenzell der äussern Rhoden (28.6.1814), in: *Usteri* 1821, S. 335-338
KV AR 1834	Verfassung des Kantons der äussern Rhoden (31.8.1834), in: *Bornhauser* 1836, S. 65-82

Appenzell Innerrhoden
Geltendes Recht

KV AI	Verfassung für den eidgenössischen Stand Appenzell I. Rh. vom 24. November 1872, SR 131.224.2
VPR AI	Verordnung über die politischen Rechte vom 11. Juni 1979, SGK 121
LV AI	Verordnung über die Landsgemeinde und die Gemeindeversammlungen vom 21. November 1924, SGK 131

Historische Rechtsquellen

KV AI 1814	Staatsverfassung des Kantons Appenzell der innern Rhoden (30.6.1814), in: *Usteri* 1821, S. 338-344

St. Gallen

Geltendes Recht

UAG SG	Gesetz über die Urnenabstimmungen vom 4. Juli 1971, SGK 125.3
GG SG	Gemeindegesetz vom 23. August 1979, SGK 151.2

Historische Rechtsquellen (alphabetische Reihenfolge)

Gesetz Volkswahlen und Volksabstimmungen (16.5.1893), in: Gesetze SG, Bd. 6	Gesetz betreffend die Volkswahlen und Volksabstimmungen (16.5.1893), in: Kanton St. Gallen: Gesetzessammlung, n.f. Bd. 6, St. Gallen o.J., S. 354-368
KV SG 1803	Verfassung des Kantons St. Gallen der Acte de médiation fait par le premier Consul de la République française, entre les partis qui divisent la Suisse (19.2.1803), in: *Kaiser* 1886, S. 428-435
KV SG 1814	Verfassung des Kantons St. Gallen (31.8.1814), in: *Usteri* 1821, S. 346-354
KV SG 1831	Verfassung des Kantons St. Gallen (1.3.1831), in: *Bornhauser* 1833, S. 223-262
KV SG 1890 (Stand 16.11.1890)	Verfassung des Kantons St. Gallen (16.11.1890), in: Kanton St. Gallen: Gesetzessammlung., n.F. Bd. 6, St. Gallen o.J., S. 1-22
PKV SG 1838	Beschluss über das Verfahren bei der Vornahme einer Revision der Verfassung (8.6.1838), in: *Snell* 1845, S. 513-519
Stadtbuch St. Gallen 1673	Das Stadtbuch von 1673 (Reihe: Die Rechtsquellen des Kantons St. Gallen, 2. Teil, 1. Reihe, Bd. 2), bearbeitet von *Ziegler*, Ernst, Aarau 1996
Verordnung Wahlen und Abstimmungen (18.2.1891), in: Gesetze SG, Bd. 6	Verordnung betreffend Wahlen und Abstimmungen (18.2.1891), in: Kanton St. Gallen: Gesetzessammlung, n.F. Bd. 6, St. Gallen o.J., S. 44-56

Graubünden

Geltendes Recht

KV GR	Verfassung des Kantons Graubünden vom 18. Mai/ 14. September 2003, SR 131.226
PRG GR	Gesetz über die Ausübung der politischen Rechte im Kanton Graubünden vom 7. Oktober 1962, SGK 150.100

Historische Rechtsquellen (alphabetische Reihenfolge)

KV GR 1803	Verfassung des Kantons Graubünden der Acte de médiation fait par le premier Consul de la République française, entre les partis qui divisent la Suisse (19.2.1803), in: *Kaiser* 1886, S. 421-423
KV GR 1820	Verfassung des eidsgenössischen Standes Graubünden (19.6.1820), in: *Usteri* 1821, S. 387-391

Aargau

Geltendes Recht

GPR AG	Gesetz über die politischen Rechte vom 10. März 1992, SGK 131.100

Historische Rechtsquellen (alphabetische Reihenfolge)

KV AG 1803	Verfassung des Kantons Aargau der Acte de médiation fait par le premier Consul de la République française, entre les partis qui divisent la Suisse (19.2.1803), in: *Kaiser*, Jakob 1886, S. 398-405
KV AG 1814	Verfassung des Kantons Aargau (4.7.1814), in: *Usteri* 1821, S. 394-402
KV AG 1831	Staatsverfassung für den eidgenössischen Stand Aargau (1831), in: *Bornhauser* 1833, S. 263-289
KV AG 1840	Revidirte Staatsverfassung für den Kanton Aargau (1840), in: *Snell* 1845, S. 598-618

Thurgau

Geltendes Recht

SWG TG	Gesetz über das Stimm- und Wahlrecht vom 15. März 1995, SGK 161
VSWG TG	Verordnung des Regierungsrates zum Gesetz über das Stimm- und Wahlrecht vom 25. August 2003, SGK 161.11

Historische Rechtsquellen (alphabetische Reihenfolge)

KV TG 1803	Verfassung des Kantons Thurgau der Acte de médiation fait par le premier Consul de la République française, entre les partis qui divisent la Suisse (19.2.1803), in: *Kaiser* 1886, S. 453-460
KV TG 1814	Revidirte Verfassung des Kantons Thurgau (28.7.1814), in: *Usteri* 1821, S. 405-412
KV TG 1831	Staatsverfassung für den eidgenössischen Stand Thurgau (14.4.1831), in: *Bornhauser* 1833, S. 290-335
KV TG 1837	Revidirte Staatsverfassung für den Eidgenössischen Stand Thurgau (17.6.1837), in: *Snell* 1845, S. 620-645

Tessin
Geltendes Recht

KV TI	Costituzione della Republica e Cantone Ticino del 14 dicembre 1997, SR 131.229
LEDP TI	Legge sull' esercizio dei diritti politici del 7 ottobre 1998, SGK 1.3.1.1

Historische Rechtsquellen (alphabetische Reihenfolge)

KV TI 1803	Verfassung des Kantons Tessin der Acte de médiation fait par le premier Consul de la République française, entre les partis qui divisent la Suisse (19.2.1803), in: *Kaiser* 1886, S. 446-453
KV TI 1814	Verfassung der Republik und des Kantons Tessin (17.12.1814), in: *Usteri* 1821, S. 425-438
KV TI 1830	Costituzione della Repubblica e Cantone del Ticino (23.6.1830), in: *Bornhauser* 1836, S. 138-160

Waadt
Geltendes Recht

LEDP VD	Loi sur l'exercice des droits politiques du 16 mai 1989, SGK 160.01
RLEDP VD	Règlement d'application de la loi du 16 mai 1989 sur l'exercice des droits politiques du 25 mars 2002, SGK 160.01.1

Historische Rechtsquellen (alphabetische Reihenfolge)

Arrêté assemblées de cercles (27.9.1814), in: Rec. VD, Bd. 11	Arrêté du 27 septembre 1814 sur la convocation des Assemblées de Cercles, in: Recueil des lois, décrets et autres actes du gouvernement du Canton de Vaud, Bd. 11, Lausanne o.J., S. 170-178
Décret élection Conseil national (25.6.1851), in: Rec. VD, Bd. 48	Décret du 25 juin 1851 sur l'élection des membres du Conseil national, in: Recueil des lois, décrets et autres actes du gouvernement du Canton de Vaud, Bd. 48, Lausanne 1851, S. 500-510
Décret nomination Conseil national et Conseil des Etats (27.9.1848), in: Rec. VD, Bd. 45	Décret du 27 septembre 1848 sur la nomination des membres du Conseil national et du Conseil des Etats, in: Recueil des lois, décrets et autres actes du gouvernement du Canton de Vaud, Bd. 45, Lausanne o.J., S. 349-362
KV VD 1803	Verfassung des Kantons Waadt der Acte de médiation fait par le premier Consul de la République française, entre les partis qui divisent la Suisse (19.2.1803), in: *Kaiser* 1886, S. 464-471
KV VD 1814	Verfassung des Kantons Waadt (4.8.1814), in: *Usteri* 1821, S. 440-449
KV VD 1830	Constitution du Canton de Vaud (26.5.1830), in: Recueil des lois, décrets et autres actes du gouvernement du Canton de Vaud, Bd. 27, Lausanne 1830, S. 12-33
KV VD 1831	Constitution du Canton de Vaud (25.5.1831), in: *Bornhauser* 1833, S. 337-362
KV VD 1845	Constitution du Canton de Vaud (19.7.1845), in: *Kölz* 1992b, S. 405-414
Loi assemblées électorales (29.5.1812), in: Rec. VD, Bd. 9	Loi du 29 mai 1812 sur les assemblées Electorales, in: Recueil des loix, décrets et autres actes du gouvernement du Canton de Vaud, Bd. 9, Lausanne o.J., S. 151-158
Loi assemblées électorales (26.1.1832), in: Rec. VD, Bd. 24	Loi du 26 janvier 1832 sur la formation des Assemblées électorales de Cercle et de Commune, in: Recueil des lois, décrets et autres actes du gouvernement du Canton de Vaud, Bd. 24, Lausanne o.J., S. 211-238
Loi assemblées électorales (19.12.1845), in: Rec. VD, Bd. 42	Loi du 19 décembre 1845 sur les assemblées électorales de Cercle et de Commune, in: Recueil des lois, décrets et autres actes du gouvernement du Canton de Vaud, Bd. 42, Lausanne o.J., S. 687-712

Loi exercice souverai- neté du peuple (28.1.1846), in: Rec. VD, Bd. 43	Loi du 28 janvier 1846 sur l'exercice de la souveraineté du peuple, in: Recueil des lois, décrets et autres actes du gouvernement du Canton de Vaud, Bd. 43, Lausanne o.J., S. 18-28
Loi renouvellement Grand Conseil (4.12.1807), in: Rec. VD, Bd. 5	Loi du 4 décembre 1807 sur le renouvellement périodique du Grand Conseil, in: Recueil des loix, décrets et autres actes du gouvernement du Canton de Vaud, Bd. 5, Lau- sanne 1836, S. 140-161

Wallis
Geltendes Recht

GPR VS	Gesetz über die politischen Rechte vom 13. Mai 2004, SGK 160.1

Historische Rechtsquellen (alphabetische Reihenfolge)

KV VS 1815	Staats-Verfassung der Republik und des Kantons Wallis (12.5.1815), in: *Usteri* 1821, S. 451-458
KV VS 1839	Constitution du Canton du Valais (3.8.1839), in: *Snell* 1845, S. 856-865
KV VS 1844	Constitution de la République et Canton du Valais (14.9.1844), in: *Kölz* 1992b, S. 395-404

Neuenburg
Geltendes Recht

LDP NE	Lois sur les droits politiques du 17 octobre 1984, SGK 141
RELDP NE	Règlement d'exécution de la loi sur les droits politiques du 17 février 2003, SGK 141.01

Genf
Geltendes Recht

KV GE	Constitution de la République et Canton de Genève du 24 mai 1847, SR 131.234
LEDP GE	Lois sur l'exercice des droits politiques du 15 octobre 1982, SGK A 5 05
REDP GE	Règlement d'application de la loi sur l'exercice des droits politiques du 12 décembre 1994, SGK A 5 05.01

Historische Rechtsquellen (alphabetische Reihenfolge)

KV GE 1814	Verfassung der Stadt und Republik Genf (24.8.1814), in: *Usteri* 1821, S. 479-502
KV GE 1842	Constitution de la République et Canton de Genève (7.6.1842), in: *Snell* 1845, S. 795-811
KV GE 1847	Constitution de la République et Canton de Genève (24.5.1847), in: *Kölz* 1992b, S. 429-446

Jura

Geltendes Recht

KV JU	Constitution de la République et Canton du Jura du 20 mars 1977, SR 131.235
LDP JU	Loi sur les droits politiques du 26 octobre 1978, SGK 161.1

Ausländische, abgekürzt wiedergegebene Rechtsquellen

Deutschland

Geltendes Recht

BWG	Bundeswahlgesetz in der Fassung der Bekanntmachung vom 23.7.1993, BGBl. I 1288ff. und 1594ff.
BWO	Bundeswahlordnung in der Fassung der Bekanntmachung vom 19.4.2002, BGBl. I 1376ff.
GG	Grundgesetz für die Bundesrepublik Deutschland (23.5.1949), BGBl. I 1ff.

LITERATURVERZEICHNIS

Die Literatur wird in der Regel nach dem kursiv gestellten Namen mit Jahresangabe zitiert. Abweichende Zitierweisen werden im Literaturverzeichnis beim jeweiligen Autor vermerkt. Weitere Literaturangaben finden sich in den Fussnoten.

Achermann, Alberto/*Caroni*, Martina/*Kälin*, Walter: Die Bedeutung des UNO-Paktes über bürgerliche und politische Rechte für das schweizerische Recht, in: *Kälin*, Walter/*Malinverni*, Giorgio/*Nowak*, Manfred (Hrsg.): Die Schweiz und die UNO-Menschenrechtspakte, 2. Aufl. Basel/Frankfurt a.M. 1997, S. 155-232.

Alvarez, R. Michael/*Hall*, Thad E.: Point, click and vote, Washington 2004.

Anderson, Margaret Lavinia: Voter, Junker, Landrat, Priest: The Old Authorities and the New Franchise in Imperial Germany, The American Historical Review, 98, 1993, S. 1448-1474.

Anderson, Margaret Lavinia: Windthorst, Oxford 1981.

Anderson, Margaret Lavinia: Practicing Democracy: Elections and Political Culture in Imperial Germany, Princeton 2000.

Angeli, Alexandre: Le secret du vote dans les elections politiques, Diss. Paris 1909.

Année, Robert: De la sincérité et du secret du vote, Diss. Caen 1907.

Appert, Karl: Die Volksbeschlüsse in den Gemeinden des Kantons Schwyz, Diss. Freiburg 1965 (die Arbeit ist in Schwyz erschienen).

Aristoteles: Politik, übersetzt und herausgegeben von *Schwarz*, Franz F., Stuttgart 1989.
    zit. *Aristoteles*: Politik[*]

Aristoteles: Staat der Athener, übersetzt und herausgegeben von *Dreher*, Martin, Stuttgart 1993.
    zit. *Aristoteles*: Staat der Athener[*]

Arsenschek, Robert: Der Kampf um die Wahlfreiheit im Kaiserreich (Reihe: Beiträge zur Geschichte des Parlamentarismus und der politischen Parteien, Bd. 136), Düsseldorf 2003.

Aubert, Jean-François: L'Assemblée fédérale suisse 1848-1998, Basel 1998.

Auer, Andreas: Les droits politiques dans les cantons suisses, Genf 1978.

Auer, Andreas: La juridiction constitutionnelle en Suisse, Basel/Frankfurt a.M. 1983.

Auer, Andreas/*Malinverni*, Giorgio/*Hottelier*, Michel: Droit constitutionnel suisse, Bd. 1-2, Bern 2000.

Auer, Andreas/*Von Arx*, Nicolas: Le cadre juridique, in: *Auer*, Andreas/*Trechsel*, Alexander H. (Hrsg.): Voter par Internet? Le projet e-voting dans le canton de Genève dans une perspective socio-politique et juridique, Genf/Basel/München 2001, S. 77-106.

Auer, Andreas/*Von Arx*, Nicolas: La légitimité des procédures de vote: les défis du e-voting, AJP, 2002, S. 491-499.

---

[*] Stellenangaben gemäss: Der Kleine Pauly, Lexikon der Antike in fünf Bänden, München 1979.

Bahar, Alexander/*Kugel*, Wilfried: Der Reichstagsbrand: Wie Geschichte gemacht wird, Berlin 2001.

Barber, Benjamin R.: Strong Democracy. Participatory Politics for a New Age, Berkeley/Los Angeles/London 1984.

Baumann-Bruckner, Marie-Louise: Stimmrecht und Volksabstimmungen, in: *Hangartner*, Yvo (Hrsg.): Das Bundesgesetz über die politischen Rechte (Reihe: Veröffentlichungen des Schweizerischen Instituts für Verwaltungskurse an der Hochschule St. Gallen, neue Reihe, Bd. 13), St. Gallen 1978, S. 39-64.

Below, Georg von: Das parlamentarische Wahlrecht in Deutschland, Berlin 1909.

Benoist, Charles: Secret du vote et représentation proportionnelle. Une expérience. Les élections belges du 27 mai 1906, Revue des deux mondes, 34, 1906, S. 869-890.

Bentham, Jeremy: Plan of Parliamentary Reform, Neuauflage der Ausgabe von 1817, London 1818.

Besson, Michel: Behördliche Information vor Volksabstimmungen (Reihe: Abhandlungen zum schweizerischen Recht, 671), Diss. Bern 2002 (die Arbeit ist 2003 erschienen).

Biaudet, Jean-Charles: Der modernen Schweiz entgegen, in: Handbuch der Schweizer Geschichte, Bd. 2, 4. Aufl. Zürich 1980, S. 873-986.

Bismarck, Otto von: Gedanken und Erinnerungen Bd. 2, in: *Walter-Schomburg*, Kurt L. (Hrsg.): Gedanken und Erinnerungen, Reden und Briefe, o.O. 1942.
zit. *Bismarck*: Gedanken und Erinnerungen Bd. 2

Blackburn, Robert: The Electoral System in Britain, London/New York 1995.

Blackstone, William: Commentaries on the Laws of England, in: *Morrison*, Wayne (Hrsg.): Blackstone's Commentaries on the Laws of England, Bd. 1, London 2001.
zit. *Blackstone*: Commentaries on the Laws of England

Blake, Robert: The Development of the British Parliamentary System 1861-1901, in: *Birke*, Adolf M./*Kluxen*, Kurt (Hrsg.): Deutscher und Britischer Parlamentarismus, München 1985, S. 107-116.

Bleicken, Jochen: Die athenische Demokratie (Reihe: UTB für Wissenschaft, Nr. 1330), 4. Aufl. Paderborn/München/Wien/Zürich 1995.
zit. *Bleicken* 1995a

Bleicken, Jochen: Die Verfassung der römischen Republik (Reihe: UTB für Wissenschaft, Nr. 460), 7. Aufl. Paderborn/München/Wien/Zürich 1995.
zit. *Bleicken* 1995b

Bleicken, Jochen: Geschichte der römischen Republik (Reihe: Oldenbourg Grundriss der Geschichte, Bd. 2), 5. Aufl. München 1999.

Blocher, Eugen: Die Entwicklung des allgemeinen und gleichen Wahlrechtes in der neuen Eidgenossenschaft, ZSR, 25, 1906, S. 107-198 und 429-478.

Blum, Roger: Die politische Beteiligung des Volkes im jungen Kanton Baselland (1832-1875) (Reihe: Quellen und Forschungen zur Geschichte und Landeskunde des Kantons Baselland, Bd. 16), Diss. Basel 1976 (die Arbeit ist 1977 in Liestal erschienen).

Blumer, Johann Jakob: Staats- und Rechtsgeschichte der schweizerischen Demokratien, 2. Teil: die neuere Zeit (1531-1798), Bd. 1, St. Gallen 1858.

Bodéüs, Richard: Die Gestalt des Politikers, in: *Brunschwig*, Jacques/*Lloyd*, Geoffrey (Hrsg.): Das Wissen der Griechen, übersetzt von *Breidecker*, Volker et al., München 2000, S. 143-161.

Böglin, Markus Christoph: Entstehung und Grundzüge der ersten helvetischen Verfassung im Lichte des Einflusses der Autorschaft von Peter Ochs und Bemerkungen zur Frage der Gegenwartsbedeutung der Prinzipien der Volkssouveränität, Repräsentation und Gewaltenteilung, Diss. Basel 1971.

Bolla-Vincenz, Claudia: Die Erleichterung der Stimmabgabe, Diss. Freiburg 1978 (die Arbeit ist in Bern/Frankfurt a.M./Las Vegas erschienen).

Bonard, Claude: Vote électronique: Chances et défis du vote par Internet, in: *Muralt Müller*, Hanna/*Auer*, Andreas/*Koller*, Thomas (Hrsg.): E-Voting. Tagung 2002 für Informatik und Recht, Bern 2003, S. 29-41.

Bonnet, Georges: Etude sur le secret du vote et les moyens de l'assurer, Diss. Paris 1901.

Boorstin, Daniel J.: The Mysterious Science of the law, Harvard 1941, Nachdruck Gloucester 1973.

Borbély, Cornel: Der Grundsatz der geheimen Abstimmung unter besonderer Berücksichtigung des E-Voting, Diss. Zürich 2004 (die Arbeit ist 2005 in Bern erschienen).

Bornhauser, Thomas (Hrsg.): Verfassungen der Kantone der schweizerischen Eidgenossenschaft, 1. und 2. Abteilung, Trogen 1833 und 1836.

Brailsford, H. N.: The Levellers and the English Revolution, London 1961.

Brändli, Daniel/*Braun*, Nadja: Vote électronique - Abstimmen und Wählen per Mausklick, LeGes, 1, 2003, S. 125-135.

Brändli, Daniel/*Schläpfer*, Rafael: Demokratie und Informationsgesellschaft, in: Die Erfindung der Demokratie in der Schweiz (Zeitschrift des Schweizerischen Bundesarchivs, Studien und Quellen, 30), Zürich 2004, S. 297-330.

Braun, Nadja: Rechtliche Aspekte des E-Voting in der Schweiz, in: *Prosser*, Alexander/*Krimmer*, Robert (Hrsg.): E-Democracy: Technologie, Recht und Politik (Reihe: books@ocg.at, Bd. 174), Wien 2003, S. 109-119.

Braun, Nadja: E-Voting: Switzerland's Projects and their Legal Framework - in a European Context, in: *Prosser*, Alexander/*Krimmer*, Robert (Hrsg.): Electronic Voting in Europe: Technology, Law, Politics and Society (Reihe: Lecture Notes in Informatics, P-47), Bonn 2004, S. 43-52.
zit. *Braun* 2004a

Braun, Nadja: Schweizerische Erfahrungen mit brieflicher Stimmabgabe und E-Voting, Journal für Rechtspolitik, Jg. 12, 2004, S. 96-106.
zit. *Braun* 2004b

Braunias, Karl: Das parlamentarische Wahlrecht, Bd. 2 (Reihe: Beiträge zum ausländischen öffentlichen Recht und Völkerrecht, H. 18a), Berlin/Leipzig 1932.

Breitenbach, Alphons: Geschichte der Volksrechte (Politischen Rechte) im Kanton Freiburg, Diss. Freiburg 1939 (die Arbeit ist 1944 in Neuenkirch erschienen).

Bremke, Nils: Internetwahlen, Zeitschrift für Landes- und Kommunalverwaltung, 2004, S. 102-109.

Brennan, Geoffrey/*Pettit*, Philip: Unveiling the Vote, British Journal of Political Science, 20, 1990, S. 311-333.

Brothén, Martin: Absentee Voting and Postal Voting in Europe, in: *Brothén*, Martin (Hrsg.): Svenska poströstare, Göteborg 2003, S. 93-117.

Brunner, R(udolf): Vor den Wahlen, Bern 1866.

Büchi, Kurt: Die Krise der Luzerner Regeneration 1839-1841, Diss. Zürich 1967.

Buchstein, Hubertus: Geheime oder offene Wahl?, Leviathan, 22, 1994, S. 1-6.

Buchstein, Hubertus: Öffentliche und geheime Stimmabgabe. Eine wahlrechtstheoretische und ideengeschichtliche Studie, Baden-Baden 2000.
zit. *Buchstein* 2000a

Buchstein, Hubertus: Präsenzwahl, Briefwahl, Onlinewahl und der Grundsatz der geheimen Stimmabgabe, Zeitschrift für Parlamentsfragen, 31, 2000, S. 886-902.
zit. *Buchstein* 2000b

Buchstein, Hubertus: Modernisierung der Demokratie durch e-Voting?, Leviathan, 29, 2001, S. 147-155.

Buchstein, Hubertus: Öffentliche Stimmabgabe in modernen Gesellschaften, Politisches Denken, Jahrbuch, 2002, S. 1-17.
zit. *Buchstein* 2002a

Buchstein, Hubertus: Online-Wahlen und das Wahlgeheimnis, in: *Buchstein*, Hubertus/*Neymanns*, Harald (Hrsg.): Online-Wahlen, Opladen 2002, S. 51-70.
zit. *Buchstein* 2002b

Buchstein, Hubertus: Democracy's secret: Carl Schmitt and the German Critique of Secret Voting, in: Finnish Yearbook of Political Thought, Jyväskylä 2002, S. 107-125.
zit. *Buchstein* 2002c

Buchstein, Hubertus: Online Democracy, Is it Viable? Is it Desirable? Internet Voting and Normative Democratic Theory, in: *Kersting*, Norbert/*Baldersheim*, Harald (Hrsg.): Electronic Voting and Democracy: A Comparative Analysis, Hampshire/New York 2004, S. 39-58.

Bugiel, Karsten: Volkswille und repräsentative Entscheidung: Zulässigkeit und Zweckmässigkeit von Volksabstimmungen nach dem Grundgesetz, Baden-Baden 1991.

Burckhardt, Walther: Schweizerisches Bundesrecht, Bd. 1-5, Frauenfeld 1930-1931.
zit. *Burckhardt* 1930-1931 [unter Angabe von Bd. und Nr.]

Burdeau, Georges: Droit constitutionnel et institutions politiques, 17. Aufl. Paris 1976.

Burmeister, Karl-Heinz: Entwicklungstendenzen und geschichtliche Vorläufer der Briefwahl, in: *Ehrenzeller*, Bernhard/*Mastronardi*, Philippe/*Schaffhauser*, René/*Schweizer*, Rainer J./*Vallender*, Klaus A. (Hrsg.): Der Verfassungsstaat vor neuen Herausforderungen, in: Festschrift für Yvo Hangartner, St. Gallen/Lachen 1998, S. 109-127.

Burmester, Mike/*Magkos*, Emmanouil: Towards secure and practical e-elections in the new era, in: *Gritzalis*, Dimitris A. (Hrsg.): Secure electronic voting, Boston/Dordrecht/London 2003, S. 63-76.

Buschmann, Arno (Hrsg.): Kaiser und Reich. Teil 1, 2. Aufl. Baden-Baden 1994.

Buser, Walter: Betrachtungen zum schweizerischen Petitionsrecht, in: Festschrift Bundesrat H.P. Tschudi, Bern 1973, S. 37-52.

Busolt, Georg: Griechische Staatskunde (Reihe: Handbuch der Altertumswissenschaft, Bd. 4, 1/1), 3. Aufl. München 1920.

Busolt, Georg/*Swoboda*, Heinrich: Griechische Staatskunde (Reihe: Handbuch der Altertumswissenschaft, Bd. 1, 4/1), 3. Aufl. München 1926.

Carlen, Louis: Rechtsgeschichte der Schweiz, 2. Aufl. Bern 1968.

Carlen, Louis: Die Landsgemeinde in der Schweiz, Sigmaringen 1976.

Cartledge, Paul: Utopie und Kritik der Politik, in: *Brunschwig*, Jacques/*Lloyd*, Geoffrey (Hrsg.): Das Wissen der Griechen, übersetzt von *Breidecker*, Volker et al., München 2000, S. 175-188.

Castell, Anton: Geschichte des Landes Schwyz, Einsiedeln 1954.

Castella, Jean: L'exercice du droit de vote, ZSR, n.F. Bd. 78, 1959, S. 511a-620a.

Caviezel, Ivo: Die Volksinitiative: im allgemeinen und unter besonderer Berücksichtigung des Kantons Graubünden (Reihe: Publikationen des Instituts für Föderalismus Freiburg Schweiz, Nr. 3), Diss. Freiburg 1990.

Chaum, David: Untraceable electronic mail, return addresses and digital pseudonyms, in: *Gritzalis*, Dimitris A. (Hrsg.): Secure electronic voting, Boston/Dordrecht/London 2003, S. 211-219.

Cherbuliez, A(ntoine-Elysée): Etudes sur la loi électorale du 19 avril 1831 et sur les réformes dont elle serait susceptible, Paris 1840.

Christie, William Dougal: An Argument in Favour of the Ballot, London 1839.

Churchill, Winston S.: A History of the English-Speaking Peoples, Bd. 4 (The Great Democracies), London 1958.
zit. *Churchill* 1958 [unter Angabe von B., Kap. und S. der benutzten Ausgabe]

Cicero, Marcus Tullius: De Legibus, übersetzt von *Ziegler*, Konrat, in: Cicero: Staatstheoretische Schriften (Reihe: Schriften und Quellen der alten Welt, Bd. 31), 3. Aufl. Berlin 1984, S. 211-329.
zit. *Cicero*: De Legibus[*]

Comité Sécurité: Rapport sur l'application de vote par Internet (28.1.2002), Genf. Im Internet abrufbar unter:
<http://www.ge.ch/evoting/doc/rapports/rapport_version_internet.pdf> (abgerufen am 1.6.2005).
zit. Comité Sécurité (28.1.2002)

Comtesse, F.H.: Begriff und Schutz des Geheimnisses im schweizerischen Strafgesetzbuch, Schweizerische Zeitschrift für Strafrecht, 56, 1942, S. 257-269.

---

[*] Stellenangaben gemäss: Der Kleine Pauly, Lexikon der Antike in fünf Bänden, München 1979.

Cortelazzo, Manlio/*Zolli*, Paolo: „ballotta", in: *Cortelazzo*, Manlio/*Zolli*, Paolo (Hrsg.): Il nuovo Etimologico: Dizionario Etimologico della Lingua Italiana, 2. Aufl. Bologna 1999, S. 171-172.

Cranor, Lorrie Faith: In search of the perfect voting technology: no easy answers, in: *Gritzalis*, Dimitris A. (Hrsg.): Secure electronic voting, Boston/Dordrecht/London 2003, S. 17-30.

Cranston, Maurice: John Locke, a biography, Oxford/New York 1957, Nachdruck 1985.

Curti, Theodor: Geschichte der Schweizerischen Volksgesetzgebung, Bern 1882.

Curti, Theodor: Die Schweizerischen Volksrechte 1848 bis 1900, Bern 1900.

Cusanus, Nikolaus: De concordantia catholica, in: *Kallen*, Gerhard (Hrsg.): Nicolai de Cusa: Opera Omina, Bd. 19, Hamburg 1964.
zit. *Cusanus*: De concordantia catholica [unter Angabe von B., Kap. und S. der benutzten Ausgabe]

Damgård, Ivan/*Groth*, Jens/*Salomonsen*, Gorm: The theory and implementation of an electronic voting system, in: *Gritzalis*, Dimitris A. (Hrsg.): Secure electronic voting, Boston/Dordrecht/London 2003, S. 77-99.

Dändliker, Karl: Die Berichterstattungen und Anfragen der Zürcher Regierung an die Landschaft in der Zeit vor der Reformation, in: Jahrbuch für Schweizerische Geschichte, Bd. 21, Zürich 1896, S. 35-70.

Dändliker, Karl: Zürcher Volksanfragen von 1521 bis 1798, in: Jahrbuch für Schweizerische Geschichte, Bd. 23, Zürich 1898, S. 147-225.

Dändliker, Karl: Zur Entstehungsgeschichte und Charakteristik der zürcherischen Kantonsverfassung von 1814, in: Zürcher Taschenbuch, n.F. Bd. 27, Zürich 1904, S. 1-42.

Danton, Georges-Jacques: Rede im Nationalkonvent vom 12.6.1793 „Sur le mode de vote", in: *Fribourg*, André (Hrsg.): Discours de Danton, Paris 1910, S. 476-479.
zit. *Danton*: Rede im Nationalkonvent vom 12.6.1793 "Sur le mode de vote"

Decurtins, Gion-Andri: Die rechtliche Stellung der Behörde im Abstimmungskampf (Reihe: Arbeiten aus dem juristischen Seminar der Universität Freiburg, 117), Diss. Freiburg 1992.

Denison, S. C.: Is the Ballot A Mistake?, London 1838.

Deporcq, Bruno: Le secret du vote, Diss. Lyon 1979.

Derendinger, Hans: Die konsultative Volksbefragung, in: *Haefliger*, Arthur/*Jäggi*, Peter/*Kämpfer*, Walter/*Monteil*, Victor/*Reinhardt*, Fritz (Hrsg.): Festgabe für Franz Josef Jeger, Solothurn 1973, S. 391-404.

Dickens, Charles: The Pickwick Papers, herausgegeben von *Kinsley*, James, Oxford 1986.
zit. *Dickens*: The Pickwick Papers

Diderot: „scrutin", in: *Diderot*/*D'Alembert* (Hrsg.): Encyclopédie, Bd. 30, Bern/Lausanne 1780, S. 388.

Dierauer, Johannes: Geschichte der Schweizerischen Eidgenossenschaft (Reihe: Allgemeine Staatengeschichte, 1. Abteilung, Bd. 26), Bd. 5, Gotha 1917.

Diethelm, Ernst: Der Einfluss der Volkssouveränität auf die eidgenössischen und kantonalen Verfassungen nach 1798, Diss. Zürich 1939.

Donatsch, Andreas/*Wohlers*, Wolfgang: Strafrecht IV: Delikte gegen die Allgemeinheit, 3. Aufl. Zürich/Basel/Genf 2004.

Du Bois-Melly, Charles: Chroniques. Pierre Fatio et les troubles populaires de l'année 1707, Genf 1870.

Ducrocq, Th.: Cours de droit administratif et de legislation française des finances avec les principes du droit public, Bd. 3, 7. Aufl. Paris 1898.

Duft, Johann: Die politischen Volksrechte in der st. gallischen Demokratie: ihre Entwicklung seit Entstehung des Kantons, Diss. Zürich 1910 (die Arbeit ist in Winterthur erschienen).

Düggelin, Katja: Die Totalrevisionsversuche nach dem zweiten Weltkrieg, in: *Kölz*, Alfred (Hrsg.): Neuere schweizerische Verfassungsgeschichte: Ihre Grundlinien in Bund und Kantonen seit 1848, Bern 2004, S. 905-912.

Duguit, Léon: Traité de droit constitutionnel, Bd. 2, Paris 1911.

Duguit, Léon/*Monnier*, Henry (Hrsg.): Les constitutions et les principales lois politiques de la France depuis 1789, 2. Aufl. Paris 1908.

Dünki, Robert: Verfassungsgeschichte und politische Entwicklung Zürichs 1814-1893, Zürich 1990.

Duttweiler, Max: Das Stimmrecht in der Schweiz, Diss. Zürich 1907.

Eckert, Claudia: IT-Sicherheit, 3. Aufl. München 2004.

Ehrle, Peter Michael: Volksvertretung im Vormärz. Studien zur Zusammensetzung, Wahl und Funktion der deutschen Landtage im Spannungsfeld zwischen monarchischem Prinzip und ständischer Repräsentation, Teil 2 (Reihe: Geschichte und ihre Hilfswissenschaften, Bd. 127), Frankfurt a.M. 1979.

Electoral Commission (U.K.): The shape of elections to come: A strategic evaluation of the 2003 electoral pilot schemes, London 2003.
zit. Electoral Commission (U.K.) 2003

Electoral Commission (U.K.): Delivering democracy? The future of postal voting, London 2004.
zit. Electoral Commission (U.K.) 2004

Electoral Reform Society/Liberty: Ballot Secrecy. Working Party Report, o.O. 1997.
zit. Electoral Reform Society/Liberty 1997

Erni, Christian: Bernische Ämterbefragungen 1495-1522, in: Archiv des historischen Vereins des Kantons Bern, Bd. 39, Bern 1947, S. 1-124.

Eschenburg, Theodor: Streiflichter zur Geschichte der Wahlen im Dritten Reich, Vierteljahreshefte für Zeitgeschichte, Bd. 3, 1955, S. 311-331.

Favoreu, Louis/*Gaïa*, Patrick/*Ghevontian*, Richard/*Mestre*, Jean-Louis/*Pfersmann*, Otto/*Roux*, André/*Scoffoni*, Guy: Droit constitutionnel, 5. Aufl. Paris 2002.

Feller, R(ichard): Vor hundert Jahren. Zur Erinnerung an die Einführung der demokratischen Staatsverfassung im Kanton Bern 1830/31, Bern 1931.

Feller, Richard: Berns Verfassungskämpfe 1846, Bern 1948.

Ferté, Charles: Le secret du vote, Diss. Montpellier 1909.

Feuz, Roland: Materielle Gesetzesbegriffe (Reihe: Abhandlungen zum schweizerischen Recht, 662), Diss. Bern 2002.

Fisch, Hermann: Fragen aus dem Wahl- und Abstimmungsrecht, ZBl, 51, 1950, S. 497-505.

Flückiger, Alexandre: Voter, élire et signer par Internet: le droit expérimental à l'épreuve de la sécurité, in: *Muralt Müller*, Hanna/*Auer*, Andreas/*Koller*, Thomas (Hrsg.): E-Voting. Tagung 2002 für Informatik und Recht, Bern 2003, S. 107-170.

Forum des droits sur l'internet: Recommendation: Quel avenir pour le vote électronique en France? (26.9.2003), Im Internet abrufbar unter: <http://www.foruminternet.org/telechargement/documents/reco-evote-20030926.pdf> (abgerufen am 1.6.2005). zit. Forum des droits sur l'internet, Recommendation (26.9.2003)

Frei, Daniel: Mediation, in: Handbuch der Schweizer Geschichte, Bd. 2, 4. Aufl. Zürich 1980, S. 843-869.

Frowein, Jochen: Die Rechtsprechung des Bundesverfassungsgerichts zum Wahlrecht, Archiv des öffentlichen Rechts, Nr. 99, 1974, S. 72-110.

Fulpius, Lucien: L'organisation des pouvoirs politiques dans les constitutions de la république et canton de Genève, Genève 1942.

Furrer, Otto: Geschichte der solothurnischen Verfassungen bis 1848, Diss. Bern 1940 (die Arbeit ist in Solothurn erschienen).

Gagel, Walter: Die Wahlrechtsfrage in der Geschichte der deutschen liberalen Parteien 1848-1918 (Reihe: Beiträge zur Geschichte des Parlamentarismus und der politischen Parteien, Bd. 12), Düsseldorf 1958.

Garrigou, Alain: Le secret de l'isoloir, Actes de la recherche en sciences sociales, Nr. 71/72, 1988, S. 22-45.

Garrigou, Alain: Le vote et la vertu: Comment les Français sont devenus électeurs, Paris 1992.

Garrone, Pierre: L'élection populaire en Suisse, Diss. Genf 1990 (die Arbeit ist 1991 in Basel/Frankfurt a.M. erschienen).

Geiser, Karl: Die Verfassung des alten Bern, in: Festschrift zur VII. Säkularfeier der Gründung Berns, Bern 1891, S. 1-96.

Gerlach, H. v.: Die Geschichte des preussischen Wahlrechts, Berlin 1908.

Ghiringhelli, Andrea: Il cittadino e il voto, Locarno 1995.

Giacometti, Z(accaria): Das Staatsrecht der schweizerischen Kantone, Zürich 1941.

Giacometti, Z(accaria): Schweizerisches Bundesstaatsrecht, Zürich 1949.

Gibson, Rachel K.: Internet voting and the European Parliament elections, in: *Trechsel*, Alexander H./*Mendez*, Fernando (Hrsg.): The European Union and e-Voting, London/New York 2005, S. 29-59.

Gisi, Wilhelm (Hrsg.): Die Bundesverfassungen und Bundesverfassungs-Entwürfe der Schweiz seit dem Jahr 1798, 1. Lieferung: Die helvetische Constitution von 1798, Bern 1872.

Gisiger, Walter: Das Petitionsrecht in der Schweiz, historische Entwicklung und rechtliche Bedeutung, Diss. Zürich 1935.

Glauser, Fritz: Luzern und der Zürcher Putsch von 1839, Zeitschrift für schweizerische Kirchengeschichte, 57, 1963, S. 257-283.

Gneist, Rudolf von: Der Rechtsstaat und die Verwaltungsgerichte in Deutschland, 3. Aufl. Darmstadt 1879, Nachdruck 1958.

Goetschel, Roger L.: Die Erleichterungen der Stimmabgabe bei eidgenössischen und kantonalen Volkswahlen und -abstimmungen, Bern 1934.

Gondard, Paul: Le secret du vote, Diss. Paris 1905.

Gonié, Jean: Le vote électronique: simple gadget ou nouvelle modalité de vote?, Revue du droit public, Bd. 119, 2003, S. 1525-1528.

Goodin, Robert E.: Motivating Political Morality, Cambridge/Oxford 1992.

Gotthelf, Jeremias: Wahlängsten und Nöthen des Herrn Böhneler, in: Jeremias Gotthelfs gesammelte Schriften, Bd. 9, Berlin 1861, S. 171-222.

Grab, Walter (Hrsg.): Die Französische Revolution. Eine Dokumentation, München 1973.

Grabenwarter, Christoph: Europäische Menschenrechtskonvention, München 2003.

Grandpierre, Louis: Histoire du Canton de Neuchatel sous les rois de Prusse 1707-1848: mémoires politiques, Leipzig/Neuchâtel/Paris 1889.

Grimm, Rüdiger: Technische Sicherheit bei Internetwahlen, in: *Holznagel*, Bernd/ *Grünwald*, Andreas/*Hanssmann*, Anika (Hrsg.): Elektronische Demokratie (Reihe: Information und Recht, Bd. 24), München 2001, S. 86-104.

Gross, Charles: The Early History of the Ballot in England, American Historical Review, Bd. 3, 1898, S. 456-463.

Grote, George: Speech delivered in the House of Commons, on moving for the introduction of the Vote by Ballot at Elections, London 1833.

Grote, George: Vote by Ballot. Speech in the House of Commons, June 23, 1836, London 1836.

Grote, George: Vote by Ballot, London 1837.

Grote, George: Vote by Ballot. Speech of George Grote, Esq. M.P. in the House of Commons, on the 15th of February, 1838, on bringing forward his motion for leave to bring in a bill for taking the votes of parliamentary electors by way of ballot. From the Morning Chronicle of the 16th of February 1838, London 1838.

Gruber, Eugen: Geschichte des Kantons Zug (Reihe: Monographien zur Schweizer Geschichte, Bd. 3), Bern 1968.

Gruen, Erich S.: The Exercise of Power in the Roman Republic, in: *Molho*, Anthony/*Raaflaub*, Kurt/*Emlen*, Julia (Hrsg.): City States in Classical Antiquity and Medieval Italy, Stuttgart 1991, S. 251-267.

Gruner, Erich: Die Parteien in der Schweiz, 2. Aufl. Bern 1977.

Gruner, Erich: Die Wahlen in den schweizerischen Nationalrat 1848-1919, Bd. 1-3, Bern 1978.

Grünthal, Günter: Das preussische Dreiklassenwahlrecht, Historische Zeitschrift, Bd. 226, 1978, S. 17-66.

Grünthal, Günther: Parlamentarismus in Preussen 1848/49 -1857/58 (Reihe: Handbuch der Geschichte des deutschen Parlamentarismus), Düsseldorf 1982.

Guyot, Raymond: Pierre Ochs et le projet de constitution helvétique, Revue historique vaudoise, 11, 1903, S. 143-150.

Habicht, Christian: Cicero der Politiker, München 1990.

Haefliger, Hans: Die solothurnischen Volksanfragen vom Jahre 1529 über die konfessionelle Zugehörigkeit, in: Jahrbuch für solothurnische Geschichte, Bd. 11, Solothurn 1938, S. 129-157.

Häfelin, Ulrich/*Haller*, Walter: Schweizerisches Bundesstaatsrecht, 2. Aufl. Zürich 1988.

Häfelin, Ulrich/*Haller*, Walter: Schweizerisches Bundesstaatsrecht, 6. Aufl. Zürich 2005.

Hafter, Ernst: Schweizerisches Strafrecht. Besonderer Teil, Berlin 1943.

Hägele, Günter/*Pukelsheim*, Friedrich: Llull's writings on electoral systems, Studia Lulliana, 41, 2001, S. 3-38.

Halder, Nold: Geschichte des Kantons Aargau 1803-1953: 1803-1830, Bd. 1, Aarau 1953 (Faksimile-Ausgabe 1978).

Haller, Walter: Art. 189 (Justizreform), in: *Ehrenzeller*, Bernhard/*Mastronardi*, Philippe/*Schweizer*, Rainer J./*Vallender*, Klaus A. (Hrsg.): Die schweizerische Bundesverfassung. Kommentar, Zürich/Basel/Genf 2002, S. 1910-1922.

Hangartner, Yvo: Grundzüge des schweizerischen Staatsrechts, Bd. 2, Zürich 1982.

Hangartner, Yvo: Neupositionierung des Einbürgerungsrechts. Bemerkungen aus Anlass der Bundesgerichtsentscheide vom 9. Juli 2003, AJP, 2004, S. 3-22.

Hangartner, Yvo/*Kley*, Andreas: Die demokratischen Rechte in Bund und Kantonen der Schweizerischen Eidgenossenschaft, Zürich 2000.

Hanssmann, Anika: Möglichkeiten und Grenzen von Internetwahlen, Diss. Münster 2003 (die Arbeit ist 2004 in Baden-Baden erschienen).

Harrington, James: Oceana, übersetzt von *Szudra*, Klaus Udo, herausgegeben von *Klenner*, Hermann/*Szudra*, Klaus Udo, Leipzig 1991.

    zit. *Harrington*: Oceana

Hartmann, Peter C.: Geschichte Frankreichs, 2. Aufl. München 2001.

Heller, Kurt: Venedig: Recht, Kultur und Leben in der Republik 697-1797, Wien/Köln/Weimar 1999.

Henne-Amrhyn, Otto: Geschichte des Kantons St. Gallen von seiner Entstehung bis zur Gegenwart, St. Gallen 1863.

Herodot: Geschichten und Geschichte, Bd. 1 übersetzt von *Marg*, Walter, Bd. 2 übersetzt von *Marg*, Walter und bearbeitet von *Strasburger*, Gisela (Reihe: Die Bibliothek der alten Welt), München/Zürich 1973 und 1983.

zit. *Herodot*: Geschichten und Geschichte[*]

Herren, Stephan: Faktische Beeinträchtigungen der politischen Grundrechte, Diss. St. Gallen 1991 (die Arbeit ist in Chur/Zürich erschienen).

Heusler, Andreas: Schweizerische Verfassungsgeschichte, Basel 1920.

Hill, Christopher: Über einige geistige Konsequenzen der englischen Revolution, übersetzt von *Fienbork*, Matthias (Reihe: Kleine Kulturwissenschaftliche Bibliothek, Bd. 23), Berlin 1990.

Hiller, Christoph: Die Stimmrechtsbeschwerde, Diss. Zürich 1990

Hilty, Carl: Oeffentliche Vorlesungen über die Helvetik, Bern 1878.

Hilty, Carl: Das Referendum im schweizerischen Staatsrecht, Archiv für öffentliches Recht, Bd. 2, 1887, S. 167-219 und 367-440.

Hilty, Carl: Freiheit, in: *Hilty*, Carl (Hrsg.): Politisches Jahrbuch der Schweizerischen Eidgenossenschaft, 5, Bern 1890, S. 1-256.

Hilty, Carl: Das altbernische Referendum und seine Bedeutung für die moderne Welt, in: *Hilty*, Carl (Hrsg.): Politisches Jahrbuch der Schweizerischen Eidgenossenschaft, 20, Bern 1906, S. 213-327.

Hirschmann, Albert O.: Engagement und Enttäuschung: über das Schwanken der Bürger zwischen Privatwohl und Gemeinwohl, übersetzt von *Offe*, Sabine, Frankfurt a.M. 1984.

His, Eduard: Eine historische Staatsteilung, in: *Giacometti*, Zaccaria/*Schindler*, Dietrich, (Hrsg.): Festgabe für Fritz Fleiner, Tübingen 1927, S. 75-100.

His, Eduard: Geschichte des neuern Schweizerischen Staatsrechts, Bd. 1-2, Basel 1920 und 1929.

His, Eduard: Luzerner Verfassungsgeschichte der neuern Zeit (1798-1940), Luzern o.J. (gemäss Bibliotheksangaben ist das Werk 1944 erschienen).

Hörni, Albert: Delikte gegen das verfassungsmässige Zustandekommen des Volkswillens, Diss. Zürich 1907 (die Arbeit ist in Andelfingen erschienen).

Hottelier, Michel: E-Voting et légalité, in: *Muralt Müller*, Hanna/*Auer*, Andreas/*Koller*, Thomas (Hrsg.): E-Voting. Tagung 2002 für Informatik und Recht, Bern 2003, S. 57-83.

Hotz, Reinhold: Petitionsfreiheit, in: *Thürer*, Daniel/*Aubert*, Jean-François/*Müller*, Jörg Paul (Hrsg.): Verfassungsrecht der Schweiz, Zürich 2001, S. 823-836.

Hovell, Mark: The Chartist Movement, New York 1967.

Huber, Ernst Rudolf: Deutsche Verfassungsgeschichte seit 1789, Bd. 3, Stuttgart 1963.

Huber, Ernst Rudolf (Hrsg.): Dokumente zur deutschen Verfassungsgeschichte, Bd. 1-4, Stuttgart/Berlin/Köln/Mainz 1978-1991.

Hubert, Peter: Uniformierter Reichstag: Die Geschichte der Pseudo-Volksvertretung 1933-1945 (Reihe: Beiträge zur Geschichte des Parlamentarismus und der politischen Parteien, Bd. 97), Düsseldorf 1992.

---

[*] Stellenangaben gemäss: Der Kleine Pauly, Lexikon der Antike in fünf Bänden, München 1979.

Huser, Martin: Stimmrechtsgrundsätze und Urnenabstimmungsverfahren. Dargestellt am Beispiel der eidgenössischen und st. gallischen Volksabstimmungen, Diss. St. Gallen 1983.

Ihl, Olivier: Le vote, 2. Aufl. Paris 2000.

Im Hof, Ulrich: Ancien Régime, in: Handbuch der Schweizer Geschichte, Bd. 2, 4. Aufl. Zürich 1980, S. 675-784.

Independent Commission on Alternative Voting Methods (U.K.): Elections in the 21st Century. From paper ballot to e-voting, London 2002.
zit. Independent Commission on Alternative Voting Methods (U.K.) 2002

Jacobi, Erwin: Zum geheimen Stimmrecht, in: *Bachof*, Otto/*Drath*, Martin/*Gönnenwein*, Otto/*Walz*, Ernst (Hrsg.): Forschungen und Berichte aus dem öffentlichen Recht, Gedächtnisschrift für Walter Jellinek, Bd. 6, München 1955, S. 141-153.

Jacobi, Erwin: Freie Wahlen und Geheime Abstimmung in der bürgerlichen Demokratie (Reihe: Berichte über die Verhandlungen der sächsischen Akademie der Wissenschaften zu Leipzig, Bd. 103, H. 1), Berlin 1958.

Jans, Armin: Die Zuweisung der Budgetkompetenzen in Bund, Kantonen und Gemeinden, ZBl, 85, 1984, S. 477-502.

Jefferson, David/*Rubin*, Aviel D./*Simons*, Barbara/*Wagner*, David: Analyzing Internet Voting Security, Communications of the ACM, 47, Nr. 10, 2004, S. 59-64.
zit. *Jefferson* et al. 2004a

Jefferson, David/*Rubin*, Aviel D./*Simons*, Barbara/*Wagner*, David: A Security Analysis of the Secure Electronic Registration and Voting Experiment (SERVE), o.O. 2004. Im Internet abrufbar unter: <http://www.servesecurityreport.org> (abgerufen am 1.6.2005).
zit. *Jefferson* et al. 2004b

Jehne, Martin: Geheime Abstimmung und Bindungswesen in der Römischen Republik, Historische Zeitschrift, 257, 1993, S. 593-613.

Jones, Douglas W.: The evaluation of voting technology, in: *Gritzalis*, Dimitris A. (Hrsg.): Secure electronic voting, Boston/Dordrecht/London 2003, S. 3-16.

Jung, Otmar: Plebiszit und Diktatur: die Volksabstimmungen der Nationalsozialisten (Reihe: Beiträge zur Rechtsgeschichte des 20. Jahrhunderts, Nr. 13), Tübingen 1995.

Junker, Beat: Geschichte des Kantons Bern seit 1798, Bd. 1-2 (Reihe: Archiv des historischen Vereins des Kantons Bern, Bd. 66 und 73), Bern 1982 und 1990.

Kaisenberg, Georg: Artikel 125. Wahlfreiheit und Wahlgeheimnis, in: *Nipperdey*, Hans Carl (Hrsg.): Die Grundrechte und Grundpflichten der Reichsverfassung, Kommentar zum zweiten Teil der Reichsverfassung, Bd. 2, Berlin 1930, S. 161-175.

Kaiser, Jakob (Hrsg.): Repertorium der Abschiede der eidgenössischen Tagsatzungen aus den Jahren 1803-1813, 2. Aufl. Bern 1886.

Kaiser, Simon/*Strickler*, Johannes (Hrsg.): Geschichte und Texte der Bundesverfassungen der schweizerischen Eidgenossenschaft, Bern 1901.

Kaiser, Tino: Die Solothurner Verfassungsrevision von 1840/41, Zeitschrift für Schweizerische Geschichte, 20, 1940, S. 392-473.

Kälin, Walter: Das Verfahren der staatsrechtlichen Beschwerde, 2. Aufl. Bern 1994.

Karger, Pia: Electronic Voting in Germany: Political Elections Online, Utopia or the Future?, in: *Kersting*, Norbert/*Baldersheim*, Harald (Hrsg.): Electronic Voting and Democracy: A Comparative Analysis, Hampshire/New York 2004, S. 134-148.

Karger, Pia/*Rüss*, Oliver: Sicherheit ist conditio sine qua non - Erfahrungsgeleiteter Ansatz für Online-Wahlen in Deutschland, in: *Schweighofer*, Erich/*Menzel*, Thomas/*Kreuzbauer*, Günther/*Liebwald*, Doris (Hrsg.): Zwischen Rechtstheorie und e-Government, Wien 2003, S. 255-262.

Kaufmann, Bruno/*Büchi*, Rolf/*Braun*, Nadja/*Carline*, Paul: Guidebook to Direct Democracy in Switzerland and Beyond, Amsterdam 2005.

Keel, Rudolf: Die Demokratie im Denken Philipp Anton von Segessers (1817-1888), Diss. Zürich 1949 (die Arbeit ist 1950 erschienen).

Kellenberger, Max: Die Landsgemeinden der schweizerischen Kantone, Diss. Zürich 1956 (die Arbeit ist 1965 erschienen).

Kershaw, Ian: Hitler 1889-1936, übersetzt von *Rademacher*, Jörg W./*Krause*, Jürgen Peter, München 2002.

Kersting, Norbert: Internet-Wahlen im Vergleich - USA, Schweiz und Deutschland, in: *Siedschlag*, Alexander/*Bilgeri*, Alexander (Hrsg.): Kursbuch Internet und Politik, Bd. 2, Opladen 2003, S. 73-89.

Kersting, Norbert: Online-Wahlen im internationalen Vergleich, Aus Politik und Zeitgeschichte, Nr. 18, 2004, S. 16-23.

Kersting, Norbert/*Leenes*, Ronald/*Svensson*, Jörgen: Conclusions: Adopting Electronic Voting - Context Matters, in: *Kersting*, Norbert/*Baldersheim*, Harald (Hrsg.): Electronic Voting and Democracy: A Comparative Analysis, Hampshire/New York 2004, S. 276-305.

Kiayias, Aggelos/*Yung*, Moti: Robust verifiable non-interactive zero-sharing, in: *Gritzalis*, Dimitris A. (Hrsg.): Secure electronic voting, Boston/Dordrecht/London 2003, S. 139-151.

Kinzer, Bruce: The ballot question in nineteenth-century English politics (Reihe: Modern British history), Diss. Toronto 1975 (die Arbeit ist 1982 in New York/London erschienen).

Kinzer, Bruce L.: Introduction, in: *Kinzer*, Bruce L./*Robson*, John M. (Hrsg.): Public and Parliamentary Speeches by John Stuart Mill (Reihe: Collected Works of John Stuart Mill, Bd. 28), Toronto/Buffalo 1988, S. XII-LXI.

Kley, Andreas: Art. 29a (Justizreform), in: *Ehrenzeller*, Bernhard/*Mastronardi*, Philippe/*Schweizer*, Rainer J./*Vallender*, Klaus A. (Hrsg.): Die schweizerische Bundesverfassung. Kommentar, Zürich/Basel/Genf 2002, S. 413-426.

Kley, Andreas: E-Voting auf den zweiten Blick, digma, 2003, S. 141.

Kley, Andreas/*Feller*, Reto: eVoting = eOak? Elektronische Abstimmungsverfahren im Verhältnis zur Wahl- und Abstimmungsfreiheit, in: *Muralt Müller*, Hanna/*Auer*, Andreas/*Koller*, Thomas (Hrsg.): E-Voting. Tagung 2002 für Informatik und Recht, Bern 2003, S. 85-105.

Kley, Andreas/*Rütsche*, Bernhard: eVoting aus Sicht der Wahl- und Abstimmungsfreiheit – Verfassungsrechtliche Bedeutung einer neuen Technik, in: *Koller*, Thomas/*Muralt Müller*, Hanna (Hrsg.): Nationale und internationale Bezüge des E-Commerce, Auswirkungen von E-Democracy auf den Rechtsstaat. Tagung 2001 für Informatik und Recht, Bern 2002, S. 255-278.

Kloetzli, Hans: Die Bittschriften des Berner Volkes vom Dezember des Jahres 1830, Diss. Bern 1918.

Kloth, Hans Michael: Vom „Zettelfalten" zum freien Wählen. Die Demokratisierung der DDR 1989/90 und die „Wahlfrage", Diss. Lüneburg 1999 (die Arbeit ist 2000 in Berlin erschienen).

Klüber, Hans: Verstösst die Briefwahl gegen das Grundgesetz?, Die Öffentliche Verwaltung, Zeitschrift für Verwaltungsrecht und Verwaltungspolitik, 10, 1958, S. S. 249-251.

Kluxen, Kurt: Geschichte Englands, 3. Aufl. Stuttgart 1985.

Kölz, Alfred: Die kantonale Volksinitiative in der Rechtsprechung des Bundesgerichts, ZBl, 83, 1982, S. 1-49.

Kölz, Alfred: Wahl- und Abstimmungsfreiheit. Urteilsanmerkung zum Entscheid des Bundesgerichts vom 3.8.1982 (ZBl 83, 1982, S. 548ff.), recht, 2, 1984, S. 28-32.

Kölz, Alfred: Neuere schweizerische Verfassungsgeschichte: Ihre Grundlinien vom Ende der Alten Eidgenossenschaft bis 1848, Bern 1992.
zit. *Kölz* 1992a

Kölz, Alfred (Hrsg.): Quellenbuch zur neueren schweizerischen Verfassungsgeschichte: Vom Ende der Alten Eidgenossenschaft bis 1848, Bern 1992.
zit. *Kölz* 1992b

Kölz, Alfred: Neuere schweizerische Verfassungsgeschichte: Ihre Grundlinien in Bund und Kantonen seit 1848, Bern 2004.

Kubicek, Herbert/*Wind*, Martin: Wie „modernisiere" ich Wahlen? Der lange Weg vom Pilotprojekt zum Online Voting bei einer Bundestagswahl, in: *Filzmaier*, Peter (Hrsg.): Internet und Demokratie: The State of Online Politics, Innsbruck/Wien/München/Bozen 2001, S. 107-129.

Kubicek, Herbert/*Wind*, Martin: Bundestagswahl per Computer?, in: *Buchstein*, Hubertus/ *Neymanns*, Harald (Hrsg.): Online-Wahlen, Opladen 2002, S. 91-112.

Kühne, Thomas: Dreiklassenwahlrecht und Wahlkultur in Preussen 1867-1914 (Reihe: Beiträge zur Geschichte des Parlamentarismus und der politischen Parteien, Bd. 99), Diss. Tübingen 1991/92 (die Arbeit ist 1994 in Düsseldorf erschienen).

Lambrinoudakis, Costas/*Gritzalis*, Dimitris/*Tsoumas*, Vassilis/*Karyda*, Maria/ *Ikonomopoulos*, Spyros: Secure electronic voting: the current landscape, in: *Gritzalis*, Dimitris A. (Hrsg.): Secure electronic voting, Boston/Dordrecht/London 2003, S. 101-122.

Lancelot, Alain: Les élections sous la Cinquième République, 2. Aufl. Paris 1988.

Lane, Frederic C.: Seerepublik Venedig, übersetzt von *Mendelssohn*, Peter de et al., München 1980.

Lange, Nicol: Click'n'Vote - Erste Erfahrungen mit Online-Wahlen, in: *Buchstein*, Hubertus/*Neymanns*, Harald (Hrsg.): Online-Wahlen, Opladen 2002, S. 127-144.

Lefèvre-Pontalis: Les élections en europe à la fin du XIXe siècle, Paris 1902.

Leonard, Dick/*Mortimore*, Roger: Elections in Britain: A voter's guide, 4. Aufl. Hampshire/New York 2001.

Levi, Robert: Das Stimmenverhältnis als Kriterium für den Entscheid über Stimmrechtsbeschwerden, in: Verfassungsrechtsprechung und Verwaltungsrechtsprechung, Zürich 1992, S. 85-94.

Leys, Léon: Le secret du vote, Diss. Nancy 1899 (die Arbeit ist in Lille erschienen).

Liebeskind, Wolfgang A.: Das Referendum der Landschaft Wallis (Reihe: Leipziger rechtswissenschaftliche Studien, Heft 33), Leipzig 1928.

Liefeldt, Joachim: Untersuchungen über das Wahlgeheimnis, Diss. Heidelberg 1931 (die Arbeit ist in Berlin erschienen).

Liver, Peter: Verfassungsgeschichtlicher Überblick zur Kantonsverfassung von Graubünden, in: *Caroni*, Pio (Hrsg.): Rechtsgeschichtliche Aufsätze (n.F.), Chur 1982, S. 164-174.
zit. *Liver* 1982a

Liver, Peter: Die Graubündner Kantonsverfassung des Jahres 1854, in: *Caroni*, Pio (Hrsg.): Rechtsgeschichtliche Aufsätze (n.F.), Chur 1982b, S. 175-217.
zit. *Liver* 1982b

Locke, John: Two Treatises of Government, herausgegeben von *Laslett*, Peter, 2. Aufl. Cambridge/New York/New Rochelle/Melbourne/Sydney 1988.
zit. *Locke*: Two Treatises of Government [unter Angabe von Abhandlung, Paragraph und S. der benutzten Ausgabe]

Loewenstein, Karl: Der britische Parlamentarismus (Reihe: Rowohlts deutsche Enzyklopädie), Reinbek b. Hamburg 1964.

Lomas, Robert: The invisible college: The Royal Society, freemasonry and the birth of modern science, London 2002.

Lyon, Bryce Dale: A constitutional and legal history of medieval England, New York 1960.

Mahon, Pascal: Art. 34, in: *Aubert*, Jean-François/*Mahon*, Pascal (Hrsg.): Petit commentaire de la Constitution fédérale de la Confédération suisse du 18 avril 1999, Zürich/Basel/Genf 2003, S. 304-310.

Malecek, Werner: Abstimmungsarten. Wie kommt man zu einem vernünftigen Wahlergebnis?, in: *Schneider*, Reinhard/*Zimmermann*, Harald (Hrsg.): Wahlen und Wählen im Mittelalter, Sigmaringen 1990, S. 79-134.

Malinverni, Giorgio: Les réserves de la Suisse, in: *Kälin*, Walter/*Malinverni*, Giorgio/ *Nowak*, Manfred (Hrsg.): Die Schweiz und die UNO-Menschenrechtspakte, 2. Aufl. Basel/Frankfurt a.M. 1997, S. 83-104.

Masclet, Jean-Claude: Droit électoral, Paris 1989.

Masclet, Jean-Claude: „isoloir" und „secret du vote", in: *Duhamel*, Olivier/*Mény*, Yves (Hrsg.): Dictionnaire constitutionnel, Paris 1992, S. 527-528 und 961.

McKenna, Mark: Building „a closet of prayer" in the new world: The story of the „Australian Ballot", in: *Sawer*, Marian (Hrsg.): Elections: Full, Free & Fair, Sydney 2001, S. 45-62.

Meissner, Niels/*Hartmann*, Volker/*Richter*, Dieter: Verifiability and Other Technical Requirements for Online Voting Systems, in: *Prosser*, Alexander/*Krimmer*, Robert (Hrsg.): Electronic Voting in Europe: Technology, Law, Politics and Society (Reihe: Lecture Notes in Informatics, P-47), Bonn 2004, S. 101-109.

Mercuri, Rebecca T./*Neumann*, Peter G.: Verification for electronic balloting systems, in: *Gritzalis*, Dimitris A. (Hrsg.): Secure electronic voting, Boston/Dordrecht/London 2003, S. 31-42.

Meuwly, Olivier: Histoire des droits politiques dans le canton de Vaud de 1803 à 1885, Diss. Lausanne 1990 (die Arbeit ist in Tolochenaz erschienen).

Meyer, Georg: Das parlamentarische Wahlrecht, herausgegeben von *Jellinek*, Georg, Berlin 1901.

Meyer, Gerold: Die Formen der Gemeindeabstimmung im Kanton Zug, ZBl, 52, 1951, S. 225-231.

Mez, Carl-Gustav: Die Verfassung des Kantons Basel-Stadt vom 10. Mai 1875 (Reihe: Basler Studien zur Rechtswissenschaft, Reihe B, Bd. 47), Diss. Basel 1994 (die Arbeit ist 1995 in Basel/Frankfurt a.M. erschienen).

Michel, Kaspar: Der Halbkanton „Schwyz, äusseres Land", in: Der Geschichtsfreund, Bd. 135, Stans 1982, S. 251-256.

Mill, James: On the Ballot, London 1830.

Mill, John Stuart: Letter to Judge Chapman, in: *Elliot*, Hugh S. R. (Hrsg.): The Letters of John Stuart Mill, Bd. 1, London 1858, S. 208-211.

Mill, John Stuart: Considerations on Representative Government, London 1861.

Mill, John Stuart: Speech on 4 November 1868, in: *Kinzer*, Bruce L./*Robson*, John M. (Hrsg.): Public and Parliamentary Speeches by John Stuart Mill (Reihe: Collected Works of John Stuart Mill, Bd. 28), Toronto/Buffalo 1988, S. 341-344.
zit. *Mill*: Speech on 4 November 1868

Mitchison, Neil: Protection against „internal" attacks on e-voting systems, in: *Muralt Müller*, Hanna/*Auer*, Andreas/*Koller*, Thomas (Hrsg.): E-Voting. Tagung 2002 für Informatik und Recht, Bern 2003, S. 255-266.

Mock, Peter: Quelques réflexions sur les réserves déposées par la Suisse lors de la ratification du Pacte international relatif aux droits civils et politiques, AJP, 1994, S. 984-992.

Möckli, Silvano: Die schweizerischen Landsgemeinde-Demokratien (Reihe: Staat und Politik, Nr. 34), Bern 1987.

Montesquieu, Charles-Louis de: De l'Esprit des lois, übersetzt von *Weigand*, Kurt, Bd. I, herausgegeben von Editions Gallimard, o.O. 1995.
zit. *Montesquieu*: De l'Esprit des lois [unter Angabe von B., Kap. und S. der benutzten Ausgabe]

Montesquieu, Charles-Louis de: Vom Geist der Gesetze, übersetzt von *Weigand*, Kurt, Stuttgart 1965.

zit. *Montesquieu*: Vom Geist der Gesetze [unter Angabe von B., Kap. und S. der benutzten Ausgabe]

Morus, Thomas: Utopia, übersetzt von *Ritter*, Gerhard, Stuttgart 1983.
 zit. *Morus*: Utopia

Mösch, Johann: Der Schulvogt - Der Kampf für und gegen ein eidgenössisches, zentralistisches Primarschulgesetz 1882, Olten 1962.

Moser, Christian/*Hardmeier*, Sibylle/*Linder*, Wolf: Unregelmässigkeiten bei erleichterter Stimmabgabe. Gutachten, erstattet im Auftrag der Staatskanzlei des Kantons Thurgau vom Forschungszentrum für schweizerische Politik der Universität Bern (Schriftenreihe der Staatskanzlei des Kantons Thurgau, Nr. 6), Thurgau 1990.

Muheim, Anton: Wahl des Nationalrates, in: *Hangartner*, Yvo (Hrsg.): Das Bundesgesetz über die politischen Rechte (Reihe: Veröffentlichungen des Schweizerischen Instituts für Verwaltungskurse an der Hochschule St. Gallen, neue Reihe, Bd. 13), St. Gallen 1978, S. 65-89.

Muheim, Franz-Xaver: Das Petitionsrecht ist gewährleistet, Diss. Bern 1981 (die Arbeit ist in Diessenhofen erschienen).

Müller, Jörg Paul: Grundrechte in der Schweiz, 3. Aufl. Bern 1999.

Nabholz, Hans: Die Eingaben des zürcherischen Volkes zur Verfassungsreform des Jahres 1830, Zürich 1911.

Nabholz, Hans/*Kläui*, Paul (Hrsg.): Quellenbuch zur Verfassungsgeschichte der Schweizerischen Eidgenossenschaft und der Kantone, Aarau 1940.

Nicolet, C.: Cicéron, Platon et le vote secret, Historia. Zeitschrift für alte Geschichte, Bd. 19, H. 1, 1970, S. 39-66.

Norris, Pippa: E-Voting as the magic ballot for European Parliamentary elections? Evaluating e-voting in the light of experiments in UK local elections, in: *Trechsel*, Alexander H./*Mendez*, Fernando (Hrsg.): The European Union and E-Voting, London/New York 2005, S. 60-90.

Nowak, Manfred: UNO-Pakt über bürgerliche und politische Rechte und Fakultativprotokoll: CCPR-Kommentar, Kehl am Rhein/Strassburg/Arlington 1989.

O'Leary, Cornelius: The elimination of corrupt practices in British elections 1868-1911, Oxford 1962.

Ochs, Peter: Brief Ochs an Vischer (6.1.1798), in: *Steiner*, Gustav (Hrsg.): Korrespondenz des Peter Ochs, Bd. 2, Basel 1935, S. S. 208-209.

Oechsli, Wilhelm: Vor hundert Jahren: Die Schweiz in den Jahren 1798 und 1799, H. 1, Zürich 1899.

Oechsli, Wilhelm: Geschichte der Schweiz im Neunzehnten Jahrhundert, Bd. 1 (Reihe: Staatengeschichte der neuesten Zeit, Bd. 29), Leipzig 1903.

Oechsli, Wilhelm: Geschichte der Schweiz im Neuenzehnten Jahrhundert, Bd. 2 (Reihe: Staatengeschichte der neuesten Zeit, Bd. 30), Leipzig 1913.

Oehler, Edgar: Die Volksrechte im Kanton St. Gallen, Diss. St. Gallen 1975.

Offe, Claus: Demokratie und „höhere Amoralität", in: Der Traum der Vernunft, vom E-
lend der Aufklärung. Eine Veranstaltung der Akademie der Künste, Berlin, 2. Folge, Darmstadt/Neuwied 1986, S. 218-232.

Offe, Claus: Fessel und Bremse: Moralische und institutionelle Aspekte „intelligenter
Selbstbeschränkung", in: *Honneth*, Axel/*McCarthy*, Thomas/*Offe*, Claus/*Wellmer*,
Albrecht (Hrsg.): Zwischenbetrachtungen: Im Prozess der Aufklärung, in: Fest-
schrift für Jürgen Habermas, Frankfurt a.M. 1989, S. 739-774.

Oppliger, Rolf: E-Voting sicherheitstechnisch betrachtet, digma, 4, 2002, S. 184-188.
    zit. *Oppliger* 2002a

Oppliger, Rolf: Traitement du problème de la sécurité des plates-formes pour le vote par
Internet à Genève (3.5.2002), Gümligen 2002. Im Internet abrufbar unter:
<http://www.ge.ch/evoting/doc/rapports/rapport_oppliger_fr.pdf> (abgerufen am
1.6.2005).
    zit. *Oppliger* 2002b

Oppliger, Rolf: Sicherheit von Open Source Software, Datenschutz und Datensicherheit,
27, 2003, S. 669-675.

Otten, Dieter: Wählen wie im Schlaraffenland? Erfahrungen der Forschungsgruppe Internetwahlen mit dem Internet als Wahlmedium, in: *Holznagel*, Bern/*Grünwald*,
Andreas/*Hanssmann*, Anika (Hrsg.): Elektronische Demokratie (Reihe: Information und Recht, Bd. 24), München 2001, S. 73-85.

Otten, Dieter/*Küntzler*, Jürgen: Über die Herstellung von Anonymität bei elektronischen
Wahlen, Datenschutz und Datensicherheit, 26, 2002, S. 1-4.

Park, Joseph H.: England's Controversy over the Secret Ballot, Political Science Quar-
terly, Bd. 46, Nr. 1, 1931, S. 51-86.

Peralta, Rene: Issues, non-issues, and cryptographic tools for internet-based voting, in:
Gritzalis, Dimitris A. (Hrsg.): Secure electronic voting, Boston/Dordrecht/London
2003, S. 153-164.

Peyer, Hans Conrad: Die Entstehung der Eidgenossenschaft, in: Handbuch der Schweizer
Geschichte, Bd. 1, 4. Aufl. Zürich 1980, S. 163-238.

Pfyffer, Kasimir: Die Staatsverfassungen des Kantons Luzern und die Revisionen derselben, Luzern 1869.

Picenoni, Vito: Die Kassation von Volkswahlen und Volksabstimmungen in Bund, Kantonen und Gemeinden (Reihe: Zürcher Beiträge zur Rechtswissenschaft, n.F. Heft
115), Diss. Zürich 1945 (die Arbeit ist in Aarau erschienen).

Pickering, Paul A.: A wider field in a new country: Chartism in colonial Australia, in:
Sawer, Marian (Hrsg.): Elections: Full, Free & Fair, Sydney 2001, S. 28-44.

Pieroth, Bodo: Offene oder geheime Wahlen und Abstimmungen?, Juristische Schulung,
Jg. 31, 1991, S. 89-97.

Pieth, Friedrich: Politische Organisation, altbündnerisches Referendum und Landeseintei-
lung, in: *Bundi*, Martin/*Rathgeb*, Christian (Hrsg.): Die Staatsverfassung Graubündens, Chur/Zürich 2003, S. 17-26.

Platon: Der Staatsmann, übersetzt von *Rufener*, Rudolf, in: Platon Spätdialoge, Bd. 1
(Reihe: Die Bibliothek der alten Welt), Zürich 1965, S. 223-319.

zit. *Platon*: Der Staatsmann[*]

Platon: Nomoi, übersetzt von *Müller*, Hieronymus/*Schleiermacher*, Friedrich, in: *Wolf*, Ursula (Hrsg.): Platon: Sämtliche Werke, Bd. 4 (Reihe: Rowohlts Enzyklopädie), Reinbek b. Hamburg 1994, S. 143-574.
zit. *Platon*: Nomoi[*]

Platon: Der Staat, übersetzt und herausgegeben von *Vretska*, Karl, Stuttgart 2000.
zit. *Platon*: Der Staat[*]

Poledna, Tomas: Wahlrechtsgrundsätze und kantonale Parlamentswahlen, Diss. Zürich 1988.

Poledna, Tomas/*Widmer*, Stephan: Die Wahl- und Abstimmungsfreiheit - ein verfassungsmässiges Recht des Bundes?, ZBl, 88, 1987, S. 281-293.

Pollmann, Klaus Erich: Parlamentarismus im Norddeutschen Bund 1867-1870, Düsseldorf 1985.

Pratchett, Lawrence/*Birch*, Sarah/*Candy*, Sara/*Fairweather*, Ben/*Rogerson*, Simon/*Stone*, Vanessa/*Watt*, Bob/*Wingfield*, Melvin: The implementation of electronic voting in the UK, Local Government Association report, London 2002.

Pratchett, Lawrence/*Wingfield*, Melvin: Electronic Voting in the United Kingdom: Lessons and Limitations from the UK Experience, in: *Kersting*, Norbert/*Baldersheim*, Harald (Hrsg.): Electronic Voting and Democracy: A Comparative Analysis, Hampshire/New York 2004, S. 172-189.

Pratchett, Lawrence/*Wingfield*, Melvin/*Fairweather*, N. Ben/*Rogerson*, Simon: Balancing security and simplicity in e-voting: towards an effective compromise?, in: *Trechsel*, Alexander H./*Mendez*, Fernando (Hrsg.): The European Union and E-Voting, London/New York 2005, S. 166-184.

Probst, Thomas: Das Stimmregister als Grundlage der elektronischen Ausübung des Stimm- und Wahlrechts (e-voting), in: *Muralt Müller*, Hanna/*Auer*, Andreas/ *Koller*, Thomas (Hrsg.): E-Voting. Tagung 2002 für Informatik und Recht, Bern 2003, S. 199-217.

Prosser, Alexander: Die Infrastruktur für die elektronische Stimmabgabe über das Internet, in: *Schweighofer*, Erich/*Liebwald*, Doris/*Kreuzbauer*, Günther/*Menzel*, Thomas (Hrsg.): Informationstechnik in der juristischen Realität. Aktuelle Fragen der Rechtsinformatik 2004 (Reihe: Schriftenreihe Rechtsinformatik, Bd. 9), Wien 2004, S. 207-215.

Prosser, Alexander/*Kofler*, Robert/*Krimmer*, Robert: E-Voting.at – ein Implementierungsbericht, in: *Wimmer*, Maria A. (Hrsg.): Quo vadis e-Government: State-of-the-art 2003 (Reihe: books@ocg.at, Bd. 165), Wien 2003, S. 469-480.
zit. *Prosser* et al. 2003a

Prosser, Alexander/*Kofler*, Robert/*Krimmer*, Robert/*Unger*, Martin Karl: Kritische Erfolgsfaktoren für die Stimmabgabe über das Internet, in: *Prosser*, Alexander/ *Krimmer*, Robert (Hrsg.): E-Democracy: Technologie, Recht und Politik (Reihe: books@ocg.at, Bd. 174), Wien 2003, S. 211-223.
zit. *Prosser* et al. 2003b

---

[*] Stellenangaben gemäss: Der Kleine Pauly, Lexikon der Antike in fünf Bänden, München 1979.

Quartier-la-Tente: Le district de Neuchâtel (Reihe: Le canton de Neuchâtel. Revue historique et monographique des communes du canton, Bd. 2), Neuenburg 1898.

Radbruch, Gustav: Die politischen Parteien im System des deutschen Verfassungsrechts, in: *Anschütz*, Gerhard/*Thoma*, Richard (Hrsg.): Handbuch des Deutschen Staatsrechts, Bd. 1 (Reihe: Das öffentliche Recht der Gegenwart, Bd. 28), Tübingen 1930, S. 285-294.

Raissig, Jürgen: Das Petitionsrecht in der Schweiz - Relikt oder Chance?, Diss. Zürich 1977.

Rappard, William E.: L'individu et l'état dans l'évolution constitutionnelle de la Suisse, Zürich 1936.

Rappard, Wiliam E.: L'avènement de la démocratie moderne à Genève (1814-1874), Genf 1942.

Rappard, William E.: La constitution fédérale de la Suisse 1848-1948, Boudry 1948.

Rathgeb, Christian: Neuere bündnerische Verfassungsgeschichte (ab 1798 bis heute), in: *Bundi*, Martin/*Rathgeb*, Christian (Hrsg.): Die Staatsverfassung Graubündens, Chur/Zürich 2003, S. 103-175.

Reber, Jean-Marie: Vote électronique: le projet neuchâtelois, in: *Muralt Müller*, Hanna/ *Auer*, Andreas/*Koller*, Thomas (Hrsg.): E-Voting. Tagung 2002 für Informatik und Recht, Bern 2003, S. 43-48.

Reimer, Franz: Privatisierung des Wahlgeheimnisses?, Zeitschrift für Rechtspolitik, 36. Jg., 2003, S. 8-10.

Rhinow, René: Die Bundesverfassung 2000, Basel/Genf/München 2000.

Riklin, Alois: Die schweizerische Staatsidee, in: Schweizerischer Aufklärungsdienst (Hrsg.): Arbeitsheft der Reihe S (Sinn und Sendung der Schweiz), 13, Zürich 1982.

Riklin, Alois: Die venezianische Mischverfassung im Lichte von Casparo Contarini (1483-1542), Zeitschrift für Politik, 37, 1990, S. 264-291.

Riklin, Alois: Das Republikmodell von James Harrington, Zeitschrift für Politikwissenschaft, H. 1, 1998, S. 93-119.

Rilliet, Albert: Histoire de la Restauration de la République de Genève, Genf 1849.

Ritter von Lex, (Hans): Die Briefwahl hat sich bewährt, Bulletin Presse- und Informationsamt der Bundesregierung, Nr. 216, 1957, S. 1991.

Roget, Amédée: Réforme électorale: L'indépendance de l'électeur et le secret du vote, Genf 1866.

Rokkan, Stein: The Comparative Study of Political Participation, in: *Rokkan*, Stein (Hrsg.): Citizens, Elections, Parties, Oslo 1970, S. 13-45.

Rösch, Ulrich: Geheimhaltung in der rechtsstaatlichen Demokratie (Reihe: Nomos Universitätsschriften, Recht, Bd. 309), Diss. Jena 1997 (die Arbeit ist 1999 in Baden-Baden erschienen).

Roth, Marius: Authentifizierung im Bereich des eVoting, eGov Präsenz, 2, 2003, S. 39-41.

Rouiller, Claude: Le Pacte international relatif aux droits civils et politiques, ZSR, n.F. 111, I, 1992, S. 107-133.

Rousseau, Jean-Jacques: Du contrat social, herausgegeben von *Bernardi*, Bruno, Paris 2001.
  zit. *Rousseau*, Du contrat social [unter Angabe von B., Kap. und S. der benutzten Ausgabe]

Rubin, Aviel D.: Security Considerations for Remote Electronic Voting, Communications of the ACM, 45, 12, 2002, S. 39-44.

Rufer, Alfred: „Helvetische Republik", in: *Türler*, Heinrich/*Attinger*, Victor/*Godet*, Marcel (Hrsg.): Historisch-biographisches Lexikon der Schweiz, Bd. 4, Neuenburg 1927, S. 142-178.

Rüss, Oliver: Wahlen im Internet, MultiMedia und Recht, 3, 2000, S. 73-76.

Rüss, Oliver: Rechtliche Implikationen und politische Intentionen des Online Votings – Ein Widerspruch?, in: *Filzmaier*, Peter (Hrsg.): Internet und Demokratie: The State of Online Politics, Innsbruck/Wien/München/Bozen 2001, S. 130-138.

Rüss, Oliver: Rechtliche Voraussetzungen und Grenzen von Online-Wahlen, in: *Buchstein*, Hubertus/*Neymanns*, Harald (Hrsg.): Online-Wahlen, Opladen 2002, S. 39-50.

Ryffel, Heinrich: Die schweizerischen Landsgemeinden nach geltendem Rechte, Diss. Zürich 1903.

Sabine, George H.: A History of Political Theory, überarbeitet von *Thorson*, Thomas L., 4. Aufl. o.O. 1973.

Sartre, Jean-Paul: Elections, piège à cons, Les Temps Modernes, Nr. 318, 1973, S. 1099-1108.

Sauter, Beat Walter: Herkunft und Entstehung der Tessiner Kantonsverfassung von 1830, Diss. Zürich 1969 (die Arbeit ist 1972 erschienen).

Sawer, Marian: Pacemakers for the world?, in: *Sawer*, Marian (Hrsg.): Elections: Full, Free & Fair, Sydney 2001, S. 1-27.

Schäffer, Heinz: Die Briefwahl (Reihe: Salzburg Dokumentationen, Bd. 34), Salzburg 1979.

Schaffhauser, René: Die direkte Demokratie in den komplexen Formen der Gemeindeorganisation (Reihe: St. Galler Beiträge zum öffentlichen Recht, Bd. 6), Diss. St. Gallen 1978.

Schäffle, Georg: Die geheime Stimmgebung bei Wahlen in die Repräsentativkörperschaften, geschichtlich, theoretisch und nach dem Stande der neueren Gesetzgebung betrachtet, Zeitschrift für die gesamte Staatswissenschaft, Bd. 21, 1865, S. 379-434.

Schaufelberger, Walter: Spätmittelalter, in: Handbuch der Schweizer Geschichte, Bd. 1, 4. Aufl. Zürich 1980, S. 241-388.

Schefer, Markus: Grundrechte in der Schweiz: Ergänzungsband zur dritten Auflage des gleichnamigen Werks von Jörg Paul Müller, Bern 2005.

Schefold, Dian: Volkssouveränität und repräsentative Demokratie in der schweizerischen Regeneration 1830-1848 (Reihe: Basler Studien zur Rechtswissenschaft, Heft 76), Diss. Basel 1966 (die Arbeit ist in Basel/Stuttgart erschienen).

Scherrer, Josef: Die Demokratie in der ordentlichen Gemeindeorganisation des Kantons St. Gallen, Diss. Zürich 1965 (die Arbeit ist in Winterthur erschienen).

Schimmelpfennig, Bernhard: Papst- und Bischofswahlen seit dem 12. Jahrhundert, in: *Schneider*, Reinhard/*Zimmermann*, Harald (Hrsg.): Wahlen und Wählen im Mittelalter, Sigmaringen 1990, S. 173-195.

Schmitt, Carl: Volksentscheid und Volksbegehren (Reihe: Beiträge zum ausländischen öffentlichen Recht und Völkerrecht, H. 2), Berlin/Leipzig 1927.

Schneider, Reinhard: Wechselwirkungen von kanonischer und weltlicher Wahl, in: *Schneider*, Reinhard/*Zimmermann*, Harald (Hrsg.): Wahlen und Wählen im Mittelalter, Sigmaringen 1990, S. 135-171.

Schneier, Bruce: Secrets and lies. IT-Sicherheit in einer vernetzten Welt, übersetzt von *Shafir*, Angelika, Heidelberg 2004.

Schnewlin, Bliss Meinrad: Das Verfahren zur Wahl des schweizerischen Nationalrates nach dem Bundesgesetz vom 14. Januar 1919 (Reihe: Abhandlungen zum schweizerischen Recht, 229), Diss. Bern 1946.

Schnüriger, Xaver: Die Schwyzer-Landsgemeinde, Diss. Bern 1906.

Scholla, Peter: Untersuchungen zur Rechtsstellung der Fremden in der Schweiz des 19. Jahrhunderts, Diss. Freiburg 1986.

Schollenberger, J(ohann Jacob): Grundriss des Staats- und Verwaltungsrechts der Schweizerischen Kantone, Bd. 1, Zürich 1900.

Schoop, Albert: Geschichte des Kantons Thurgau, Frauenfeld 1987.

Schreiber, Paul: Die Entwicklung der Volksrechte in Graubünden, Diss. Zürich 1920 (die Arbeit ist in Chur erschienen).

Schreiber, Wolfgang: Handbuch des Wahlrechts zum Deutschen Bundestag: Kommentar zum Bundeswahlgesetz, 7. Aufl. Köln/Berlin/Bonn/München 2002.

Schryen, Guido: How Security Problems Can Compromise Remote Internet Voting Systems, in: *Prosser*, Alexander/*Krimmer*, Robert (Hrsg.): Electronic Voting in Europe – Technology, Law, Politics and Society, Bonn 2004, S. 121-131.

Schudel, Reinhold: Geschichte der Schaffhauser Staatsverfassung 1798-1834, Diss. Zürich 1933.

Schuler, Frank: Das Referendum in Graubünden, Diss. Genf 1999 (die Arbeit ist 2001 in Basel/Genf/München erschienen).

Schweizer, Rainer J.: Zur Stellung der Schweiz gegenüber Art. 3 des Zusatzprotokolls zur Europäischen Menschenrechtskonvention (Gewährleistung von freien und geheimen Wahlen), in: Schweizerisches Jahrbuch für internationales Recht, Bd. 33, Zürich 1977, S. 37-50.

Schweizer, Rainer J.: Verfassung des Kantons Glarus: Kommentar zum Entwurf, Glarus 1981.

Schwingruber, Anton: Das Stimmrecht in der Schweiz, Diss. Freiburg 1978 (die Arbeit ist in Nussbaumen erschienen).

Scott, Ernest: The History of the Victorian Ballot. Part I, The Victorian Historical Magazine, 1920, S. 1-14.

Scott, Ernest: The History of the Victorian Ballot. Part II, The Victorian Historical Magazine, 1921, S. 49-62.

Segesser, Jürg: Die Einstellung der Kantone zur Bundesrevision und zur neuen Bundesverfassung im Jahr 1848 (Reihe: Archiv des historischen Vereins des Kantons Bern, Bd. 49), Bern 1965.

Segesser, Philipp Anton von: Rechtsgeschichte der Stadt und Republik Luzern, Bd. 2, 3 und 4, Luzern 1854, 1857 und 1858.

Segesser, Philipp Anton von: Reden im schweiz. Nationalrathe und staatsrechtliche Abhandlungen (Sammlung kleiner Schriften Bd. 3), Bern 1879.

Segesser, Philipp Anton von: Fünfundvierzig Jahre im Schweizerischen Staatsdienst, Bern 1887.

Seifert, Helmut: Das Wahlgeheimnis. Eine rechtsvergleichende Darstellung, Diss. Hamburg 1933 (die Arbeit ist 1934 in Zeulenroda i. Thür erschienen).

Seifert, Karl-Heinz: Briefwahl und Grundgesetz, Die Öffentliche Verwaltung, Zeitschrift für Verwaltungsrecht und Verwaltungspolitik, 20/21, 1958, S. 513-516.

Seifert, Karl-Heinz: Bundeswahlrecht: Wahlrechtsartikel des Grundgesetzes, Bundeswahlgesetz, Bundeswahlordnung und wahlrechtliche Nebengesetze, 3. Aufl. München 1976.

Seiler, Andreas: Die politische Geschichte des Wallis 1815-1844, Diss. Freiburg (das Jahr der Abnahme lässt sich nicht mehr eruieren; die Arbeit ist 1939 in Zürich erschienen).

Seiler, Franz: Der Uebergang vom föderativen zum modernen Referendum im Kanton Wallis, Diss. Bern 1921 (die Arbeit ist in Brig erschienen).

Selinger, Reinhard: Abstimmungen und Wahlen in Athen und Rom, in: *Carlen*, Louis (Hrsg.): Forschungen zur Rechtsarchäologie und Rechtlichen Volkskunde, Bd. 20, Zürich/Basel/Genf 2003, S. 35-51.

Seymour, Charles: Electoral Reform in England and Wales, Devon 1915, Nachdruck 1970.

Sidler, Kurt: Geschichte der Volksrechte im Kanton Luzern, Diss. Bern 1934.

Sigrist, Hans: Solothurner Geschichte, Bd. 3, Solothurn 1981.

Smith, Sidney: Ballot, London 1839.

Snell, Ludwig (Hrsg.): Handbuch des Schweizerischen Staatsrechts, Bd. 2, Zürich 1845.

Sorg-Keller, Susanne: Pilotprojekt e-Voting im Kanton Zürich, in: *Muralt Müller*, Hanna/*Auer*, Andreas/*Koller*, Thomas (Hrsg.): E-Voting. Tagung 2002 für Informatik und Recht, Bern 2003, S. 49-55.

Sprat, Thomas: The History of the Royal Society of London, in: *Cope*, Jackson I./*Jones*, Harold Whitmore (Hrsg.): History of the Royal Society by Thomas Sprat, St. Louis 1958 (Originalausgabe: London 1667).
zit. *Sprat*: The History of the Royal Society of London

Staehelin, Andreas: Helvetik, in: (Hrsg.): Handbuch der Schweizer Geschichte, Bd. 2, 4. Aufl. Zürich 1980, S. 787-839.

Staehelin, Heinrich: Geschichte des Kantons Aargau 1803-1953: 1830-1885, Bd. 2, Baden 1978.

Stauffacher, Werner: Die Versammlungsdemokratie im Kanton Glarus, Diss. Zürich 1962.

Staveley, E(astland) S(tuart): Greek and Roman Voting and Elections, New York 1972.

Steinauer, Dominik: Geschichte des Freistaates Schwyz vom Untergang der dreizehnörtigen Eidgenossenschaft bis auf die Gegenwart, Bd. 2, Einsiedeln 1861.

Steinbach, Peter: Die Zähmung des politischen Massenmarktes. Wahlen und Wahlkämpfe im Bismarckreich im Spiegel der Hauptstadt- und Gesinnungspresse, Bd. 1, Passau 1990.

Steinbach, Peter: Reichstagswahlen im Kaiserreich. Möglichkeiten historischer Wahlforschung im interdisziplinären Kontext, in: *Emig*, Dieter/*Hüttig*, Christoph/*Raphael*, Lutz (Hrsg.): Sprache und Politische Kultur in der Demokratie: Hans Gerd Schumann zum Gedenken, Frankfurt a.M. 1992, S. 89-112.

Steiner, Gustav: Einleitung, in: *Steiner*, Gustav (Hrsg.): Korrespondenz des Peter Ochs, Bd. 1, Basel 1927, S. XXXI-CCXLI.

Steinmann, Gerold: Art. 33, in: *Ehrenzeller*, Bernhard/*Mastronardi*, Philippe/*Schweizer*, Rainer J./*Vallender*, Klaus A. (Hrsg.): Die schweizerische Bundesverfassung. Kommentar, Zürich/Basel/Genf 2002, S. 462-467.
zit. *Steinmann* 2002a

Steinmann, Gerold: Art. 34, in: *Ehrenzeller*, Bernhard/*Mastronardi*, Philippe/*Schweizer*, Rainer J./*Vallender*, Klaus A. (Hrsg.): Die schweizerische Bundesverfassung. Kommentar, Zürich/Basel/Genf 2002, S. 468-477.
zit. *Steinmann* 2002b

Steinmann, Gerold: Die Gewährleistung der politischen Rechte durch die neue Bundesverfassung (Artikel 34 BV), ZBJV, Bd. 139, 2003, S. 481-507.

Stöckli, Alex: Die politischen Rechte des Aktivbürgers in der ordentlichen Gemeindeorganisation des Kantons Luzern, Diss. Freiburg 1989 (die Arbeit ist in Willisau erschienen).

Stratenwerth, Günter: Schweizerisches Strafrecht. Besonderer Teil II: Straftaten gegen Gemeininteressen, 5. Aufl. Bern 2000.

Streiff, Ullin: Die Gemeindeorganisation mit Urnenabstimmung im Kanton Zürich, Diss. Zürich 1959 (die Arbeit ist in Aarau erschienen).

Stribrny, Wolfgang: Die Könige von Preussen als Fürsten von Neuenburg-Neuchâtel (1707-1848) (Reihe: Quellen und Forschungen zur Brandenburgischen und Preussischen Geschichte, Bd. 14), Berlin 1998.

Stubbe-da Luz, Helmut: Montesquieu, Reinbek b. Hamburg 1998.

Stucki, Fritz: Die „Obrigkeiten" im alten Land Glarus, Glarus 1980.

Studer-Jeanrenaud, Georges: Droit de vote des malades traités ou hospitalisés hors de leur lieu de domicile, ZBl, 30, 1929, S. 341-345.

Tattini, Vincent/*Ayer*, Ariane: E-voting et protections des données, Plädoyer, 4, 2001, S. 46-50.

Taylor, Miles: The Decline of British Radicalism, 1847-1860, Oxford 1995.

Tecklenburg, Adolf: Die Entwicklung des Wahlrechts in Frankreich seit 1789, Tübingen 1911.

Thukydides: Der Peloponnesische Krieg, übersetzt und herausgegeben von *Vretska*, Helmuth/*Rinner*, Werner, Stuttgart 2000.
zit. *Thukydides*: Der Peloponnesische Krieg[*]

Thürer, Daniel: „Wir, die Männer und Frauen ...“ – Ein Porträt der jüngsten schweizerischen Kantonsverfassung, ZBl, 97, 1996, S. 433-455.

Trechsel, Alexander/*Mendez*, Fernando/*Kies*, Raphaël: Remote voting via the internet? The Canton of Geneva pilot project, in: *Gritzalis*, Dimitris A. (Hrsg.): Secure electronic voting, Boston/Dordrecht/London 2003, S. 181-194.

Trute, Hans-Heinrich: Art. 38, in: *Von Münch*, Ingo/*Kunig*, Philip (Hrsg.): Grundgesetz-Kommentar, Bd. 2, 5. Aufl. München 2001, S. 624-687.

Tschannen, Pierre: Stimmrecht und politische Verständigung: Beiträge zu einem erneuerten Verständnis von direkter Demokratie, Basel/Frankfurt a.M. 1995.

Tschannen, Pierre: Staatsrecht der Schweizerischen Eidgenossenschaft, Bern 2004.

Ullmann, Markus/*Koob*, Frank/*Kelter*, Harald: Anonyme Online-Wahlen, Datenschutz und Datensicherheit, 25, 2001, S. 643-647.

Usteri, Martin: Ausübung des Stimm- und Wahlrechts nach freiheitsstaatlichen Prinzipien, ZSR, n.F. Bd. 78, 1959, S. 357a-509a.

Usteri, Paul: Handbuch des Schweizerischen Staatsrechts, 2. Aufl. Aarau 1821.

Van Acker, Bernard: Remote e-Voting and Coercion: a Risk-Assessment Model and Solutions, in: *Prosser*, Alexander/*Krimmer*, Robert (Hrsg.): Electronic Voting in Europe: Technology, Law, Politics and Society (Reihe: Lecture Notes in Informatics, P-47), Bonn 2004, S. 53-62.

Vogel, Bernhard/*Nohlen*, Dieter/*Schulze*, Rainer-Olaf: Wahlen in Deutschland, Berlin/ New York 1971.

Vogt, Albert: Aedermannsdorf, Diss. Bern 2000 (die Arbeit ist 2001 erschienen).

Vogt, G.: Referendum, Veto und Initiative in den neueren schweizerischen Kantonsverfassungen, Zeitschrift für die gesamte Staatswissenschaft, Bd. 29, 1873, S. 350-380.

Von Arx, Nicolas: Post-Demokratie, AJP, 1998, S. 933-950.

Von Muralt, Leonhard: Renaissance und Reformation, in: Handbuch der Schweizer Geschichte, Bd. 1, 4. Aufl. Zürich 1980, S. 391-570.

Von Salis, L(udwig) R(udolf): Schweizerisches Bundesrecht, Bd. 1-5, 2. Aufl. Bern 1903-1904.
zit. *Von Salis* 1903-1904 [unter Angabe von Bd. und Nr.]

Von Stürler, M(oritz): Die Volksanfragen im alten Bern, in: Archiv des historischen Vereins des Kantons Bern, Bd. 7, Bern 1869, S. 225-257.

Von Tillier, Anton: Geschichte der helvetischen Republik, Bd. 3, Bern 1843.

---

[*] Stellenangaben gemäss: Der Kleine Pauly, Lexikon der Antike in fünf Bänden, München 1979.

Von Waldkirch, Eduard: Die freie Bildung des Volkswillens, in: Die Freiheit des Bürgers im schweizerischen Recht. Festgabe zur Hundertjahrfeier der Bundesverfassung, Zürich 1948, S. 117-135.

Wallner, Thomas: Der Kanton Solothurn und die Eidgenossenschaft 1841-1847, Diss. Zürich 1967 (die Arbeit ist in Solothurn erschienen).

Wartburg, Walther von: „scrutinium", in: *Wartburg*, Walther von (Hrsg.): Französisches etymologisches Wörterbuch, Bd. 11, Basel 1964, S. 345-346.

Warynski, Michel: E-Voting - La sécurité dans la perspective des collectivités publiques, in: *Muralt Müller*, Hanna/*Auer*, Andreas/*Koller*, Thomas (Hrsg.): E-Voting. Tagung 2002 für Informatik und Recht, Bern 2003, S. 219-234.

Watt, Bob: Human Rights and Remote Voting by Electronic Means, Representation: Journal of Representative Democracy, Bd. 39, Nr. 3, 2003, S. 197-208.

Weber-Dürler, Beatrice: Grundrechtseingriffe, in: *Zimmerli*, Ulrich (Hrsg.): Die neue Bundesverfassung (Reihe: Berner Tage für juristische Praxis 1999), Bern 2000, S. 131-155.

Wehrle, Stefan: Vierzehnter Titel: Vergehen gegen den Volkswillen, in: *Niggli*, Marcel Alexander/*Wiprächtiger*, Hans (Hrsg.): Basler Kommentar. Strafgesetzbuch II, Basel 2003, S. 1747-1770.

Weir, Stuart/*Beetham*, David: Political Power and Democratic Control in Britain, London 1999.

Wettstein, Walter: Geschichte der Stadt und des Kantons Zürich von 1839-1892, in: *Dändliker*, Karl (Ursprünglicher Autor): Geschichte der Stadt und des Kantons Zürich, Bd. 3, Zürich 1912, S. 303-501.

Widmeier, Kurt: Die Entwicklung der bernischen Volksrechte 1846-1869, Diss. Bern 1942 (die Arbeit ist in Zürich erschienen).

Widmer, Stephan: Wahl- und Abstimmungsfreiheit, Diss. Zürich 1989.

Wigmore, John H.: The Australian Ballot System as Embodied in the Legislation of Various Countries, Boston 1889.

Wildhaber, Luzius: Art. 3 EMRK/1. ZP, in: *Golsong*, Heribert/*Karl*, Wolfram/*Miehsler*, Herbert/*Petzold*, Herbert/*Riedel*, Eibe/*Rogge*, Kersten/*Schweizer*, Rainer J./*Vogler*, Theo/*Wildhaber*, Luzius/*Breitenmoser*, Stephan (Hrsg.): Internationaler Kommentar zur Europäischen Menschenrechtskonvention, Köln/Berlin/Bonn/München 1986, S. 1-31.

Wili, Hans-Urs: Kollektive Mitwirkungsrechte von Gliedstaaten in der Schweiz und im Ausland, Diss. Bern 1988 (Reihe: Abhandlungen zum schweizerischen Recht, 519).

Will, Martin: Internetwahlen. Verfassungsrechtliche Möglichkeiten und Grenzen (Reihe: Recht und Neue Medien, Bd. 2), Stuttgart/München/Hannover/Berlin/Weimar/Dresden 2002.

Winteler, Jakob: Geschichte des Landes Glarus, Bd. 1-2, Glarus 1952 und 1954.

Winzeler, Christoph: Die politischen Rechte des Aktivbürgers nach schweizerischem Bundesrecht (Reihe: Basler Studien zur Rechtswissenschaft, Reihe B, Öffentliches

Recht, Bd. 10), Diss. Basel 1982 (die Arbeit ist 1983 in Basel/Frankfurt a.M. erschienen).

Wolfson, Arthur: The Ballot and Other Forms of Voting in the Italian Communes, American Historical Review, Bd. 5, 1899, S. S. 1-21.

Wüthrich, Werner: Die kantonalen Volksrechte im Aargau (Reihe: St. Galler Beiträge zum öffentlichen Recht, Bd. 26), Diss. St. Gallen 1990.

Yakobson, Alexander: Secret Ballot and its effects in the late Roman Republic, Hermes, 123, 1995, S. 426-442.

Zen-Ruffinen, Piermarco: L'expression fidèle et sûre de la volonté du corps électoral, in: *Thürer*, Daniel/*Aubert*, Jean-François/*Müller*, Jörg Paul (Hrsg.): Verfassungsrecht der Schweiz, Zürich 2001, S. 349-362.

Zimmerli, Ulrich/*Kälin*, Walter/*Kiener*, Regula: Grundlagen des öffentlichen Verfahrensrechts, Bern 2004.

Ziswiler, Hans Ulrich: Die Demokratisierung des Kantons Aargau zwischen 1830 und 1885, Diss. Zürich 1992.

EINLEITUNG

Fragestellung

1   Der Grundsatz des Stimmgeheimnisses nimmt in der schweizerischen Rechtsordnung eine sehr interessante Stellung ein. Einerseits gehört er zu den fundamentalen Grundsätzen der schweizerischen demokratischen Ordnung, der jüngst durch Artikel 34 der Bundesverfassung zusätzliches Gewicht auf Verfassungsstufe erhalten hat. Andrerseits zeigt die Praxis der teilweise offenen Stimmabgabe an der Landsgemeinde und an Gemeindeversammlungen, dass auf kantonaler und kommunaler Ebene die Tradition dem Stimmgeheimnis übergeordnet wird.

2   In letzter Zeit erhielt das Stimmgeheimnis zudem erhöhte Aufmerksamkeit durch die Diskussion der elektronischen Ausübung der politischen Rechte (E-Voting). Im Vordergrund steht dabei die Frage, ob die elektronischen Medien das Stimmgeheimnis genügend schützen können, respektive inwiefern eine Einschränkung des Stimmgeheimnisses durch die Förderung der erleichterten Teilnahme an den politischen Rechten gerechtfertig werden kann. Vor einigen Jahren wurde eine ähnliche Diskussion im Rahmen der Einführung der brieflichen Stimmabgabe geführt.

3   Bis heute fehlt eine grundlegende Arbeit, welche die historische Entwicklung des Grundsatzes des Stimmgeheimnisses aufzeigt und darauf basierend dessen aktuelle Bedeutung und Tragweite untersucht. Erst eine solche Untersuchung ermöglicht es zu beurteilen, inwiefern althergebrachte und auch neue Verfahren zur Ausübung der politischen Rechte mit dem Stimmgeheimnis vereinbar sind.

4   Die vorliegende Arbeit untersucht das Stimmgeheimnis aus drei verschiedenen Blickwinkeln: aus einer rechtshistorischen, einer rechtsvergleichenden und einer aktuellen Perspektive. Die rechtshistorische Untersuchung geht den Fragen nach, wann und weshalb der Grundsatz des Stimmgeheimnisses eingeführt wurde, respektive welche Gründe das Stimmgeheimnis lange Zeit verhindert haben. Die rechtsvergleichende Perspektive gibt Aufschluss über die Entwicklung und den Status des Stimmgeheimnisses in ausgesuchten Ländern und trägt zu einem vertieften Verständnis des schweizerischen Rechts bei. Die aktuelle Betrachtung schliesslich erlaubt es, heute geltende und zukünftige Formen der Stimmabgabe im Hinblick auf die Vereinbarkeit mit dem Grundsatz des Stimmgeheimnisses zu untersuchen.

Aufbau der Arbeit

5   In einem *ersten, rechtsvergleichenden* und *historischen Teil* wird die Entwicklung des Stimmgeheimnisses seit der Antike skizziert. Dabei wird ein Schwerpunkt auf die Zeit des ausgehenden 19. und beginnenden 20. Jahrhunderts gelegt,

da in dieser Zeit das Stimmgeheimnis vielerorts nachhaltig verankert wurde. Die Untersuchung konzentriert sich auf einzelne Länder, insbesondere Australien, Deutschland, England und Frankreich. Für drei dieser Länder – Deutschland, England und Frankreich – wird zudem auch die aktuelle rechtliche Einordnung des Stimmgeheimnisses aufgezeigt.

6   In einem *zweiten Teil* folgt die Aufarbeitung der Geschichte des Stimmgeheimnisses in der *Schweiz*. Anschliessend wird der Geltungsbereich des Stimmgeheimnisses in der heutigen schweizerischen Rechtsordnung untersucht und die Vereinbarkeit von E-Voting mit dem Grundsatz des Stimmgeheimnisses überprüft. Schliesslich werden konkrete Vorschläge für eine Anpassung der Verordnung über die politischen Rechte im Hinblick auf eine Einführung von E-Voting gemacht.

7   Die Zusammenstellung der Ergebnisse der rechtshistorischen und rechtsvergleichenden Untersuchungen bildet den *dritten Teil*.

Stand der bisherigen Forschung und technische Hinweise

8   In der schweizerischen juristischen Literatur fehlt bis heute eine umfassende, rechtshistorische und rechtsvergleichende Untersuchung des Stimmgeheimnisses. Kurz vor Fertigstellung der vorliegenden Arbeit ist eine Dissertation[1] erschienen, welche sich mit der geltenden Rechtslage in der Schweiz hinsichtlich des Stimmgeheimnisses bei *Abstimmungen* auseinandersetzt und die Vereinbarkeit von E-Voting mit dem Stimmgeheimnis untersucht.

9   Die vorliegende Arbeit unterscheidet sich von der dogmatisch ausgerichteten Arbeit Borbélys dadurch, dass einerseits eine rechtshistorische und rechtsvergleichende Analyse durchgeführt und andrerseits das Stimmgeheimnis für alle politischen Rechte – Abstimmungen, Wahlen, Unterzeichnung von Wahlvorschlägen, Initiativ- und Referendumsbegehren – untersucht wird. Borbély stützt seine Argumentation zu einem grossen Teil auf die deutsche Lehre ab[2] und kommt mit der deutschen Doktrin zum Schluss, dass die voraussetzungslose briefliche Stimmabgabe in der Schweiz verfassungswidrig sei[3]. Auch eine umfassende Einführung von E-Voting hält er für unzulässig[4]. Im Gegensatz zu Borbély wird in der vorliegenden Arbeit die Ansicht vertreten, dass die deutsche Rechtslage gerade nicht mit der schweizerischen verglichen werden kann. Die rechtshistorische Untersuchung erhärtet diese Ansicht. Die schweizerische Rechtsordnung erlaubt

---

[1]   *Borbély* 2004.
[2]   Vgl. *Borbély* 2004, insbes. S. 17, Fn. 74.
[3]   *Borbély* 2004, S. 73.
[4]   *Borbély* 2004, S. 130. Allerdings scheint Borbély die ausnahmsweise Benutzung von E-Voting durch ansonsten von der Abstimmung ausgeschlossene Personen als zulässig zu betrachten: *Borbély* 2004, S. 129.

die voraussetzungslose briefliche Stimmabgabe und ermöglicht die Einführung von E-Voting.

10   Systematisch eingearbeitet worden sind Literatur und Urteile, die vor dem 1. Januar 2005 veröffentlicht wurden. Nach diesem Zeitpunkt konnten sie nur noch vereinzelt berücksichtigt werden.

11   Zum Thema E-Voting ist eine Vielzahl von Informationen im Internet verfügbar. In der vorliegenden Arbeit wird jedoch aufgrund der teilweise hohen Unbeständigkeit von Internetadressen auf eine Zitierung aus dem Internet möglichst verzichtet. Einzelne Internetquellen werden dort angeführt, wo Informationen enthalten sind, welche an anderen Stellen nicht publiziert sind.

12   In den folgenden Kapiteln wird das Stimmgeheimnis untersucht. Dazu werden hauptsächlich die Wahlen der Parlamentsmitglieder und – wo vorhanden – Abstimmungen untersucht. Die demokratische Qualität der Wahlen und Abstimmungen ist nicht zentraler Gegenstand. Es wird jedoch jeweils auf den Kreis der Wahl- und Stimmberechtigten verwiesen. Wo von besonderem Interesse wird auch die Art der Stimmabgabe innerhalb eines Organs erwähnt.

TEIL 1: RECHTSHISTORISCHE UND RECHTSVERGLEICHENDE BETRACHTUNG DES STIMMGEHEIMNISSES

13 Die Darstellung in diesem Teil ist in vier Zeitepochen gegliedert: die Antike (1), Mittelalter und Neuzeit bis ins 18. Jahrhundert (2), das 19. Jahrhundert (3) und die weitere Entwicklung bis in die Gegenwart (4). Die Behandlung der Einführung der geheimen Stimmabgabe in der Antike konzentriert sich auf Athen und Rom, da diese beiden Städte politische Systeme und Institutionen entwickelten, die gut dokumentiert sind, partiell als „demokratisch" bezeichnet und insofern für einen Vergleich mit unseren heutigen Systemen herangezogen werden können.

14 Die Entwicklung vom *Mittelalter und der Neuzeit bis ins 18. Jahrhundert* wird anhand zweier Beispiele, der Parlamentswahlen in England und der Bestimmung des Dogen in Venedig skizziert. Diese beiden historischen Beispiele eignen sich gut zur Darstellung eines Verfahrens mit offener Stimmabgabe, respektive eines Verfahrens mit teilweise geheimer Stimmabgabe. Beide Systeme hatten über einen langen Zeitraum Bestand. Für die Besprechung der theoretischen Auseinandersetzungen mit der geheimen Stimmabgabe in dieser Zeit werden zudem deutsche, französische und spanische Autoren herangezogen.

15 Das *19. Jahrhundert* ist geprägt von einer Vielzahl öffentlicher Auseinandersetzungen zum Thema Stimmgeheimnis. Die Entwicklungen in Frankreich, England, Australien und Deutschland geben einen umfassenden Überblick über die Tendenzen im 19. Jahrhundert. Während sich die Beurteilung der Geheimhaltung der Stimmabgabe im 19. Jahrhundert grundlegend gewandelt hat, festigt sich in der Gegenwart der Grundsatz des Stimmgeheimnisses weiter.

16 Anschliessend folgt die Skizzierung der *gegenwärtigen* Rechtslage in Frankreich, England und Deutschland. Es soll aufgezeigt werden, dass die geheime Stimmabgabe auch heute in keinem der dargestellten Länder gänzlich unbestritten ist. Dies zeigt nicht zuletzt auch die Diskussion im Zusammenhang mit E-Voting in diesen Ländern.

17 Die Untersuchung der vier Zeitepochen ist jeweils zweigeteilt. Zuerst wird für ein bestimmtes Land die in dieser Zeit bestehende Möglichkeit zur geheimen Stimmabgabe dargestellt. Anschliessend werden die Gründe, welche für und gegen die geheime Stimmabgabe implizit oder explizit angeführt wurden, analysiert. Am Ende der Behandlung einer Zeitepoche wird die Bedeutung des Stimmgeheimnisses in dieser Zeit dargestellt. Den Schluss dieses ersten Teils bildet eine Zusammenfassung der gesamten untersuchten Entwicklung seit der Antike (5).

1 STIMMABGABE IN DER ANTIKE

18   In der Zeit zwischen 1000 bis 700 v. Chr. entwickelten sich im ägäischen Raum Hunderte von Stadtstaaten. In einigen dieser Stadtstaaten, so auch in Athen, entstanden vorübergehend demokratische Systeme. Die Entwicklung der athenischen Demokratie ist vergleichsweise gut dokumentiert und wird auch heute noch von zahlreichen Demokratietheorien als Referenz herangezogen. Für die Darstellung antiker Wahl- und Abstimmungspraktiken rechtfertigt sich daher die Konzentration auf Athen. Sodann folgt eine Auseinandersetzung mit der Entwicklung in Rom zur Zeit der Republik. Auch in Rom wurden Wahlen und Abstimmungen als Modi der politischen Entscheidfindung eingesetzt. Die Untersuchung der Wahlen und Abstimmungen in Athen und Rom zeigt, dass die geheime Stimmabgabe bereits in der Antike bekannt war.

1.1 Stimmabgabe in der athenischen Demokratie

19   Die Entwicklung zur Demokratie in Athen bedeutete gleichzeitig auch die Entstehung neuer politischer Institutionen und damit die Entwicklung von Bestellungsmodi für politische Ämter sowie die Entscheidfindung innerhalb dieser politischen Institutionen. Zur Bestellung von Ämtern und zur politischen Entscheidfindung wurden sowohl Losverfahren und Wahlen als auch Abstimmungen durchgeführt. Diese Arten der Entscheidfindung sind für die drei wichtigsten politischen Institutionen – die Volksversammlung (Ekklesia), den Rat der Fünfhundert (Boule) und die Geschworenengerichte (Dikasteria) – belegt. Für diese politischen Institutionen wird im Folgenden die Art der Stimmabgabe skizziert. Die Ausführungen konzentrieren sich auf die Jahre 462-322 v. Chr., da diese Zeit als „klassische" Phase der griechischen Demokratie gilt, dank Aristoteles und verschiedener anderer Autoren weitaus am besten dokumentiert ist und deshalb für eine Betrachtung der politischen Partizipationsmöglichkeiten am meisten hergibt.

1.1.1 Grundsätzlich offene Stimmabgabe in der Volksversammlung und im Rat der Fünfhundert

20   In der *Volksversammlung*[5] – der Versammlung aller über 18-jährigen Männer mit athenischem Bürgerrecht – wurden vermutlich die meisten Wahlen und Abstimmungen offen durchgeführt. Der Grundsatz der offenen Stimmabgabe galt zweifellos für Abstimmungen, in denen mittels Handheben gestimmt wurde. Unklar ist, ob die Benutzung von Hilfsmitteln wie Stimmsteinchen oder Tonscherben der Geheimhaltung der Stimmabgabe oder lediglich der Zählgenauigkeit diente[6]. In der Literatur wird teilweise direkt vom Einsatz der Stimmsteine auf geheime

---

[5]   Vgl. zur Volksversammlung *Bleicken* 1995a, S. 191ff.
[6]   Vgl. dazu auch *Nicolet* 1970, S. 54.

Stimmabgabe geschlossen[7]. Staveley ist der Ansicht, dass die Stimmsteinchen im Falle von wichtigen Entscheiden über Personen – dem Beschluss über die Verbannung von Bürgern (Ostrakismos), über Straferlasse sowie über die Erteilung des athenischen Bürgerrechts an Fremde – der Geheimhaltung dienten[8]. Plausibel scheint aber auch die Begründung, dass gerade für diese Entscheide genau gezählt werden musste, da mindestens 6'000 Athener ihre Stimme abgegeben haben mussten, damit das Resultat anerkannt wurde[9].

21 Im *Rat der Fünfhundert*[10], der Vertretung der sozialen Gruppen und Wohngebiete der Bürgerschaft Athens wurden die Wahlen und Abstimmungen ebenfalls offen, mittels Handheben, durchgeführt[11]. Beim Entscheid des Rats über die Annahme von Klagen gegen Beamte, Klagen wegen Hochverrats oder Klagen gegen unwürdige Mitglieder aus den eigenen Reihen wurden ausnahmsweise Stimmsteinchen benutzt. Daraus wird teilweise wiederum auf die geheime Stimmabgabe geschlossen[12]. Dieser Schluss kann in der vorliegenden Arbeit nicht verifiziert werden. Im Rat der Fünfhundert wurden für die vorzeitige Abwahl von Ratsmitgliedern oder um eine Untersuchung über ihre Amtsführung einzuleiten Ölbaumblätter benutzt (Ekphyllophoria; das „Hinaustragen mit Blättern")[13]. Über die Gründe für den Einsatz von Ölbaumblättern anstelle von Tonscherben oder Stimmsteinchen lässt sich nur spekulieren. Es ist gut vorstellbar, dass Blätter aus Kostengründen eingesetzt wurden. Allerdings sind auch andere, wenn auch weniger wahrscheinliche Gründe denkbar: So hätten die Blätter beispielsweise aufgrund ihrer einfachen Zerstörbarkeit und damit zur Geheimhaltung der Stimmabgabe eingesetzt werden können. Obwohl diese Vermutung etwas weit hergeholt scheint, zeigt sie doch mindestens auf, dass über die Stimmabgabe in der Antike aus heutiger Sicht nicht alle Fragen abschliessend beantwortet werden können.

1.1.2 Geheime Stimmabgabe in den Geschworenengerichten

22 Die Prozesse in den *Geschworenengerichten*[14] wurden öffentlich abgehalten. Nach Anhörung von Kläger, Beklagtem und Zeugen wurde das Urteil ohne vorhergehende Beratung der Richter mittels Abstimmung gefällt. Dabei standen jeweils nur die beiden Rechtsforderungen der Parteien zur Abstimmung, ein Kompromiss war nicht möglich. Zur Stimmabgabe wurden Stimmsteinchen oder Wachstafeln benutzt. Buchstein meint, dass diese ursprünglich der Zählgenauig-

---

[7] *Busolt/Swoboda* 1926, S. 885.
[8] *Staveley* 1972, S. 93. So auch *Bleicken* 1995a, S. 202.
[9] So *Buchstein* 2000a, S. 55.
[10] Vgl. zum Rat der Fünfhundert *Bleicken* 1995a, S. 224ff.
[11] *Bleicken* 1995a, S. 233.
[12] So *Bleicken* 1995a, S. 233. Derselben Ansicht wohl auch *Staveley* 1972, S. 93, wenn er sagt, dass im Rat alle Personalentscheide mittels „ballot" getroffen wurden.
[13] *Busolt* 1920, S. 454; *Busolt/Swoboda* 1926, S. 885; *Staveley* 1972, S. 94.
[14] Vgl. zu den Geschworenengerichten *Bleicken* 1995a, S. 240ff.

keit dienten, sich daraus aber in der Folge die geheime Stimmabgabe entwickelte[15].

23   Die Entwicklung zur geheimen Stimmabgabe lässt sich zeitlich nicht genau datieren. Fest steht, dass nach dem Peloponnesischen Krieg (431-404 v. Chr.) die Geheimhaltung der Stimmabgabe in den Geschworenengerichten bekannt war[16]. Aristoteles (384-322 v. Chr.) beschrieb das geheime Abstimmungsverfahren für die Zeit nach 404 v. Chr. folgendermassen: Die Richter erhielten je zwei bronzene Stimmsteine. Der eine war massiv, der andere hatte innen ein Loch. Der durchbohrte Stimmstein stand für die Forderung des ersten Kontrahenten, der massive Stimmstein für die Forderung der Partei, die als zweite gesprochen hatte. Die Richter steckten die Stimmsteine, die sie bis zum Einwerfen in der Hand versteckt hielten, in zwei Amphoren. In die eine, bronzene Amphore kam die gültige Stimme, in die andere, hölzerne Amphore wurde die ungültige Stimme abgegeben[17].

24   Zwei Elemente sind in dieser Schilderung von Aristoteles von Bedeutung. Erstens wurden jedem Richter die beiden Stimmsteine offen, vor den Augen der Prozessgegner ausgehändigt, damit kein Richter zwei gleiche Stimmsteine erhielt. Zweitens hatten die Richter die Stimmsteine beim Einlegen in die Amphore so verdeckt zu halten, dass die Prozessgegner nicht erkennen konnten, welches der durchbohrte Stein war. Die erste Vorkehrung diente der Verhinderung von Unregelmässigkeiten, die zweite der Geheimhaltung.

25   Aus der geheimen Stimmabgabe in den Geschworenengerichten entwickelte sich auch die teilweise geheime Wahl von Beamten. Die athenischen Beamten[18] wurden je nach Wichtigkeit ihres Amtes unterschiedlich bestellt. Zentrale Positionen, zum Beispiel im Finanzbereich und Militärwesen, wurden in offener Wahl in der Volksversammlung besetzt, während die anderen Ämter in einem gemischten Verfahren durch das Los und eine Abstimmung durch ein Geschworenengericht verteilt wurden. Es setzte dafür Stimmsteine ein[19]. Da in den Geschworenengerichten ab 404 v. Chr. geheim abgestimmt wurde[20], übertrug sich dies auch auf die Abstimmung über die Zulassung zur Beamtenschaft. Die geheime Abstimmung ergab sich also vermutungsweise aufgrund der gewachsenen Abstimmungsformen innerhalb der Institution des Geschworenengerichts und nicht aufgrund der Überzeugung, dass Beamte geheim gewählt werden sollten.

---

[15]   *Buchstein* 2000a, S. 61.
[16]   Vgl. *Buchstein* 2000a, S. 62 m.w.N.; *Staveley* 1972, S. 96f.
[17]   *Aristoteles*: Staat der Athener, 68.
[18]   Vgl. zu den athenischen Beamten *Bleicken* 1995a, S. 269ff.
[19]   *Aristoteles*: Staat der Athener, 55.4.
[20]   Vgl. Rz. 23 hiervor.

1.1.3 Gründe für die geheime Stimmabgabe

26 Folgt man der Theorie Staveleys, dass die geheime Stimmabgabe bei gewissen Personenentscheiden eingesetzt wurde, kann man vermuten, dass der Grund dafür in der Fällung von besonders heiklen Entscheiden lag. Wollte man vielleicht die Stimmberechtigten vor dem Zorn eines Verbannten oder Nicht-Eingebürgerten schützen?

27 Die Einführung der geheimen Stimmabgabe in den Geschworenengerichten kann als Massnahme gegen Manipulationen der Urteile, insbesondere zur Verhinderung der Bestechung von Richtern durch betroffene Parteien betrachtet werden[21]. Dafür spricht, dass noch weitere Massnahmen getroffen wurden, um Manipulationen zu verhindern: die offene Aushändigung der Stimmsteine[22], die Bezahlung von drei Obolen an jeden Richter nach der Stimmabgabe zur Sicherstellung, dass jeder Richter seine Stimme abgab, zerlegbare Urnen zur Kontrolle, dass sie nicht bereits Stimmsteine enthielten, sowie die Grösse der Öffnungen der Amphoren, die das gleichzeitige Einlegen mehrerer Stimmsteine verhindern sollte[23]. Allerdings stellt sich die Frage, weshalb dann in den anderen Gremien im antiken Athen die offene Stimmabgabe (zumindest teilweise) praktiziert wurde. Es ist anzunehmen, dass auch in den Volksversammlungen Manipulationen vorkamen, welche mit geheimer Stimmabgabe vielleicht hätten verhindert werden können. Diese Frage lässt sich nicht abschliessend beantworten.

28 Bei der Auseinandersetzung mit demokratischen Entscheidfindungsmodalitäten in der Antike fallen zwei Dinge auf: Erstens spielte das Losverfahren eine grosse Rolle und zweitens wurde viel Gewicht auf die freie politische Debatte gelegt. Die antiken Autoren beschäftigten sich denn auch viel ausführlicher mit dem Losverfahren oder der Freiheit der Rede als mit der geheimen Stimmabgabe[24].

29 Mit Ausnahme der einjährigen Oligarchie von 411/410 v. Chr. und während der Herrschaft der 30 von 404/403 v. Chr. galt der Grundsatz, dass ein Amt mittels Los und nur ausnahmsweise, wo spezielle Erfahrung oder Kenntnisse für die Erfüllung des Amtes notwendig waren, durch Wahl bestellt werden sollte[25]. Nicht der Wille des Menschen sollte die Entscheidung treffen, sondern das Los[26]. Dies wurde als demokratisch verstanden, während die Bestimmung durch Wahl als Wesenszug der Oligarchie galt[27]. Ein ausgeklügeltes Verfahren stellte sicher, dass

---

[21] Diese Interpretation findet sich bei *Buchstein* 2000a, S. 63.
[22] Vgl. Rz. 24 hiervor.
[23] *Aristoteles*: Staat der Athener, 68.
[24] Zur Freiheit der Rede (Isegorie) vgl. *Herodot*: Geschichten und Geschichte, 5,78. Zum Losverfahren vgl. *Aristoteles*: Staat der Athener, 43-60 und 63-66.
[25] Vgl. *Bleicken* 1995a, S. 313; *Selinger* 2003, S. 40.
[26] *Aristoteles*: Staat der Athener, 64.4.
[27] *Aristoteles*: Politik, 1294b 7 ff.; *Herodot*: Geschichten und Geschichte, 3,80; *Platon*: Der Staat, 557a ff.

beim Losen keine Manipulationsmöglichkeiten bestanden[28]. Das Losverfahren führte zur Herstellung einer quantitativen Gleichheit. Jeder Athener hatte eine gleich grosse Chance, ausgelost zu werden. Diese politische Gleichheit war ein grundsätzlicher Bestandteil des athenischen Demokratieverständnisses[29]. Die Tatsache, dass durch das Losverfahren keine Möglichkeit bestand, die am besten qualifizierte Person zu wählen, war von geringerer Bedeutung[30].

30   Eine weitere Ausprägung der athenischen Demokratie ist von Interesse: Jeder athenische Bürger sollte am öffentlichen Leben teilhaben können[31]. Alle politischen Entscheide sollten gemeinsam gefasst werden, was sich im Recht auf das Teilhaben am Beraten und Reden manifestierte[32]. Erst in zweiter Linie, quasi als Konsequenz der Mitsprache, folgte das Recht auf Teilnahme an der anschliessenden Abstimmung[33].

31   Alles in allem war die Stimmabgabe selbst – sei es nun die offene oder die geheime – von geringer Bedeutung für die athenische Demokratie. Zum einen, weil das Losverfahren eine grosse Rolle spielte, zum anderen weil das Beraten und Reden eine überragende Bedeutung hatte. So entspricht es auch eher dem Charakter der offenen Diskussion, die anschliessende Abstimmung offen durchzuführen.

1.1.4   Auseinandersetzung in der politischen Theorie

32   Die theoretische Auseinandersetzung mit den Staatsformen in der Antike befasste sich praktisch nicht mit der geheimen Stimmabgabe. Aristoteles hat in seiner Schrift „Politik" die geheime Stimmabgabe nicht thematisiert. Bei der Beschreibung der verschiedenen Verfahren zur Ämterbestellung zählte er das Losverfahren und Wahlen sowie verschiedene Kombinationsmöglichkeiten auf. Er ging aber nicht auf die Art der Stimmabgabe ein[34]. Dies ist deshalb erstaunlich, weil sein Werk „Politik" beanspruchte, einen systematischen Überblick über alle Staatsformen und ihre jeweiligen Bausteine zu geben. Die Idee der geheimen Stimmabgabe war ihm nicht fremd, zumal er selbst im „Staat der Athener" die geheime Stimmabgabe in den Geschworenengerichten beschrieb und in der „Politik"[35] auf Platons Werk „Nomoi" einging, in welchem dieser die Geheimwahl vorsah.

---

[28]   Über den Vorgang der Bestellung der Geschworenenrichter durch das Los liefert Aristoteles in seinem „Staat der Athener" eine Beschreibung: *Aristoteles*: Staat der Athener, 63-66. Für eine Beschreibung der Losmaschinen vgl. *Bleicken* 1995a, S. 316f.; *Selinger* 2003, S. 41f. und S. 50.

[29]   *Thukydides*: Der Peloponnesische Krieg, 2,37,1. Vgl. dazu *Bleicken* 1995a, S. 338ff. Kritisch zum Gleichheitsgedanken in der Demokratie: *Aristoteles*: Politik, 1283a 12 ff. und 1317a 40 ff.

[30]   Vgl. *Bleicken* 1995a, S. 320f. Kritisch dazu: *Platon*: Der Staat, 557e-558c.

[31]   Vgl. *Bleicken* 1995a, S. 341.

[32]   Freiheit der Rede (Isegorie). Vgl. Fn. 24 hiervor.

[33]   *Bleicken* 1995a, S. 341 und 344. Vgl. auch die Aussage von Perikles in: *Thukydides*: Der Peloponnesische Krieg, 2,40,2.

[34]   *Aristoteles*: Politik, insbesondere 4,1299a 3-4 und 1301a 15.

[35]   *Aristoteles*: Politik, 2,1264b 26-2 und 1266b 30.

33   Einzig Platon (427-347 v. Chr.) hat an einer Stelle in seinem Werk „Nomoi" (Gesetze) die Geheimwahl vorgeschlagen. Er beschrieb die fiktive Stadt Magnesia und die Verteilung der politischen Ämter in dieser Stadt. Für die Wahl des obersten Erziehungsbeamten sah Platon einen besonderen Modus vor, da dieser als Aufseher über die Erziehung der zukünftigen Staatsoberhäupter die wichtigste Funktion im Staat einnahm[36]. Dessen Wahl erfolgte durch ein kleines Gremium („alle Obrigkeiten")[37] und hatte als einzige geheim zu geschehen[38]. Platon erwähnte leider weder die technischen Einzelheiten noch nannte er die Gründe für diese Geheimwahl. Es fällt auf, dass die Geheimwahl bei ihm nur dann zum Einsatz kam, wenn lediglich ein kleines Gremium zur Wahl schritt. Wo die gesamte Bürgerschaft wählte, sah er die offene Wahl vor[39]. Indirekt kann daraus geschlossen werden, dass Platon die Geheimwahl eher der aristokratischen Staatsform und die offene Stimmabgabe der Demokratie zuteilte.

34   Dabei ist allerdings zu beachten, dass Aristokratie und Demokratie als Staatsformen eine andere Bedeutung hatten als heute. Die Historiker und Denker des 5. und 4. Jahrhunderts v. Chr. unterschieden zwischen drei Kategorien von Regierungsformen und zwar je nach der Zahl der Bürger, welche die Macht ausübten: die Alleinherrschaft (Monarchie), die Herrschaft der Wenigen und die Herrschaft der Vielen[40]. Innerhalb der einzelnen Kategorien diente ein qualitatives Kriterium dazu, zwei Arten von Regierungen zu unterscheiden: Diejenige, die ausschliesslich auf Macht, und diejenige, die auf Tugend beruhte[41].

Tabelle 1

	Beruhend auf Macht	Beruhend auf Tugend
Alleinherrschaft	Tyrannis[42]	Königtum[43]
Herrschaft der Wenigen	Oligarchie[44]	Aristokratie[45]
Herrschaft der Vielen	Demokratie[46]	Politie[47]

35   Die guten Staatsformen waren diejenigen, die auf der Tugend beruhten und das Gemeinwohl im Sinn hatten[48]. Demokratie wurde also nicht unbedingt zu den gu-

---

[36] *Platon*: Nomoi, 765e.
[37] *Platon*: Nomoi, 766b.
[38] *Platon*: Nomoi, 766b.
[39] *Platon*: Nomoi, 753b und c, sowie 756, c-e.
[40] *Platon*: Der Staatsmann, 291c.
[41] *Aristoteles*: Politik, 3,1279a 23-3,1279b 10; *Herodot*: Geschichten und Geschichte, 3,80. Vgl. zur Klassifizierung der Regierungsformen in der Antike auch *Bodéüs* 2000, S. 143.
[42] *Aristoteles*: Politik, 3,1279b 5; vgl. auch *Platon*: Der Staatsmann, 291c.
[43] *Aristoteles*: Politik, 3,1279a 34; vgl. auch *Platon*: Der Staat, 445d und *Platon*: Der Staatsmann, 291c.
[44] *Aristoteles*: Politik, 3,1279b 5; vgl. auch *Platon*: Der Staatsmann, 291c.
[45] *Aristoteles*: Politik, 3,1279a 35; vgl. auch *Platon*: Der Staat, 445d und *Platon*: Der Staatsmann, 291c.
[46] *Aristoteles*: Politik, 3.1279b 5; vgl. auch *Platon*: Der Staatsmann, 291c.
[47] *Aristoteles*: Politik, 3,1279a 38; Platon verwendet im „Staatsmann" die Bezeichnung „Demokratie" für beide Herrschaftsformen der Vielen: *Platon*: Der Staatsmann, 291c.
[48] *Aristoteles*: Politik, 3,1279a 33 ff.; vgl. auch *Platon*: Der Staatsmann, 302b-303d.

ten Staatsformen gezählt. Unter den schlechten Staatsformen stellte die Demokratie allerdings noch die Beste dar[49].

1.2 Entscheidfindung in Rom

36 Im Unterschied zu Athen hatte Rom keine „demokratische" Verfassung. Der Staat wurde vielmehr durch das Zusammenspiel unterschiedlicher Institutionen bestimmt. Ungefähr um 300 v. Chr. entwickelte sich in Rom die „klassische republikanische" Staatsform, welche in ihren Grundzügen bis zur Militärdiktatur Caesars ab 49 v. Chr. bestehen blieb. Institutionelles Machtzentrum war der Senat[50]. Daneben bestanden die Volksversammlungen, welche politisch nur geringen Einfluss hatten. Im Hinblick auf die Frage geheime oder offene Abstimmung interessieren hauptsächlich die Volksversammlungen[51].

1.2.1 Übergang von offener zu geheimer Stimmabgabe auf den Comitien (Leges Tabellariae)

37 Die *Volksversammlungen*[52], an denen bestenfalls die Inhaber des Bürgerrechts teilnehmen durften, nahmen unterschiedliche Formen an. Wahlen und Abstimmungen fanden auf der „Comitia Tributa" und der „Comitia Centuriata" statt. Abgestimmt wurde nicht im Plenum, sondern innerhalb von Gruppen (Stimmkörpern). Im Gegensatz zu Athen war für das Ergebnis einer Abstimmung nicht die Mehrheit der Einzelstimmen, sondern die der Stimmkörper massgeblich[53]. Ursprünglich gaben die Bürger ihre Stimme mündlich, also offen, bekannt[54].

38 In der zweiten Hälfte des 2. Jh. v. Chr. führten die Römer in mehreren Gesetzen die Stimmabgabe mittels Stimmtafeln an den Volksversammlungen ein. Der Zweck der Stimmtafeln bestand nach einhelliger Ansicht in der Literatur in der Geheimhaltung der Stimmabgabe[55]. Ein erstes Gesetz des Volkstribunen Aulus Gabinius aus dem Jahre 139 v. Chr. sah die obligatorische Verwendung von Stimmtafeln für die Wahl der Magistraten vor. 137 v. Chr. wurde in einem zweiten Gesetz, erlassen von Lucius Cassius Longinus Ravilla, der Gebrauch der Stimmtafeln auf Prozesse ausgedehnt – mit Ausnahme von Hochverratsverfahren. Das Gesetz von Gajus Papirius Carbus aus dem Jahre 131 v. Chr. sah die Verwendung von Stimmtafeln für Abstimmungen über sämtliche Gesetzesvorhaben vor. Schliesslich legte ein viertes Gesetz, eingeführt von Gajus Coelius Caldus aus dem Jahr 107 v. Chr., die Verwendung von Stimmtafeln auch bei Hochver-

---

49 *Platon*: Der Staatsmann, 302d-303e; vgl. auch *Aristoteles*: Politik, 1289b 2ff.
50 Vgl. zum Senat *Bleicken* 1995b, S. 85ff.
51 Im Senat erfolgten die Abstimmungen offen durch Auseinandertreten der Senatoren.
52 Vgl. zu den Volksversammlungen *Bleicken* 1995b, S. 120ff.
53 *Bleicken* 1995b, S. 124.
54 *Selinger* 2003, S. 43.
55 *Bleicken* 1995b, S. 124; *Bleicken* 1999, S. 202; *Buchstein* 2000a, S. 84f.; *Jehne* 1993, S. 593; *Nicolet* 1970, S. 43f. und 52; *Staveley* 1972, S. 158ff. und 213.

ratsanklagen fest[56]. Die Gesetze, mit denen die geheime Stimmabgabe eingeführt wurde, nannte man Leges Tabellariae, da für die geheime Abstimmung Stimmtäfelchen (Lateinisch: tabellae) eingesetzt wurden. Die Wähler versammelten sich in Wahlgruppen geordnet auf einem grossen Platz, in dessen Mitte sich lange, durch Zäune abgegrenzte Gänge befanden. Die Wähler einer Gruppe gingen durch diese Gänge, welche zu einer Plattform führten. Um die Plattform zu erreichen, musste der Wähler eine Brücke überqueren. Erst an dieser Stelle erhielt er das Stimmtäfelchen, welches er einige Schritte weiter hinten in eine Urne warf[57].

1.2.2 Gründe für die geheime Stimmabgabe

39 Die Gründe für die Einführung der geheimen Stimmabgabe können nur im Kontext des sozialen Systems aufgezeigt werden. Dieses war geprägt durch das Patronagesystem[58]. Das Patronat war ein personales Verhältnis zwischen sozial herausgehobenen Patriziern und Klienten, welche rechtlich minder gestellt waren. Der Patron hatte die Pflicht, seinen Klienten in Notzeiten beizustehen. Im Gegenzug hatte der Klient den Patron u.a. bei dessen politischen Ambitionen nach besten Kräften zu unterstützen. Für die Abstimmung auf den Comitien hatte das Patronageverhältnis zur Folge, dass die Klienten ihre Stimme derjenigen des Patrons anpassten.

40 In der Forschung finden sich verschiedenste, zum Teil widersprüchliche Thesen zur Erklärung der geheimen Stimmabgabe in Rom. Einerseits wird die Befreiung der Klienten von ihren Patronen[59] genannt, andrerseits wird in der geheimen Stimmabgabe ein das Patronageverhältnis festigendes Mittel gesehen. Zudem wird die Wahrung der Wahlfreiheit des einzelnen Stimmbürgers als Grund angeführt[60].

41 Diejenigen, welche in der geheimen Stimmabgabe ein das Patronageverhältnis festigendes Mittel sehen, argumentieren wie folgt[61]: Da die Zugehörigkeit eines römischen Bürgers zu einem einzelnen Patron nicht formell festgelegt gewesen sei, hätten sich häufig mehrere Abhängigkeitsverhältnisse zwischen Klienten und unterschiedlichen Patronen entwickelt. Die politischen Entscheidungsempfehlungen der unterschiedlichen Patrone seien teilweise widersprüchlich gewesen. Die Bindungen an mehrere Patrone seien deshalb immer problematischer geworden

---

[56] Die Gesetzestexte sind nicht überliefert. Cicero listet sie jedoch auf: *Cicero*: De Legibus, 3,35f. Die jeweiligen Initiatoren der Gesetze sind im Kommentar der in dieser Arbeit verwendeten Cicero-Ausgabe auf S. 340 aufgeführt.

[57] *Selinger* 2003, S. 44f., vgl. auch die Abbildung dieses Vorgangs auf einer Münze in: *Selinger* 2003, S. 50.

[58] Die nachfolgenden Ausführungen zum Patronagesystem stützen sich auf *Bleicken* 1995b, S. 24ff.

[59] Vgl. dazu *Buchstein* 2000a, S. 88; *Gruen* 1991, S. 258.

[60] *Nicolet* 1970, S. 47 und 52. In der Literatur ist diese Interpretation jüngst wieder aufgetaucht bei *Yakobson* 1995, S. 426-442 und in der Folge von *Selinger* 2003, S. 43 bestätigt worden.

[61] Vgl. zum Folgenden: *Bleicken* 1995b, S. 324; *Bleicken* 1999, S. 202; *Buchstein* 2000a, S. 88; *Jehne* 1993, S. 593-613.

und unter dem Bekenntniszwang der offenen Abstimmung hätte das Patronagesystem nicht mehr lange funktionieren können. Die Einführung der geheimen Stimmabgabe habe es den Wählern erlaubt, ihre verschiedenen Bindungen versteckt zu halten und so letztlich zur Festigung des Patronagesystems beigetragen.

42   Für diese Argumentation spricht, dass das Patronagesystem in der Folgezeit unversehrt weiter bestanden hatte. Ob dies eine gewollte oder ungewollte Folge der Einführung der geheimen Stimmabgabe war, kann aber aus heutiger Perspektive nicht mehr zufrieden stellend rekonstruiert werden. Allerdings ist erwähnenswert, dass gerade Cicero (106-43 v. Chr.), ein Optimat – also ein Angehöriger des herrschenden Geschlechts, der ein Interesse an der Beibehaltung des Patronagesystems gehabt haben sollte – die geheime Stimmabgabe nicht gut geheissen hat[62].

43   Eine weitere These zur Begründung der Einführung der geheimen Stimmabgabe in Rom findet sich bei Gruen: Die Leges Tabellariae hätten zum Zweck gehabt, den Wähler von äusseren Einflüssen und neuen Interessengruppen abzuschneiden. Dies habe zur Stärkung der traditionellen politischen Eliten beigetragen[63]. Den beiden Thesen ist gemein, dass sie mit der Tatsache übereinstimmen, dass die Einführung der Leges Tabellariae auf keine nennenswerte Opposition gestossen war und die politischen Machtverhältnisse in der Folgezeit intakt geblieben waren[64].

44   Die Gründe für die Einführung der geheimen Stimmabgabe in Rom sind ebenso wie diejenigen in Athen in dieser Arbeit nicht definitiv eruierbar. Obwohl die Sekundärliteratur sich mit den Leges Tabellariae und den Gründen für deren Erlass mehr beschäftigt hat als mit den Gründen für die geheime Stimmabgabe in Athen, taucht ein Gedanke nur äusserst selten auf. Es wird nirgends die Theorie vertreten, dass die vier Gesetze – die alle einem anderen Urheber zuzuschreiben sind[65] – jeweils aus ganz opportunistischen Beweggründen entstanden sein könnten. Mindestens über den Urheber des vierten Gesetzes – Gajus Coelius Caldus – findet sich bei Cicero eine entsprechende Bemerkung. Cicero sagt nämlich, dass Gajus Coelius den Gajus Popilius habe stürzen wollen und deshalb das vierte Gesetz erlassen habe[66]. Folgt man der Aussage Ciceros, stellt sich natürlich die Frage, weshalb Gajus Coelius annehmen musste, Gajus Popilius werde nur bei geheimer Stimmabgabe verurteilt. War die Einflussnahme des Gajus Popilius bei offener Stimmabgabe zu gross?

---

[62]   Vgl. dazu Rz. 45 hiernach.
[63]   *Gruen* 1991, S. 261.
[64]   *Gruen* 1991, S. 259.
[65]   Aulus Gabinius, Lucius Cassius Longinus Ravilla, Gajus Papirius Carbus und Gajus Coelius Caldus. Vgl. Rz. 38 hievor.
[66]   *Cicero*: De Legibus, 3,36. Vgl. auch den Kommentar der in dieser Arbeit verwendeten Cicero-Ausgabe, S. 340: Gajus Coelius Caldus habe als Volkstribun den Publius Popillius Laenas wegen Hochverrats angeklagt und, um die Verurteilung zu sichern, seine lex tabellaria eingeführt.

1.2.3 Auseinandersetzung in der politischen Theorie

45 In Ciceros Werk „De legibus" (Über die Gesetze; entstanden 53/52 v. Chr.) befindet sich die einzige antike Quelle, die eine (fiktive) Debatte zwischen Gegnern und Befürwortern der Leges Tabellariae enthält[67]. Cicero forderte in „De legibus" die Wiedereinführung der Offenlegung der Stimmabgabe. Er kritisierte die geheime Stimmabgabe, da durch sie der Einfluss der „Vornehmen" auf das Volk vernichtet werde[68]. Unter den „Vornehmen" verstand Cicero wohl die Patrone, deren Einfluss er vermutungsweise als legitim ansah. Immerhin gehörte Cicero selbst – wenn auch als Emporkömmling – zu den Optimaten und damit den besser Gestellten in Rom. Er schlug die Wiedereinführung der offenen Stimmabgabe unter Beibehaltung der Stimmtafeln vor[69]. Die Stimmabgabe solle weiterhin individuell auf den Tafeln erfolgen, um Missbräuche zu verhindern[70]. Die Tafeln seien aber nicht mehr geheim zu halten, sondern die Bürger sollten verpflichtet werden, diese vor der Stimmabgabe „jedem vornehmen und angesehenen Bürger"[71] zu zeigen. An anderer Stelle kritisierte Cicero zudem, dass das Volk bereits zu viel Macht besitze[72]. Seine Forderung nach Stärkung des aristokratischen Systems durch die offene Stimmabgabe und die Kritik an der Machtfülle des Volkes sowie an den Leges Tabellariae lassen darauf schliessen, dass Cicero die geheime Stimmabgabe als demokratisches und die (teilweise) offene Stimmabgabe als aristokratisches Element verstand. Dies widerspricht diametral der bei Platon gesehenen Zuordnung der geheimen Stimmabgabe zur Aristokratie und der offenen Stimmabgabe zur Demokratie[73].

46 Eine richtige Interpretation der Werke und Ansichten Ciceros kann nur unter Berücksichtigung seines eigenen Erfahrungsschatzes vorgenommen werden. Er hatte die Sulla-Diktatur (82-79 v. Chr.) miterlebt und 16 Jahre später die Catilinarische Verschwörung aufgedeckt (63 v. Chr.). Er war ein Zeitgenosse Caesars (100-44 v. Chr.) und hatte dessen Brutalität miterlebt[74]. Es ist nicht auszuschliessen, dass sich Cicero erhoffte, durch die offene Stimmabgabe Verschwörungen und versteckte Abreden zu verhindern. Allerdings lässt sich diese Theorie in Ciceros Werk nicht direkt belegen.

1.3 Bedeutung der geheimen Stimmabgabe

47 Sowohl in Athen als auch in Rom stellte die offene Stimmabgabe die Regel dar, obwohl in beiden Städten die geheime Stimmabgabe auch bekannt war. Sie dürfte

---

[67] *Nicolet* 1970, S. 41 und 43.
[68] *Cicero*: De Legibus, 3,34.
[69] *Cicero*: De Legibus, 3,38.
[70] *Cicero*: De Legibus, 3,39.
[71] *Cicero*: De Legibus, 3,39.
[72] *Cicero*: De Legibus, 3,23.
[73] Vgl. Rz. 33 hiervor.
[74] Vgl. zum Leben Cicero's *Habicht* 1990.

in Athen eingeführt worden sein, um Manipulationen der Richter zu verhindern, allenfalls auch um heikle Personenentscheide zu treffen. In Rom haben mindestens teilweise rein eigennützige Überlegungen eines Volkstribuns mitgespielt. Die geheime Stimmabgabe wurde in der Antike jedoch grundsätzlich nicht als demokratisch aufgefasst. Mit der Demokratie wurde vielmehr die offene Stimmabgabe gleich gesetzt. Allein bei Cicero findet sich ansatzweise der Gedanke, dass die geheime Stimmabgabe demokratisch – i.S. der Stärkung der Macht des Volkes – sei. Zusammenfassend kann festgehalten werden, dass sich – abgesehen von der Ausnahme bei Cicero – das moderne Verständnis des Stimmgeheimnisses als demokratisches Element in der Antike nicht wieder findet.

2 MITTELALTER BIS 18. JH.: ENGLAND UND VENEDIG ALS PARADIGMATISCHE MODELLE

48   Erst im späten Mittelalter tauchten vereinzelt wieder Wahlsysteme mit geheimer Stimmabgabe auf. In dieser Arbeit wird als Beispiel für die offene Stimmabgabe auf England verwiesen, wo seit 1430 geregelte Wahlen zum Parlament stattfinden. Als Gegenbeispiel dient Venedig, wo seit 1268 der Doge nach einem festen Verfahren, das u.a. auch die geheime Stimmabgabe vorsah, bestellt wurde. Diese zwei historischen Verfahren werden kurz skizziert. Danach werden in den folgenden Abschnitten unterschiedliche Epochen in der politischen Ideengeschichte dargestellt. Die Konzentration auf England und Venedig bedeutet nicht, dass nicht auch andernorts die Art der Stimmabgabe eine Rolle spielte.

49   Die Frage „geheime versus offene Stimmabgabe" war zum Beispiel auch innerhalb kirchlicher Institutionen ein Thema. So führte der Dominikanerorden in der zweiten Hälfte des 13. Jahrhunderts die geheime Stimmabgabe ein[75]. Auch in der Literatur zu Wahlverfahren finden sich einzelne Hinweise auf die offene oder geheime Stimmabgabe. So beispielsweise beim katalonischen Rechtsphilosophen Ramon Llull (1232-1316)[76]. Die kirchlichen Wahlen und insbesondere die Papstwahlen[77] werden aus dieser Arbeit ausgeklammert, da die entsprechenden Untersuchungen zu viel Platz einnehmen würden und gleichzeitig deren Nutzen zur Beantwortung der Ausgangsfragestellung gering wäre. Dasselbe gilt für die Königswahlen[78] in Deutschland. Obwohl sie als weltliche Wahlen bezeichnet werden können, sind sie doch in einzelnen Aspekten eng mit der Kirche verknüpft, zum Beispiel dadurch, dass der Papst als Oberinstanz in Fragen der Königswahl fungierte[79]. Trotzdem wird der Kirchenrechtler Nikolaus Cusanus (1401-1464) erwähnt, der 1433 in seinem Werk „De concordantia catholica" ein System zur Wahl des deutschen Königs präsentierte, in welchem die geheime Stimmabgabe Erwähnung fand[80]. Denn es handelt sich – abgesehen von den antiken Quellen – um eine der frühesten begründeten Erwähnungen der geheimen Stimmabgabe.

---

[75] *Malecek* 1990, S. 128f.
[76] Vgl. Rz. 58 hiernach.
[77] Einen Überblick über die Papstwahlverfahren im Mittelalter gibt *Schimmelpfennig* 1990.
[78] Zum Königswahlverfahren vgl. 2. Kapitel Goldene Bulle (10.1./25.12.1356), in: *Buschmann* 1994, S. 104-156.
[79] *Schneider* 1990, S. 166.
[80] *Cusanus*: De concordantia catholica, B. 3, Kap. 37 (S. 448-450). Vgl. auch Rz. 59 hiernach.

2.1 Parlamentswahlen in England

50 Das englische Parlament hat seine Wurzeln im 13. und 14. Jahrhundert[81]. Die historische Tradition der politischen Institutionen ist in England von grosser Bedeutung. So auch die Tatsache, dass die Wurzeln des Parlaments so weit zurück reichen. Beruhend auf der germanisch-keltischen Tradition der seit dem 11. Jahrhundert statt findenden Grafschaftsversammlungen[82] wurden die Parlamentsabgeordneten öffentlich durch laute Zurufe bestimmt[83]. Die Einführung einer förmlichen Abstimmung zur Bestellung der Abgeordneten fand durch Henry VI. im Jahre 1430 statt[84]. Die Wahlen wurden fortan an Wahlversammlungen abgehalten, an denen die Wähler ihre Stimme offen durch Handheben abgaben[85]. Das Gesetz blieb während der nächsten 400 Jahre, also auch während der englischen Revolution unverändert in Kraft. In einzelnen Fällen wurde in England zwar geheim abgestimmt, dies stellte aber die Ausnahme dar[86]. In der späteren Debatte um die generelle Einführung der geheimen Stimmabgabe in England im 19. Jahrhundert war dann einzig die historische Tradition und die damit einhergehende Legitimation der offenen Stimmabgabe von Bedeutung[87].

2.2 Dogenwahl mittels Ballòtta in Venedig

51 Die italienischen Stadtrepubliken und Landgemeinden wiesen seit dem 12. Jahrhundert eine grosse Vielfalt an Wahl- und Abstimmungsverfahren auf. Dabei wurden in einigen Republiken Vorkehrungen getroffen, um das Stimmgeheimnis zu wahren[88]. So wurden zur Stimmabgabe Kugeln, Bohnen oder andere Gegenstände benutzt, welche in Urnen gelegt wurden. In Modena wurden 1327 die Kugeln einem Mönch übergeben, der sie in die Urne legen sollte. In Brescia waren die beiden Urnen für die Nein- und die Ja- Stimmen mit dickem Filz ausgelegt. 1289 wurde in Florenz vom Wähler verlangt, dass er beide Hände mit den verschiedenfarbigen Kugeln in die Urne halten sollte, damit niemand sehen konnte, welche er fallen liess. Die zur Stimmabgabe benutzte Kugel wurde „ballòtta" genannt[89]. Obwohl die geheime Stimmabgabe bei Sachentscheidungen bereits 1246 in Brescia und 1264 in Vicenza belegt ist[90], hat die Wahlordnung Venedigs aus dem Jahr 1268 die grösste Beachtung gefunden. Dies hängt vermutlich damit zu-

---

[81] *Blackstone*: Commentaries on the Laws of England, S. 111; *Kluxen* 1985, S. 112. Zur Entstehung des britischen Parlaments vgl. *Loewenstein* 1964, S. 21-32; *Lyon* 1960, S. 408-430, 535-561 und 595-612.
[82] Zu den Grafschaftsversammlungen vgl. *Lyon* 1960, S. 44-51.
[83] *Jacobi* 1958, S. 5; *Meyer* 1901, S. 529.
[84] *Kluxen* 1985, S. 124; *Lyon* 1960, S. 599; *Meyer* 1901, S. 529.
[85] *Jacobi* 1958, S. 5; *Meyer* 1901, S. 529.
[86] Gross belegt einzelne Fälle für die Zeit zwischen 1526-1835: *Gross* 1898, S. 456ff.
[87] Vgl. Rz. 128 hiernach.
[88] Vgl zum Folgenden: *Malecek* 1990, S. 128 m.w.N.
[89] *Cortelazzo/Zolli* 1999, S. 171.
[90] *Wolfson* 1899, S. 16f.

sammen, dass in Venedig – anders als in den meisten italienischen Kommunen – das Wahlverfahren über eine sehr lange Zeit konstant blieb.

52 Bis 1172 wurde der Doge durch Akklamation in einer allgemeinen Versammlung bestimmt[91]. Diese Versammlungen wurden von einzelnen einflussreichen Familien gesteuert. Ab 1172 wurde der Doge von einem offiziellen Nominierungsausschuss bestimmt[92]. 1268 wurde das Verfahren zur Wahl des Dogen in Venedig auf elf Stufen erweitert. Dabei kamen die indirekte Wahl, das Losverfahren und die Geheimwahl per Ballòtta zum Tragen[93]: Ein Knabe (Ballotino) bestimmte durch Ziehung von Kugeln aus einer Urne 30 Ratsmitglieder. In einer zweiten Runde wurden aus diesen neun „Electores" ausgelost. Die neun Electores machten insgesamt 40 Wahlvorschläge, über die sie in der Folge geheim abstimmten. Dazu wurden Stimmzettel eingesetzt. Wenn mehr als zwölf der Wahlvorschläge diese Runde überstanden hatten, fand eine zweite Runde statt, in welcher das Los eingesetzt wurde. Das Ziel war, zwölf Personen übrig zu haben, die nun ihrerseits als Electores amteten und mittels geheimer Stimmabgabe auf Papierzetteln weitere 25 Electores aus der Runde der Ratsmitglieder wählten. Unter diesen wurden nun durch das Losverfahren neun Personen ermittelt, die wiederum 45 Electores in geheimer Wahl bestimmten. Nach demselben Muster wurden die 45 Electores auf elf reduziert. Die elf Electores bestimmten anschliessend in geheimer Wahl die definitiven 41 Electores des Dogen. Diese 41 Ratsmitglieder wählten den Dogen mittels geheimer Stimmabgabe. Das Wahlgesetz von 1268 blieb während über 500 Jahren – bis 1797 unverändert in Kraft[94].

53 Über die Gründe für die Reform des Wahlverfahrens zur Wahl des Dogen im Jahre 1268 ist nicht viel geschrieben worden. Es ist anzunehmen, dass mit der Einführung dieses komplizierten Wahlmodus', welcher geheime Stimmabgabe mit Losverfahren kombinierte, Manipulationen, Parteienstreit und Bestechung sowie ein allzu grosser Einfluss einzelner Familien verhindert werden sollte[95]. Die Machtkontrolle war in der (ungeschriebenen) Verfassung Venedigs ein wichtiges Element. Obwohl der Doge das oberste Staatsorgan war, existierten Ausschüsse und Räte, die den Dogen zu beraten und zu „nötigen" hatten, gemäss den Entscheidungen der Räte zu handeln[96]. Die Räte ihrerseits wurden ebenfalls überprüft[97]. Die geheime Stimmabgabe fand nicht nur bei der Wahl des Dogen Anwendung, sondern beispielsweise auch bei der Besetzung unbeliebter Posten[98]. Der Verhinderung von Korruption kam in Venedig ebenfalls eine wichtige Be-

---

[91] *Lane* 1980, S. 147.
[92] *Lane* 1980, S. 149f.
[93] Zu den Details des Verfahrens vgl. *Heller* 1999, S. 131-133; *Riklin* 1990, S. 282f.
[94] *Riklin* 1990, S. 282.
[95] So *Lane* 1980, S. 177, 410; *Malecek* 1990, S. 131; *Riklin* 1990, S. 282.
[96] *Lane* 1980, S. 155ff.
[97] *Lane* 1980, S. 155.
[98] *Lane* 1980, S. 420.

deutung zu. Dies zeigt die weite Verbreitung und Ausgestaltung des Losverfahrens. Beim Losverfahren zur Bestellung von Nominierungsausschüssen wurden goldene und silberne Kugeln verwendet. Wer eine goldene Kugel aus einer sichtgeschützten Urne zog, war Mitglied des Nominierungsausschusses. Diese goldenen Kugeln verfügten über eine geheime Markierung mittels derer kontrolliert werden konnte, dass es sich nicht um eine Fälschung handelte, welche ein Aristokrat mitgebracht hatte, der unbedingt in den Nominierungsausschuss kommen wollte[99].

54   Die Verhinderung von Machkonzentration und Korruption hatte im aristokratischen Venedig die Stabilisierung des politischen Systems zum Ziel. Dasselbe Ziel wird der (teilweise) geheimen Stimmabgabe zugeschrieben[100]. Es ging nicht etwa darum, mehr Demokratie einzuführen. Trotz des komplizierten Wahlmodus' kam es allerdings immer noch zu Korruption, und auch Familienrivalitäten bestanden weiter[101].

2.3   Wahlverfahren in der politischen Theorie des Mittelalters und der frühen Neuzeit

55   Bis ins Mittelalter und in die frühe Neuzeit spielten Verfahrensmodi zu Wahlen lediglich eine marginale Rolle. Frühe Auseinandersetzungen mit Wahlverfahren finden sich etwa bei Ramon Llull, der sich in insgesamt drei Werken mit Wahlsystemen auseinander setzte[102].

56   In England setzte man sich seit der englischen Revolution (1640-1660) vermehrt mit dem Wahlrecht und den damit verbundenen Wahlverfahren auseinander. Entsprechend nahm in dieser Zeit der Umfang der Literatur zum Wahlverfahren deutlich zu. Die in Platons Nomoi festgehaltene Zuordnung der offenen Wahl zur Demokratie und der geheimen Wahl zur Aristokratie wiederholte sich in der englischen Diskussion im 17. Jahrhundert. Eine minimale Lockerung dieser Konstellation fand sich im 18. Jahrhundert bei Montesquieu: Er betrachtete lediglich die offene Wahl als demokratisch, befürwortete zur Verhinderung von Manipulationen aber in kleinen Gremien ausnahmsweise die geheime Stimmabgabe. Erst bei Rousseau finden sich Überlegungen, welche die Geheimwahl mit der Demokratie zu verbinden suchen.

---

[99]   *Lane* 1980, S. 421.
[100]   *Malecek* 1990, S. 131.
[101]   *Heller* 1999, S. 135; *Lane* 1980, S. 177.
[102]   Die drei Schriften heissen: „Artifitium electionis personarum" (vor 1283), „Blaquerna" (ca. 1283) und „De arte eleccionis" (1299). Vgl. für auszugsweise Übersetzungen aus diesen drei Werken *Hägele/Pukelsheim* 2001.

2.3.1 Wahlverfahren in der Literatur des Mittelalters

57   Die kirchlichen Wahlen und die deutschen Königswahlen sollen in dieser Arbeit zwar nicht näher untersucht werden[103], trotzdem wird kurz auf die Werke der Autoren Llull und Cusanus eingegangen. Diese sollen zeigen, dass die Frage „geheime versus offene Stimmabgabe" nie ganz belanglos war, auch wenn sie im Mittelalter nicht im Zentrum der Diskussionen um Wahlsysteme stand.

58   Ramon Llull entwickelte in seinen drei Werken[104] jeweils ein Wahlsystem zur Bestimmung von kirchlichen Abgeordneten[105]. Dabei schlug er in „Blaquerna" die geheime[106] und später in „De arte eleccionis" die offene Stimmabgabe[107] vor. Während er die geheime Stimmabgabe ohne nähere Begründung empfahl, plädierte er später für die offene Stimmabgabe, da diese Betrug verhindere und zu besseren Wahlentscheidungen führe. Denn wer seine Stimme offen abgebe, sei der Ungnade seiner Kollegen ausgesetzt, sollte er eine schlechte Entscheidung treffen[108].

59   Nikolaus Cusanus entwarf in seinem Werk „De concordantia catholica" (1433) ein System zur Wahl des deutschen Königs mittels geheimer Stimmabgabe[109]. Zur Stimmabgabe sah Cusanus Stimmzettel vor: Die Namen der Kandidaten sollten auf genau gleiche Stimmzettel geschrieben werden und zwar jeweils auf einen Zettel nur ein Name. Dem Namen wurde eine Rangzahl beigefügt, wobei die höchste Zahl der maximalen Anzahl Kandidaten entsprach[110]. Jeder Wähler – d.h. jeder Kurfürst – zog sich zurück, trug zuerst den schlechtesten Kandidaten auf dem Stimmzettel ein und versah diesen mit der niedrigsten Rangzahl, danach notierte er den zweitschlechtesten Kandidaten und fuhr entsprechend fort bis er den besten Kandidaten zum Schluss mit der höchsten Rangzahl bewertet hatte[111]. Gewählt war, wer die höchste Endsumme auf sich vereinigte[112]. Die Wähler sollten die gleiche Tinte und gleiche Federn benutzen und gleich lange Striche ziehen, damit nicht festgestellt werden konnte, wessen Handschrift ein Stimmzettel trug[113]. Alle Stimmzettel wurden in einen leeren Beutel geworfen, ein Priester holte sie einzeln heraus und las die darauf stehenden Informationen laut vor[114]. Cusanus sah diverse Massnahmen vor, die alle der Geheimhaltung dienten: so sollten sich die Wähler zum Ausfüllen der Stimmzettel zurückziehen, die Stimm-

---

[103] Vgl. Rz. 49 hiervor.
[104] Vgl. Fn. 102 hiervor.
[105] *Hägele/Pukelsheim* 2001, S.20.
[106] *Hägele/Pukelsheim* 2001, S. 13f.
[107] *Hägele/Pukelsheim* 2001, S. 17ff.
[108] *Hägele/Pukelsheim* 2001, S. 19.
[109] *Cusanus*: De concordantia catholica, B. 3, Kap. 37, (S. 448-450).
[110] *Cusanus*: De concordantia catholica, B. 3, Kap. 37, Abschnitt 535 (S. 448).
[111] *Cusanus*: De concordantia catholica, B. 3, Kap. 37, Abschnitte 536 und 537 (S. 448f.).
[112] *Cusanus*: De concordantia catholica, B. 3, Kap. 37, Abschnitt 539 (S. 449).
[113] *Cusanus*: De concordantia catholica, B. 3, Kap. 37, Abschnitt 538 (S. 449).
[114] *Cusanus*: De concordantia catholica, B. 3, Kap. 37, Abschnitt 539 (S. 449).

zettel hatten alle gleich auszusehen und sollten in möglichst ähnlicher Schrift ausgefüllt werden. Auch der Einsatz eines Priesters beim Auszählungsprozess sollte die Wahrung der Geheimhaltung unterstützen. Aus Stellen am Anfang und am Schluss der Wahlanleitung lassen sich die Gründe für die Geheimhaltung herleiten: die Wahl sollte ohne jede Furcht, in voller Freiheit stattfinden[115], und ohne Betrügereien und dunkle Machenschaften ablaufen[116].

60 Eine der ersten Auseinandersetzungen mit Wahl- und Abstimmungsverfahren in England findet sich bei Thomas Morus (1478-1535). In seiner Schrift „Utopia" (1516) entwickelte er ein ideales politisches und soziales Modell für England. Die Wahl des Staatsoberhauptes im fiktiven Utopia[117] sollte in einem zweistufigen Verfahren erfolgen. Nachdem das Volk vier Kandidaten bestimmt hatte, wählten 200 Vertreter des Volkes das Staatsoberhaupt in geheimer Abstimmung[118]. Morus nannte weder Grund noch System der geheimen Wahl. Sein Werk sollte aber zahlreiche weitere Autoren inspirieren.

2.3.2 Wahlverfahren in der politischen Theorie der englischen Revolution

61 In der Zeit zwischen 1640 und 1660 herrschte in England grosse verlegerische Freiheit. Davor und danach unterlagen Werke über Geschichte und Politik einer strengen Zensur[119]. In diesen 20 Jahren fand eine breite öffentliche Debatte über die Neuordnung Englands statt. Die Frage der offenen oder geheimen Stimmabgabe wurde ebenfalls diskutiert. Die offene Wahl wurde dabei demokratischem Gedankengut, die Geheimwahl aristokratischem Gedankengut zugeordnet.

62 Für die Theorie der Geheimwahl kommt einem englischen Autor des 17. Jahrhunderts besondere Bedeutung zu: James Harrington (1611-1677). Er war ein grosser Anhänger des venezianischen Wahlverfahrens[120]. In seinem Werk „Oceana" (1656) entwarf er den Bauplan für eine fiktive Republik, welche als England identifiziert werden kann[121]. Die Wahlen in Oceana waren geheim und fanden in einem mehrstufigen Verfahren statt, welches wesentliche Elemente aus dem System Venedigs übernahm[122]. Harrington vertrat als Theoretiker tendenziell aristokratische Ansichten[123] und war für eine konsequente Geheimhaltung der Stimm-

---

[115] *Cusanus*: De concordantia catholica, B. 3, Kap. 37, Abschnitt 535 (S. 448).
[116] *Cusanus*: De concordantia catholica, B. 3, Kap. 37, Abschnitt 540 (S. 450).
[117] Morus hat wohl absichtlich das pseudo-griechische Wort „Utopia" benutzt, denn es kann auf zwei verschiedene Weisen gedeutet werden. Das Präfix „u-" kann im Sinne des griechischen „ou" (nicht) verstanden werden, und die Utopie ist ein Nicht-Ort (Topos = griechisch für Ort). Es kann aber von der englischen Aussprache her auch als „eu" (gut) interpretiert werden, dann handelt es sich um einen „guten Ort". Vgl. dazu *Cartledge* 2000, S. 184.
[118] *Morus*: Utopia, S. 65.
[119] *Hill* 1990, S. 41f.
[120] *Harrington*: Oceana, S. 155; vgl. auch *Sabine* 1973, S. 467.
[121] *Sabine* 1973, S. 460.
[122] *Harrington*: Oceana, S. 104ff., S. 112ff. und S. 155; *Riklin* 1998, S. 105.
[123] *Sabine* 1973, S. 469; *Riklin* 1998, S. 114ff. Riklin bezeichnet Harringtons Ideal treffend als „aristokratisch geführte Republik auf der Grundlage einer Demokratie der Eigentümer", *Riklin* 1998, S. 116.

abgabe. Das Geheimhaltungsgebot in Oceana galt für die Bestellung aller Gremien sowie für Sachabstimmungen und Wahlen innerhalb dieser Gremien[124]. Gleichzeitig sah er für Oceana kein allgemeines Wahlrecht vor[125].

63 In einer fiktiven Auseinandersetzung zwischen einem Gegner und einem Befürworter der geheimen Stimmabgabe ging Harrington auf die Gründe für die geheime Stimmabgabe ein[126]. Unter Verwendung von Metaphern aus dem Bereich der Glücksspiele hielt er fest, dass nur die geheime Stimmabgabe die Verwendung von „faulen Tricks" verhindern könne[127]. Niemand solle den Inhalt der Stimmabgabe eines anderen kennen und somit nicht wissen, wem er zu danken oder zu grollen habe[128]. Zweck der geheimen Stimmabgabe bei Harrington war die Sicherung der Wahlfreiheit[129]. Die Geheimhaltung sollte auch dafür sorgen, dass keine organisierten Fraktionen und Parteiungen entstehen konnten[130]. Obwohl Harrington politische Anhänger und Nachfolger fand, blieb die Idee der geheimen Stimmabgabe vorerst ohne Konsequenzen[131]. Harrington hatte mit Oceana jedoch dafür gesorgt, dass das Interesse für die geheime Stimmabgabe in England wach blieb.

64 Während Harrington von einem kleinen Kreis an Wahlberechtigten ausging und für diesen die geheime Stimmabgabe vorsah, gingen die Vorstellungen der „Levellers" gerade in eine entgegen gesetzte Richtung. Sie forderten die Einführung des allgemeinen Männerwahlrechts[132], lehnten aber gleichzeitig die Geheimwahl ab.

65 Die Levellers traten für eine Begrenzung der Regierungsgewalt sowie für individuelle Freiheitsrechte ein. Im Herbst 1647 stellten sie ein Programm zur politischen Neuordnung Englands vor[133]. In diesem „Agreement of the People" forderten sie das gleiche und allgemeine Wahlrecht[134]. Das geheime Wahlrecht war jedoch nicht Gegenstand der Forderungen[135]. Dies ist aufgrund ihrer sonstigen Ambitionen und dem Bedürfnis nach freien Wahlen erstaunlich, zumal ihnen die Idee der geheimen Stimmabgabe aufgrund der Bekanntheit von Morus' Utopia und Harringtons Oceana nicht unbekannt gewesen sein durfte. Offenbar stellten die

---

[124] Harrington beschreibt die einzelnen Prozesse sehr detailliert. Vgl. z.B. zu den Wahlen innerhalb des Senats *Harrington*: Oceana, S. 165-204.

[125] Vgl. dazu *Riklin* 1998, S. 104.

[126] *Harrington*: Oceana, S. 155ff.

[127] *Harrington*: Oceana, S. 160.

[128] *Harrington*: Oceana, S. 160.

[129] So auch *Riklin* 1998, S. 104; *Sabine* 1973, S. 466.

[130] *Harrington*: Oceana, S. 160.

[131] Mit einem sarkastischen Blick auf Morus und Harrington erklärt *Brailsford* 1961, S. 279 diese Tatsache damit, dass ersterer zu wenig, letzterer zu viel über das Thema geschrieben und dieses dadurch zu kompliziert gemacht habe.

[132] *Riklin* 1998, S. 104.

[133] *Brailsford* 1961, S. 255.

[134] *Brailsford* 1961, S. 257f.

[135] *Brailsford* 1961, S. 279; *Jacobi* 1958, S. 5f.

Levellers die offene Wahl nicht in Frage, sondern sahen sie als mit ihren demokratischen Vorstellungen vereinbar an.

66 Obwohl die Parlamentswahlen offen erfolgten, war die geheime Stimmabgabe in England nicht gänzlich unbekannt. Seit den 20-er Jahren des 17. Jahrhunderts hatten einige englische Handels- und Aktiengesellschaften die geheime Stimmabgabe für die Wahl ihrer Vorstände oder zur Bestimmung neuer Mitglieder eingeführt. Diese Praxis hatten sie von den Handelsgesellschaften der oberitalienischen Städte übernommen[136]. Der König war über diese Praktiken nicht sonderlich erfreut und verbot – zumindest in den Handelsgesellschaften der Krone – die geheime Stimmabgabe[137]. Auch in der „Royal Society", einer naturphilosophisch orientierten Gesellschaft, war die geheime Stimmabgabe für die Aufnahme neuer Mitglieder bekannt[138]. Zu den Mitgliedern der Royal Society zählte seit 1668 auch John Locke (1632-1704)[139], es kann also davon ausgegangen werden, dass er mit der geheimen Stimmabgabe vertraut war. Dennoch fand diese keinen Eingang in seine politische Theorie. In „Two Treatises of Government" (1690) schenkte er bei der Beurteilung der Legitimität einer Regierungsform der Wahlpraxis grosse Aufmerksamkeit. Wo Stimmenkauf praktiziert werde und die Wähler unter Druck gesetzt würden, verliere die Regierung ihre Legitimität[140]. Interessant ist, dass Locke – einer der Stammväter des modernen politischen Liberalismus – zur Verhinderung von Stimmenkauf und repressiver Einflussnahme nicht die geheime Stimmabgabe vorschlug. Wie bei den Levellers lässt sich über die Gründe, warum die Geheimwahl für Locke kein Thema war, lediglich spekulieren.

2.3.3 Wahlverfahren in den politischen Theorien des 18. Jh.

67 Nimmt man John Locke für das Gedankengut des englischen politischen Liberalismus des 17. und 18. Jahrhunderts, so kann William Blackstone (1723-1780) stellvertretend für den englischen Konservativismus des 18. Jahrhunderts herangezogen werden. Er kodifizierte die ungeschriebene Staatsverfassung des „common law" in seinen „Commentaries on the Laws of England" (1765-67). Diese galten ein Jahrhundert lang als massgeblicher Verfassungskommentar und prägten die englischen Staatsrechtler[141]. Für Blackstone stellte die Wahl der Abgeordneten ein zentrales demokratisches Moment in der Verfassung des englischen Parlamentarismus dar[142]. Bezüglich der Art und Weise der Stimmabgabe ging Blackstone vom Grundsatz der offenen Stimmabgabe aus. Obwohl er dies nicht

---

[136] *Gross* 1898, S. 458.
[137] *Gross* 1898, S. 458.
[138] *Sprat*: The History of the Royal Society of London, S. 93; vgl. auch *Lomas* 2002, S. 198.
[139] *Cranston* 1957, S. 116.
[140] *Locke*: Two Treatises of Government, II, § 222 (S. 431).
[141] Vgl. *Boorstin* 1941, S. 3ff.
[142] *Blackstone*: Commentaries on the Laws of England, S. 127.

explizit festhielt, kann aus verschiedenen Hinweisen darauf geschlossen werden. Er war der Meinung, dass die Parlamentswahlen absolut frei erfolgen sollten und deshalb jeder ungebührliche ("undue") Einfluss auf die Wähler verboten sei[143]. Blackstone zählte eine Reihe von Massnahmen auf, die einzuhalten seien, um freie Wahlen zu gewährleisten[144]. Die geheime Stimmabgabe erwähnte er in diesem Zusammenhang jedoch nicht. Offenbar verband Blackstone mit der demokratischen Bestellung der Abgeordneten die offene Stimmabgabe. Die Gründe für Blackstones Ablehnung der geheimen Stimmabgabe können indirekt aus der Darstellung der Geschäftsordnung des Parlaments hergeleitet werden. Die Tätigkeit des Parlaments habe offen zu erfolgen, damit der Wähler diese kontrollieren könne[145]. Blackstone lehnte die geheime Stimmabgabe innerhalb des Parlaments explizit ab[146].

68   Die Art des Wahlverfahrens wurde im 18. Jahrhundert auch in Frankreich zu einem Thema in der politischen Literatur. Auch hier wurden gegensätzliche Positionen eingenommen. Ähnlich wie sich die Unterschiede im 17. Jahrhundert in England anhand der Levellers und der Theorie Harringtons zeigen lassen, lassen sich zur Illustration für das Gedankengut in Frankreich Montesquieu und Rousseau heranziehen.

69   Charles de Montesquieu (1689-1755), dessen Denken durch einen Aufenthalt in England (1729-1731)[147] entscheidend geprägt worden war, stellte in seinem Werk „Esprit des Lois" (1748) eine umfangreiche Staatstheorie und -soziologie auf. In seinen Ausführungen zur *demokratischen Republik* unterschied er zwischen der Bestellung der politischen Institutionen und den Abstimmungen innerhalb der Volksversammlung und des Senats. Als Bestellungsverfahren sah Montesquieu ein abgeschwächtes Losverfahren vor[148]. Als Grundsatz für die Abstimmungen innerhalb der Volksversammlung hielt Montesquieu fest, dass diese offen zu erfolgen hatten[149]. Er begründete dies damit, dass sich einfache Bürger am Stimmverhalten der Angesehenen und Gebildeten orientieren können sollten[150]. Innerhalb des Senats forderte Montesquieu die geheime Abstimmung, um Manipulationen („brigues"[151]) zu verhindern[152]. Für die Abstimmungen der Adeligen in der *aristokratischen Republik* verlangte Montesquieu die geheime Stimmabgabe aus demselben Grund wie in der Demokratie für den Senat; zur Verhinderung von

---

[143] *Blackstone*: Commentaries on the Laws of England, S. 132.
[144] *Blackstone*: Commentaries on the Laws of England, S. 133f.
[145] *Blackstone*: Commentaries on the Laws of England, S. 135.
[146] *Blackstone*: Commentaries on the Laws of England, S. 134.
[147] *Stubbe-da Luz* 1998, S. 56f.
[148] *Montesquieu*: De l'Esprit des lois, B. 2, Kap. 2 (S. 102).
[149] *Montesquieu*: De l'Esprit des lois, B. 2, Kap. 2 (S. 103).
[150] *Montesquieu*: De l'Esprit des lois, B. 2, Kap. 2 (S. 103).
[151] Die deutsche Übersetzung des Begriffs „brigues" in *Montesquieu*: Vom Geist der Gesetze, B. 2, Kap. 2 (S. 111) lautet „Schiebungen".
[152] *Montesquieu*: De l'Esprit des lois, B. 2, Kap. 2 (S. 103).

Manipulationen[153]. Die Vorstellungen von Montesquieu können auf folgenden Nenner gebracht werden: wo das Volk als Ganzes seinen Willen bekundete, war die offene Stimmabgabe unabdingbar, damit sich die einzelnen Wähler am Stimmverhalten der Gebildeten orientieren konnten. Sobald nur noch Wenige ihre Stimme abgaben, stand nicht mehr dies im Vordergrund, sondern vielmehr die Verhinderung von Manipulationen. Deshalb bevorzugte er in diesen Fällen die geheime Stimmabgabe.

70   Jean-Jacques Rousseau (1712-1778) brachte die geheime Wahl mit der Demokratie in Zusammenhang. Rousseau zufolge war das ideale Verfahren für die echte Demokratie (Demokratie i.e.S.) das Losverfahren, weil dieses die Last des Regierens gerecht und effizient verteile[154]. Da Rousseau allerdings der Ansicht war, dass es eine Demokratie i.e.S. – wo alle Bürger gleich waren, sei dies in Bezug auf ihre Talente oder ihr Vermögen – nicht gebe, war das Losverfahren von geringer praktischer Bedeutung[155]. Für die Aristokratie sowie diejenigen Staatsformen, in welchen Volksversammlungen durchgeführt wurden (Demokratie i.w.S.), hielt Rousseau Wahlen oder gemischte Verfahren mit Wahlen und Losverfahren für angebracht[156]. Die Stimmabgabe sollte dabei offen oder geheim erfolgen, je nach Stand der Tugend im Staat[157]. Normativ gesehen zog Rousseau zwar die offene Stimmabgabe vor. Doch wenn die politische Kultur für die offene Wahl nicht geeignet war – wenn das Volk korrumpiert war („quand le peuple se corrompit") – dann musste seiner Meinung nach die Geheimwahl bevorzugt werden[158].

2.4   Bedeutung der geheimen Stimmabgabe

71   Vom Mittelalter bis ins 18. Jahrhundert wurden grundsätzlich ebenso wie bereits in der Antike die offene Wahl der Demokratie und die Geheimwahl der Aristokratie zugeordnet. Während Nikolaus Cusanus für die Wahl des deutschen Königs durch die Kurfürsten, aber auch James Harrington in seinem Staatsentwurf für die Einführung der Geheimwahl plädierten, gehörte zu den Demokratievorstellungen der Levellers, Blackstones sowie Montesquieus eindeutig die offene Stimmabgabe. Einzig bei Rousseau findet sich eine gewisse Aufweichung dieser Zuordnung. Aus pragmatischen Überlegungen hielt er die Geheimwahl in einer Demokratie i.w.S. dann für zweckmässig, wenn das Volk korrupt war.

72   Wo die Geheimwahl umgesetzt war (Venedig) oder gefordert wurde (Cusanus, Harrington, Montesquieu, Rousseau), geschah dies zur Verhinderung von Mani-

---

153   *Montesquieu*: De l'Esprit des lois, B. 2, Kap. 2 (S. 103).
154   *Rousseau*: Du contrat social, B. 4, Kap. 3 (S. 149).
155   *Rousseau*: Du contrat social, B. 4, Kap. 3 (S. 150).
156   *Rousseau*: Du contrat social, B. 4, Kap. 3 (S. 150).
157   *Rousseau*: Du contrat social, B. 4, Kap. 4 (S. 160).
158   *Rousseau*: Du contrat social, B. 4, Kap. 4 (S. 160).

pulationen und Korruption sowie zur Sicherung der Wahlfreiheit des einzelnen Wählers. Die offene Stimmabgabe wurde meist nicht begründet. Einzelne Autoren führten jedoch als Vorteile an, dass die offene Stimmabgabe Betrug verhindere und zu besseren Wahlentscheidungen führe (Llull), da sich die kleinen Leute am Stimmverhalten der Gebildeten orientieren könnten (Montesquieu).

73 Die geheime Stimmabgabe wurde relativ selten thematisiert. Sie scheint in den vorherrschenden Vorstellungen über Wahl- und Abstimmungssysteme wenig Platz gehabt zu haben. Wie bereits nach der Darstellung der Wahl- und Abstimmungsmodi in der Antike kann auch für diese Periode wiederum der Schluss gezogen werden, dass dem Stimmgeheimnis nicht die heutige Bedeutung zukam. Insbesondere wurde das Stimmgeheimnis nicht als die Demokratie sicherndes Element verstanden.

3 AUFKOMMEN DER GEHEIMWAHL IN EUROPA UND AUSTRALIEN IM 19. JH.

74 Im Folgenden wird die Einführung der geheimen Stimmabgabe in Frankreich, England, Australien und Deutschland beschrieben. Die Untersuchungen konzentrieren sich – wo nicht explizit anders vermerkt – auf die Stimmabgabe der wahlberechtigten Bürger anlässlich der Parlamentswahlen.

3.1 Einführung der geheimen Stimmabgabe in Frankreich

75 Die Wahlrechtsentwicklung in Frankreich während und nach der Revolution ist ziemlich unstet verlaufen und die eigentliche Einführung der Geheimwahl in Frankreich hat vergleichsweise lange gedauert. Um die unterschiedlichen Wahlrechtsordnungen in einem historischen Kontext darzustellen, ist das folgende Kapitel in vier Teile gegliedert, welche die Zeitperioden der französischen Revolution, der Herrschaft Napoleons, der Restaurationsmonarchie bis zum Ende des Zweiten Kaiserreichs und der Dritten Republik umfassen. Die Gründe, welche für oder gegen die Einführung der geheimen Stimmabgabe angeführt wurden, werden in den nächsten beiden Kapiteln (3.2 und 3.3) dargestellt, gefolgt von einer Bewertung der französischen Entwicklung (3.4).

3.1.1 Durchsetzung der geheimen Stimmabgabe während und nach der Revolution (1789-1799)

76 Die definitive Einführung der Geheimwahl in Frankreich ist von einigem Hin und Her geprägt. Bereits gegen Ende des 18. Jahrhunderts wurde die geheime Stimmabgabe zum ersten Mal vorgesehen. Im Reglement für die Wahlen zu den Generalständen vom 24.1.1789 wurde festgelegt, dass die Urwahl der Wahlmänner offen, die Wahl der Abgeordneten durch die Wahlmänner geheim, mittels Stimmzettel, durchgeführt werden sollte[159]. Jeder Wähler legte seinen gefalteten Stimmzettel selbst in die Urne[160]. Die offene Stimmabgabe bei den Urwahlen ist als Zugeständnis an die des Lesens und Schreibens Unkundigen, welche den grössten Teil der ländlichen Bevölkerung ausmachten, zu verstehen[161]. Die aus den Abgeordneten des Dritten Standes hervor gegangene Konstituante erliess am 22.12.1789 ein Gesetz, wonach die geheime Stimmabgabe durch Stimmzettel sowohl für die Ur- als auch für die Abgeordnetenwahlen galt[162]. Des Lesens und Schreibens Unkundige konnten sich durch Notare oder Pfarrer beim Ausfüllen der Stimmzettel helfen lassen[163].

---

[159] Vgl. *Année* 1907, S. 55; *Jacobi* 1958, S. 20; *Meyer* 1901, S. 529; *Tecklenburg* 1911, S. 62.
[160] *Année* 1907, S. 55.
[161] *Braunias* 1932, S. 169; *Meyer* 1901, S. 530.
[162] Vgl. *Jacobi* 1958, S. 21; *Meyer* 1901, S. 530.
[163] *Meyer* 1901, S. 530.

77   In der französischen Verfassung vom 3.9.1791 war für die Wahlen zur „Assemblée Nationale Législative" die geheime Stimmabgabe zwar weder für die Urwahl noch für die Abgeordnetenwahlen ausdrücklich vorgesehen[164], aber das Gesetz vom 22.12.1789 war immer noch in Kraft; die Wahlen hatten danach also geheim zu erfolgen[165]. Die Jakobiner in Paris widersetzten sich in der Folge allerdings dieser Bestimmung und führten Wahlen mittels offener Stimmabgabe durch, weil sie sich davon grössere Erfolge für ihre Partei versprachen[166]. Auf Betreiben Robespierres (1758-1794) erliess der Conseil Général von Paris einen Entscheid, in welchem festgehalten wurde, dass die Wähler aufgefordert werden sollten, ihre Stimmen laut und unter Namensaufruf abzugeben, denn die Öffentlichkeit diene dem Schutz des Volkes[167]. Die Jakobiner drohten mit Guillotine für diejenigen, die geheim abstimmen wollten[168]. 1792 wurde der Nationalkonvent gewählt. In einem Dekret vom 11.8.1792 wurde für diese Wahlen festgelegt, dass sie auf die gleiche Weise zu geschehen hätten, wie die Wahlen zu den gesetzgebenden Versammlungen[169], d.h. sie hätten also geheim sein sollen. Die Wahlen waren jedoch offen[170]. Bemerkenswert ist, dass in diesen Wahlen zum ersten Mal ein allgemeines Wahlrecht zur Anwendung kam[171].

78   Ein Jahr später fand die geheime Stimmabgabe eine teilweise Aufnahme in die Verfassung. In der Montagnardverfassung vom 24.6.1793 wurde festgehalten, dass sowohl bei der Urwahl der Wahlmänner als auch bei der Wahl der Abgeordneten die Stimme wahlweise geheim oder offen abgegeben werden konnte: „Les élections se font au scrutin, ou à haute voix, au choix de chaque votant."[172] Dies war das Resultat der Konventsdebatten, in welchen die Teilnehmer sich nicht einigen konnten, ob die Wahlen nun offen oder geheim durchgeführt werden sollten. In derselben Verfassung wurde das allgemeine Wahlrecht verankert[173]. Nur eine Minderheit wagte, sich der Stimmzettel zu bedienen und damit geheim abzustimmen[174]. Angesichts des Terrors unter der 1793 eingesetzten und bis 1794 herrschenden „revolutionären Regierung" erstaunt dies allerdings nicht[175].

---

[164] Constitution française du 3 Septembre 1791, in: *Duguit/Monnier* 1908, S. 1-35. Vgl. auch *Jacobi* 1955, S. 143f.

[165] *Braunias* 1932, S. 169; *Jacobi* 1958, S. 21.

[166] *Braunias* 1932, S. 169; *Jacobi* 1958, S. 22.

[167] *Bonnet* 1901, S. 53; vgl. auch *Ferté* 1909, S. 16; *Gondard* 1905, S. 16.

[168] *Gerlach* 1908, S. 35.

[169] Art. 5 Dekret der Gesetzgebenden Versammlung (11.8.1792), in: *Grab* 1973, S. 119-121.

[170] *Hartmann* 2001, S. 46.

[171] *Hartmann* 2001, S. 46.

[172] Art. 16 und 38 Constitution du 24 juin 1793, in: *Duguit/Monnier* 1908, S. 66-78. Vgl. auch *Année* 1907, S. 56; *Jacobi* 1955, S. 144; *Jacobi* 1958, S. 22f.

[173] Art. 8 in Verbindung mit Art. 7 und 4 Constitution du 24 juin 1793, in: *Duguit/Monnier* 1908, S. 66-78.

[174] *Année* 1907, S. 56.

[175] Vgl. dazu *Hartmann* 2001, S. 48ff.

79   Die Direktorialverfassung vom 22.8.1795 brachte erneut Veränderung in die Regelung des Wahlrechts. Die Zahl der Wahlberechtigten wurde stark eingeschränkt und die geheime Stimmabgabe für alle Wahlen wurde eingeführt: „Toutes les élections se font au scrutin secret."[176] Des Lesens und Schreibens Unkundige waren nicht wahlberechtigt, so dass das Argument der Benachteiligung dieser Personen durch die geheime Stimmabgabe nicht greifen konnte[177].

3.1.2   Entwicklung unter Napoleon (1799-1814/15)

80   Mit der Machtübernahme Napoleons (1769-1821) erfuhr das Wahlrecht erneut Änderungen. Napoleons Konsulatsverfassung vom 13.12.1799 liess offen, ob geheim oder offen gewählt werden sollte[178] und als Napoleon sich 1802 per Plebiszit das Konsulat auf Lebenszeit erteilen liess[179], wurde über diese Frage offen abgestimmt[180]. Die daraufhin am 4.8.1802 erlassene Verfassung äusserte sich ebenfalls nicht zur Frage der Stimmabgabe[181]. Den Wahlen kam während der Zeit Napoleons jedoch ohnehin nur geringe Bedeutung zu[182].

3.1.3   Entwicklung von der Restaurationsmonarchie bis zum Ende des Zweiten Kaiserreichs (1814-1870)

81   Nach der Absetzung Napoleons[183] bestieg der aus dem Exil zurückgekehrte Ludwig XVIII., Bruder des hingerichteten Ludwig XVI., den Thron und erliess am 4.6.1814 eine neue Verfassung, mit welcher die Volkswahlen wiederhergestellt wurden[184]. Während das Wahlgesetz vom 5.2.1817[185] noch keine Angaben zur Art der Stimmabgabe machte, hielt das Wahlgesetz vom 29.6.1820[186] in Art. 6 fest: „Pour procéder à l'élection des députés, chaque électeur écrit secrètement son vote sur le bureau, ou l'y fait écrire par un autre électeur de son choix, sur un bulletin qu'il reçoit à cet effet du président; il remet son bulletin, écrit et fermé, au président, qui le dépose dans l'urne destinée à cet usage." Die Tatsache, dass

---

[176]   Art. 31 Constitution du 5 fructidor an III, in: *Duguit/Monnier* 1908, S. 78-118. Vgl. *Année* 1907, S. 56; *Jacobi* 1958, S. 23.

[177]   Art. 8 und 16 Constitution du 5 fructidor an III, in: *Duguit/Monnier* 1908, S. 78-118. Vgl. auch *Meyer* 1901, S. 531f.

[178]   Constitution du 22 frimaire an VIII, in: *Duguit/Monnier* 1908, S. 118-129.

[179]   Vgl. dazu Arrêté des Consuls du 20 floréal an X, portant que le peuple français sera consulté sur cette question: Napoléon Bonaparte sera-t-il Consul à vie?, in: *Duguit/Monnier* 1908, S. 130 und Sénatus-consulte du 14 thermidor an X, qui proclame Napoléon Bonaparte premier Consul à vie, in: *Duguit/Monnier* 1908, S. 131.

[180]   *Bonnet* 1901, S. 61.

[181]   Sénatus-consulte organique de la Constitution du 16 thermidor an X, in: *Duguit/Monnier* 1908, S. 131-140.

[182]   *Angeli* 1909, S. 40.

[183]   Décret du Sénat conservateur du 3 avril 1814, portant que Napoléon Bonaparte est déchu du trône, et que le droit d'hérédité établi dans sa famille est aboli, in: *Duguit/Monnier* 1908, S. 177-179.

[184]   Art. 35 Charte constitutionnelle du 4 juin 1814, in: *Duguit/Monnier* 1908, S. 183-190. Vgl. *Hartmann* 2001, S. 59 und *Schäffle* 1865, S. 406.

[185]   Loi du 5 février 1817, sur les Elections, in: *Duguit/Monnier* 1908, S. 206-209.

[186]   Loi du 29 juin 1820, sur les Elections, in: *Duguit/Monnier* 1908, S. 210-211.

der Wähler seinen Stimmzettel am selben Tisch auszufüllen hatte, an welchem der Präsident des Wahlbüros sass, stellte ein Hindernis für die Gewährleistung der Geheimhaltung dar, denn der Wähler konnte beim Ausfüllen des Stimmzettels beobachtet werden[187]. Es hatte sich zudem eine Praxis eingespielt, gemäss welcher die Wähler ihren Stimmzettel ungefaltet dem Präsidenten des Wahlbüros übergaben, also faktisch offen abstimmten[188]. Wer nicht offen abstimmte, machte sich automatisch verdächtig, gegen das Regime zu stimmen[189].

82   Die Vorschrift der Geheimhaltung der Stimmabgabe wurde während der Julimonarchie beibehalten. Für die Durchführung der Deputiertenwahlen verwies die Verfassung vom 14.8.1830[190] auf das Wahlgesetz vom 19.4.1831[191], welches in Art. 48 vorsah: „Chaque électeur, après avoir été appelé, reçoit du président un bulletin ouvert, sur lequel il écrit ou fait écrire secrètement son vote par un électeur de son choix, sur une table disposée à cet effet et séparée du bureau. – Puis il remet son bulletin écrit et fermé au président, qui le dépose dans la boîte destinée à cet usage." Die Wähler hatten ihre Stimmzettel geheim auszufüllen und verschlossen dem Präsidenten des Wahlbüros zu übergeben. Die Regelung von 1831 entsprach damit weitgehend derjenigen von 1820. Allerdings musste der Wähler nun seinen Stimmzettel nicht mehr am selben Tisch ausfüllen, an welchem der Präsident sass. Damit war das Stimmgeheimnis etwas besser geschützt[192]; faktisch war die Stimmabgabe jedoch trotzdem nicht geheim[193].

83   1848 wurde Frankreich wieder zu einer Republik („zweite Republik"). Die Revolutionsverfassung vom 4.11.1848[194] führte die allgemeine, gleiche und geheime Wahl des Parlaments ein: „Le suffrage est direct et universel. Le scrutin est secret"[195]. Das Wahlgesetz vom 15.3.1849[196] regelte die Stimmabgabe näher. Die Wahlen erfolgten per Stimmzettel. Allerdings hatten – im Unterschied zu den Regelungen von 1820 und 1831 – die Wähler selbst für die Stimmzettel besorgt zu sein und nahmen diese in das Wahllokal mit. Das Papier für die Stimmzettel musste weiss sein und durfte keine erkennbaren Zeichen tragen[197]. Das anschliessende Prozedere entsprach wiederum der Regelung von 1820/1831: Die Wähler

---

187   *Bonnet* 1901, S. 64.
188   *Bonnet* 1901, S. 64; *Ferté* 1909, S. 31.
189   *Bonnet* 1901, S. 64.
190   Art. 30 Charte constitutionnelle du 14 aout 1830, in: *Duguit/Monnier* 1908, S. 213-218.
191   Loi du 19 avril 1831, sur les Elections à la Chambre des Députés, in: *Duguit/Monnier* 1908, S. 219-230.
192   *Bonnet* 1901, S. 68.
193   Vgl. Rz. 86 hiernach.
194   Constitution de la république française du 4 Novembre 1848, in: *Duguit/Monnier* 1908, S. 232-247.
195   Art. 24 Constitution de la république française du 4 Novembre 1848, in: *Duguit/Monnier* 1908, S. 232-247; vgl. dazu *Schäffle* 1865, S. 406.
196   Loi électorale du 15 mars 1849, in: *Duguit/Monnier* 1908, S. 247-264; vgl. *Schäffle* 1865, S. 406.
197   Art. 47 Loi électorale du 15 mars 1849, in: *Duguit/Monnier* 1908, S. 247-264.

übergaben ihre gefalteten Stimmzettel dem Präsidenten des Wahlbüros und dieser legte die Stimmzettel in die Urne[198].

84   Nachdem sich Louis Napoleon Bonaparte (Napoleon III.) 1851 an die alleinige Macht geputscht hatte, erliess er am 14.1.1852 eine mit 58 Artikeln verhältnismässig kurze Verfassung[199], die im Wesentlichen eine bewusste Nachahmung der Konsulatsverfassung von 1799 war[200]. Während das allgemeine Wahlrecht immer noch explizit erwähnt wurde[201], figurierte die geheime Stimmabgabe in der Verfassung von 1852 nicht mehr. Die Geheimhaltung wurde jedoch in Art. 3 des organischen Dekrets vom 2.2.1852[202] weiterhin vorgeschrieben: „Le suffrage est direct et universel. – Le scrutin est secret." Die Modalitäten der geheimen Stimmabgabe entsprachen der Regelung von 1849: Die Wähler brachten ihre weissen und ausserhalb des Wahllokals ausgefüllten Stimmzettel, welche keine äusseren Kennzeichen tragen durften, in das Wahllokal mit[203]. Die gefalteten Stimmzettel wurden dem Präsidenten der Wahlversammlung übergeben und von diesem in die Urne gelegt[204]. Leere Stimmzettel und Zettel mit eindeutiger Kennzeichnung des Wählers wurden bei der Auszählung nicht berücksichtigt[205]. Nach der Bekanntgabe der Resultate sollten die Stimmzettel im Beisein der Wähler verbrannt werden[206].

85   Faktisch verliefen die Wahlen zur Zeit Napoleons III. nicht geheim. Als Beispiel sei eine Wahlaufforderung von 1863 zitiert: „Vous êtes prévenus que l'assemblée des électeurs de la commune est convoquée pour le 31 mai ou 1er juin 1863 à huit heures, en la salle principale de la mairie, à l'effet de réélire M. O'Quin, député au corps législatif."[207] Es wurde also bereits im Wahlaufruf festgelegt, wen die Wähler zu ernennen hatten. Dies konnte nur in einem System Sinn machen, in welchem der Inhalt der Stimme kontrolliert, das Stimmgeheimnis also umgangen werden konnte.

3.1.4   Entwicklung in der Dritten Republik (1870-1940)

86   Mit dem Zusammenbruch des Kaiserreichs begann 1870 die Phase der dritten Republik. Nach einem anfänglichen konstitutionellen Schwebezustand wurden die verfassungsrechtlichen Grundlagen geschaffen. Statt einer eigentlichen Ver-

---

[198] Art. 48 Loi électorale du 15 mars 1849, in: *Duguit/Monnier* 1908, S. 247-264; vgl. dazu *Année* 1907, S. 58.

[199] Constitution du 14 janvier 1852, in: *Duguit/Monnier* 1908, S. 274-280.

[200] *Hartmann* 2001, S. 66.

[201] Art. 36 Constitution du 14 janvier 1852, in: *Duguit/Monnier* 1908, S. 274-280.

[202] Décret organique du 2 février 1852, pour l'élection des Députés au Corps législatif, in: *Duguit/Monnier* 1908, S. 280-287.

[203] Art. 21 des Décret réglementaire vom 2.2.1852, zit. nach *Leys* 1899, S. 31.

[204] Art. 22 des Décret réglementaire vom 2.2.1852, zit. nach *Leys* 1899, S. 31.

[205] Art. 30 des Décret réglementaire vom 2.2.1852, zit. nach *Leys* 1899, S. 31.

[206] Art. 31 des Décret réglementaire vom 2.2.1852, zit. nach *Leys* 1899, S. 31.

[207] Zit. nach *Bonnet* 1901, S. 73; vgl. dasselbe Beispiel auch in *Année* 1907, S. 58.

fassung wurden an den Versammlungen vom 24.2., 25.2. und 16.7.1875 drei Grundgesetze angenommen[208]. Im Gesetz über die Wahl des Senats vom 2.8.1875[209] sowie im Gesetz über die Wahl der Deputierten vom 30.11.1875[210] wurde als Grundsatz die geheime Stimmabgabe festgehalten. Für die Wahl der Deputierten wurde in Art. 5 zudem explizit auf das Dekret von 1852 verwiesen: „Les opérations du vote auront lieu conformément aux dispositions des décrets organique et réglementaire du 2 février 1852. – Le vote est secret." Das Prozedere der Stimmabgabe ist bekannt: Sie hatte auf einem weissen, gedruckten oder von Hand ausgefüllten Stimmzettel zu erfolgen[211]. Wichtig war, dass der Stimmzettel ausserhalb des Wahllokals ausgefüllt oder – im Falle vorgedruckter Stimmzettel – entgegen genommen wurde[212]. Der Stimmzettel wurde gefaltet dem Präsidenten des Wahlbüros übergeben und von diesem in die Urne gelegt[213]. Faktisch war die Wahl dadurch nicht geheim[214]. Kritisiert wurde an diesem System, dass durch die Dicke oder das Format des verwendeten Papiers, dessen Farbnuance, Durchsichtigkeit oder das Durchscheinen der Markierung Rückschlüsse auf den Inhalt der Stimme gezogen werden konnten. So sei es möglich, dass vorgefertigte Stimmzettel ausgeteilt und deren Abgabe, aufgrund der äusserlichen Erkennbarkeit, kontrolliert werden könnten[215]. Weiter wurde Kritik an der Rolle des Präsidenten des Wahlbüros geübt, da dieser Stimmzettel von Personen, von denen er vermutete, dass sie entgegen seiner eigenen politischen Überzeugung stimmten, bei der Entgegennahme kennzeichnen und später aussortieren könne[216]. Des Weiteren wurde angeführt, dass ein Wähler seinen Stimmzettel ausserhalb des Wahllokals von einem Kandidaten oder dessen Gehilfen in Empfang nehmen könne und diese ihn dann ins Wahllokal begleiten und somit sicherstellen können, dass der Wähler den „richtigen" Stimmzettel abgebe[217]. Dass diese Missbrauchsmöglichkeiten rege genutzt wurden, zeigen Untersuchungen der Wahlen von 1863, 1893 und 1898[218]. Auch in einem französischen Verfassungsrechtskommentar von 1911 wurde klar ausgedrückt, dass die geheime Stimmabgabe

---

[208] Loi du 24 février 1875, relative à l'organisation du Sénat, in: *Duguit/Monnier* 1908, S. 321-322; Loi du 25 février 1875, relative à l'organisation du Pouvoirs publics, in: *Duguit/Monnier* 1908, S. 319-321; Loi constitutionnelle du 16 juillet 1875, sur les rapports du Pouvoirs publics, in: *Duguit/Monnier* 1908, S. 323-325; vgl. dazu *Hartmann* 2001, S. 77f.

[209] Art. 2 Loi organique du 2 août 1875, sur les Elections des Sénateurs, in: *Duguit/Monnier* 1908, S. 325-330.

[210] Art. 5 Loi organique du 30 novembre 1875, sur l'Election des Députés, in: *Duguit/Monnier* 1908, S. 331-335.

[211] *Année* 1907, S. 19ff.; *Lefèvre-Pontalis* 1902, S. 4; *Leys* 1899, S. 31.

[212] *Année* 1907, S. 15ff.; *Leys* 1899, S. 32.

[213] *Année* 1907, S. 23ff.; *Ducrocq* 1898, S. 33f.; *Leys* 1899, S. 31.

[214] Vgl. auch *Garrigou* 1992, S. 191f.

[215] *Ducrocq* 1898, S. 34. Eine detaillierte Aufzählung der ungültigen Markierungen eines Stimmzettels liefert *Année* 1907, S. 26-35.

[216] *Lefèvre-Pontalis* 1902, S. 43f.

[217] *Bonnet* 1901, S. 77; *Ferté* 1909, S. 43.

[218] Zu den Missbräuchen anlässlich der Wahlen 1863 vgl. *Leys* 1899, S. 97-102, zu den Missbräuchen anlässlich der Wahlen von 1893 und 1898 vgl. *Lefèvre-Pontalis* 1902, S. 15ff. und 31f.

ungenügend umgesetzt sei: „Il y a longtemps qu'on fait observer que les dispositions de nos lois assurent insuffisamment le secret du vote. (...) Il n'y a pas de
principe qui ne soit plus souvent violé, malgré son importance, et dans les petites
communes le secret du vote est à peu près illusoire."[219] Repressionen, Korruption
und Bestechung kamen häufig vor[220]. So füllten zum Beispiel Fabrikbesitzer die
Stimmzettel ihrer Arbeiter aus und schickten diese mitunter in spezieller Klei-
dung ohne Taschen zum Wahllokal, um sicher zu stellen, dass die Arbeiter nur
den Stimmzettel ihres Arbeitgebers auf sich tragen konnten[221]. Die Geheimhaltung der Stimmabgabe war – obwohl gesetzlich vorgesehen – eine reine Fiktion.

87   Zur Verbesserung des Schutzes der geheimen Stimmabgabe wurden verschiedene
Reformen, darunter die Einführung von Briefumschlägen, offiziellen Stimmzetteln sowie die Benutzung von Isoloirs (Wahlkabinen) gefordert[222]. Auch sollten
die Stimmzettel vom Wähler selbst in der Urne deponiert werden können[223]. Im
französischen Parlament wurden diese Reformvorschläge von 1865-1913 wiederholt behandelt[224].

88   Erst 1913 konnten die Reformen im Gesetz vom 29.7.1913 umgesetzt werden.
Die Reformen sahen die Benutzung von Briefumschlägen sowie Isoloirs vor. Zudem hatte der Wähler den Briefumschlag mit dem Stimmzettel fortan selbst in die
Urne zu legen[225]. Während für das Isoloir auf die Erfahrungen in England und
Belgien zurück gegriffen werden konnte[226], stellte die Benutzung von Briefumschlägen eine französische Idee dar. Anders als in England und Belgien sollten
keine offiziellen einheitlichen Stimmzettel verwendet werden. Deshalb wurde die
Benutzung von Briefumschlägen vorgesehen, denn nur so konnte verhindert werden, dass Stimmzettel aufgrund ihrer Beschaffenheit erkannt werden konnten[227].
Erst mit der Einführung der erwähnten Reformen hatte Frankreich im Jahr 1913
im Prinzip die Geheimwahl eingeführt.

---

[219] *Duguit* 1911, S. 224.
[220] Vgl. dazu ausführlich *Garrigou* 1992, S. 131-172.
[221] *Garrigou* 1992, S. 151.
[222] Vgl. *Année* 1907, S. 146ff.; *Duguit* 1911, S. 224f.; *Lefèvre-Pontalis* 1902, S. 43f.
[223] *Année* 1907, S. 149.
[224] Vgl. die Zusammenfassung einzelner parlamentarischer Reformvorschläge und deren (Miss)erfolg bei
    Année 1907, S. 145-157. Vgl. *Ducrocq* 1898, S. 34f., der einzelne Beratungen (bis 1897) zitiert und
    Garrigou 1992, S. 179ff., der auf die Beratungen bis 1913 verweist. Vgl. *Angeli* 1909, S. 81-109;
    Bonnet 1901, S. 93-121; *Ferté* 1909, S. 63-77 und S. 103-150; *Gondard* 1905, S. 85-121; *Leys* 1899,
    S. 110-139 für die wörtliche Wiedergabe einzelner Reformvorschläge und deren Kommentierung.
[225] Art. 3 und 4 Loi ayant pour objet d'assurer le secret et la liberté du vote, ainsi que la sincérité des
    opérations électorales, in: Journal officiel de la république française, 30.7.1913, S. 6749-6751. Vgl.
    dazu *Garrigou* 1992, S. 180.
[226] Vgl. z.B. Journal officiel de la république française, débats parlementaires, Chambre des députés,
    séance du 19 décembre 1901, S. 2776; *Defontaine*: Journal officiel de la république française, débats
    parlementaires, Chambre des députés, séance du 23 décembre 1901, S. 2827; *Benoist* 1906.
[227] *Garrigou* 1992, S. 180.

3.2 Argumentation für die geheime Stimmabgabe

89   Die Auseinandersetzung mit der geheimen Stimmabgabe geschah in Frankreich vor allem in der Zeit zwischen 1865 und 1913, in einer Zeit also, wo das Stimmgeheimnis zwar gesetzlich verankert war, faktisch aber nicht durchgesetzt wurde. Die Einführung von Briefumschlägen und Isoloirs kam daher der eigentlichen Einführung der geheimen Stimmabgabe gleich. Aus der Zeit zwischen 1865 und 1913 stammen denn auch zahlreiche Parlamentsdebatten zum Thema Stimmgeheimnis, welche im Folgenden berücksichtigt werden, wobei die Quellen im Hinblick auf die Vielfalt der Argumentationslinien ausgewählt wurden. Zwischen 1899 und 1909, auf dem Höhepunkt der Reformdebatten im Parlament, erschienen sechs Dissertationen[228] zum Thema Stimmgeheimnis in Frankreich, welche im Folgenden ebenfalls berücksichtigt werden.

3.2.1 Geheimhaltung zum Schutz der Schwächeren

90   Das Stimmgeheimnis wurde von dessen Befürwortern als notwendige Voraussetzung zur Gewährleistung der Freiheit des Wählers und dessen Schutz vor Einflüssen, Einschüchterungen und Zwang verstanden[229]. Nur bei geheimer Stimmabgabe könne die völlige Unabhängigkeit des Wählers und damit die Wiedergabe des genauen Wählerwillens garantiert werden: „Le secret est la condition indispensable d'un vote indépendant, qui soit l'expression exacte de l'opinion de l'électeur"[230]. Der Schutz der Geheimhaltung richtete sich insbesondere gegen die Regierung, die Kandidaten und die Wahlkomitees. Aber auch der Einfluss von Arbeitgebern insbesondere auf dem Land sollte durch die geheime Stimmabgabe bekämpft werden[231]. Die Wähler der unteren Klassen waren auf den Schutz durch die Geheimhaltung der Stimmabgabe angewiesen. Dabei ging es weniger um die Wahrung ihrer politischen Unabhängigkeit, als vielmehr um ihre persönliche Sicherheit[232]. Mit der Einführung des allgemeinen Wahlrechts wurden zahlreiche sozial Schwächere zu Wählern und damit zu potentiellen Opfern von Wahlbeeinflussung: „Partout où le suffrage s'est élargi, on a senti la nécessité du secret. On a jugé, si on voulait que les élections soient l'expression de l'opinion politique, qu'il fallait protéger les électeurs contre les influences illégitimes du pouvoir ou de la fortune."[233]

---

[228]   *Angeli* 1909; *Année* 1907; *Bonnet* 1901; *Ferté* 1909; *Gondard* 1905; *Leys* 1899.
[229]   *Angeli* 1909, S. 34; *Année* 1907, S. 7 und 60; *Bienvenu*: Journal officiel de la république française, débats parlementaires, Chambre des députés, séance du 1er avril 1898, S. 1531; *Bonnet* 1901, S. 43; *Ducrocq* 1898, S. 33; *Gondard* 1905, S. 10; *Jacobi* 1958, S. 22; *Leys* 1899, S. 17; *Lintilhac*: Journal officiel de la république française, débats parlementaires, Sénat, séance du 23 juin 1905, S. 1058.
[230]   *Leys* 1899, S. 33.
[231]   *Leys* 1899, S. 18.
[232]   *Année* 1907, S. 8.
[233]   *Année* 1907, S. 11.

3.2.2 Geheimhaltung zur Steigerung der Partizipation

91   In engem Zusammenhang mit dem oben genannten Argument stand auch die Argumentation, dass die geheime Stimmabgabe die Wahlbeteiligung fördere[234]. Die offene Stimmabgabe wurde als Grund für das Fernbleiben von der Wahl genannt, da sie all diejenigen an der Stimmabgabe hindere, die Sanktionen befürchteten[235]. „Il y a beaucoup d'ouvriers qui n'osent pas aller voter dans la crainte de se compromettre, parce que, s'ils votent contre le gré du patron, ils savent ce qui les attend: ils seront frappés jusque dans leurs affections par le renvoi de l'usine, la perte du salaire (...). Avec le suffrage véritablement secret, au contraire, le nombre des abstentions diminuera et les électeurs n'auront plus intérêt à s'éloigner des urnes."[236]

3.2.3 Wahlrecht als individuelles Recht

92   Die geheime Stimmabgabe schützte gemäss deren Befürwortern ein individuelles Recht des Wählers. Das Wahlrecht wurde lange Zeit als öffentliche Pflicht verstanden und damit einhergehend wurde seine offene Ausübung propagiert[237]. Im Frankreich zur Zeit der Reformdebatten hatte sich diese Ansicht gewandelt. Das Wahlrecht wurde als individuelles Recht des einzelnen Wählers verstanden und der Wähler hatte nur mehr sich selbst Rechenschaft abzulegen[238]. Die Befürworter der geheimen Stimmabgabe führten an, dass die Unabhängigkeit des Wählers nur durch die Geheimhaltung der Stimmabgabe gewährleistet werden könne[239].

3.2.4 Geheime Stimmabgabe zur Verhinderung von Korruption und Agitation

93   Für die Verfechter der geheimen Stimmabgabe war klar, dass die Korruption durch die Geheimhaltung, wenn auch nicht ganz verhindert, so doch wesentlich vermindert werden konnte[240]. Bei der offenen Stimmabgabe würden die Kandidaten zu jeder Zeit den aktuellen Stand der Wahl kennen. Somit seien sie eher motiviert, korrupte Praktiken auszuüben, um den Abstand der Anzahl Stimmen gegenüber ihren Gegnern auszugleichen[241]. Damit erklärte sich für die Befürworter der geheimen Stimmabgabe auch, dass bei offener Stimmabgabe während der

---

[234] *Angeli* 1909, S. 33; *Bonnet* 1901, S. 44.

[235] *Bonnet* 1901, S. 44f.

[236] *Defontaine*: Journal officiel de la république française, débats parlementaires, Chambre des députés, séance du 23 décembre 1901, S. 2828.

[237] Vgl. *Ferté* 1909, S. 19ff. sowie Rz. 96 hiernach.

[238] *Leys* 1899, S. 17. Vgl. auch *Angeli* 1909, S. 26; *Ferté* 1909, S. 19-25, die verschiedene Gerichtsentscheide zu dieser Frage anführen.

[239] *Leys* 1899, S. 17 und 33.

[240] *Angeli* 1909, S. 33f.; *Bonnet* 1901, S. 46f.; *Gondard* 1905, S. 10.

[241] *Bonnet* 1901, S. 46.

Wahlperiode jeweils eine grosse Agitation festzustellen war. Sie waren überzeugt, dass die geheime Stimmabgabe zur Beruhigung beitragen werde[242].

3.2.5 Reformen zur Herstellung der Geheimhaltung/Legitimation durch Tradition

94 Die Verfechter der Reformen hatten es in gewissem Sinne einfach. Für die Einführung des Grundsatzes der geheimen Stimmabgabe mussten sie nicht mehr kämpfen, da sie durch die lange Tradition bereits legitimiert war. So wiesen sie darauf hin, dass die Bestimmungen, welche die Geheimhaltung vorsahen, auf das Jahr 1849 zurückreichten. Diese seien im Dekret von 1852 sowie im Gesetz von 1875 beibehalten worden und somit bis 1913 in Kraft geblieben[243]. Die Zeit unter Napoleon III. wurde grosszügig als Ausnahme kategorisiert: „En France, le secret est depuis longtemps en vigueur, et, sauf quelques plébiscites, le vote n'a jamais été public."[244] Die Befürworter verwendeten denn auch mehr Zeit für die Auseinandersetzung mit den organisatorischen Reformen zur Sicherstellung der Geheimhaltung als mit der eigentlichen Begründung, wieso die Stimmabgabe geheim sein sollte[245]. Zur Begründung wurde bisweilen schlicht angeführt, dass der bisherige Verlauf der Wahlen gezeigt habe, dass das Stimmgeheimnis noch nicht genügend geschützt sei[246]; deshalb bedürfe es der Reformen: „Même dans les élections les plus honnêtes et les plus régulières, la forme des bulletins, leur nuance, permettent souvent aux membres du bureau de deviner pour quel candidat l'électeur vote."[247]

3.3 Argumentation gegen die geheime Stimmabgabe

3.3.1 Öffentlichkeit als Ausdruck von Freiheit und Gleichheit

95 In den Debatten um die Verfassung von 1793 setzte sich Danton (1759-1794) für die offene Stimmabgabe ein. Geprägt vom Gedankengut der französischen Revolution war er der Meinung, dass nur die Öffentlichkeit die Freiheit der Wähler garantieren könne: „Quelle serait cette étrange manière d'exercer sa liberté que de faire déposer dans une urne silencieuse les voeux des citoyens? La publicité n'est elle plus la sauvegarde du peuple, et celui-là est-il bien digne d'être libre, qui n'a

---

[242] *Bonnet* 1901, S. 48.
[243] *Année* 1907, S. 58.
[244] *Année* 1907, S. 11.
[245] Vgl. z.B. *Année* 1907; *Bienvenu*: Journal officiel de la république française, débats parlementaires, Chambre des députés, séance du 1er avril 1898, S. 1531 und 1534f.; *Defontaine*: Journal officiel de la république française, débats parlementaires, Chambre des députés, séance du 23 décembre 1901; *Ducrocq* 1898, S. 33ff.; *Lefèvre-Pontalis* 1902, S. 42ff; *Lintilhac*: Journal officiel de la république française, débats parlementaires, Sénat, séance du 23 juin 1905.
[246] *Année* 1907, S. 60; *Bienvenu*: Journal officiel de la république française, débats parlementaires, Chambre des députés, séance du 1er avril 1898, S.1531.
[247] *Bienvenu*: Journal officiel de la république française, débats parlementaires, Chambre des députés, séance du 1er avril 1898, S. 1531.

pas le courage de rendre public le voeu qu'il émet?"[248] Bei der Forderung der offenen Stimmabgabe ging es ihm insbesondere auch um diejenigen Wähler, die nicht schreiben konnten: „Vous ne pouvez d'ailleurs, vous n'avez pas le droit d'empêcher de voter à haute voix, un citoyen qui ne sait pas écrire."[249] Andrerseits hatte er nichts dagegen, dass die geheime Stimmabgabe als Alternative in die Verfassung aufgenommen wurde[250].

3.3.2 Wahlrecht als öffentliche Funktion

96   Während der Revolutionszeit wurde das Wahlrecht meist noch als öffentliche Funktion angesehen. „La fonction d'électeur n'est pas un droit; c'est [...] pour tous que chacun l'exerce; c'est pour tous que les citoyens actifs nomment les électeurs; c'est pour la société entière qu'ils existent"[251]. Der Wähler hatte seine Stimme im Interesse der Öffentlichkeit abzugeben; die Ausübung des Wahlrechts hatte mittels offener Stimmabgabe zu erfolgen.

3.3.3 Offene Stimmabgabe bei eingeschränktem Wahlrecht

97   Ein Genfer Rechtsprofessor, A. Cherbuliez, hatte sich mit dem französischen Wahlgesetz von 1831 auseinandergesetzt. Dieses Gesetz sah ein eingeschränktes Wahlrecht und die geheime Stimmabgabe vor[252]. Cherbuliez differenzierte zwischen zwei Einflüssen, denen der Wähler bei offener Stimmabgabe ausgesetzt sein konnte: Zum einen dem korrumpierenden Einfluss, dem vor allem die unteren Klassen ausgesetzt seien, und zum anderen dem Einfluss der öffentlichen Meinung[253]. Unter dem Einfluss der öffentlichen Meinung verstand Cherbuliez so etwas wie den Einfluss des Gemeinwohls, also einen positiven Einfluss. Nur bei offener Stimmabgabe übernehme der Wähler Verantwortung für das Gemeinwohl[254]. Die geheime Stimmabgabe lasse keinen der beiden Einflüsse zu. Da aber in Frankreich nur die höheren Klassen wahlberechtigt seien und die korrumpierenden Einflüsse vor allem die Wähler niederer Klassen betreffen würden, sprach sich Cherbuliez für die offene Stimmabgabe aus[255]. Eine Rückkehr zur geheimen Stimmabgabe schloss er in Zukunft allerdings nicht aus; implizit wird klar, dass es sich wohl um die Situation handelt, wenn das Wahlrecht ausgedehnt würde[256].

---

[248]   *Danton*: Rede im Nationalkonvent vom 12.6.1793 "Sur le mode de vote", S. 477.
[249]   *Danton*: Rede im Nationalkonvent vom 12.6.1793 "Sur le mode de vote", S. 478.
[250]   *Danton*: Rede im Nationalkonvent vom 12.6.1793 "Sur le mode de vote", S. 478.
[251]   *Barnave*: Vor der Assemblée nationale vom 11.8.1791, Archives parlementaires de 1787-1799, Paris 1888, S. 366.
[252]   Art. 1 und 48 Loi du 19 avril 1831, sur les Elections à la Chambre des Députés, in: *Duguit/Monnier* 1908, S. 219-230. Vgl. auch Rz. 82 hiervor.
[253]   *Cherbuliez* 1840, S. 87f.
[254]   *Cherbuliez* 1840, S. 91.
[255]   *Cherbuliez* 1840, S. 91.
[256]   *Cherbuliez* 1840, S. 93; vgl. auch seine Bemerkungen mit Blick auf England, wo er die geheime Stimmabgabe empfehlen würde, *Cherbuliez* 1840, S. 92.

3.3.4 Moralische Bedenken gegenüber der geheimen Stimmabgabe

98   Die geheime Stimmabgabe wurde als moralisch verwerflich empfunden, weil sie
      zum Lügen animiere[257]. Die Möglichkeit der Lüge schien insbesondere den Kan-
      didaten Sorgen zu machen, da sie nicht mehr wussten, wem sie trauen konnten[258].
      Demgegenüber führten die Befürworter dieses Arguments an, dass die offene
      Stimmabgabe Moral und Ehrlichkeit bewirke[259]. Auch Robespierre war über-
      zeugt, dass die offene Stimmabgabe die Öffentlichkeit moralisiere und sagte von
      ihr: „La publicité est l'appui de la vertu, la sauvegarde de la vérité, la terreur du
      crime, le fléau de l'intrigue; laissez les ténèbres et le scrutin secret aux criminels
      et aux esclaves: les hommes libres veulent avoir le peuple pour témoin de leur
      pensée."[260]

3.3.5 Reformdebatten 1865-1913: Opportunistische Haltungen

99   Garrigou hat festgestellt, dass diejenigen Parlamentarier, die bereits mehr als eine
      Amtszeit absolviert hatten, mehrheitlich gegen die Reformen waren[261]. Mit ande-
      ren Worten waren sie mit dem Wahlmodus wie er war zufrieden, hatte er ihnen
      doch (mehrmals) zur Wahl ins Parlament verholfen. Garrigou kommt durch die
      Untersuchung der Abstimmungen zu den Reformen zum Schluss, dass die sozial
      besser gestellten Parlamentarier gegen die Reformen stimmten; wer hingegen aus
      einem Arbeiterumfeld kam, war den Reformen wohl gesinnt[262]. Die in den Re-
      formdebatten geäusserten Argumente waren denn auch häufig von opportunisti-
      schen Überlegungen geprägt. Dies war auch von zeitgenössischen Autoren fest-
      gestellt und mehr oder weniger explizit kritisiert worden. So schrieb ein Autor
      mit Blick auf die historische Entwicklung der geheimen Stimmabgabe: „En fait,
      nous voyons que toutes les fois que le pouvoir a voulu se rendre maître des élec-
      tions, il a altéré le secret du vote"[263]. Ein anderer hielt fest: „Chaque fois qu'un
      gouvernement a voulu s'assurer par la force une majorité dans les élections, il a
      substitué le vote public au scrutin secret."[264]

3.3.6 Technische Unmöglichkeit der Geheimhaltung

100   Die Möglichkeit der absoluten Geheimhaltung wurde im Rahmen der Reformde-
      batten ebenfalls bezweifelt. Während zwar einerseits die Wichtigkeit des Grund-
      satzes der geheimen Stimmabgabe betont wurde, wurden andrerseits die vorge-
      schlagenen Reformen abgelehnt, da diese zu kompliziert seien und die Geheim-

---

[257]   *Leys* 1899, S. 14.
[258]   *Leys* 1899, S. 14.
[259]   *Angeli* 1909, S. 11.
[260]   *Robespierre*: Vor dem Nationalkonvent vom 10.5.1793, Archives parlementaires de 1787-1799, Série
        1, Bd. 64, Paris 1903, S. 433.
[261]   *Garrigou* 1992, S. 191.
[262]   *Garrigou* 1992, S. 186 und 189; *Garrigou* 1988, S. 32.
[263]   *Ferté* 1909, S. 16.
[264]   *Année* 1907, S. 9f.

haltung nicht besser schützen könnten als das bisherige Verfahren[265]. Insbesondere die Benutzung des Isoloirs würde zu grossen Zeitverzögerungen führen und die Urnen könnten nicht mehr pünktlich geschlossen werden[266]. Die Gegner führten auch an, dass die Kosten der Reformen in keinem Verhältnis zum propagierten Nutzen stünden. Dies deshalb, weil Korruption nur in einem kleinen Teil Frankreichs vorkomme beziehungsweise nur einzelne Wähler betreffe[267].

101 Zudem konnte bereits vor der Stimmabgabe aufgrund der Kenntnisse des Stimmverhaltens der einzelnen Bürger mit ziemlicher Genauigkeit der Ausgang einer Wahl vorausgesagt werden[268]. Die Geheimhaltung oder Unkenntnis über das Wahlverhalten eines Bürgers stellte die Ausnahme, die Transparenz die Regel dar. Unter diesen Umständen sah man für die Stärkung der Geheimhaltung der Stimmabgabe keine Rechtfertigung. Das Wahlverhalten eines Bürgers war ohnehin durch seine täglichen Beziehungen und Abhängigkeiten bekannt. Was sich im Wahlbüro abspielte, schien nicht so sehr dazu beizutragen, das Wahlverhalten eines Bürgers bekannt zu machen[269].

102 Während der Reformdebatten zwischen 1865 und 1913 wurde immer wieder angeführt, dass die Geheimhaltung der Stimmabgabe rein technisch gar nicht zu erreichen sei. Daneben wurde auch immer wieder die Unfähigkeit des Wählers ins Feld geführt, die geforderten Mittel – Briefumschläge, Isoloir – zu benutzen: „Je vois d'ici nos bons cultivateurs s'arrêter devant cet objet innommé, se diriger vers lui d'un pas méfiant, se demandant – ils n'en ont pas l'habitude – si c'est une mauvaise farce qu'on veut leur faire. Il pénètre dans le local, il cherche à introduire dans l'enveloppe le bulletin. Combien, de leurs doigts durcis par le travail, déchireront l'enveloppe pour faire cette opération délicate qui aura lieu souvent dans l'obscurité la plus complète."[270] Die vorgeschlagenen Mittel würden von vielen Bürgern nicht benutzt werden können und diese damit von der Wahl aus-

---

[265] *Bourgeois*: Journal officiel de la république française, débats parlementaires, Chambre des députés, séance du 1er avril 1898, S. 1532; Innenminister *Barthou*: Journal officiel de la république française, débats parlementaires, Chambre des députés, séance du 1er avril 1898, S. 1532f; *Girard*: Journal officiel de la république française, débats parlementaires, Sénat, séance du 23 juin 1905, S. 1060.

[266] *Quilbeuf*: Journal officiel de la république française, débats parlementaires, Chambre des députés, séance du 23 décembre 1901, S. 2827; *Anthime-Ménard*: Journal officiel de la république française, débats parlementaires, Chambre des députés, séance du 23 décembre 1901, S. 2828.

[267] *Ferry*: Journal officiel de la république française, débats parlementaires, Chambre des députés, séance du 1er avril 1898, S. 1530; *Girard*: Journal officiel de la république française, débats parlementaires, Sénat, séance du 23 juin 1905, S. 1060.

[268] Vgl. die Beispiele in *Garrigou* 1992, S. 181f.

[269] *Garrigou* 1992, S. 182. In diese Richtung, wenn auch weniger explizit geht die Argumentation von Girard im Senat: *Girard*: Journal officiel de la république française, débats parlementaires, Sénat, séance du 23 juin 1905, S. 1060.

[270] *Ferry*: Journal officiel de la république française, débats parlementaires, Chambre des députés, séance du 1er avril 1898, S. 1530.

geschlossen werden. Letztlich würde durch die Reformen zur Sicherung des Stimmgeheimnisses das allgemeine Wahlrecht beschnitten[271].

3.3.7 Missmut gegenüber dem Isoloir

103 Die im Zusammenhang mit dem Vorschlag zur Einführung der Isoloirs geäusserten Bedenken waren variantenreich. Angst vor dem Unbekannten schlechthin[272] paarte sich mit konkreten Befürchtungen, dass die Isoloirs zu Unruhen und Unordnung führen würden[273]. Von allen Reformvorschlägen hatte das Isoloir am meisten Kritik hervorgerufen[274]. Einige Gegner der Reformen waren auch bereit, der Einführung von Briefumschlägen unter der Bedingung zuzustimmen, dass das Isoloir von der Liste der Reformen wieder gestrichen werde[275].

104 Das Isoloir wurde immer wieder lächerlich gemacht. Es wurde bezeichnet als „confessionnal laïque et obligatoire", „alcôve", „cabinet", „cabanon", „cellule" oder „petit monument"[276]. Das Isoloir wurde mit den Strandkabinen verglichen und man machte sich Sorgen, was wohl geschehen würde, wenn erst die Frauen stimmberechtigt wären und die Isoloirs für heimliche Treffen missbraucht würden[277]. Ein Befürworter der Reformen fasste die Befürchtungen der Gegner des Isoloirs wie folgt zusammen: „La cabine servira à faire toutes sortes de niches; on s'y enfermera, on n'en sortira plus, et, par conséquent, le vote n'en finira plus, et par suite augmentera le nombre déjà trop grand des abstentions."[278]

3.4 Bewertung der französischen Entwicklung

105 Die angeführten Gründe insbesondere gegen die Reformen zur Sicherung der Geheimhaltung muten bisweilen etwas unglaubwürdig an. Es darf allerdings nicht ausser Acht gelassen werden, dass die Position der Gegner der Reformen dadurch erschwert war, dass die geheime Stimmabgabe an und für sich nicht zur Sprache

---

271 *Ferry*: Journal officiel de la république française, débats parlementaires, Chambre des députés, séance du 1er avril 1898, S. 1531; *Ordinaire*: Journal officiel de la république française, débats parlementaires, Chambre des députés, séance du 5 avril 1892, S. 479; *Delpeuch*: Journal officiel de la république française, débats parlementaires, Chambre des députés, séance du 5 avril 1892, S. 480.

272 Es wird u.a. von einem „saut dans l'inconnu" gesprochen, vgl. Journal officiel de la république française, débats parlementaires, Chambre des députés, séance du 19 décembre 1901, S. 2776.

273 *Quilbeuf*: Journal officiel de la république française, débats parlementaires, Chambre des députés, séance du 23 décembre 1901, S. 2827; *Anthime-Ménard*: Journal officiel de la république française, débats parlementaires, Chambre des députés, séance du 23 décembre 1901, S. 2828.

274 Vgl. auch *Defontaine*: Journal officiel de la république française, débats parlementaires, Chambre des députés, séance du 23 décembre 1901, S. 2827.

275 Vgl. z.B. *Ferry*: Journal officiel de la république française, débats parlementaires, Chambre des députés, séance du 16 décembre 1901, S. 2717; *Girard*: Journal officiel de la république française, débats parlementaires, Sénat, séance du 23 juin 1905, S. 1060.

276 *Bourgeois*: Journal officiel de la république française, débats parlementaires, Chambre des députés, séance du 1er avril 1898, S. 1532; *Girard*: Journal officiel de la république française, débats parlementaires, Sénat, séance du 23 juin 1905, D. 1060. Vgl. auch *Garrigou* 1992, S. 183.

277 *Quilbeuf*: Journal officiel de la république française, débats parlementaires, Chambre des députés, séance du 23 décembre 1901, S.2827. Vgl. auch *Garrigou* 1992, S. 184.

278 *Benoist* 1906, S. 870.

stand. Vielmehr mussten sie ihre Debatten auf die konkreten Reformen konzentrieren. Die lange Dauer bis zur Durchsetzung der Reformen zeigt, dass es dabei allerdings um mehr als die vordergründigen Auseinandersetzungen – etwa um die Benutzung von Briefumschlägen oder nicht – ging. Implizit wurde die Frage „geheime Stimmabgabe versus offene Stimmabgabe" thematisiert.

106 Es kann auch nicht ausgeschlossen werden, dass es Gegner der Reformen gab, die an sich für die Geheimhaltung der Stimmabgabe waren. Das Fehlen von Briefumschlag oder Isoloir in einer Rechtsordnung, welche die geheime Stimmabgabe verlangt, ist nicht gleich zu setzen mit einer Rechtsordnung, welche die offene Stimmabgabe kennt. Gewisse Formen der Einwirkung auf den Wähler, welche die einen als Korruption bezeichneten, waren für andere eine noch legitime Form der sozialen Einflussnahme.

3.5 Einführung der geheimen Stimmabgabe in England und Australien

107 Die Geschichte der Einführung des Ballots (wie die geheime Stimmabgabe im englischen Sprachraum bezeichnet wird) in England und Australien begann mit einer grossen Debatte in den 1830-er Jahren in England, erlebte einen ersten Höhepunkt mit der Einführung in den australischen Kolonien in den 1850-er Jahren und einen zweiten mit der Einführung in England im Jahre 1872. Die Ereignisse in den beiden Ländern waren nicht ohne Einfluss aufeinander, weshalb sie in diesem Kapitel gemeinsam dargestellt werden. Das Ausmass der gegenseitigen Einflussnahme wird nicht von allen Autoren gleich beurteilt; eine entsprechende Untersuchung fehlt bis heute[279]. Die folgende Darstellung schildert die Ereignisse in ihrer zeitlichen Abfolge. In einem ersten Unterkapitel wird die Ballot-Debatte in England skizziert, gefolgt von einem zweiten Unterkapitel, in welchem die Einführung in Australien beschrieben wird. Das dritte Unterkapitel handelt sodann von der Einführung des Ballots in England. Vereinzelt wird auf die Zusammenhänge zwischen den beiden Ländern eingegangen, ohne jedoch das Ausmass der gegenseitigen Beeinflussung näher untersuchen zu wollen. Die Gründe, die in den beiden Ländern für und gegen die Einführung des Ballots vorgebracht wurden, werden in den nächsten Kapiteln (3.6 und 3.7) dargestellt. Danach folgt eine Bewertung der Entwicklung in England und Australien (3.8).

3.5.1 England: Reformkampagne in den 30-er Jahren des 19. Jh.

108 Die Ballot-Frage wurde bei verschiedenen Gelegenheiten aus strategischen Gründen als Einzelfrage thematisiert[280]. Sie wurde aber auch immer wieder in einen Zusammenhang mit der potentiellen Ausweitung des Wahlrechts gebracht. Während die Gegner des allgemeinen Wahlrechts grundsätzlich auch dem Ballot gegenüber eine ablehnende Haltung einnahmen, waren sich die Befürworter des allgemeinen Wahlrechts über den Nutzen des Ballots für ihre Sache nicht einig. So erschien das Ballot im Jahre 1838 noch zusammen mit der Forderung nach dem allgemeinen Wahlrecht auf einer Liste. In der Folge wurde es jedoch mit der Begründung, dass die Einführung der geheimen Stimmabgabe vor der Verwirklichung des allgemeinen Wahlrechts mehr Schaden als Nutzen anrichten würde, wieder gestrichen[281].

109 Das Ballot erhielt von drei Seiten Unterstützung: den „Philosophical Radicals", den liberalen Reformern innerhalb des Parlaments und in einer ersten Phase von den „Chartisten". Die Philosophical Radicals entstanden zu Beginn des 19. Jahr-

---

[279] Hinweise geben *McKenna* 2001; *Scott* 1920; *Scott* 1921; *Wigmore* 1889. Zu Wigmore beachte allerdings die kritischen Bemerkungen bei *Scott* 1920; *Scott* 1921.

[280] Man erhoffte sich eine Partei übergreifende Unterstützung, vgl. z.B. *Christie* 1839, S. 3.

[281] Vgl. dazu Rz. 110 hiernach.

43

hunderts unter der geistigen Führung von Jeremy Bentham (1748-1832) und waren die wichtigste Reformbewegung in den 1820-er und 1830-er Jahren in England[282]. Eine ihrer Kernforderungen war die Geheimwahl. Neben Jeremy Bentham nahmen James Mill (1773-1836) und George Grote (1794-1871) wichtige Rollen in den Reformbestrebungen für die geheime Stimmabgabe ein. James Mill war hauptsächlich publizistisch tätig und löste durch seine Schriften eine landesweite Reformdebatte aus. Ein im Jahre 1830 veröffentlichter anonymer Artikel (der heute eindeutig James Mill zugeschrieben wird[283]) mit dem Titel „On the Ballot" legte den Grundstein. In der Folge kam es zu einer beachtlichen Zahl von Petitionen, in welchen die geheime Stimmabgabe gefordert wurde. Die Philosophical Radicals betrieben grossen Aufwand, die Idee des Ballots im ganzen Land zu verbreiten. So verteilten sie Modelle der Wahlurnen und Stimmkarten, um zu demonstrieren, wie die geheime Stimmabgabe funktionieren sollte[284]. Die Unterstützung in der Bevölkerung war sehr gross[285]. Zahlreiche Artikel in Zeitungen und Zeitschriften sowie Schriften zum Thema Ballot erschienen in den 30-er Jahren des 19. Jahrhunderts[286]. Grote wurde zum Wortführer der Ballot Bewegung im englischen Unterhaus und beantragte als Parlamentsmitglied mehrmals die Abschaffung der offenen Stimmabgabe zugunsten der Geheimwahl[287]. Grote erhielt im Parlament hauptsächlich Unterstützung von den Liberalen, welche aber nicht immer aus Überzeugung für das Ballot eintraten, sondern vielmehr um sich die Gunst der Wähler zu sichern[288]. Obwohl die Zahl der Gegner mit jedem Mal sank, wurden die Anträge von Grote immer abgelehnt[289]. Die Reformbewegung erreichte 1838 ihren Höhepunkt. Nach der Abstimmung in diesem Jahr verlor die Bewegung schnell an Kraft und das Interesse in der Bevölkerung schwand[290].

110   In den folgenden 25 Jahren gab es in England keine Massenbewegung für die Geheimwahl mehr und die Ballot-Frage wurde nur noch von einzelnen Politikern am Leben erhalten. Die Philosophical Radicals verloren als ausserparlamentarische Oppositionskraft an Einfluss und wurden von den Chartisten, der ersten nationalen Arbeiterbewegung[291], überholt[292]. Aus strategischen Gründen setzten sich die Chartisten nicht für die Einführung der Geheimwahl ein. Zwar befürworteten sie das Ballot und hatten es auch als einen von sechs Punkten in ihren For-

---

[282]   *Kluxen* 1985, S. 467ff., 489ff. und 546.
[283]   *Park* 1931, S. 51f.
[284]   *Seymour* 1915, S. 209.
[285]   Konkrete Zahlen bei *Kinzer* 1975, S. 7-45.
[286]   Eine Vielzahl von befürwortenden und gegnerischen Artikeln zitiert *Park* 1931.
[287]   *Grote* 1833 ; *Grote* 1836 ; *Grote* 1838. Vgl. auch *O'Leary* 1962, S. 25.
[288]   *Kinzer* 1975, S. 40f.; *Seymour* 1915, S. 210f.
[289]   *Grote* 1838, S. 16.
[290]   *Kinzer* 1975, S. 42ff.
[291]   *Pickering* 2001, S. 28.
[292]   *Park* 1931, S. 64.

44

derungskatalog vom Mai 1838, der „People's Charter", aufgenommen[293]. Allerdings befürchteten sie, dass der indirekte Einfluss der nichtwahlberechtigten Arbeiterschaft unter dem Einfluss der geheimen Stimmabgabe sinken würde. Solange es kein allgemeines Wahlrecht gab, waren die Chartisten folglich gegen die geheime Stimmabgabe[294]. Die Forderung nach dem Ballot erschien in einer neuen Fassung ihrer Charter aus dem Jahr 1848 nicht mehr[295].

111   In den späten 1840-er und 1850-er Jahren setzten sich die Reformer im Unterhaus – unter ihnen Richard Cobden (1804-1865) und John Bright (1811-1889), führende Köpfe der vom gewerblich-industriellen Bürgertum getragenen Freihandelsbewegung – für das Ballot und eine neue Sitzverteilung im Parlament ein[296]. Die Koppelung mit der Forderung nach dem allgemeinen Wahlrecht fand sich bei ihnen nicht mehr[297]. Cobden gründete 1853 die „Society for Promoting the Adoption of the Vote by Ballot" (Ballot Society), deren Aktivitäten jedoch ohne grosse Resonanz blieben[298]. Zwar hatte sich die Ausgangslage für die Befürworter der Geheimwahl durch die Einführung des Ballots 1856 in der englischen Kolonie Victoria in Australien[299] etwas verbessert. Die Gegner konnten fortan eines ihrer Hauptargumente, das Ballot sei „un-englisch", nicht mehr vorbringen[300]. Aber andere Themen prägten die politischen Debatten; die Ballot-Frage stand nicht mehr im Mittelpunkt[301].

3.5.2   Einführung des Ballots in Australien innerhalb von vier Jahren

112   In einem Zeitraum von vier Jahren, zwischen 1855 und 1859, wurde die geheime Stimmabgabe in allen australischen Kolonien mit Ausnahme von West-Australien eingeführt. Die Einführung des Ballots in Australien kann einerseits als Teil einer allgemeinen Bewegung zur gleichen und allgemeinen Stimmabgabe oder aber als davon unabhängige, eigenständige Bewegung interpretiert werden. Für letzteres spricht die Existenz diverser Gruppierungen, die sich zum alleinigen Zweck gesetzt hatten, das Ballot einzuführen. Wie in England fanden sich aber auch in Australien Befürworter der geheimen Stimmabgabe, die gleichzeitig das allgemeine Wahlrecht forderten[302]. Die geheime Stimmabgabe wurde in Australien in einer Zeit des allgemeinen Umbruchs eingeführt und ging mit der Distanzierung von England einher. Im Jahre 1850 erliess das englische Parlament den „Act for the better government of Her Majesty's Australian Colonies", worin Süd-Australien

---

[293]   *Hovell* 1967, S. 2; *O'Leary* 1962, S. 26.
[294]   *Kinzer* 1975, S. 47f.; *Park* 1931, S. 64.
[295]   *Hovell* 1967, S. 282 und 287.
[296]   *Taylor* 1995, S. 166f.
[297]   *McKenna* 2001, S. 50.
[298]   Vgl. zur Ballot Society und ihren Aktivitäten *Kinzer* 1975, S. 57ff.; *Park* 1931, S. 67ff.
[299]   Vgl. Rz. 112 hiernach.
[300]   *Park* 1931, S. 69. Vgl. auch Rz. 128 hiernach.
[301]   *Kinzer* 1975, S. 85.
[302]   *McKenna* 2001, S. 46.

das Recht erteilt wurde, ein eigenes Parlament zu wählen[303]. Politische Reformbestrebungen forderten für diese Wahlen unter anderem die geheime Stimmabgabe. Die Kampagne blieb jedoch ohne Erfolg und die Wahlordnung von 1851 für
die Wahlen zum Parlament von Süd-Australien sah die offene Stimmabgabe
vor[304]. Die Debatten in Süd-Australien sind dennoch von Bedeutung, da sie die
erste Diskussion der Ballot-Frage in Australien darstellen[305]. Etwas weiter ge-
langten die Reformbestrebungen in der neu entstandenen Kolonie Victoria. Zwar
wurden auch hier die Forderungen nach geheimen Parlamentswahlen nicht sofort
umgesetzt und die ersten Wahlen fanden noch offen statt[306]. Vier Jahre später jedoch, nachdem Victoria von England die Erlaubnis erhalten hatte, ein neues Parlament nach dem Zweikammersystem einzurichten, hatte das Ballot eine Chance[307]. Die Wahlen zu diesem Parlament wurden in einem neuen Wahlgesetz festgehalten. William Nicholson, Mitglied des Parlaments trieb die Reformen für die
Aufnahme des Ballots in das neue Wahlgesetz voran[308]. Sein Antrag vom
18.12.1855 für die Einführung des „Secret Ballot" wurde angenommen[309]. Ein
Schwachpunkt in Nicholsons Vorschlag war die wenig praktikable Ausgestaltung
der geheimen Stimmabgabe[310]. Er erhielt jedoch in der Folge Unterstützung von
Henry S. Chapman (1803-1881)[311], einem erfahrenen Anwalt und Richter, der
schon in England in Berührung mit den Gedanken der geheimen Stimmabgabe
gekommen war[312]. Er half Nicholson bei der Formulierung des Prozesses der geheimen Stimmabgabe[313]. Das von Chapman vorgeschlagene Verfahren wurde
erstmals 1856 bei den allgemeinen Wahlen angewandt[314].

113   Im folgenden Jahr, 1857, wurde das Ballot auch in Süd-Australien eingeführt[315].
1858 wurde das Ballot in New South Wales und Tasmanien, ein Jahr später in
Queensland und 1879 in West-Australien anerkannt[316]. Durch die Einführung des
Ballots waren die Wahlen in Australien eindeutig ruhiger geworden. Dies galt
auch im Hinblick auf einen Vergleich mit England[317]. Das „Australian Ballot" –
wie das australische Verfahren der geheimen Stimmabgabe genannt wurde –

---

[303] *Scott* 1920, S. 5.
[304] *Scott* 1920, S. 5.
[305] *Scott* 1920, S. 6.
[306] *Scott* 1920, S. 9.
[307] *Scott* 1920, S. 9.
[308] *Scott* 1920, S. 10.
[309] *Scott* 1920, S. 10 und 13.
[310] *Scott* 1920, S. 11.
[311] *Scott* 1921, S. 53.
[312] *McKenna* 2001, S. 56.
[313] *Scott* 1921, S. 54. Die Vorkehrungen für die Sicherstellung der geheimen Stimmabgabe beschreibt
Scott auf den Seiten 54f.
[314] *Scott* 1921, S. 58.
[315] *Scott* 1921, S. 59.
[316] *Buchstein* 2000a, S. 326.
[317] *Sawer* 2001, S. 8f.

diente sowohl in England als auch in den USA in der Folge als Vorbild bei der Einführung der geheimen Stimmabgabe[318].

3.5.3 England: Einführung des Ballots 1872

114 Die Einführung des Ballots war nur eine von verschiedenen Reformen, welche in der zweiten Hälfte des 19. Jahrhunderts die Demokratisierung des britischen Parlaments zur Folge hatten[319]. Den Ausschlag für die Einführung der geheimen Stimmabgabe im Jahre 1872 gaben allerdings nicht Reformbestrebungen, sondern individuelle machtpolitische Überlegungen. Der liberale Premierminister William Gladstone (1809-1898), lange Zeit ein Gegner des Ballots[320], setzte sich plötzlich für die Einführung der geheimen Stimmabgabe ein. 1868 übernahmen die Liberalen die Regierung in England. Gladstone obsiegte im Wahlkampf gegen Disraeli nicht zuletzt dank der Unterstützung von John Bright, der inzwischen zu den wichtigsten Parlamentsmitgliedern zählte[321]. Gladstone holte in der Folge Bright ins Kabinett, um dessen Unterstützung beizubehalten. Letzterer war dazu aber nur unter gewissen Bedingungen bereit. Eine davon war das Ballot[322]. Im Januar 1869 erklärten die Liberalen, dass sie das Ballot einführen wollten und nach drei Jahren intensiver politischer Auseinandersetzungen wurde ihr Gesetzesentwurf („Ballot Act") am 18.7.1872[323] schliesslich angenommen und damit die geheime Stimmabgabe eingeführt[324].

3.6 Argumentation für das Ballot

115 In England fand in den 1830-er Jahren eine intensive Debatte des Ballots statt. Befürworter wie Gegner meldeten sich ausführlich zu Wort und führten sowohl theoretische als auch rein praktische Argumente an. Die Debatte in Australien verlief weniger intensiv, entsprach inhaltlich jedoch weitgehend der englischen Debatte[325]. Dies lässt sich dadurch erklären, dass sich unter den Einwanderern nach Australien zwischen 1840 und 1850 viele Chartisten befanden[326]. Zu einer Zeit, als diese Bewegung in England am auseinander bröckeln war, brachten die

---

[318] *McKenna* 2001, S. 58ff.; *Scott* 1920, S. 1.
[319] Zu den Parlamentsreformen vgl. *Blake* 1985, S. 107-116.
[320] *Kinzer* 1975, S. 87; *Seymour* 1915, S. 208.
[321] Vgl. dazu und zum Folgenden *Kinzer* 1975, S. 87-149; *O'Leary* 1962, S. 58-87. Zu den wahlstrategischen Hintergründen der Auseinandersetzungen zwischen Gladstone und Disraeli vgl. *Churchill* 1958, B. 12, Kap. 2 (S. 223-238).
[322] *Kinzer* 1975, S. 100f.
[323] Act to amend the Law relating to Procedure at Parliamentary and Municipal Elections (18.7.1872), in: Public General Statutes, London 1872, S. 193-236. Vgl. dazu *Kinzer* 1975, S. 149-243.
[324] Sektion 2, Satz 1 Act to amend the Law relating to Procedure at Parliamentary and Municipal Elections (18.7.1872), in: Public General Statutes, London 1872, S. 193-236: „In the case of a poll at an election the votes shall be given by ballot." Vgl. die detaillierten Bestimmungen der Sektion 2 zur Verwendung der Stimmzettel sowie die weiteren Bestimmungen zum Schutz des Stimmgeheimnisses in Sektion 4.
[325] *McKenna* 2001, S. 52.
[326] Vgl. *Scott* 1920, S. 4f.

Einwanderer die Ideen der Chartisten, darunter auch die Forderung nach geheimer Stimmabgabe, in ein Land mit, das für diese Ideen sehr empfänglich war.

116 Im Folgenden werden die Gründe, welche für und gegen das Ballot vorgebracht wurden, thematisch zusammengefasst. Aufgrund des Quellenmaterials richten sie sich hauptsächlich an den englischen Beiträgen aus; wo Unterschiede zu Australien bestehen, wird darauf hingewiesen. Das Quellenmaterial zur Debatte um die geheime Stimmabgabe in England ist äusserst umfangreich. Die in dieser Arbeit benutzten Quellen wurden in erster Linie nach der Vielfalt der Argumente ausgewählt. Es soll eine Übersicht über die angeführten Gründe für und wider das Ballot gegeben werden. Dabei dürfen die berühmtesten Verfechter des Ballots – also etwa Jeremy Bentham, George Grote und James Mill – wie auch der berühmteste Gegner, John Stuart Mill, nicht fehlen.

3.6.1 Geheime Stimmabgabe zum Schutz der Schwächeren

117 Das Umfeld, in welchem die Wahlen vor der Einführung der geheimen Stimmabgabe statt fanden, ist für das Verständnis der Argumentationen zugunsten der Einführung des Ballots von Bedeutung. Die Wahlveranstaltungen im England der ersten Hälfte des 19. Jahrhunderts waren geprägt von Einschüchterungen, Gewaltanwendungen und Trunkenheit[327]. Charles Dickens (1812-1870) beschreibt in Kapitel 13 seiner „Pickwick Papers" (1837) die Ausschreitungen anlässlich der Wahl eines Parlamentsabgeordneten in Eatanswill. Beim Eintreffen in Eatanswill rät Mr. Pickwick seinen Reisebegleitern angesichts der geladenen Stimmung zwischen den zwei rivalisierenden Parteien: „Don't ask any questions. It is always best on these occasions to do what the mob do", und wenn zwei mobs vorhanden seien: „shout with the largest"[328]. Von einem Bekannten lässt er sich sodann die Chancen der Partei des Kandidaten Fizkin erklären. Diese ist gerade im Vorteil, denn – „Fizkin's people have got three-and-thirty voters in the lock-up coachhouse. [...] They keep 'em locked up there, till they want'em, [...] The effect of that is, you see to prevent our getting at them; and even if we could, it would be of no use, for they keep them very drunk on purpose."[329] Dass Dickens' Beschreibung keineswegs eine literarische Übertreibung war, sondern den realen Gepflogenheiten entsprach, hatte 1869 ein speziell zur Untersuchung der Notwendigkeit des Ballots eingesetztes Komitee bestätigt[330]. Auch in Australien war das Umfeld der Wahlen vor der Einführung der geheimen Stimmabgabe von Gewalt, Trunkenheit und Bestechung geprägt[331]. Offene Wahlen ermöglichten die

---

[327] Anschaulich *Jacobi* 1958, S. 7. Vgl. auch *O'Leary* 1962, S. 5-87, der Wahlanfechtungen vor der Einführung des Ballots untersucht.

[328] *Dickens*: The Pickwick Papers, S. 180.

[329] *Dickens*: The Pickwick Papers, S. 181.

[330] Vgl. dazu *Kinzer* 1975, S. 119ff.

[331] *Scott* 1920, S. 6f.

Kontrolle über das Wahlverhalten der Stimmbürger und leisteten damit Bestechung (sowohl mit Geld als auch mit Bier)[332] und Bedrohung Vorschub.

118 Die Argumente für die Einführung des Ballots drehten sich denn auch um den Kerngedanken, dass die Geheimhaltung der Stimmabgabe zum Schutz der Schwächeren eingeführt werden sollte. Dieser Schutz sollte es dem Einzelnen ermöglichen, seine Stimme frei von Repressionen und Einflüssen abgeben zu können. Im Folgenden werden vier Ausprägungen dieses Kerngedankens dargestellt. Die ersten beiden zeigen das Gedankengut der Philosophical Radicals anhand zweier ihrer prominentesten Vertreter, Jeremy Bentham und James Mill, auf. Die Befürworter des Ballots folgten jedoch nicht alle derselben Argumentationslinie. Auch wenn sie einander im Kerngedanken – Schutz der Schwächeren – entsprachen, gab es doch zahlreiche Unterschiede in der theoretischen Herleitung. So wurde ein generelles Recht auf Privatheit der politischen Überzeugung oder die Trennung zwischen politischer und sozialer Rolle des Bürgers als Argumentation für das Ballot angeführt.

3.6.2 Jeremy Bentham: Utilitaristische Begründung

119 Jeremy Bentham war der Überzeugung, dass die Aufgabe einer politischen Gemeinschaft in der Verwirklichung des „universal interest" bestehe. Das „universal interest" seinerseits sei das Aggregat aller „particular interests" und könne nur dann erlangt werden, wenn alle Mitglieder der politischen Gemeinschaft ihren Beitrag dazu leisten könnten[333]. Eine Folge dieser Argumentation war die Forderung des allgemeinen Wahlrechts[334]. Eine zweite Folge war die Forderung der geheimen Stimmabgabe. Diese war notwendig, um den einzelnen Wähler vor äusseren Einflüssen zu schützen, damit er seine individuellen Interessen äussern könne[335]. Für Bentham und seine Anhänger war das Ballot lediglich eine Forderung eines umfassenden Demokratisierungspakets. Die Koppelung mit der Forderung nach allgemeinen Wahlen veranschaulicht dies deutlich. Neben dieser rein theoretischen Argumentation für das Ballot ging Bentham auch ganz konkret auf die aktuelle Situation in England ein. Er war der Überzeugung, eine Ausweitung des Wahlrechts unter den gegebenen sozialen Umständen würde ohne den schützenden „shield of secrecy" in einem despotischen Zustand enden[336]. Der Hinweis auf die gegebenen sozialen Umstände mag keine weitere Bedeutung haben; vielleicht aber war er auch als Zugeständnis an diejenigen Mitstreiter zu verstehen, die sich nicht zu einer generellen theoretischen Begründung der geheimen Stimmabgabe durchringen mochten.

---

[332] *Sawer* 2001, S. 7.
[333] *Bentham* 1818, S. 24.
[334] *Bentham* 1818, S. 24f. Vgl. dazu *Sabine* 1973, S. 629.
[335] *Bentham* 1818, S. 25.
[336] *Bentham* 1818, S. 66.

3.6.3 James Mill: herrschende Verhältnisse machen Ballot notwendig

120 Nach dem Tod von Jeremy Bentham 1832 wurde James Mill zum Wortführer der „Pilosophical Radicals". In seiner wichtigsten Schrift zum Thema Geheimwahl, dem Aufsatz „On the Ballot" (1830)[337], setzte sich Mill mit der Frage geheime vs. offene Stimmabgabe auseinander. Anders als Bentham ging er nicht auf die Ausweitung des Wahlrechts ein, sondern behandelte ausschliesslich das Ballot[338]. Mehr noch als Bentham stützte Mill seine Argumentation für die Geheimwahl auf die herrschenden Verhältnisse. In der derzeitigen Situation seien die Wahlen nur noch eine Farce. Bei der Diskussion um die offene und geheime Stimmabgabe gehe es eigentlich um die Frage, ob diejenigen, welche die Parlamentsmitglieder bestimmten, wirklich eine Wahl haben oder nur der Form halber ihre Stimme abgeben sollten, während die ganze Entscheidungsmacht bei anderen Parteien liege[339]. Die Wahlen seien geprägt von Beeinflussung und Bestechung: „A large majority of all those who vote for county members, vote, under such circumstances of dependance, that they cannot vote contrary to what they know to be the inclination of such and such men; without the prospect of serious, often ruinous, consequences to themselves."[340] Konkret erwartete Mill von der Einführung des Ballots ein Ende von Erpressung und Stimmenkauf[341].

121 „Every body knows, [...], that, in itself, secrecy is neither good, nor bad. It is good, when it is the means to a good end; bad, when it is the means to a bad end."[342] Damit begegnete Mill dem möglichen Argument der Gegner der Geheimwahl, dass das Ballot grundsätzlich schlecht sei und den menschlichen Charakter verderbe[343]. Das Ballot garantierte gemäss Mill, dass der Stimmbürger nicht beeinflusst wurde und somit entsprechend seinem eigenen Willen wählen konnte[344]. Mit der Unabhängigkeit der Stimmabgabe verband Mill zudem eine Verbesserung der Qualität der Abgeordneten. Ohne anderweitigen Einfluss entscheide sich der Wähler nämlich für den am besten geeigneten Kandidaten[345].

3.6.4 Grundrecht auf Privatheit

122 Bisher galt die offene Stimmabgabe als demokratisch[346]. Im 19. Jahrhundert fand diesbezüglich jedoch ein Umdenken statt und die Befürworter des Ballots führten häufig theoretische Argumente an, weshalb die geheime Stimmabgabe einer Demokratie entspreche. So tauchte in den 30-er Jahren in England eine radikal indi-

---

[337] *Mill* 1830.
[338] *Mill* 1830, S. 2.
[339] *Mill* 1830, S. 2f.
[340] *Mill* 1830, S. 6.
[341] *Mill* 1830, S. 19.
[342] *Mill* 1830, S. 23.
[343] Vgl. zu diesem Argument der Gegner des Ballots Rz. 135 hiernach.
[344] *Mill* 1830, S. 28.
[345] *Mill* 1830, S. 39.
[346] Vgl. Rz. 47 und 71 hiervor.

vidualistische Begründung der Geheimwahl auf. George Grote, dem Verfechter des Ballots im Parlament zufolge gab es ein fundamentales Recht des Wählers auf den privaten Charakter seines Abstimmungsverhaltens. Jedem Bürger stehe die Bekanntgabe seiner politischen Meinung in der Öffentlichkeit frei. Keiner könne jedoch zur Bekanntgabe gezwungen werden. Nur die Geheimwahl garantiere dieses Recht auf Privatheit. Grote wich von der Argumentationslinie von Bentham und Mill insofern ab, als er in einem grundsätzlichen Sinne für das Ballot plädierte. In seiner Schrift „Vote by Ballot" (1837)[347], welche die wesentlichen Argumente seiner bis dahin gehaltenen Reden im Parlament wiedergab, hielt er fest, dass jeder Bürger das Recht auf Privatheit der eigenen politischen Überzeugung habe[348]. Das Besondere an Grotes Position war, dass er nicht die Überzeugung vertrat, dass die offene Wahl grundsätzlich vorzuziehen sei und nur aufgrund der aktuellen Umstände die Geheimwahl (z.B. zur Verhinderung von Korruption) eingeführt werden müsse. Vielmehr hielt er auch in seinem Beitrag in der Parlamentsdebatte 1838, in dem Jahr also, in dem die Ballot Kampagne ihren Höhepunkt erreicht hatte, rückblickend fest: „I undertook originally to introduce the proposition of a secret suffrage, from a strong conviction that it was the only mode of voting compatible with freedom or purity of election."[349] Dieses Statement kennzeichnete die Überzeugung Grotes, dass die geheime Stimmabgabe zur Sicherung freier Wahlen grundsätzlich einzuführen sei.

3.6.5 Trennung zwischen politischem und gesellschaftlichem Bereich

123 Im 19. Jahrhundert kam ein weiterer theoretischer Gedanke auf, wonach die Geheimwahl die Trennung zwischen dem Bürger in seiner politischen Rolle (als Citoyen) und in seinen sozialen Rollen (als Familienmitglied, Nachbar, Teilnehmer der Arbeits- und Marktgesellschaft und als Angehöriger von gesellschaftlichen Vereinigungen) sicherstellen sollte. Dieses Argument hat bis heute seine Gültigkeit behalten. Stein Rokkan hält fest: „In sociological terms we might say that in the situation of secret voting the individual adult is cut off from all his roles in the subordinate systems of the household, the neighbourhood, the work organization, the church and the civil association [...]"[350]. Dadurch wird Konformitätsdruck verhindert und der Wähler in seiner Willensbildung von äusseren Einflüssen befreit.

124 Diese Gedanken fanden sich im England des 19. Jahrhunderts beispielsweise bei William Dougal Christie (1816-1874), dem Verfasser der Schrift „An Argument in Favour of the Ballot" aus dem Jahre 1839. Darin wog er die Vor- und Nachteile der geheimen und offenen Stimmabgabe systematisch gegen einander ab. Aus-

---

[347] *Grote* 1837.
[348] *Grote* 1837, S. 8.
[349] *Grote* 1838, S. 1.
[350] *Rokkan* 1970, S. 35.

schlaggebend war für ihn die Tatsache, dass nur die Geheimwahl Erpressungen und Stimmenkauf zu einem grossen Teil verunmögliche[351]. Christie baute zwar die soziale Situation in seine Argumentation für das Ballot ein. Anders als Bentham und Mill bezog er sich aber nicht nur auf aktuelle Zustände, sondern sah die freie Willensäusserung durch alle sozialen Abhängigkeitsverhältnisse bedroht. So u.a. auch durch die Beziehung zwischen Mieter und Vermieter[352]. Die meisten Wahlberechtigten seien in der einen oder anderen Weise von jemandem abhängig[353]. In diesem Zustand entspreche die Durchführung von Wahlen nicht mehr ihrem ursprünglichen Sinn. Dieser Sinn bestand gemäss Christie darin, dass jeder Wahlberechtigte seine Meinung über die Kandidaten ehrlich, überlegt und aufgrund des allgemeinen politischen Tenors äussern konnte[354]. Die Geheimwahl sollte nun den Sinn der Wahlen wieder herstellen, indem sie Manipulationen, die aus den Abhängigkeitsverhältnissen entstehen konnten, verunmöglichte. Es ging also darum zu verhindern, dass Abhängigkeiten aus dem gesellschaftlichen in den politischen Bereich übergingen.

3.7 Argumentation gegen das Ballot

125   Die Argumente gegen die geheime Stimmabgabe im 19. Jahrhundert in England waren äusserst umfangreich, ganz im Gegensatz zu Australien. Dies lässt sich vermutungsweise durch die unterschiedlichen sozialen Rahmenbedingungen erklären. Das soziale Umfeld, in welchem in England der Chartismus entstand, und das Umfeld, in welchem das Gedankengut des Chartismus in Australien aufgenommen wurde, waren grundverschieden. In Australien standen der Einführung der geheimen Stimmabgabe nicht die grundlegend verschiedenen Klasseninteressen wie in England entgegen. Die geheime Stimmabgabe fand gemeinhin Zustimmung und wurde als Mittel zur Sicherung der materiellen Interessen der männlichen Stimmberechtigten betrachtet[355]. Das Ballot sollte die Unabhängigkeit des Wählers schützen und Korruption und Manipulationen verhindern[356].

126   Im Unterschied zu den Befürwortern des Ballots führten die Gegner weniger theoretische Argumente als vielmehr praktische Überlegungen an. Im Folgenden werden die gegnerischen Argumente in vier Bereiche gegliedert.

3.7.1 Angst vor Kettenreaktionen

127   Sowohl auf der Seite der Befürworter der geheimen Stimmabgabe als auch auf der Seite der Gegner machte man sich Gedanken über einen allfälligen Zusammenhang zwischen der geheimen Stimmabgabe und der Einführung des allge-

---

[351]   *Christie* 1839, S. 66.
[352]   *Christie* 1839, S. 1f.
[353]   *Christie* 1839, S. 1.
[354]   *Christie* 1839, S. 2.
[355]   *McKenna* 2001, S. 51.
[356]   *McKenna* 2001, S. 54f.

meinen Wahlrechts. Während einige Befürworter die Forderung nach dem Ballot mit derjenigen nach dem allgemeinen Wahlrecht verbanden[357], befürchteten die Gegner des Ballots eben diese Verbindung. Konkret wurde befürchtet, dass die Geheimwahl weitere demokratische Reformen wie etwa die Ausweitung des Wahlrechts nach sich ziehen würde[358]. Der Liberale Sidney Smith lehnte die Geheimwahl als Lösung für die Behebung der aktuellen Misstände ab. Diese betrachtet er in seiner Publikation „Ballot" (1839) als Ausnahmeerscheinung; das Ballot als Lösung hingegen berge viele Gefahren[359]. Er war überzeugt davon, dass die Einführung des Ballots eine Kettenreaktion auslösen würde, welche in die Forderung der unteren Schichten nach dem allgemeinen und gleichen Wahlrecht münden würde[360]. Diese Tendenz der fortschreitenden Demokratisierung sei zu verhindern. Wie gesagt, war diese Betrachtungsweise für die damalige Zeit in England nicht untypisch. Die meisten Gegner der Geheimwahl waren Gegner demokratischer Reformen schlechthin. Allerdings gab es auch hier Ausnahmen. Als eine solche erschien John Stuart Mill, der zwar auf der Seite der Gegner der Geheimwahl zu finden war, gleichzeitig aber zu den Befürwortern der Ausweitung des Wahlrechts sowie anderer demokratischer Reformen gehörte[361].

3.7.2 Fehlende Tradition

128 Ein gewichtiges Argument in der englischen Debatte war die Tradition. Verteidiger der offenen Stimmabgabe beriefen sich wiederholt darauf, das Ballot sei un-englisch, entspreche nicht der Tradition und könne sich deshalb in England nicht etablieren[362]. Dieses Argument zielte darauf ab, dass das Ballot nicht mit den historischen Traditionen Englands[363] vereinbar sei und sich deshalb in der englischen Gesellschaft nicht bewähren könne. Auch die Tatsache, dass das Ballot in britischen Klubs praktiziert wurde, konnte die Gegner nicht umstimmen[364]. Genauso wenig wie die erfolgreiche Einführung des Ballots in anderen Ländern die Gegner davon überzeugen konnte, dass das Ballot die von seinen Befürwortern genannten positiven Effekte tatsächlich mit sich bringe und technisch durchführbar sei[365]. Die Argumentation, das Ballot sei un-englisch, wurde erst mit der Einführung der geheimen Stimmabgabe in den australischen Kolonien entkräftet.

129 Obwohl das Argument, das Ballot sei un-englisch, auch in Australien auftauchte, hatte es keinen Erfolg. Man war dort eben gerade nicht darauf aus, die englische politische Kultur nachzubilden, sondern wollte sich aus der englischen Tradition

---

[357] Vgl. Rz. 119 hiervor.
[358] *Kinzer* 1975, S. 22; *Seymour* 1915, S. 215.
[359] *Smith* 1839, S. 17f.
[360] *Smith* 1839, S. 38f.
[361] *Kinzer* 1988, S. 27ff. Vgl. auch Rz. 132ff. hiernach.
[362] Vgl. *McKenna* 2001, S. 49; *Kinzer* 1975, S. 29f.
[363] Vgl. Rz. 50 hiervor.
[364] *Denison* 1838, S. 90.
[365] *Denison* 1838, S. 32ff.

lösen[366]. Man war sich der Unterschiede zwischen der alten Gesellschaft in England und der neuen Gesellschaft, die man errichten wollte, sehr bewusst[367]. Die Einwanderer hatten in England Schlechtes zurück gelassen, das sie in der neuen Gesellschaft von Anfang an verhindern wollten. Dies wirkte sich zugunsten des Ballots aus, das in Australien auf wenig Widerstand stiess.

3.7.3 Wahlrecht als „trust"

130 Genauso wie einige Befürworter der geheimen Wahl machten sich die Gegner die Rechtsnatur des Wahlrechts in ihrer Argumentation zu Nutze. Sie verstanden das Wahlrecht als „trust", als öffentliche Pflicht, die nur unter der Überwachung durch das Volk, also öffentlich ausgeübt werden durfte[368]. Das Wahlrecht wurde nicht als subjektives Recht, sondern als politisches Amt verstanden. Ein individuelles Recht auf Geheimhaltung der Stimmabgabe wie von George Grote postuliert, lief diesen Vorstellungen diametral entgegen.

131 Die Gegner der geheimen Stimmabgabe hatten einige Mühe, die Tatsache zu rechtfertigen, dass die geheime Stimmabgabe in Klubs weithin praktiziert wurde, aber für die Parlamentswahlen nicht in Frage kam[369]. Zur Erklärung wurde u.a. auf die Unterschiede zwischen der Wahl von Personen in Klubs und der Wahl von Parlamentsabgeordneten hingewiesen. In Klubs gebe es zwei von Wahlen betroffene Parteien; die Kandidaten und die Wähler. Beide hätten ein Interesse an der Geheimhaltung[370]. Im Falle von Parlamentswahlen seien jedoch drei betroffene Parteien vorhanden; die Wähler, die rivalisierenden Kandidaten sowie die Freunde und Agenten der letzteren. Lediglich eine der betroffenen Parteien, nämlich die Wähler könnten ein Interesse an der Geheimhaltung der Stimmabgabe haben[371]. Die anderen hätten ein grosses Interesse zu wissen, wer für welchen Kandidaten gestimmt hatte. Im Gegensatz zur Stimmabgabe in Klubs sei die Stimmabgabe bei den Parlamentswahlen ein „trust" und mit Verantwortung verbunden[372]. Der Wahlakt sei eine öffentliche Pflicht und alle von dessen Ausübung betroffenen – die Gewählten, Frauen, andere Nichtwahlberechtigte – hätten das Recht, die Meinung derjenigen zu kennen, „to whom they are forced to look for protection, advice, and support"[373].

132 Auch John Stuart Mill (1806-1873), Sohn von James Mill und der wohl prominenteste Gegner des Ballots, argumentierte in den Reformdebatten seit den späten 1860-er Jahren damit, dass das Wahlrecht ein „trust" sei. In den 1830-er Jahren

---

366 *McKenna* 2001, S. 52.
367 *McKenna* 2001, S. 53.
368 Vgl. dazu *Kinzer* 1975, S. 27ff.
369 Vgl. Rz. 66 hiervor.
370 *Denison* 1838, S. 37.
371 *Denison* 1838, S. 38.
372 *Denison* 1838, S. 89.
373 *Denison* 1838, S. 90f.

gehörte J.S. Mill aus strategischen Gründen noch zu den Verfechtern des Ballots. Er gehörte derselben Bewegung wie sein Vater, den Philosophical Radicals, an. Diese hatten geplant, die liberale Partei über die Ballot-Frage zu spalten und darauf einen neuen Reformblock zwischen den reformorientierten Kräften der Liberalen und den Philosophical Radicals zu bilden. Das strategische Kalkül ging jedoch nicht auf. Die Befürworter des Ballots unter den Liberalen zeigten kein Interesse, mit ihrer Partei wegen dieser aus ihrer Sicht nebensächlichen Frage zu brechen[374]. Später verteidigte J.S. Mill vehement die offene Wahl. Seine Argumentation stützte sich dabei auf die Vorstellung der nichtsubjektivistischen Rechtsnatur des Wahlrechts. Er betrachtete das Stimmrecht als „trust", also als öffentliche Pflicht und war der Meinung, dass der Bürger sich bei seiner Stimmabgabe nach seinem besten Wissen und Gewissen am Gemeinwohl zu orientieren habe[375]. Die offene Stimmabgabe habe zur Aufgabe, dem Wähler den Pflichtcharakter seines Stimmrechts immer wieder bewusst zu machen[376]. Die Pflicht des Wählers, seine Stimme zugunsten des Gemeinwohls abzugeben, habe wie jede andere öffentliche Pflicht auch unter der kritischen Aufsicht der Öffentlichkeit zu geschehen[377]. Den aktuellen Gesellschaftszustand schätzte er als nicht gefährlich ein; im Gegenteil: „[…] the power of coercing voters has declined and is declining; and bad voting is now less to be apprehended from the influences to which the voter is subject at the hands of others, than from the sinister interests and discreditable feelings which belong to himself, either individually or as a member of a class."[378]

133   Die Einstellung von John Stuart Mill zur Ballot-Frage ist interessant, weil er sich in anderen Bereichen für heute als demokratisch und für seine Zeit fortschrittlich angesehene Anliegen wie die Ausweitung des Wahlrechts und das Frauenstimmrecht einsetzte[379].

134   John Stuart Mill liess sich auch nicht durch die Einführung des Ballots in Australien umstimmen. In einem Brief an Henry Chapman schrieb er, dass die Einführung des Ballots in Victoria für erheblichen Lärm in England gesorgt habe[380]. Er rechtfertigte jedoch die Beibehaltung seiner Einstellung gegen das Ballot. Die zu Beginn des Jahrhunderts weit verbreitete Wahlbeeinflussung sei im Rückgang begriffen und ein Wähler lasse sich jetzt viel mehr durch persönliche oder Klasseninteressen in der Ausübung seines Stimmrechts beeinflussen. Diese Interessen würden durch das Ballot nur verstärkt[381]. Demgegenüber stelle die offene Stimm-

[374]   *Kinzer* 1975, S. 17ff.
[375]   *Mill* 1861, S. 192.
[376]   *Mill* 1861, S. 190.
[377]   *Mill* 1861, S. 193; vgl. auch *Mill*: Speech on 4 November 1868.
[378]   *Mill* 1861, S. 195.
[379]   *Kinzer* 1988, S. 27ff.
[380]   *Mill* 1858, S. 208f.
[381]   *Mill* 1858, S. 209.

abgabe sicher, dass der einzelne Wähler sich gegenüber den Mitwählern über seine Stimmabgabe rechtfertige. „I have long thought that in this lies the main advantage of the public opinion sanction; not in compelling or inducing people to act as public opinion dictates, but in making it necessary for them if they do not, to have firm ground in their own conviction to stand on, and to be capable of maintaining it against attack."[382]

3.7.4 Moralische Bedenken gegenüber der geheimen Stimmabgabe

135 Einige Gegner des Ballots befürchteten, dass die Geheimwahl den menschlichen Charakter verderben werde. Im Gegensatz zu den aktuell vorkommenden Fällen von Erpressung und Stimmenkauf, bei denen es sich gemäss ihrer Überzeugung um Einzelfälle handle, bringe die Geheimwahl die Institutionalisierung von Lüge und Betrug mit sich, da kein Wähler mehr Rechenschaft über die Art seiner Stimmabgabe ablegen müsse[383]. Es wurde befürchtet, dass mit der Geheimwahl ein generelles Klima des Misstrauens Einzug in die politische Kultur halte. Denn es bestehe keine Möglichkeit mehr, seine politische Überzeugung zu dokumentieren und so komme es zu falschen Verdächtigungen, welche nicht entkräftet werden könnten: „The political persecutors would not be battled by the ballot: customers, who think they have a right to persecute tradesmen now, would do it then; the only difference would be that more would be persecuted then on suspicion, than are persecuted now from a full knowledge of every man's vote"[384]. Die negativen Auswirkungen auf die Moral des Wählers seien immens. Die Geheimwahl fördere „falsehood on the part of the voters, whom it is to protect. Thus then it tends strongly to make the lower orders dishonest"[385]. Die Befürchtungen gingen sogar noch weiter. Das Ballot fördere ein Klima des Misstrauens und ziehe das Auseinanderbrechen der Gesellschaft nach sich. „By rendering men not only independent of, but actually suspicious of each other, it will break up society into units, and sow schism and terror through the whole length and breadth of the land"[386].

3.8 Bewertung der britischen Entwicklung

136 Die Einführung des Ballots in England und Australien hatte eine deutliche Beruhigung der Wahlen, insbesondere am Wahltag selbst zur Folge[387]. Die Ausschreitungen und Unruhen, welche mit der offenen Stimmabgabe einhergingen, wurden durch die Einführung einer geordneten Organisation, welche für die geheime Stimmabgabe nötig war, beseitigt. Ein Hauptanliegen des Ballots – die Verhinde-

---

[382] *Mill* 1858, S. 209f.
[383] *Smith* 1839, S. 32.
[384] *Smith* 1839, S. 29.
[385] *Denison* 1838, S. 93.
[386] *Denison* 1838, S. 93.
[387] *O'Leary* 1962, S. 88ff.

rung von Stimmenkauf und Korruption – konnte allerdings nicht ganz erfüllt werden. In den traditionell korrupten Wahlkreisen wurde auch weiterhin Stimmenkauf betrieben[388].

137   Bei der Betrachtung der Entwicklung in England fallen zwei Tatsachen auf. Zum einen existierte in den 1830-er Jahren eine breite Reformbewegung, welche die Forderung nach der geheimen Stimmabgabe zum Inhalt hatte. Allerdings blieb sie insofern erfolglos, als sich die geheime Stimmabgabe zu diesem Zeitpunkt nicht durchsetzen konnte. Zum zweiten ist bemerkenswert, dass im Jahre 1872, dem Jahr der Einführung der geheimen Stimmabgabe, keine Bewegung zu ihren Gunsten mehr bestand. Und trotzdem hatte sie sich etabliert, letztlich als Resultat einer machtpolitischen Überlegung des damaligen Premierministers. Die vorhergehende Einführung der geheimen Stimmabgabe in Australien hatte ein Weiteres dazu getan, diese in England 1872 zu etablieren.

138   Auch wenn die Befürworter des Ballots unterschiedliche theoretische Überzeugungen vertraten, so drang doch immer wieder der Grundgedanke durch, dass die geheime Stimmabgabe den Schwächeren die Teilnahme an Wahlen ermöglichen und erleichtern sollte. Dabei darf aber nicht übersehen werden, dass es unter den Befürwortern der Geheimwahl auch Stimmen gab, die befürchteten, dass die Geheimwahl zum Ausschluss der unteren Schichten von der politischen Beteiligung führen würde, zumindest solange nicht das allgemeine Wahlrecht verwirklicht sei. Diese Befürchtung führte dazu, dass die Chartisten die Forderung nach dem Ballot wieder aus ihrer Agenda entfernten. Die Koppelung der Forderung nach dem allgemeinen Wahlrecht und der geheimen Stimmabgabe tauchte immer wieder auf, so zum Beispiel bei Bentham oder den Chartisten. Daraus kann jedoch nicht geschlossen werden, dass die geheime Stimmabgabe immer in Verbindung mit der Forderung nach dem allgemeinen Wahlrecht auftrat beziehungsweise ihre Einführung von der Einführung der allgemeinen Wahl abhing.

139   Neben den oben diskutierten Argumenten existierten auch in England rein opportunistische Überlegungen, welche in der Ballot-Frage eine Rolle spielten. Sowohl auf Seiten der Befürworter als auch auf Seiten der Gegner des Ballots herrschte die Überzeugung, dass die Einführung der geheimen Stimmabgabe die Wahlresultate grundlegend verändern würde[389]. Auf beiden Seiten fanden sich darum opportunistische Motive in der Argumentation für beziehungsweise gegen das Ballot.

---

[388]   *Seymour* 1915, S. 432ff.
[389]   *Seymour* 1915, S. 205.

3.9 Einführung der geheimen Stimmabgabe in Deutschland

140 Die folgende Darstellung geht auf die erste Debatte, in welcher die Geheimhaltung vorkam – die Verfassungsberatungen der Nationalversammlung in Frankfurt – ein und zeigt die gegenläufigen Entwicklungen in Preussen und auf Reichsebene auf. Die Gründe für und gegen die geheime Stimmabgabe werden in den folgenden zwei Kapiteln (3.10 und 3.11) untersucht. Anschliessend folgt eine Bewertung der deutschen Entwicklung (3.12).

3.9.1 Frankfurter Reichsverfassung

141 Bis 1848 waren die wahlrechtlichen Bestimmungen der 41 Mitgliedsstaaten des Deutschen Bundes ganz unterschiedlich ausgestaltet. Sowohl die offene als auch die geheime Stimmabgabe waren bekannt[390].

142 Eine breite Debatte um die Frage „offene oder geheime Stimmabgabe" setzte erst auf den Verfassungsberatungen der Nationalversammlung in der Frankfurter Paulskirche von 1849 ein[391]. Die Verfassung des Deutschen Reiches vom 28.3.1849 (Frankfurter Reichsverfassung) anerkannte nach langer Debatte das geheime Wahlrecht. Sie verwies[392] für die Wahl des Volkshauses auf die Bestimmungen des Reichswahlgesetzes[393]. Dieses bestimmte in § 13 Abs. 2, dass das Wahlrecht „in Person durch Stimmzettel ohne Unterschrift" auszuüben sei. Mit dieser Formulierung wurde die geheime Stimmabgabe umschrieben[394]. Die Reichsverfassung und das Reichswahlgesetz der Paulskirche hatten zwar keine unmittelbare Rechtskraft, sie beeinflussten jedoch die wahlrechtlichen Bestimmungen einiger deutscher Reichsstädte und kleinerer deutscher Staaten, welche in der Folge die Geheimwahl einführten[395].

3.9.2 Preussen nach 1848

143 In Preussen verlief eine gegenteilige Bewegung. Nach 1849 wechselte dieser Staat von der geheimen zur offenen Stimmabgabe[396]. 1848 waren die Wahlen noch geheim („durch selbstgeschriebene Stimmzettel"[397]). Für die Wahlen der Wahlmänner sowie der Abgeordneten zur Zweiten Kammer des Landtags im folgenden Jahr sah eine königliche Verordnung die offene Stimmabgabe („durch

---

[390] Zu den verschiedenen Ausprägungen und Kombinationsmöglichkeiten der offenen und geheimen Stimmabgabe in Deutschland vor 1848 vgl. *Ehrle* 1979, S. 729ff.; *Meyer* 1901, S. 532ff.

[391] Vgl. dazu *Meyer* 1901, S. 534ff.

[392] § 94 Abs. 2 Verfassung des Deutschen Reichs (28.3.1849), in: *Huber* 1978, Bd. 1, S. 375-396.

[393] Reichswahlgesetz (12.4.1849), in: *Huber* 1978, Bd. 1, S. 396-399.

[394] *Jacobi* 1955, S. 145.

[395] *Meyer* 1901, S. 536.

[396] *Meyer* 1901, S. 537; vgl. dazu *Gerlach* 1908, S. 34ff.

[397] Art. 10 Interimistisches Wahlgesetz für die Erste Kammer (6.12.1848), in: *Huber* 1978, Bd. 1, S. 495 und Art. 10 Wahlgesetz für die Zweite Kammer (6.12.1848), in: *Huber* 1978, Bd. 1, S. 495-496.

Stimmgebung zu Protokoll"[398]) vor. Gleichzeitig wurde das allgemeine Wahlrecht in der Form des Dreiklassenwahlrechts eingeführt[399]. Die offene Stimmabgabe wurde eingeführt, um den Einfluss der Regierung und der herrschenden sozialen Gewalten auf die Wähler sicher zu stellen und damit den preussischen König zu schützen[400]. In der damaligen Zeit galt dies als durchaus legitimes Mittel, um den Staat sowie die Verfassung vor feindlichen politischen Gruppen zu schützen[401]. Die Regierung übte in der Folge die Wahlbeeinflussung gezielt aus und es kam – gemessen an heutigen Wertvorstellungen – zu massiven Missbräuchen von Seiten der Regierung[402]. Als Beispiel sei hier ein Erlass des Ministers des Innern für die Wahlen von 1855 erwähnt. Darin forderte er von den Regierungspräsidenten unmissverständlich „sämtlichen Beamten (...) die betreffenden Pflichten ihrer Stellung in geeigneter Weise nahe zu legen. Insbesondere sind dieselben allen Ernstes darauf aufmerksam zu machen, dass zwar, wenn sie sich in ihrem Gewissen gebunden fühlen, nicht für die Regierung stimmen zu können, ihnen unbenommen bleibe, sich der Teilnahme an den Wahlen zu enthalten, dass aber ein Auftreten gegen die Regierung Sr. Majestät ihrer amtlichen Stellung und ihrer Dienstpflicht zuwider laufe und keinenfalls geduldet werden könne."[403] Bis 1918 wurden die Wahlen in Preussen offen durchgeführt[404].

3.9.3 Reichstagswahlrecht

144 Das preussische Wahlrecht nahm eine Sonderstellung ein. Dies zeigte sich insbesondere beim Vergleich mit dem Reichstagswahlrecht unter Bismarck. Die Verfassung des Norddeutschen Bundes vom 16.4.1867[405] sah in Art. 20 die geheime Wahl vor: „Der Reichstag geht aus allgemeinen und direkten Wahlen mit geheimer Abstimmung hervor (...)". Das Wahlgesetz für den Reichstag des Norddeutschen Bundes vom 31.5.1869 legte folgende Vorschriften zur Geheimwahl fest: „Das Wahlrecht wird in Person durch verdeckte, in eine Wahlurne niederzulegende Stimmzettel ohne Unterschrift ausgeübt."[406] Art. 20 der Verfassung des Deutschen Reiches vom 16.4.1871[407] war Art. 20 der Verfassung des Norddeutschen Bundes nachgebildet. Das Wahlgesetz für den Reichstag des Norddeut-

---

[398] §§ 21 und 30 Verordnung betreffend die Ausführung der Wahl der Abgeordneten zur Zweiten Kammer (30.5.1849), in: *Huber* 1978, Bd. 1, S. 497-500.

[399] Vgl. dazu *Grünthal* 1978.

[400] *Huber* 1963, S. 88; *Meyer* 1901, S. 537. Vgl. auch die kritische Darstellung der Gründe bei *Gerlach* 1908, S. 34ff. sowie Rz. 157f. hiernach.

[401] *Huber* 1963, S. 88.

[402] Für eine detaillierte Darstellung des Wahlaktes sowie der Manipulationen vgl. *Gerlach* 1908, S. 39ff.; *Grünthal* 1982, S. 317ff.; *Kühne* 1994, S. 49ff.

[403] Zit. nach *Gerlach* 1908, S. 40.

[404] *Jacobi* 1955, S. 145.

[405] Verfassung des Norddeutschen Bundes (16.4.1867), in: *Huber* 1986, Bd. 2, S. 272-285.

[406] § 10 Wahlgesetz für den Reichstag des Norddeutschen Bundes (31.5.1869), in: *Huber* 1986, Bd. 2, S. 307-309.

[407] Verfassung des Deutschen Reichs (16.4.1871), in: *Huber* 1986, Bd. 2, S. 384-402.

schen Bundes wurde als Reichswahlgesetz übernommen[408] und blieb bis 1918 in Kraft[409]. So kam es, dass während beinahe fünfzig Jahren die Volksvertretung im Deutschen Reich nach dem Reichstagswahlrecht gleich und geheim bestimmt wurde, während in Preussen, wo über die Hälfte der Deutschen lebte, bis 1918 das Dreiklassenwahlrecht und die offene Stimmabgabe für die Wahl zum Abgeordnetenhaus galten[410].

145　Die Einführung der Geheimwahl auf Reichsebene war keineswegs unumstritten[411]. Der Verfassungsentwurf für den Norddeutschen Bund sah zunächst das allgemeine und direkte, nicht aber das geheime Wahlrecht vor. Die geheime Stimmabgabe wurde erst im Laufe der Beratungen auf nationalliberalen Antrag hin eingeführt[412]. Bismarck selbst war eigentlich ein Befürworter der offenen Stimmabgabe[413] und akzeptierte die Geheimwahl nur, um innenpolitischen Schwierigkeiten und der Kriegsgefahr entgegen zu wirken[414]. In seinen Erinnerungen bekannte sich Bismarck zum öffentlichen Wahlrecht, indem er die durch sie politisch wirksam gemachten Abhängigkeiten als „gottgegebene Realitäten" bezeichnete, „die man nicht ignorieren kann und soll"[415].

146　Die Geheimwahl hatte nicht sofort zu einer Verhinderung von Missbrauch geführt. Vielmehr hatten die Behörden das Geheimhaltungsprinzip zwar zur Kenntnis genommen, aber versucht, in gewohnter Manier Einfluss auf die Wähler auszuüben[416]. Viele Wähler waren denn auch überzeugt, dass die Wahlvorsteher sich Kenntnis verschaffen würden über den Inhalt ihrer Stimmabgabe[417]. Diese Befürchtungen waren nicht unbegründet. Teilweise wurden in den Wahllokalen Wahlurnen benutzt, deren Grösse verhinderte, dass sich die Stimmkuverts durchmischen konnten[418]. Aufgrund der Reihenfolge des Eingangs der Stimmkuverts konnten nach der Wahl Rückschlüsse auf die Wähler gezogen werden. In ländlichen Regionen wurden die Stimmbezirke teilweise so eingeteilt, dass nicht mehr als 25 Wähler darin waren[419]. Teilweise wurden die Wähler auch von Arbeitgebern, Geistlichen oder Parteikontrolleuren bis zur Urne begleitet[420]. Zudem gab es keine offiziellen, einheitlichen Stimmzettel, so dass das Stimmgeheimnis

---

[408]　§ 2 Gesetz betreffend die Verfassung des Deutschen Reiches (16.4.1871), in: *Huber* 1986, Bd. 2, S. 384-385. Vgl. dazu *Jacobi* 1955, S. 146.
[409]　*Huber* 1963, S. 861.
[410]　Vgl. zur Divergenz des Reichstagswahlrechts und des preussischen Dreiklassenwahlrechts *Huber* 1963, S. 861ff.
[411]　Vgl. Rz. 154ff. hiernach.
[412]　*Gagel* 1958, S. 51.
[413]　Vgl. dazu *Bismarck*: Gedanken und Erinnerungen Bd. 2, S. 175f.
[414]　*Steinbach* 1992; S. 104; *Steinbach* 1990, S. 105.
[415]　*Bismarck*: Gedanken und Erinnerungen Bd. 2, S. 176.
[416]　Vgl. dazu *Anderson* 1993, S. 1455ff.; *Anderson* 2000, S. 45ff.; *Arsenschek* 2003, S. 349ff.
[417]　*Pollmann* 1985, S. 326.
[418]　*Arsenschek* 2003, S. 349.
[419]　*Anderson* 2000, S. 56f.; *Arsenschek* 2003, S. 264ff.
[420]　*Arsenschek* 2003, S. 350.

aufgrund der Verwendung unterschiedlicher Stimmzettel umgangen werden konnte[421]. Die Missachtung des Stimmgeheimnisses wurde erst 1903 mit der Reform des Wahlreglementes und der darin vorgesehenen Einführung von einheitlichen Stimmkuverts und unbeobachteten Nebenräumen oder Nebentischen, zum Einlegen der Stimmzettel in die Kuverts, durchbrochen[422].

3.10 Argumentation für die geheime Stimmabgabe

147   Im Folgenden werden die Gründe, welche für und gegen die Einführung der geheimen Stimmabgabe in Deutschland vorgebracht wurden, thematisch zusammengefasst. Dabei werden die Debatten in der Paulskirche von 1849, die Debatten anlässlich der Einführung der geheimen Stimmabgabe im Norddeutschen Bund 1867 und die Verhandlungen des preussischen Abgeordnetenhauses 1883 und 1855 berücksichtigt. Wie schon bei der Untersuchung der Argumente für England und Frankreich, wurde das Quellenmaterial im Hinblick auf die Vielfalt der Argumentationslinien ausgewählt.

3.10.1 Geheime Stimmabgabe zum Schutz der Schwächeren

148   Auch in Deutschland waren die Befürworter der geheimen Stimmabgabe der Meinung, dass diese zum Schutz der ärmeren, schwächeren Bevölkerung vor dem Druck ihrer Arbeits- und Dienstherren eingeführt werden müsse[423]. Ziel der Wahl sei die Ermittlung des wahren Volkswillens. Das könne nur geschehen, wenn der Volkswille „nicht durch die zahllosen Kanäle der Influenzierung getrübt"[424] werde. Es ging also darum, die wahre Meinung der Stimmberechtigten zu ermitteln. Dies war im Falle von Beeinflussung der Stimmabgabe nicht möglich. Und an Personen, welche grossen Einfluss auf die Abstimmenden auszuüben im Stande seien, werde es nicht fehlen[425]. Auf der anderen Seite standen die schwächeren Wähler, welche dem Einfluss ausgeliefert waren. Nicht immer war ganz klar, wer diese Schwachen waren – so wurde einerseits ausdrücklich auf die von ihren Arbeitsherren Unterdrückten verwiesen, andrerseits aber auch einfach konstatiert, dass es innerhalb von Gesellschaften immer auch Schwache geben werde, die

---

[421]   *Arsenschek* 2003, S. 350ff.
[422]   §§ 11, 15 und 19 Abs. 1 Reglement zur Ausführung des Wahlgesetzes für den Reichstag des Norddeutschen Bundes vom 31. Mai 1869, in der Fassung der Bekanntmachung des Reichskanzlers vom 28. April 1903, in: Reichstags-Wahlgesetz vom 31. Mai 1869 und Wahlreglement in der Fassung der Bekanntmachung vom 28. April 1903, Textausgabe, 2. Abdruck, München 1907, S. 9-22. Vgl. dazu *Anderson* 2000, S. 242ff. und 250ff.; *Arsenschek* 2003, S. 355ff.
[423]   *Wigard*: Stenographischer Bericht über die Verhandlungen der deutschen constituierenden Nationalversammlung zu Frankfurt am Main vom 1.3.1849, Bd. 7, Leipzig 1849, S. 5501.
[424]   *Wigard*: Stenographischer Bericht über die Verhandlungen der deutschen constituierenden Nationalversammlung zu Frankfurt am Main vom 1.3.1849, Bd. 7, Leipzig 1849, S. 5501.
[425]   *Rossmässler*: Stenographischer Bericht über die Verhandlungen der deutschen constituierenden Nationalversammlung zu Frankfurt am Main vom 1.3.1849, Bd. 7, Leipzig 1849, S. 5496.

durch die offene Wahl beherrscht werden könnten[426]. Anders als in England wurde in Deutschland insbesondere auch die Beamtenschaft zu den abhängigen, beeinflussbaren Bevölkerungsgruppen gezählt[427]. Ein Autor erwähnte mit Blick auf Preussen die soziale Ächtung als das schlimmste Einflussmittel, das namentlich von den Sozialdemokraten eingesetzt werde. Dagegen seien Entlassung aus dem Dienstverhältnis oder Entziehung der Kundschaft viel weniger schmerzlich[428].

149   Einige Verfechter der Geheimwahl erklärten immer wieder, dass sie diese nur aufgrund der aktuellen gesellschaftlichen und politischen Verhältnisse forderten, ansonsten aber die offene Stimmabgabe bevorzugen würden. So beispielsweise auch Ludwig Windthorst, langjähriger Führer der Zentrumspartei Preussens[429]. Bei den Verfassungsberatungen des Norddeutschen Bundes 1867 hatte er die offene Stimmabgabe noch deutlich bevorzugt[430], 1873 gehörte er jedoch zu denjenigen, welche die geheime Stimmabgabe für Preussen forderten. Er war eigentlich immer noch für die offene Stimmabgabe, sah aber in Anbetracht der aktuellen gesellschaftlichen Situation die geheime Stimmabgabe für angebracht: „[…] es geht nicht mit der öffentlichen Abstimmung. Wenn ich beobachte, unbefangen und ruhig, in welcher Art die königliche Staatsregierung in diesem Jahr auf die Wahlen Einfluss geübt hat, wenn ich sehe, in welcher Weise dieses gleichmässig von einem Theile der grossen Grundbesitzer, insbesondere von einem Theile der schlesischen Magistraten, geschehen ist, und in edlem Wettstreit von Verwaltungen selbst staatlicher Art und in würdiger Nacheiferung von vielen Fabrikanten in Städten, dann muss ich sagen, es heisst der menschlichen Natur zuviel zugemuthet, gegenüber einem solchen Terrorismus Stand zu halten"[431].

3.10.2 Trennung zwischen politischem und gesellschaftlichem Bereich

150   Ebenso wie in England fand sich in Deutschland die Überlegung, dass zwischen Bereichen, in denen das Öffentlichkeitsprinzip gelten sollte, und Bereichen, in denen die Geheimhaltung Vorrang hatte, unterschieden werden müsse. Als Abgrenzungskriterium wurde in der Paulskirchendebatte der Bezug der Materie zur „Person" beziehungsweise zur „Sache" angeführt. Öffentlichkeit wurde demnach in denjenigen Bereichen verlangt, in denen es um die „Sache" ging, wie im Bereich der Gesetzgebung und der Verwaltung. Wo es um Wahlen und damit um

---

[426] *Wigard*: Stenographischer Bericht über die Verhandlungen der deutschen constituierenden Nationalversammlung zu Frankfurt am Main vom 1.3.1849, Bd. 7, Leipzig 1849, S. 5501; *Schäffle* 1865, S. 414ff.

[427] *Schäffle* 1865, S. 417; vgl. auch die Beispiele von Wahlmissbräuchen bei *Gerlach* 1908, S. 39ff.

[428] *Below* 1909, S. 155.

[429] *Anderson* 1981.

[430] *Windthorst*: Stenographische Berichte über die Verhandlungen des Reichstages des Norddeutschen Bundes, 21. Sitzung vom 28.3.1867, o.O., S. 425.

[431] *Windthorst*: Stenographische Berichte über die Verhandlungen des Preussischen Abgeordnetenhauses (Zweite Kammer), Sitzung vom 26.11.1873, Bd. 3, Berlin 1873, S. 97f.

Personen gehe, bedürfe es der Geheimhaltung[432]. „Es handelt sich ja bei den Wahlen durchaus nicht um Sachen, sondern rein um Personen. [...] und wo es sich um Personen handelt, muss das Recht der Person auch durchaus uneingeschränkt, unangetastet und ungeschmälert gelassen werden."[433]

151   Die Trennung zwischen politischem und gesellschaftlichem Bereich blieb ein immer wieder geäusserter Grundsatz. „Jede Wahlstimme erscheint als das Ergebnis eines freien, eigensten Entschlusses – die Losgelöstheit des Wählers von allen soziologischen Bindungen stellt sich sinnbildlich in der Wahlzelle dar"[434] schrieb der grosse Rechtsgelehrte Gustav Radbruch (1878-1949) im Jahre 1930. Der Volkswille sei nichts anderes als die Summe aller zufällig gleichen Einzelstimmen[435].

3.10.3 Wahlrecht als „trust"

152   Die Betrachtung des Wahlrechts als „trust", also als öffentliche Pflicht, wurde in erster Linie von den Gegnern der geheimen Stimmabgabe ins Feld geführt. Ein Verteidiger der Geheimwahl, Georg Schäffle, der im Auftrag des württembergischen Parlaments ein umfassendes Gutachten zur Frage der Geheimwahl verfasste[436], verneinte keineswegs den Pflichtcharakter der Stimmabgabe. Vielmehr sah er darin keinen Widerspruch zur geheimen Stimmabgabe. Die Pflicht des Wählers bestehe darin, seinen Beitrag zum Wahlzweck, nämlich der Findung des wirklichen Volkswillens, zu leisten. Dem Wähler obliege die Pflicht, seinen Willen möglichst unverfälscht und frei von äusserem Einfluss – „Corruption, Bestechung, Drohung, Einschüchterung" – zu artikulieren[437]. Dies seien in erster Linie öffentliche Interessen.

153   Knapp sechzig Jahre später findet sich der Gedanke Schäffles in einer Dissertation zum Wahlgeheimnis wieder. Der Autor legt dar, dass das Wahlgeheimnis ein „subjektives öffentliches Recht" sei, auf welches der Berechtigte – im Unterschied zu anderen subjektiven öffentlichen Rechten – aber nicht verzichten dürfe. Das Wahlgeheimnis sei dem Wähler nicht allein in seinem eigenen Interesse verliehen worden, sondern diene zugleich einem höheren Zweck, dem wahren Ausdruck der Volksmeinung[438]. Dieselbe Meinung wurde in einer weiteren Dissertation der 1930-er Jahre vertreten. Der Verfasser versuchte in seiner Arbeit, die in der Weimarer Verfassung vorgesehene Geheimhaltungsregel gegen das national-

---

[432] *Wigard*: Stenographischer Bericht über die Verhandlungen der deutschen constituierenden Nationalversammlung zu Frankfurt am Main vom 1.3.1849, Bd. 7, Leipzig 1849, S. 5501.

[433] *Rossmässler*: Stenographischer Bericht über die Verhandlungen der deutschen constituierenden Nationalversammlung zu Frankfurt am Main vom 1.3.1849, Bd. 7, Leipzig 1849, S. 5497.

[434] *Radbruch* 1930, S. 286.

[435] *Radbruch* 1930, S. 286.

[436] *Schäffle* 1865, S. 379.

[437] *Schäffle* 1865, S. 428.

[438] *Liefeldt* 1931, S. 9.

sozialistische Wahlverständnis zu verteidigen. Dabei bedauerte er: „Es ist ja leider so, dass bei der geheimen Abstimmung mancher Wähler glaubt, ohne irgendeine Bindung an das Volksganze seine Stimme abgeben zu können"[439], und mahnte, dass das Wahlrecht etwas dem Wähler „Anvertrautes" sei, das er nicht zu seinem eigenen Vorteil missbrauchen dürfe[440].

3.11 Argumentation gegen die geheime Stimmabgabe

154 Die Argumente gegen die geheime Stimmabgabe glichen der Argumentation in England. Im Unterschied dazu fand sich in der deutschen Diskussion aber öfter die Einstellung, dass eine gewisse Wahlbeeinflussung, solange sie den Interessen des Staates diene, durchaus legitim sei. Auf der anderen Seite bestand in England die Überzeugung, dass die lange historische Tradition der offenen Stimmabgabe diese an sich legitimierte. Dieser Gedanke kam in Deutschland weniger vor.

3.11.1 Fehlender Grund für die geheime Stimmabgabe

155 Georg Meyer kritisierte die geheime Stimmabgabe zu einem Zeitpunkt, wo sie auf Reichsebene bereits eingeführt worden war. In seinem Werk „Das parlamentarische Wahlrecht"[441] von 1901 hielt er zusammenfassend fest, dass die geheime Stimmabgabe immer dort gefordert werde, wo ein breites Wahlrecht vorliege und gleichzeitig starke soziale Gegensätze bestünden. Die geheime Stimmabgabe diene in dieser Konstellation dem Schutz der wirtschaftlich Schwächeren[442]. Zwar anerkannte er dies als Grund für die Forderung der geheimen Stimmabgabe, hielt jedoch die Nachteile derselben für überwiegend[443]. Mit Blick auf England stellte er fest, dass die geheime Stimmabgabe dort nicht nur zum Schutz der wirtschaftlich Schwächeren eingeführt worden sei, sondern auch, um Bestechungen zu verhindern sowie einen geordneten Ablauf der Wahlen zu sichern[444]. Letztere Argumente hätten in Deutschland keine Geltung: „Dass auch bei öffentlicher Abstimmung in Deutschland Bestechungen nicht zu fürchten und Störungen des Wahlaktes nicht zu besorgen wären, dafür sind die Erfahrungen, welche man in Preussen [...] mit der mündlichen Stimmabgabe zu Protokoll gemacht hat, ein hinreichender Beweis"[445].

3.11.2 Wahlrecht als „trust"

156 Wie bereits in der englischen Diskussion waren auch in Deutschland die Gegner der geheimen Stimmabgabe der Meinung, dass das Wahlrecht kein individuelles

---

439 *Seifert* 1933, S. 22. Der Ausdruck „das Volksganze" entspricht nationalsozialistischer Terminologie.
440 *Seifert* 1933, S. 22.
441 *Meyer* 1901.
442 *Meyer* 1901, S. 557.
443 *Meyer* 1901, S. 558, 562f.
444 *Meyer* 1901, S. 561.
445 *Meyer* 1901, S. 561.

Recht darstelle, sondern vielmehr „ein im öffentlichen Interesse anvertrautes Amt, welches mit schwerer Verantwortlichkeit verbunden ist, [...]"[446]. Daraus folge, dass die Stimmabgabe offen zu erfolgen habe[447]. Denn die geheime Stimmabgabe entbinde den einzelnen Wähler oder die Masse derselben von jeder Verantwortlichkeit, was für die öffentliche Sitte und Moral verderblich sei. Die öffentliche Kritik stelle demgegenüber sicher, dass der Wähler sich bei seiner Stimmabgabe nicht von egoistischen Interessen leiten lasse[448]. Das Prinzip der Öffentlichkeit im politischen Leben diene dazu, dem Volk die Kontrolle über die Organe und Behörden zu ermöglichen. Die geheime Stimmabgabe entziehe jedoch diesen Bereich der Kontrolle durch das Volk. Da das Stimmrecht eine öffentliche Funktion sei, müsse auch deren Ausübung kontrolliert werden[449]. Die von der geheimen Stimmabgabe ausgehende Gefahr bestehe darin, dass die Gesellschaft von jeder Verantwortung für die Handlungen der Staatsgewalt frei gesprochen werde: „Jede Verantwortlichkeit für Grundsätze aber streift die Gesellschaft durch die geheime Abstimmung ab, welche jederzeit das Übergewicht der gesellschaftlichen über die Staatsauffassung ausdrückt. Mit der vollen Durchführung dieses Grundsatzes der unverantwortlichen Volkssouveränität entsteht dann schliesslich ein Zustand, in welchem buchstäblich Niemand für die Handlungen der Staatsgewalt verantwortlich sein will"[450].

3.11.3 Wahrung von Einflussmöglichkeiten

157 In Preussen wurde ein gewisser Einfluss des Staates und politischer Eliten auf die Wahlberechtigten als legitim und mit demokratischem Gedankengut vereinbar empfunden[451]. Der Offenheit der Stimmabgabe kam eine Überwachungsfunktion zu. Anhand der Wahlprotokolle sollte kontrolliert werden, wer die Politik der herrschenden politischen Elite unterstützte und wer nicht. Diese Informationen wurden teilweise als Anhaltspunkte für die staatliche Auswahl, Weiterbeschäftigung und Beförderung von Beamten genutzt. Der preussische Innenminister Puttkamer rechtfertigte zum Beispiel die Betrachtung des Abstimmungsverhaltens als Auswahlkriterium für staatliches Personal. Zwar sollten preussische Beamte, die liberal gestimmt hatten, nicht benachteiligt werden, aber: „Sehr verschieden davon ist allerdings die Frage, ob die Staatsregierung verpflichtet ist, ich will sogar weiter gehen, ob die Staatsregierung das Recht hat, Seiner Majestät dem Könige irgendeinen Beamten zur Beförderung und Auszeichnung vorzuschlagen, der sich

---

[446] Innenminister *Puttkamer*: Stenographische Berichte über die Verhandlungen des Preussischen Abgeordnetenhauses (Zweite Kammer), Sitzung vom 5.12.1883, Berlin 1884, S. 195.

[447] Innenminister *Puttkamer*: Stenographische Berichte über die Verhandlungen des Preussischen Abgeordnetenhauses (Zweite Kammer), Sitzung vom 5.12.1883, Berlin 1884, S. 195.

[448] Innenminister *Puttkamer*: Stenographische Berichte über die Verhandlungen des Preussischen Abgeordnetenhauses (Zweite Kammer), Sitzung vom 5.12.1883, Berlin 1884, S. 196.

[449] *Meyer* 1901, S. 558.

[450] *Gneist* 1879, S. 244f.

[451] Vgl. Rz. 143 hiervor.

einer Agitation und notorischen Stellungnahme gegen die Staatsregierung schuldig gemacht hat."[452]

158 Der Sinn der offenen Stimmabgabe wurde darin gesehen, dass die „natürlichen Autoritäten"[453] ihren Einfluss wahren konnten. Die Freiheit der Wahl bestand nach dieser Auffassung nicht darin, dass man *keinen,* sondern dass man den *richtigen* Einflüssen unterworfen sei: „Die Freiheit besteht darin, dass man den richtigen Einflüssen unterliegt. Man denkt sich bei diesen Klagen über Wahlumtriebe gewöhnlich eine selbständige Wählerschaft, Leute mit einer bestimmten, selbständigen Meinung, die gewissen Kandidaten ihr Vertrauen schon im Allgemeinen geschenkt haben, und die nun von Aussen her in ihrer schwachen Selbständigkeit erschüttert und beeinträchtigt werden."[454] So aber verhalte es sich eben gerade nicht, fuhr derselbe Abgeordnete fort. Wähler seien grundsätzlich unselbständig und deshalb sei es nur richtig, wenn sie sich an den richtigen Autoritäten – insbesondere den Landräten, Bürgermeistern und Magistraten – orientieren könnten[455].

3.11.4 Offene Stimmabgabe führt zu gemeinwohlorientierten Entscheiden

159 Georg Waitz, Geschichtsprofessor[456], der das rechte Zentrum der Erbkaiserlichen Partei in der Paulskirche vertrat, war der Meinung, dass Wahlen nie (auch bei geheimer Stimmabgabe nicht) frei von Einflüssen seien. Die Einflüsse sollten aber wenigstens erkennbar sein: „Und wenn Sie nun einmal wollen, dass das deutsche Volk und der deutsche Staat dem wechselnden Einflusse der einen und der anderen Seite ausgesetzt sein soll, so lassen Sie den Kampf wenigstens öffentlich auskämpfen, und nicht unter dem Schutze und Mantel heimlicher Intrigue"[457]. In der offenen Stimmabgabe sah Waitz zudem den Vorteil, dass der Stimmbürger dadurch motiviert werde, sich zu informieren und so die Öffentlichkeit letztlich zu besseren Entscheidungen führe. Er hatte konkrete pädagogische Erwartungen, die er mit der offenen Stimmabgabe verband: „Ich erwarte von ihr eine Erziehung des Volkes; eine Kräftigung der politischen Gesinnung, eine Begründung von Wahrheit und Treue im politischen Leben, gegenüber dem Truge und der Intrigue, welche sich bis dahin nur zu sehr geltend gemacht haben"[458]. Auch Meyer

---

[452] Innenminister *Puttkamer:* Stenographische Berichte über die Verhandlungen des Preussischen Abgeordnetenhauses (Zweite Kammer), Sitzung vom 5.12.1883, Berlin 1884, S. 234.

[453] Abgeordneter *Von Gerlach:* Stenographische Berichte über die Verhandlungen des Preussischen Abgeordnetenhauses (Zweite Kammer), Sitzung vom 3.12.1855, Bd. 1, Berlin 1856, S. 15.

[454] Abgeordneter *Von Gerlach:* Stenographische Berichte über die Verhandlungen des Preussischen Abgeordnetenhauses (Zweite Kammer), Sitzung vom 3.12.1855, Bd. 1, Berlin 1856 S. 14.

[455] Abgeordneter *Von Gerlach:* Stenographische Berichte über die Verhandlungen des Preussischen Abgeordnetenhauses (Zweite Kammer), Sitzung vom 3.12.1855, Bd. 1, Berlin 1856, S. 15.

[456] *Vogel* et al. 1971, S. 324.

[457] *Waitz:* Stenographischer Bericht über die Verhandlungen der deutschen constituierenden Nationalversammlung zu Frankfurt am Main vom 1. 3.1849, Bd. 7, Leipzig 1849, S. 5492.

[458] *Waitz:* Stenographischer Bericht über die Verhandlungen der deutschen constituierenden Nationalversammlung zu Frankfurt am Main vom 1. 3.1849, Bd. 7, Leipzig 1849, S. 5492.

erhoffte sich von der offenen Stimmabgabe einen Einfluss der gebildeten und besitzenden Klassen, welchen er für durchaus legitim hielt. Er bezweifelte, dass dieser Einfluss jemals ein bedeutendes Ausmass erreichen könnte[459].

160   Als Konsequenz dieser Argumentation wurde vom geheimen Wahlrecht befürchtet, dass es einen schlechten Einfluss auf den Charakter des Volks hätte. Da der Stimmbürger sein Votum nicht mehr öffentlich vertreten müsse, könne er auch einfach aus einer Laune heraus stimmen[460].

3.12   Bewertung der deutschen Entwicklung

161   Die Einführung der geheimen Stimmabgabe in Deutschland brachte nicht die erwünschte Verhinderung von Manipulationen oder den Schutz der Schwächeren. Wie bereits in Frankreich festgestellt, bedurfte es zusätzlicher Reformen und organisatorischer Massnahmen, um das Wahlgeheimnis wirkungsvoll zu schützen. Die geheime Stimmabgabe konnte sich jedoch nicht lange halten, wie zu zeigen sein wird[461].

162   Gleich wie in England und Frankreich fanden sich auch in der deutschen Debatte immer wieder Argumente, die mehr oder weniger direkt darauf abzielten, die jeweiligen Interessen derjenigen, welche die Argumente vorbrachten, zu schützen. Eigennützige, machtpolitische Motive waren an der Tagesordnung[462].

3.13   Bedeutung der geheimen Stimmabgabe im 19. Jh.

163   In sämtlichen untersuchten Ländern wurde die geheime Stimmabgabe im 19. Jahrhundert eingeführt. Die folgende Tabelle gibt einen Überblick über die Einführung der geheimen Stimmabgabe in den in dieser Arbeit untersuchten Ländern und Regionen:

---

[459]   *Meyer* 1901, S. 560f.
[460]   *Meyer* 1901, S. 558.
[461]   Vgl. Rz. 193 hiernach.
[462]   Vgl. etwa *Schäffle* 1865, S. 413 oder auch Rz. 157f. hiervor.

Tabelle 2

Land oder Region	*Einführung der geheimen Stimmabgabe*
Victoria (Australien)	1856
Süd-Australien (Australien)	1857
New South Wales (Australien)	1858
Tasmanien (Australien)	1858
Queensland (Australien)	1859
Norddeutscher Bund	1867
Deutsches Reich	1871
England	1872
Schweiz	1872[463]
West-Australien (Australien)	1879
Frankreich	1875
Preussen	1918

164   Meist reichte die erste Verankerung der geheimen Stimmabgabe auf Verfassungs-oder Gesetzesstufe nicht. Es bedurfte weiterer Reformen und organisatorischer Massnahmen zur wirklichen Durchsetzung der Geheimhaltung. Diese Reformen konnten zu einem grossen Teil erst zu Beginn des 20. Jahrhunderts umgesetzt werden.

3.13.1 Zusammenfassung der Gründe

165   Die Gründe für oder gegen die geheime Stimmabgabe waren in allen drei untersuchten Ländern häufig opportunistischer Natur. Wer sich von einem offenen Abstimmungssystem Vorteile (i.S. eines Wahlerfolges) versprach, setzte sich dafür ein und umgekehrt.

166   Ein Argument, das in allen drei Ländern häufig vorgebracht wurde, war, dass die geheime Stimmabgabe zum Schutz der Schwächeren vor Beeinflussung, Bestechung und Einschüchterung notwendig sei.

167   Die Theoretiker des 19. Jahrhunderts hatten teilweise Mühe in ihrer Rechtfertigung der Geheimwahl. Viele Verteidiger der Geheimwahl betonten, dass sie diese nur aufgrund der aktuellen gesellschaftlichen und politischen Verhältnisse forderten, ansonsten aber die offene Stimmabgabe bevorzugen würden. Sie erblickten darin noch keine demokratische Errungenschaft.

168   Im 19. Jahrhundert kam ein Gedanke auf, der auch in der gegenwärtigen theoretischen Auseinandersetzung mit der Geheimwahl noch eine zentrale Rolle spielt[464].

---

[463]   Vgl. Rz. 394 hiernach.
[464]   Vgl. z. B. *Rokkan* 1970, S. 35.

Die Geheimwahl sollte demnach die Trennung zwischen dem Bürger in seiner politischen Rolle (als Citoyen) und in seinen sozialen Rollen (als Familienmitglied, Nachbar, Teilnehmer der Arbeits- und Marktgesellschaft und als Angehöriger von gesellschaftlichen Vereinigungen) sicherstellen. Dadurch wurde Konformitätsdruck verhindert und der Wähler in seiner Willensbildung von äusseren Einflüssen befreit.

3.13.2 Würdigung

169 Die grossflächige Einführung der geheimen Stimmabgabe hatte einen entscheidenden Wandel gebracht. Während die Einflussmöglichkeiten bei der offenen Stimmabgabe genutzt und (zumindest teilweise) als legitim angesehen wurden, hatte mit der geheimen Stimmabgabe eine kritischere Betrachtungsweise eingesetzt. Nicht mehr jegliche Art der Einflussnahme wurde als legitim betrachtet. Diese Änderung der Betrachtungsweise hing nicht nur mit der geheimen Stimmabgabe zusammen, sondern ebenso mit der Ausweitung des Stimmrechts. Wo ein beschränktes Stimmrecht bestand und die Stimmabgabe offen erfolgte, war implizit jede Stimme mit einer öffentlichen Pflicht und Verantwortung verbunden. Jeder Wähler sollte und konnte von der Gemeinschaft zur Verantwortung gezogen werden. Das geheime und gleichzeitig allgemeine Wahlrecht hingegen implizierte zumindest eine Separation der individuellen Interessen von denjenigen des Staates oder der Gemeinschaft. Die Idee einer Verantwortung des einzelnen Wählers gegenüber der Gemeinschaft trat in den Hintergrund. Die Einführung der geheimen Stimmabgabe hatte dazu geführt, dass die Stimmabgabe mehr und mehr als private Angelegenheit betrachtet wurde. Dies war ein revolutionärer Wandel in der Betrachtungsweise der politischen Rechte. Die geheime Stimmabgabe hatte bestehende Wertverhältnisse umgekrempelt, indem ein öffentlicher Bereich ins Private verlagert wurde. Damit wurde gleichzeitig neu definiert, was legitimer Einfluss war und was nicht.

4 WEITERE ENTWICKLUNG DER GEHEIMEN STIMMABGABE UND KRITISCHE STIMMEN

170 Beispielhaft wird in diesem Kapitel die Ausgestaltung des Stimmgeheimnisses in den Ländern Frankreich, England und Deutschland aufgezeigt. Dabei wird, wo für das Verständnis nötig, auch die weitere Entwicklung der geheimen Stimmabgabe seit ihrer Einführung skizziert. Für die drei Länder werden insbesondere die Handhabung der brieflichen Stimmabgabe und die Überlegungen im Zusammenhang mit E-Voting[465] dargestellt.

171 Obwohl die Mehrheit der aktuellen Literatur zum Wahlrecht die Geheimhaltung der Stimmabgabe nicht mehr in Frage stellt, sind in den letzten Jahrzehnten dennoch vereinzelte kritische Stimmen aufgetaucht. Diese werden im letzten Teil dieses Kapitels behandelt.

4.1 Frankreich: Geheime Stimmabgabe heute

4.1.1 Grundsatz

172 Das Stimmgeheimnis ist in der Verfassung vom 4.10.1958[466] in Art. 3 Abs. 3 verankert: „Le suffrage peut être direct ou indirect dans les conditions prévues par la Constitution. Il est toujours universel, égal et secret." Der Grundsatz der geheimen Stimmabgabe wird auch im Wahlgesetz wieder aufgenommen: „Le scrutin est secret."[467] Die einzige Ausnahme der geheimen Stimmabgabe gilt für die Stimmabgabe durch Stellvertretung[468].

173 Der Zweck der geheimen Stimmabgabe besteht im Schutz der Freiheit des einzelnen Wählers. Das Stimmgeheimnis bewahrt ihn vor Drohung und Erpressung[469]. Als weiterer Zweck der geheimen Stimmabgabe wird die Neutralisierung von Hierarchien angeführt und damit die Individualisierung der Meinungen[470]. Gerade die Individualisierung durch die Geheimhaltung der Stimmabgabe wird auch kritisiert, da sie die Bürger völlig isoliere[471]. Zudem verdecke die Geheimhaltung der Stimmabgabe Konflikte und stehe einer dialektischen Lösung dieser Konflikte entgegen[472].

---

[465] Für eine Definition von E-Voting vgl. Rz. 540f. hiernach.
[466] Constitution du 4 octobre 1958, in: Journal officiel de la république française du 5.10.1958.
[467] Art. L. 59 Code électoral du 27 octobre 1964, in: Journal officiel de la république française du 28.10.1964.
[468] Art. L. 71-78 Code électoral du du 27 octobre 1964, in: Journal officiel de la république française du 28.10.1964. Vgl. zur Stellvertretung *Masclet* 1989, S. 270 und S. 283ff.
[469] *Masclet* 1992, S. 961.
[470] *Ihl* 2000, S. 94.
[471] *Sartre* 1973, S. 1100. Vgl. Rz. 214 hiernach.
[472] *Deporcq* 1979, S. 99 und 103.

174 Auch heute wird die Geheimhaltung in Frankreich durch das Ausfüllen des Stimmzettels im Isoloir, die Verwendung von Briefumschlägen sowie das eigenhändige Einlegen des Briefumschlags in die Urne durch den Wähler sicher gestellt[473]. Die Benutzung des Isoloirs ist obligatorisch[474]. Steht kein Isoloir zur Verfügung, so stellt dies – unabhängig davon, ob eine Unregelmässigkeit bei der Wahl festgestellt werden konnte – einen Grund zur Ungültigerklärung des Urnengangs dar[475]. Neben Isoloir und Briefumschlag gibt es weitere Vorkehrungen, welche den Schutz des Stimmgeheimnisses zum Ziel haben. So zum Beispiel die Ungültigerklärung von Stimmzetteln und Briefumschlägen, welche Merkmale tragen, die Rückschlüsse auf den Wähler zulassen, oder das strafrechtliche Verbot von Handlungen, die eine unstatthafte Beeinflussung des Wählers zum Ziel haben[476].

175 Der Grundsatz der Geheimhaltung erfährt eine Ausnahme, wenn sich ein behinderter Wähler durch einen Wähler seiner Wahl helfen lassen muss oder im Falle der Stellvertretung. Die Stellvertretung ist zulässig, wenn ein Stimmberechtigter am Wahltag nicht in seiner Stimmgemeinde anwesend ist – sei dies aus beruflichen oder gesundheitlichen Gründen, bei Ferienabwesenheit, Wohnortwechsel oder Gefängnisaufenthalt[477].

4.1.2 Abschaffung briefliche Stimmabgabe 1975

176 Die briefliche Stimmabgabe, also die Übermittlung der Stimmzettel per Post, war in Frankreich bis 1975 zulässig. Die briefliche Stimmabgabe beantragen konnten u.a. Militärdienstleistende, Kranke, ältere Personen und Studenten[478]. Wer brieflich abstimmen wollte, erhielt vom Bürgermeister auf Antrag eine entsprechende Karte und einen offiziellen Briefumschlag. Der Stimmzettel wurde sodann im offiziellen Briefumschlag an den Bürgermeister geschickt. Dieser übergab den Briefumschlag am Wahltag dem Präsidenten des Wahlbüros[479].

177 Mit Gesetz vom 31.12.1975 wurde die briefliche Stimmabgabe für politische Wahlen jedoch untersagt[480]. In den Debatten in der Nationalversammlung und im Senat wurden beinahe ausschliesslich Gründe für die Abschaffung geäussert. Die briefliche Stimmabgabe sei mannigfachen Manipulationsmöglichkeiten ausge-

---

[473] Art. L. 60 und 62 Code électoral du 27 octobre 1964, in: Journal officiel de la république française du 28.10.1964. Vgl. dazu *Favoreu* et al. 2002, Rz. 805; *Masclet* 1992, S. 528 und 961.

[474] *Masclet* 1992, S. 527.

[475] *Favoreu* et al. 2002 Rz. 805; *Masclet* 1992, S. 527.

[476] Art. L. 97, 106-109, 113 und 116 Code électoral du 27 octobre 1964, in: Journal officiel de la république française du 28.10.1964.

[477] Art. L. 71 Code electoral du 27 octobre 1964, in: Journal officiel de la république française du 28.10.1964.

[478] *Burdeau* 1976, S. 489.

[479] *Burdeau* 1976, S. 490.

[480] Art. 10 Loi n° 75-1329 du 31 décembre 1975 modifiant certaines dispositions du code électoral, in: Journal officiel de la république française, édition des lois et décrets, 3.1.1976, S. 141-142. Vgl. dazu *Favoreu* et al. 2002, Rz. 807; *Lancelot* 1988, S. 7.

setzt, welche auch rege praktiziert würden[481]. So würden u.a. Stimmzettel in Päckchen zu 50 oder 100 durchnummerierten Exemplaren verschickt, mehrere Anträge für die briefliche Stimmabgabe von einer einzigen Person eingereicht, medizinische Zertifikate gefälscht, lediglich Listen einer Partei zur brieflichen Stimmabgabe verschickt oder die Unterlagen zur brieflichen Stimmabgabe bewusst zu spät versandt, so dass eine Teilnahme an der Wahl nicht mehr möglich sei[482]. Als einzige Lösung zur Verhinderung solcher Manipulationen wurde die Abschaffung der brieflichen Stimmabgabe und deren teilweise Ersetzung durch eine Ausweitung der Stimmabgabe durch Stellvertretung gesehen[483]. Andere Lösungen seien geprüft, aber zum Schutz des Stimmgeheimnisses als nicht wirksam verworfen worden[484].

178   In den Debatten ergriff nur ein Befürworter der brieflichen Stimmabgabe das Wort und führte an, dass die Abschaffung dieser Stimmabgabemöglichkeit wohl zur Verhinderung von Manipulationen beitragen möge, dass dadurch aber gleichzeitig Stimmberechtigte faktisch an der Stimmabgabe gehindert würden[485].

4.1.3 E-Voting

179   Die Ablehnung der brieflichen Stimmabgabe beeinflusst auch die Auseinandersetzung mit E-Voting. Eine grundsätzliche Einführung von Distanz-E-Voting[486] bei politischen Wahlen wird abgelehnt[487]. Dies wird u.a. mit einem erhöhten Risiko der Verletzung des Stimmgeheimnisses begründet[488]. Im Gegenzug scheint aber die Einführung von Distanz-E-Voting bei nichtpolitischen Wahlen, bei welchen die briefliche Stimmabgabe erlaubt ist, keine Probleme zu bereiten[489]. Die

---

[481] *Ciccolini*: Journal officiel de la république française, débats parlementaires, Sénat, séance du 15 décembre 1975, S. 4609; *Limouzy*: Journal officiel de la république française, débats parlementaires, Assemblée nationale, séance du 4 décembre 1975, S. 9366; Innenminister *Poniatowski*: Journal officiel de la république française, débats parlementaires, Assemblée nationale, séance du 4 décembre 1975, S. 9369f.

[482] *Ciccolini*: Journal officiel de la république française, débats parlementaires, Sénat, séance du 15 décembre 1975, S. 4609; Innenminister *Poniatowski*: Journal officiel de la république française, débats parlementaires, Assemblée nationale, séance du 4 décembre 1975, S. 9369.

[483] *Limouzy*: Journal officiel de la république française, débats parlementaires, Assemblée nationale, séance du 4 décembre 1975, S. 9367; *Ciccolini*: Journal officiel de la république française, débats parlementaires, Sénat, séance du 15 décembre 1975, S. 4609.

[484] Innenminister *Poniatowski*: Journal officiel de la république française, débats parlementaires, Sénat, séance du 15 décembre 1975, S. 4611.

[485] *Eberhard*: Journal officiel de la république française, débats parlementaires, Sénat, séance du 15 décembre 1975, S 4610.

[486] Vgl. zum Begriff „Distanz-E-Voting" Rz. 541 hiernach.

[487] Vgl. *Cointat*: Rapport fait au nom de la commission des Lois constitutionnelles, de législation, du suffrage universel, du Règlement et d'administration générale sur la proposition tendant à autoriser le vote par correspondance électroinque des Français établis hors de France pour les élections du Conseil superieur des Français de l'étranger, Rapport N° 211, Sénat, déposé le 18 mars 2003, S. 9; Forum des droits sur l'internet, Recommendation (26.9.2003), S. 25.

[488] Forum des droits sur l'internet, Recommendation (26.9.2003), S. 14.

[489] Vgl. Forum des droits sur l'internet, Recommendation (26.9.2003), S. 26f.

Risiken von E-Voting werden als nicht höher als die Risiken der brieflichen Stimmabgabe eingeschätzt[490].

180   Die Einführung von Distanz-E-Voting scheint zudem für die Wahl der Delegierten des Obersten Rates der Auslandsfranzosen – Conseil supérieur des Français de l'étranger – denkbar zu sein[491].

4.2   England: Geheime Stimmabgabe heute

4.2.1   Grundsatz

181   Der Grundsatz der geheimen Stimmabgabe wurde seit seiner Einführung in England nicht mehr wesentlich in Frage gestellt. Der Ballot Act von 1872 wurde im Jahre 1983 abgelöst durch den Representation of the People Act[492]. Letzterer hält ebenso wie schon sein Vorgänger den Grundsatz der geheimen Stimmabgabe fest[493].

182   Zum besseren Verständnis der Eigenheiten des britischen Wahlsystems und zur Ausprägung des Grundsatzes des Stimmgeheimnisses, wird im Folgenden das Prozedere der Stimmabgabe im Wahllokal dargestellt[494]. Der Wähler erhält ungefähr zehn Tage vor dem Wahltag eine offizielle Wahlkarte. Auf dieser sind sein Name, seine Adresse und seine Registrierungsnummer, das Datum der Wahl und die Adresse des relevanten Wahllokals angegeben. Die Wahlkarte hat rein informativen Charakter, der Wähler muss sie am Wahltag nicht unbedingt ins Wahllokal mitnehmen. Der Wähler muss dem Wahlbeamten seinen Namen und seine Adresse, wie sie auf der Wahlkarte vermerkt sind, angeben. Darauf erhält er vom Wahlbeamten einen auf der Rückseite abgestempelten Wahlzettel. Der Wähler füllt seinen Wahlzettel in einem vor Einblicken geschützten Abteil aus, faltet ihn so, dass nur der offizielle Stempel, nicht aber der Inhalt sichtbar ist, und wirft den Wahlzettel in eine Urne. Ein Wahlzettel, der Markierungen enthält, die Rück-

---

[490]   Forum des droits sur l'internet, Recommendation (26.9.2003), S. 26f. Vgl. auch Commission nationale de l'informatique et des libertés (CNIL): Délibération n° 03-036 du 1er juillet 2003 portant adoption d'une recommandation relative à la sécurité des systèmes de vote électronique, insbes. Empfehlungen Nr. I/1, I/2 und II7B/2.

[491]   Vgl. *Bignon*: Rapport fait au nom de la commission des lois conistitutionnelles, de la législation et de l'administration générale de la République sur la proposition de loi, adoptée par le sénat (N° 700), tendant à autoriser le vote par correspondance électronique des Français établis hors de France pour les élections du Conseil supérieur des Français de l'étranger, Rapport N° 721, Assemblée nationale, déposé le 25 mars 2003, S. 8ff.; *Brothén* 2003, S. 97; *Cointat*: Rapport fait au nom de la commission des Lois constitutionnelles, de législation, du suffrage universel, du Règlement et d'administration générale sur la proposition tendant à autoriser le vote par correspondance électroinque des Français établis hors de France pour les élections du Conseil superieur des Français de l'étranger, Rapport N° 211, Sénat, déposé le 18 mars 2003, S. 4ff.; Forum des droits sur l'internet, Recommendation (26.9.2003), S. 18f. und 29; *Gonié* 2003, S. 1526.

[492]   Representation of the People Act (8.2.1983), in: Public General Acts, London 1984, S. 3-201. Vgl. *Blackburn* 1995, S. 103.

[493]   Vgl. insbes. Sektionen 60, 61, 65, 66 und 115 Representation of the People Act (8.2.1983), in: Public General Acts, London 1984, S. 3-201.

[494]   Vgl. zum Folgenden *Blackburn* 1995, S. 88f.; *Leonard/Mortimore* 2001, S. 133ff.

schlüsse auf die Identität des Wählers zulassen, ist ungültig[495]. Zusammenfassend kann festgehalten werden, dass der Gewährleistung der Geheimhaltung während der Stimmabgabe im Wahllokal selbst höchste Beachtung geschenkt wird.

4.2.2 „Vote tracing"

183 Die Tatsache, dass der Wähler seine Stimme im Wahllokal unter strengster Sicherung der Geheimhaltung abgibt, ist von der Aufrechterhaltung der Geheimhaltung nach der Stimmabgabe zu unterscheiden. In dieser zweiten Hinsicht ist und war die Stimmabgabe in England nie absolut geheim[496]. Bereits im Ballot Act von 1872, mit welchem die geheime Stimmabgabe eingeführt wurde, waren Bestimmungen enthalten, die eine Rückverfolgbarkeit der Stimmen, also den Rückschluss vom Wahlzettel auf den Wähler, möglich machten[497].

184 Jeder Wahlzettel enthält eine Nummer, welche auch auf einem Wahlzettelabschnitt, welcher beim Wahlbeamten verbleibt, figuriert[498]. Bevor der Wähler den Wahlzettel erhält, gibt er seinen Namen und seine Adresse an. Die Angabe geschieht mündlich, ohne speziellen Ausweis. Der Wahlbeamte streicht den Wähler auf der Wählerliste durch und notiert auf dem bei ihm verbleibenden Abschnitt des Wahlzettels die jeweilige Wähler-Registrierungsnummer. Von der Nummer auf dem Wahlzettel kann also auf den entsprechenden Abschnitt geschlossen werden, der beim Wahlbeamten bleibt und auf welchem die Wähler-Registrierungsnummer notiert ist. Sowohl die Wahlzettel als auch die beim Wahlbeamten verbleibenden Abschnitte werden dem „Clerk of the Crown in London" übermittelt, wo sie nach einem Jahr (bei Parlamentswahlen) oder sechs Monaten (bei lokalen Wahlen[499]) zerstört werden[500]. Das Zusammenführen von Wahlzettel und Wähler ist verboten[501]. Nur aufgrund eines Gerichtsentscheids im Rahmen einer Untersuchung über Wahlmanipulationen ist es erlaubt, die Verbindung zwischen Wähler und Wahlzettel herzustellen[502].

185 Die Rückverfolgbarkeit („vote tracing") wurde eingeführt, um die Vortäuschung einer falschen Identität zu verhindern[503], beziehungsweise um bei behaupteter Vortäuschung einer falschen Identität einen Wahlvorgang nachträglich zu prüfen

[495] *Blackburn* 1995, S. 91 und 105; *Leonard/Mortimore* 2001, S. 134f.
[496] Vgl. *Blackburn* 1995, S. 105.
[497] Vgl. Sektion 2, Satz 3 Act to amend the Law relating to Procedure at Parliamentary and Municipal Elections (18.7.1872), in: Public General Statutes, London 1872, S. 193-236: „Each ballot paper shall have a number printed on the back, and shall have attached a counterfoil with the same number printed on the face."
[498] Vgl. zum Folgenden *Blackburn* 1995, S. 105; *Weir/Beetham* 1999, S. 80f.
[499] Electoral Reform Society/Liberty 1997, S. 6.
[500] *Blackburn* 1995, S. 107; *Leonard/Mortimore* 2001, S. 140.
[501] *Blackburn* 1995, S. 106.
[502] *Blackburn* 1995, S. 107; *Weir/Beetham* 1999, S. 80.
[503] Electoral Reform Society/Liberty 1997, S. 4; *Weir/Beetham* 1999, S. 80.

und allenfalls unkorrekte Stimmen zu eliminieren[504]. Die Vortäuschung einer falschen Identität ist im britischen System ziemlich einfach, zumal der Wähler sich bei der Stimmabgabe nicht ausweisen muss.

186   Die Rückverfolgbarkeit wird kontrovers beurteilt. Einer der Vorteile wird darin gesehen, dass eine angefochtene Wahl nicht unbedingt gleich wiederholt werden müsse, weil eine Nachprüfung und Korrektur des Resultats möglich sei[505]. Kritiker fordern hingegen eine Ablösung des Systems der Rückverfolgbarkeit, da sie einen Missbrauch durch Staatsbeamte befürchten[506].

4.2.3 „Tendered ballot"

187   Sollte der Wahlbeamte im Wahllokal feststellen, dass der Name eines Wählers bereits durchgestrichen ist, hat er eine nähere Kontrolle der Identität des Wählers durchzuführen[507]. Sofern der Wähler wirklich derjenige ist, der er zu sein behauptet (und somit ein anderer an seiner Stelle bereits gewählt hat), erhält der Wähler ein „tendered ballot paper", einen pinkfarbenen Stimmzettel[508]. Die „tendered ballot papers" werden in einem separaten, versiegelten Umschlag aufbewahrt. Das „tendered ballot paper" enthält die Information, wie ein Wähler, der sein Wahlrecht fälschlicherweise nicht ausüben kann, gewählt hätte[509]. Die „tendered ballots" sind nur dann relevant, wenn eine Wahl angefochten und in der Folge überprüft wird. Dann wird kontrolliert, ob die „tendered ballots" einen Einfluss auf den Ausgang der Wahl gehabt hätten, und nur wenn dies bejaht werden kann, werden die „tendered ballots" überhaupt gezählt[510].

188   Sowohl die „tendered ballots" als auch die Rückverfolgbarkeit entsprechen dem Bedürfnis, eine Wahl nicht wiederholen zu müssen, sondern sie im Falle einer Anfechtung nachträglich korrigieren zu können.

4.2.4 Briefliche Stimmabgabe und Stellvertretung

189   Ein Wähler kann entweder für eine unbeschränkte Zeit oder für eine einzelne Wahl die briefliche Stimmabgabe oder Stimmabgabe durch einen Stellvertreter beantragen. Er braucht dafür keine spezifischen Gründe anzugeben[511]. Behinderte Wähler können sich am Wahltag auch von einer Person begleiten und beim Aus-

---

[504]   Electoral Reform Society/Liberty 1997, S. 8.
[505]   Electoral Reform Society/Liberty 1997, S. 13.
[506]   *Blackburn* 1995, S. 106; Electoral Reform Society/Liberty 1997, S. 32; *Weir/Beetham* 1999, S. 81 und 97.
[507]   Electoral Reform Society/Liberty 1997, S. 5.
[508]   Electoral Reform Society/Liberty 1997, S. 6.
[509]   Electoral Reform Society/Liberty 1997, S. 6.
[510]   Electoral Reform Society/Liberty 1997, S. 6 und 8.
[511]   Vgl. *Brothén* 2003, S. 101 und 106; Electoral Commission (U.K.) 2004, S. 13; Independent Commission on Alternative Voting Methods (U.K.) 2002, S. 19. Bis 2000 war die briefliche Stimmabgabe an die Geltendmachung von Gründen geknüpft; vgl. *Blackburn* 1995, S. 93; Electoral Commission (U.K.) 2004, S. 13.

füllen des Stimmzettels im Wahllokal helfen lassen[512]. Zurzeit wird diskutiert, ob die briefliche Stimmabgabe jedem Wähler ohne vorhergehenden Antrag ermöglicht werden soll[513].

4.2.5 E-Voting

190   In England ist das Interesse der Regierung an Distanz-E-Voting gross. Im Mai 2002 wurden bei Lokalwahlen 17 elektronische, rechtsverbindliche Testwahlen unterschiedlichster Art durchgeführt, fünf davon betrafen Distanz-E-Voting[514]. Zum Einsatz kamen neben PCs auch Telefone und Mobiltelefone[515]. 2003 wurden die Versuche ausgedehnt: 14 rechtsverbindliche Pilotversuche fanden mit Distanz-E-Voting statt[516]. Neben PCs, Telefonen und Mobiltelefonen wurden auch digitale Fernsehgeräte zur Stimmabgabe benutzt[517]. Die E-Voting Versuche wurden anlässlich der Wahlen 2004 nicht weiter verfolgt. Stattdessen wurden Versuche zur Ausdehnung der brieflichen Stimmabgabe durchgeführt[518].

191   Auch in England bestehen rechtliche Bedenken hinsichtlich des Schutzes des Stimmgeheimnisses bei E-Voting[519]. Die am häufigsten geäusserte Befürchtung betrifft dabei den Umstand, dass wählende Person bei der Stimmabgabe unbewusst oder beabsichtigt beeinflusst werden könne[520]. Ferner wird die Vereinbarkeit von Distanz-E-Voting mit verschiedenen, von England ratifizierten internationalen Übereinkommen – wie Art. 25 Bst. b UNO-Pakt II oder Art. 3 des 1. ZP zur EMRK – in Frage gestellt[521]. Da die Rechtslage nicht klar scheint, wird ein grundsätzliches Gerichtsurteil zur Klärung der Frage gefordert[522].

4.3 Deutschland

4.3.1 Weimarer Reichsverfassung

192   Am 12.11.1918 erliess der Rat der Volksbeauftragten folgenden Aufruf: „Alle Wahlen zu öffentlichen Körperschaften sind fortan nach dem gleichen, geheimen, direkten, allgemeinen Wahlrecht auf Grund des proportionalen Wahlsystems für alle mindestens 20 Jahre alten männlichen und weiblichen Personen zu vollzie-

---

[512] *Watt* 2003, S. 198f.

[513] Vgl. Electoral Commission (U.K.) 2004, S. 14ff. und 69ff.; Electoral Commission (U.K.) 2003, S. 28f.; Independent Commission on Alternative Voting Methods (U.K.) 2002, S. 35.

[514] Vgl. *Pratchett/Wingfield* 2004, S 184ff.; *Pratchett* et al. 2002, S. 42ff. Zu früheren Versuchen vgl. Independent Commission on Alternative Voting Methods (U.K.) 2002, S. 73f. und 83f.

[515] *Pratchett* et al. 2002, S. 43; *Pratchett* et al. 2005, S. 169.

[516] Vgl. Electoral Commission (U.K.) 2003, S. 49ff.; *Norris* 2005, S. 73ff.

[517] Electoral Commission (U.K.) 2003, S. 50; *Pratchett* et al. 2005, S. 169f.

[518] Vgl. Electoral Commission (U.K.) 2004, S.23ff.

[519] Vgl. *Pratchett* et al. 2002, S. 60ff.; *Watt* 2003, S. 201ff.

[520] *Pratchett* et al. 2002, S. 60ff.; *Watt* 2003, S. 201ff.

[521] *Pratchett* et al. 2002, S. 62 und 67; *Watt* 2003, S. 203ff.

[522] *Pratchett* et al. 2002, S. 67; *Pratchett/Wingfield* 2004, S 180.

hen"[523]. Daraufhin wurde das geheime Wahlrecht in Reich, Ländern und Gemeinden eingeführt[524]. Die geheime Stimmabgabe fand Aufnahme in drei Artikel der Weimarer Reichsverfassung: Art. 17, 22 und 125[525]. Art. 17 bestimmte in seinem zweiten Satz: „Die Volksvertretung muss in allgemeiner, gleicher, unmittelbarer und geheimer Wahl von allen reichsdeutschen Männern und Frauen nach den Grundsätzen der Verhältniswahl gewählt werden." Art. 22 hielt fest: „Die Abgeordneten werden in allgemeiner, gleicher, unmittelbarer und geheimer Wahl von den über zwanzig Jahre alten Männern und Frauen nach den Grundsätzen der Verhältniswahl gewählt". Während Art. 17 und 22 den Wahlmodus auf Länder- und Reichsebene regelten, erklärte Art. 125 das Wahlgeheimnis zum Grundrecht[526]: „Wahlfreiheit und Wahlgeheimnis sind gewährleistet."[527] Die Geheimwahl blieb während der Weimarer Republik unverändert in Kraft.

4.3.2 Drittes Reich

193 Die Übergabe der Macht an die nationalsozialistisch geführte Koalitionsregierung im Januar 1933 tangierte das Geheimhaltungsgebot rein rechtlich nicht. Die Weimarer Verfassung wurde jedenfalls nicht ausdrücklich aufgehoben[528]. In Wirklichkeit kam es jedoch nach 1933 zu einer gänzlichen Aushöhlung demokratischer Verfahren. Hinter der Fassade einer pseudodemokratischen Ordnung wurden die Wahlen und Abstimmungen manipuliert und es wurde Druck und Terror ausgeübt[529]. Das Stimmgeheimnis wurde gänzlich missachtet[530].

4.3.3 Stimmabgabe nach der Niederlage des Nationalsozialismus

194 Nach der militärischen Niederlage des nationalsozialistischen Deutschlands wurde in allen deutschen Länderverfassungen, im Grundgesetz der Bundesrepublik wie auch in der Verfassung der DDR[531], das geheime Stimmrecht wieder verankert. In der DDR wurde durch die massive Propagierung der offenen Stimmabgabe allerdings bewirkt, dass die Stimmen grösstenteils nicht geheim abgegeben

---

[523] Aufruf des Rats der Volksbeauftragten an das deutsche Volk (12.11.1918), in: *Huber* 1991, Bd. 4, S. 7.

[524] *Jacobi* 1955, S. 147.

[525] Verfassung des Deutschen Reichs (11.8.1919), in: *Huber* 1991, Bd. 4, S. 151-179.

[526] *Kaisenberg* 1930, S. 163; *Liefeldt* 1931, S. 5ff.

[527] Art. 25, 1. Satz Verfassung des Deutschen Reichs (11.8.1919), in: *Huber* 1991, Bd. 4, S. 151-179.

[528] *Bugiel* 1991, S. 242.

[529] Vgl. *Bahar/Kugel* 2001, S. 182; *Jung* 1995, S. 42ff., 66f. und 118f.; *Kershaw* 2002, S. 131f., 307f., 624f. und 661.

[530] Vgl. *Bugiel* 1991, S. 253f.; *Eschenburg* 1955, S. 313; *Hubert* 1992, S. 249ff.; *Jung* 1995, S. 44 und 119; *Kershaw* 2002, S. 625.

[531] Art. 51 Abs. 2, 54 und 109 Abs. 2 Verfassung der Deutschen Demokratischen Republik (7.10.1949), Gesetzblatt der DDR 1949, S. 5ff. Vgl. auch Art. 54 Verfassung der Deutschen Demokratischen Republik (6.4.1968), in der Fassung des Gesetzes zur Ergänzung und Änderung der Verfassung der Deutschen Demokratischen Republik vom 7.10.1974, Gesetzesblatt der DDR, Teil I, Nr. 47, Ausgabetag 27.9.1974.

wurden. Die Inanspruchnahme des Wahlgeheimnisses stand im Widerspruch zum sozialistischen Wahlbegriff und galt als staatsfeindliche Handlung[532].

195   In der Bundesrepublik sicherte Art. 38 des Grundgesetzes[533] die geheime Wahl: „Die Abgeordneten des Deutschen Bundestages werden in allgemeiner, unmittelbarer, freier, gleicher und geheimer Wahl gewählt."[534] Das Wahlgesetz der Bundesrepublik sowie die Bundeswahlordnung hielten die Mindestschutzbestimmungen fest, welche das Wahlgeheimnis gewährleisten sollten: sichtgeschützte Wahlzelle, verschliessbare Wahlurne, amtliche Stimmzettel und amtliche Umschläge für die Stimmzettel[535].

4.3.4   Geheime Stimmabgabe heute

196   Art. 38 Abs. 1 Satz 1 GG ist bis heute unverändert in Kraft. Der deutsche Gesetz- und Verordnungsgeber hat für die Stimmabgabe im Wahllokal u.a. die Bereitstellung von Wahlkabinen[536], Wahlurnen[537] und amtlichen Stimmzetteln[538] vorgeschrieben[539]. Die Nutzung von Briefumschlägen ist seit einer Änderung des Wahlgesetzes 2001 nicht mehr vorgesehen[540]. Diese Änderung, welche aufgrund von Kostenüberlegungen und praktischen Erwägungen vorgenommen wurde, führte zu vereinzelter Kritik[541]. Allein durch Faltung der Stimmzettel sei die Geheimhaltung nicht mehr zu gewährleisten[542].

197   Die Wirkung des Grundsatzes der geheimen Stimmabgabe umfasst den Zeitraum vor, während und nach der Stimmabgabe[543]. Der Schutz gilt sowohl gegenüber staatlichem als auch gegenüber gesellschaftlichem Zwang[544]. Der Grundsatz der geheimen Wahl ist gemäss deutscher Auffassung beispielsweise bereits dann verletzt, wenn andere Anwesende im Wahllokal die Armbewegungen des Wahlberechtigten eindeutig erkennen und daraus folgern können, ob er gewählt oder sich der Stimme enthalten hat[545]. Auch nach der Wahlhandlung muss die Geheimhaltung aufrecht erhalten bleiben. Unzulässig ist insbesondere eine gerichtliche Be-

---

[532]   Vgl. dazu ausführlich *Kloth* 1999, S. 69f. und 101ff.
[533]   Grundgesetz für die Bundesrepublik Deutschland (23.5.1949), BGBl. I 1ff.
[534]   Art. 38 Abs. 1, 1. Satz GG.
[535]   §§ 36, 40 und 41 Wahlgesetz zum zweiten Bundestag und zur Bundesversammlung (8.7.1953), BGBl. I 470ff.; §§ 35, 36 und 41 BWO (Stand am 15.7.1953, BGBl. I 514ff.). Vgl. dazu *Trute* 2001, Art. 38 GG, Rz. 70; *Vogel* et al. 1971, S. 23.
[536]   § 50 BWO.
[537]   §§ 51 und 53 Abs. 3 BWO.
[538]   § 34 Abs. 1 BWG und §§ 45 und 56 BWO.
[539]   Vgl. dazu *Schreiber* 2002, § 1, Rz. 24.
[540]   Art. 1 Abs. 9 und Abs. 10 Fünfzehntes Gesetz zur Änderung des Bundeswahlgesetzes (27.4.2001), BGBl. I 698ff.
[541]   Vgl. *Reimer* 2003, S. 8ff.
[542]   *Reimer* 2003, S. 8f. A.A. *Schreiber* 2002, § 34, Rz. 8, der die Faltung der Stimmzettel in der Wahlkabine als genügende Sicherung des Wahlgeheimnisses betrachtet.
[543]   *Pieroth* 1991, S. 91; *Rösch* 1997, S. 82; *Schreiber* 2002, § 1, Rz. 25; *Trute* 2001, Art. 38 GG, Rz. 65.
[544]   *Trute* 2001, Art. 38 GG, Rz. 68; *Rösch* 1997, S. 81.
[545]   *Schreiber* 2002, § 1, Rz. 24.

weiserhebung darüber, wie jemand abgestimmt hat[546]. Dem Wähler steht es allerdings frei, seine Wahlentscheidung vor oder nach der Wahl freiwillig mitzuteilen[547]. Bei der Stimmabgabe im Wahllokal ist die Durchbrechung des Grundsatzes der geheimen Stimmabgabe lediglich dann erlaubt, wenn es für die Wahlteilnahme körperlich Behinderter unvermeidbar ist[548]. Ansonsten ist der Wähler bei der Wahlhandlung verpflichtet, das Wahlgeheimnis zu wahren[549].

198   Nach der heute herrschenden Lehre in Deutschland hat die geheime Stimmabgabe zum Zweck, die freie Entscheidung der Wahlberechtigten zu gewährleisten. Sie ist der wichtigste institutionelle Schutz der Wahlfreiheit[550]. Das Wahlgeheimnis ist zweckbestimmt; es hat sicher zu stellen, dass die Wähler ihre Stimme frei abgeben können und damit der unverfälschte wirkliche Wählerwille ermittelt werden kann[551].

4.3.5 Briefliche Stimmabgabe

199   In Deutschland wurde die Briefwahl 1956 eingeführt[552]. Die Briefwahl wird in Deutschland als verfassungsmässig betrachtet, jedenfalls solange sie als Ausnahme vom Grundsatz der Stimmabgabe an der Urne konzipiert ist. Das Bundesverfassungsgericht hatte im Jahre 1967 in einer seiner wichtigsten Entscheidungen zur Briefwahl festgestellt, dass diese weder mit dem Grundsatz der freien noch mit dem der geheimen Wahl kollidiere[553]. „Dem Wahlberechtigten ist es bei der Briefwahl allerdings weitgehend selbst überlassen, für das Wahlgeheimnis und die Wahlfreiheit Sorge zu tragen. Der Gesetzgeber ist sich jedoch der besonderen Gefahren, die sich daraus ergeben, bewusst gewesen. Er hat die Briefwahl nicht unbeschränkt und unbedingt zugelassen, sondern nur in den Fällen gestattet, in denen der Stimmberechtigte glaubhaft macht, dass er sein Wahlrecht nicht durch persönliche Stimmabgabe ausüben kann."[554] Ein Verstoss liege deshalb nicht vor, weil die Briefwahl an bestimmte Voraussetzungen gebunden und als Ausnahme anzusehen sei.

200   Die heutige Regelung sieht bestimmte Voraussetzungen vor, unter welchen die Briefwahl ausgeübt werden kann. Wahlberechtigte erhalten auf Antrag einen Briefwahlschein, wenn sie sich am Wahltag während der Wahlzeit aus wichtigem

---

[546] BVerwGE 49, 76. Vgl. auch *Schreiber* 2002, § 1, Rz. 24.
[547] *Klüber* 1958, S. 250; *Pieroth* 1991, S. 89; *Trute* 2001, Art. 38 GG, Rz. 69. Weiter geht *Seifert* 1958, S. 515, der dem Wähler auch während der Stimmabgabe die freiwillige Offenbarung seiner Stimme zugesteht.
[548] *Schreiber* 2002, § 1, Rz. 26.
[549] *Trute* 2001, Art. 38 GG, Rz. 69; *Seifert* 1976, Art. 38 GG, Rz. 36; *Schreiber* 2002, § 1, Rz. 26.
[550] *Frowein* 1974, S. 105; *Pieroth* 1991, S. 91; *Rösch* 1997, S. 80; *Schreiber* 2002, § 1, Rz. 13 und 24.
[551] *Seifert* 1958, S. 513; *Seifert* 1976, Art. 38 GG, Rz. 33; *Schreiber* 2002, § 1, Rz. 24.
[552] §§ 15 Abs. 3 und 36 BWG (Stand am 7.5.1956, BGBl. I 383ff.). Vgl. *Burmeister* 1998, S. 113; *Schäffer* 1979, S. 31ff.; *Ritter von Lex* 1957, S. 1991. Zu Vorläufern der brieflichen Stimmabgabe in Deutschland vgl. *Burmeister* 1998, S. 121ff.
[553] BVerfGE 21, 200ff. Vgl. auch BVerfGE 59, 119ff.
[554] BVerfGE 21, 205.

Grund ausserhalb ihres Wahlbezirkes aufhalten (z.B. als Student am Hochschulort), wenn sie ihre Wohnung in einen anderen Wahlbezirk verlegt haben und noch nicht in das Wählerverzeichnis des neuen Wahlbezirks übernommen worden sind, wenn sie aus beruflichen Gründen oder wegen Krankheit, hohen Alters oder eines körperlichen Gebrechens den Wahlraum nicht oder nur unter unzumutbaren Schwierigkeiten aufsuchen können[555]. Der Grund für die Erteilung eines Wahlscheins zur Briefwahl muss glaubhaft gemacht werden[556]. Der Wähler hat den Stimmzettel in einem verschlossenen Wahlbriefumschlag zu versenden[557]. Auf dem Wahlschein ist an Eides Statt zu versichern, dass der Stimmzettel persönlich gekennzeichnet worden ist[558].

201 Die Beschränkung der Briefwahl auf einen kleinen Personenkreis ist in der deutschen Rechtsauffassung von zentraler Bedeutung. Eine generelle Ausweitung der brieflichen Stimmabgabe stünde im Widerspruch zum deutschen Verständnis der geheimen Stimmabgabe[559].

4.3.6 E-Voting

202 Dieses grundsätzliche Verständnis des Stimmgeheimnisses und die entsprechende Ausgestaltung der brieflichen Stimmabgabe ist auch das entscheidende Argument, das in Deutschland gegen eine (generelle) Einführung von Distanz-E-Voting vorgebracht wird[560]. Analog zur Briefwahl sollte Distanz-E-Voting in Deutschland nur auf Antrag zulässig sein[561]. Anstelle der eidesstattlichen Erklärung wird die Verwendung von (qualifizierten) elektronischen Signaturen gefordert[562]. Zum Schutz des Stimmgeheimnisses wird die Prüfung und Zertifizierung der Wahlsoftware durch eine gesetzlich bestimmte Stelle verlangt[563]. Zudem soll die Software mittels offen gelegter Quellcodes durch eine versierte Öffentlichkeit überprüft werden können[564]. Für die Übermittlung der Stimmen wird teilweise eine anonymisierte Übertragung gefordert[565]. Eine Verschlüsselung der Daten alleine reiche nicht aus, da nicht klar sei, ob und in welchen Zeiträumen eine Entschlüsselung durch neue Verfahren möglich sei[566].

---

[555] § 25 BWO.
[556] § 27 BWO.
[557] § 36 BWG und § 66 BWO.
[558] § 36 Abs. 2 BWG. Vgl. für Einzelheiten des Verfahrens brieflicher Stimmabgabe *Brothén* 2003, S. 101f.; *Schreiber* 2002, § 36, Rz. 1ff.
[559] Vgl. auch BVerfGE 59, 127f.
[560] Vgl. *Trute* 2001, Art. 38 GG, Rz. 72.
[561] *Hanssmann* 2003, S. 142f. und 169; *Rüss* 2000, S. 74f.; *Rüss* 2001, S. 134; *Rüss* 2002, S. 44; *Will* 2002, S. 119ff. und 135.
[562] *Hanssmann* 2003, S. 143f.; *Rüss* 2000, S. 74f.; *Rüss* 2001, S. 133; *Rüss* 2002, S. 44f.; *Will* 2002, S. 104ff.
[563] *Rüss* 2001, S. 134; *Rüss* 2002, S. 45.
[564] *Rüss* 2001, S. 134; *Rüss* 2002, S. 46.
[565] *Rüss* 2001, S. 135; *Rüss* 2002, S. 46.
[566] *Rüss* 2002, S. 46. Vgl. auch *Will* 2002, S. 137ff.

203   Buchstein kritisiert die Formulierung analoger Voraussetzungen für Distanz-E-Voting wie für die briefliche Stimmabgabe. Das bei der brieflichen Stimmabgabe in Kauf genommene Risiko der Stimmgeheimnisverletzung werde durch die Förderung des Grundsatzes der allgemeinen Wahl ausgeglichen. Dieses Argument könne jedoch für E-Voting nicht angeführt werden[567]. Die Briefwahl ermögliche bereits denjenigen, die am Wahltag verhindert seien, die Stimmabgabe. Distanz-E-Voting biete darüber hinaus keinen Erweiterungseffekt[568]. Distanz-E-Voting könne also höchstens als Ersatz für die Briefwahl betrachtet und gerechtfertigt werden[569]. Als Lösungsvorschlag regt Buchstein an, den obligatorischen Charakter der Geheimwahl zu überdenken und die Möglichkeit der fakultativen Geheimwahl in Betracht zu ziehen[570].

204   In Deutschland wurde der Einsatz von Distanz-E-Voting bei nicht-politischen Wahlen verschiedentlich getestet[571]. Bei der Verwendung dieser neuen Form der Stimmabgabe für politische Wahlen besteht etwas mehr Zurückhaltung. Einzelne nicht rechtsverbindliche Tests und verbindliche Versuche auf kommunaler Ebene wurden aber auch in diesem Bereich durchgeführt[572]. Die deutsche Bundesregierung stellt sich auf den Standpunkt, dass zuerst Erfahrungen im Rahmen nicht-politischer Projekte gesammelt und die Voraussetzungen für die Einführung von Distanz-E-Voting geschaffen werden müssen[573]. Die nächsten Schritte bestehen in der Vereinheitlichung der dezentral in den Kommunen geführten Wählerverzeichnisse und der Vernetzung der Wahllokale.[574] Es soll also in erster Linie E-Voting in den Wahllokalen zur Verfügung gestellt werden.

---

[567]   *Buchstein* 2002b, S. 62f. A.A. *Hanssmann* 2003, S. 140f.; *Will* 2002, S. 120ff.

[568]   *Buchstein* 2000b, S. 900; *Buchstein* 2002b, S. 62.

[569]   *Buchstein* 2000b, S. 900; *Buchstein* 2002b, S. 62; *Buchstein* 2004, S. 51.

[570]   *Buchstein* 2002b, S. 64ff.; *Buchstein* 2002c, S. 119f. Vgl. auch *Buchstein* 2001, S. 151f. sowie Rz. 210 hiernach.

[571]   Vgl. *Bremke* 2004, S. 103; *Hanssmann* 2003, S. 50ff.; *Karger* 2004, S. 139f.; *Karger/Rüss* 2003, S. 257f.; *Kersting* 2003, S. 82f.; *Kersting* 2004, S. 20; *Kubicek/Wind* 2001, S. 109; *Otten* 2001, S. 79ff.; *Will* 2002, S. 23ff.

[572]   Vgl. *Bremke* 2004, S. 103; *Hanssmann* 2003, S. 0ff.; *Karger* 2004, S. 140; *Kersting* 2003, S. 83f.; *Kubicek/Wind* 2001, S. 112ff.; *Will* 2002, S. 28ff.

[573]   Vgl. *Karger* 2004, S. 140ff.; *Karger/Rüss* 2003, S. 261; *Kubicek/Wind* 2001, S. 112ff.

[574]   Vgl. *Karger* 2004, S. 143; *Kersting* 2003, S. 85; *Kersting* 2004, S. 21; *Kubicek/Wind* 2002, S. 110f. Diese Arbeiten finden im Rahmen des Forschungsprojekts W.I.E.N. (Wählen in elektronischen Netzwerken) des Bundesministeriums für Wirtschaft und Arbeit statt. Aktuelle Informationen dazu sind im Internet abrufbar unter: <http://www.forschungsprojekt-wien.de> (abgerufen am 1.6.2005).

4.4 Bedeutung der geheimen Stimmabgabe heute

205 Anfang des 20. Jahrhunderts hat sich die Geheimwahl in fast allen demokratischen Staaten durchgesetzt. Auf internationaler Ebene wird die Geheimhaltung der Stimmabgabe, zusammen mit den Grundsätzen der allgemeinen, freien, gleichen und direkten Wahl, zu den Kerngehalten eines demokratischen Systems gezählt[575]. Allerdings ist die Ausgestaltung der geheimen Stimmabgabe im geltenden Recht höchst unterschiedlich. Dies zeigt sich insbesondere anhand der Ausgestaltung von Stimmabgabeerleichterungen wie der brieflichen Stimmabgabe und jüngst auch in der Diskussion um Distanz-E-Voting: In Frankreich wurde die briefliche Stimmabgabe aufgrund der Gefahr einer Verletzung des Stimmgeheimnisses für politische Wahlen abgeschafft. Konsequenterweise wird für Wahlen, bei welchen die briefliche Stimmabgabe nicht zugelassen ist, auch Distanz-E-Voting nicht erlaubt. In England findet eine gegenläufige Entwicklung statt. Die briefliche Stimmabgabe soll ausgeweitet werden und eine Einführung von Distanz-E-Voting wird von der Regierung befürwortet. In Deutschland schliesslich hängt die rechtliche Zulässigkeit der brieflichen Stimmabgabe davon ab, dass sie nur ausnahmsweise und nicht vorbehaltlos gewährt wird. Eine entsprechende Regelung müsste wohl auch bei einer allfälligen Einführung von Distanz-E-Voting gelten.

206 Obwohl das Stimmgeheimnis heute zu den Kernprinzipien einer demokratischen Ordnung gezählt werden kann, wird dennoch vereinzelt Kritik daran geübt.

4.4.1 Kritik an der geheimen Stimmabgabe

207 Meist erreicht die Kritik an der geheimen Stimmabgabe im 20. Jahrhundert nicht die Intensität einer Forderung nach Wiedereinführung der offenen Stimmabgabe. Der Wert der geheimen Stimmabgabe wird jedoch bisweilen relativiert.

208 Die theoretische Auseinandersetzung mit der geheimen Stimmabgabe war *in Deutschland* zu Beginn des 20. Jahrhunderts noch nicht abgeschlossen. Insbesondere ein Autor, *Carl Schmitt* (1888-1985), Paradejurist der Nationalsozialisten, hat in seinen Schriften explizit gegen die Geheimwahl argumentiert. Schmitt war der Meinung, dass „die eigentlichste Tätigkeit, Fähigkeit und Funktion des Volkes" in der Akklamation, der zustimmenden oder ablehnenden Zurufe, bestehe[576]. Die geheime Einzelabstimmung gefährde diese Artikulation des Volkes[577]. Dem Demokratieverständnis von Schmitt entspricht nur die Unmittelbarkeit des versammelten Volkes, wie sie bei der Akklamation gegeben ist. „Man darf nicht übersehen, dass überall, wo es eine öffentliche Meinung […] gibt, in allen ent-

---

[575] Vgl. Rz. 472ff. hiernach.
[576] *Schmitt* 1927, S. 34.
[577] *Schmitt* 1927, S. 33f.

scheidenden Augenblicken, in denen der politische Sinn eines Volkes sich bewähren kann, auch zustimmende oder ablehnende Akklamationen erscheinen, die
von einem Abstimmungsverfahren unabhängig sind, ja durch ein solches Verfahren in ihrer Echtheit gefährdet werden könnten, weil die Unmittelbarkeit des versammelten Volkes, die zu solchen Akklamationen gehört, durch die Isolierung
des einzelnen Stimmberechtigten und das Wahl- und Abstimmungsgeheimnis
vernichtet wird."[578] Bei genauerem Hinsehen stellt man fest, dass sich Schmitts
Kritik der geheimen Stimmabgabe als generelle Kritik an Wahlen und Abstimmungen überhaupt interpretieren lässt.

209   In der Zeit nach Schmitt wird das Thema Geheimwahl in Deutschland bisweilen
noch angeschnitten, aber es finden sich keine so vehementen Gegner mehr. Die
Kritiker der Geheimwahl führen als zentrales Argument das Fehlen der positiven
Einflüsse durch die Öffentlichkeit an. So wird kritisiert, dass engagierte Bürger
ihre politische Anschauung nicht öffentlich zeigen können und dadurch politisches Engagement reduziert werde[579]. Oder es wird argumentiert, dass der einzelne Wähler in ein „Gefangenen-Dilemma" geraten könne, da in Situationen, in denen eigene Präferenzen gleichzeitig als oktroyierte Präferenzen erlebt würden,
keine Möglichkeit bestehe, sich der Identität des eigenen Willens zu vergewissern[580]. Die öffentliche Selbsterklärung und Auseinandersetzung würde dies erlauben, allerdings wäre dazu eine von strategischen Interessen freie Öffentlichkeit
notwendig[581]. Die anonyme Geheimwahl konstituiere mit ihren Abstraktionen eine Entscheidungssituation, in der die „Fähigkeiten des Wählers, bei seiner Wahlentscheidung moralische Gesichtspunkte zu beachten, individuell unterfordert
und deswegen kollektiv entmutigt"[582] werde. „Denn der Akt der geheimen und
simultanen Wahl konstituiert ein Spiel, in dem ‚ich' nicht nur vor den Sanktions-
drohungen aller ‚anderen' geschützt bin, sondern auch zur verantwortlichen Stellungnahme ihnen gegenüber weder Anlass noch Gelegenheit habe, während das
Handeln aller anderen mir im aggregierten Ergebnis erst dann bekannt wird,
wenn mein eigener Wahlakt bereits abgeschlossen ist und ich deshalb keine Gelegenheit mehr habe, im Sinne eines kooperativen Ergebnisses eines ‚assurance
game' auf das Handeln der anderen zu reagieren."[583]

210   In jüngster Zeit hat *Hubertus Buchstein* die Kritik an der geheimen Stimmabgabe
neu aufgeworfen. Er plädiert dafür, dass auch die negativen Seiten der Geheimhaltung beachtet werden. Die anonyme Stimmabgabe trage dazu bei, die intellek-

---

[578]   *Schmitt* 1927, S. 34f. Eine kritische Auseinandersetzung mit Schmitt findet sich bei *Buchstein* 2002c,
        S. 111ff.
[579]   *Hirschmann* 1984, S. 128f.
[580]   *Offe* 1986, S. 222.
[581]   *Offe* 1986, S. 222.
[582]   *Offe* 1989, S. 767.
[583]   *Offe* 1989, S. 767.

tuellen und moralischen Ressourcen der Bürger auszuhöhlen[584]. Sie veranlasse, dass der Bürger sich für seine Urteile nicht mehr rechtfertigen müsse und fördere politisches Desinteresse und Apathie[585]. Buchstein diagnostiziert im Zusammenhang mit Distanz-E-Voting einen Übergang vom Grundsatz der obligatorischen zur fakultativen geheimen Stimmabgabe[586].

211 Letztlich gehen die deutschen Kritiker des 20. Jahrhunderts aber nicht so weit, dass sie die Aufhebung des Grundsatzes der Geheimwahl fordern würden[587].

212 Im *englischsprachigen Raum*[588] wird gegen die geheime Stimmabgabe vorgebracht, dass sie die Erklärung und Rechtfertigung des Stimmverhaltens gegenüber anderen Wählern verhindere. So stellte etwa *Benjamin Barber* in seinem 1984 erschienenen Buch „Strong Democracy" fest, dass die liberale Demokratie – von der er sich abgrenzen wollte – das Sprechen leichter mache als das Zuhören. Das treffe sowohl auf Politiker als auch auf Bürger zu: „Because our vote is secret – ‚private' – we do not need to explain or justify it to others (or, indeed, to ourselves) in a fashion that would require us to think publicly or politically"[589]. Dadurch werde die Gemeinwohlorientierung der Bürger untergraben. Aber auch *Robert E. Goodin* sieht in der offenen Stimmabgabe einen Vorteil, weil die Nötigung, sich gegenüber anderen öffentlich zu erklären und zu verteidigen, zu einer Art Internalisierung der Perspektiven und Bedürfnisse anderer führe. Ein rein egoistisches Verhalten werde durch den Modus der Öffentlichkeit gebremst[590].

213 Den radikalsten Standpunkt gegen die Geheimwahl haben in neuerer Zeit *Geoffrey Brennan* und *Philip Pettit* eingenommen[591]. Sie gehen davon aus, dass Wähler bei Ihrer Wahlentscheidung nicht notwendigerweise analog ihren politischen Präferenzen votieren. Wenn Wähler aber keinen rationalen Grund hätten, ihre Wahlentscheidung in der Wahlkabine an ihren Interessen zu orientieren, so könne die Geheimhaltung der Stimme auch nichts dem Wähler Authentisches schützen. Sie fordern daher, das Wahlgeheimnis aufzuheben und die offene Stimmabgabe einzuführen. Sie versprechen sich davon den Zwang zur Reflexion der Präferenzen: „The reason is that if the vote is unveiled the desire for social acceptance will pay [gemeint ist wohl ‚play' – N.B.] a larger role in your decision as to how to vote; and in a pluralistic society the surest way of winning social acceptance will be to vote in a way that you can discursively support."[592] Die geheime Stim-

---

[584] *Buchstein* 1994, S. 5.
[585] *Buchstein* 1994, S. 5.
[586] *Buchstein* 2002c, S. 108 und 119f. Zu Buchsteins Äusserungen im Zusammenhang mit E-Voting vgl. auch Rz. 203 hiervor.
[587] *Buchstein* 1994, S. 5; *Buchstein* 2002a, S. 16; *Hirschmann* 1984, S. 128f.; *Offe* 1986; *Offe* 1989.
[588] Unter Einbezug amerikanischer Autoren.
[589] *Barber* 1984, S. 188.
[590] *Goodin* 1992, S. 127ff.
[591] *Brennan/Pettit* 1990.
[592] *Brennan/Pettit* 1990, S. 326.

mabgabe hingegen fördere eine andere Kultur: „By making the vote secret, the current rules give rise to a distinctive culture. Every voter knows that since it is kept from others in the ordinary run of things, how he votes is a matter which he can legitimately keep to himself and indeed a matter which others can enquire after only at the risk of occasioning a rebuke and giving offence."[593] Brennan/Pettit fordern die Einführung der offenen Stimmabgabe, geben allerdings zu, dass dies nur in einem Kontext erfolgen könne, der frei von Bestechung, Erpressung und Einschüchterung sei[594].

214 Auch in *Frankreich* wurden nach deren Etablierung Stimmen gegen die geheime Stimmabgabe laut. So kritisierte *Jean-Paul Sartre* (1905-1980) – Mitglied der damals noch ohne Einschränkung moskautreuen Parti communiste de la France – zum Beispiel die Wahlkabinen und damit auch die Geheimhaltung der Stimmabgabe. Seiner Meinung nach erzeugen die Wahlkabinen die Vorstellung, dass Politik ein gesellschaftlicher Bereich sei, in dem sich nur voneinander isolierte Bürger beteiligen. Jeder Bürger könne wählen, wen er möchte, ohne dass er darüber Rechenschaft ablegen müsse. So entsteht nach Ansicht Sartres eine Kultur der Lüge, des Egoismus' und des Misstrauens. „L'isoloir, planté dans une salle d'école ou de mairie, est le symbole de toutes les trahisons que l'individu peut commettre envers les groupes dont il fait partie. Il dit à chacun: ,Personne ne te voit, tu ne dépends que de toi-même; tu vas décider dans l'isolement et, par la suite, tu pourras cacher ta décision ou mentir.' Il n'en faut pas plus pour transformer tous les électeurs qui entrent dans la salle en traîtres en puissance les uns pour les autres."[595] Allerdings muss Sartres Kritik an den Wahlkabinen auch als Kritik am System der Stimmabgabe und damit an der indirekten Demokratie insgesamt verstanden werden. Führt er doch im selben Artikel aus: „En un mot, quand je vote, j'abdique mon pouvoir – c'est-à-dire la possibilité qui est en chacun de constituer avec tous les autres un groupe souverain qui n'a nul besoin de représentants (...)"[596], und schliesst diesen mit einem Aufruf zum Kampf für die direkte Demokratie[597].

4.4.2 Bewertung der Kritik an der geheimen Stimmabgabe

215 Insbesondere bei Schmitt und Sartre zeigt ein Blick auf ihre Laufbahn, dass sie Anhänger totalitärer Ideologien waren. Staat und Gesellschaft werden sowohl im Nationalsozialismus als auch im Kommunismus miteinander identifiziert. Die Argumentationslinie, dass der einzelne Stimmberechtigte Teilorgan des Staatsor-

---

[593] *Brennan/Pettit* 1990, S. 326.
[594] *Brennan/Pettit* 1990, S. 329f.
[595] *Sartre* 1973, S. 1100.
[596] *Sartre* 1973, S. 1103.
[597] *Sartre* 1973, S. 1108. Sartres Vorstellung von direkter Demokratie scheint allerdings die Vorstellung einer Stimmabgabe (anlässlich einer Volksabstimmung) nicht mit einzuschliessen.

gans und deshalb verpflichtet sei, seine Stimme im Interesse des Gemeinwohls abzugeben, entspricht einem totalitären Ansatz[598].

216   Bei allen Kritikern fehlt die Diskussion des einer Wahl oder einem Sachentscheid vorausgehenden, länger dauernden Abstimmungskampfes mit dem Diskurs. Der Meinungsbildungsprozess wird aus dem Prozess der politischen Entscheidfindung völlig ausgeblendet. In Wirklichkeit beruhen demokratische Entscheide auf weit mehr als auf blosser individueller Stimmabgabe. Viele Stimmberechtigte versuchen, sich selber eine Meinung zu bilden, etwa durch Rückfragen an andere oder Informationsbeschaffung aus den Medien. Oder aber, Stimmberechtigte versuchen, andere von ihrem eigenen Standpunkt zu überzeugen. Diese Form der Öffentlichkeit ist nicht an die offene Stimmabgabe gebunden.

---

[598]   Vgl. auch *Hangartner* 2004, S. 6.

5 ZUSAMMENFASSUNG TEIL 1

217 Im antiken Athen wurden Diskussionen und Abstimmungen grundsätzlich öffentlich durchgeführt. Die wichtigste Ausnahme stellte die geheime Abstimmung in
den Geschworenengerichten dar, vermutungsweise um eine Beeinflussung der
Richter zu verhindern. Die fehlende demokratietheoretische Auseinandersetzung
mit der geheimen Stimmabgabe lässt vermuten, dass die Volksherrschaft derart
mit der öffentlichen Debatte verbunden war, dass eine geheime Abstimmung gar
nicht vorstellbar war.

218 In der römischen Republik wurde die geheime Stimmabgabe für die Volksversammlungen eingeführt und galt nicht für den machtpolitisch stärkeren Senat.
Auch in der römischen Vorstellung war die geheime Stimmabgabe der Aristokratie, die offene Stimmabgabe der Demokratie zuzuordnen.

219 In der Debatte über den adäquaten Abstimmungsmodus in der Neuzeit können
die englische und venezianische Praxis als paradigmatische Beispiele betrachtet
werden. In England stand lange Zeit die offene Stimmabgabe im Vordergrund,
während in Venedig für die Wahl des Dogen ein ausgetüfteltes Verfahren unter
Einschluss der geheimen Stimmabgabe entwickelt wurde. Die politische Theorie
war bis ins 18. Jahrhundert von einem aristokratischen Verständnis der geheimen
Stimmabgabe geprägt.

220 Den endgültigen Durchbruch schaffte die Geheimwahl im 19. Jahrhundert, also
im Zeitraum der allgemeinen Demokratisierung des Wahlrechts. Die Einführung
der geheimen Stimmabgabe verlief aber nicht immer parallel zur Einführung etwa
des Grundsatzes der allgemeinen Wahl.

221 Die historische und rechtsvergleichende Betrachtung der geheimen Stimmabgabe
führt zum Schluss, dass das Stimmgeheimnis lange Zeit nicht als demokratisches
Element betrachtet wurde. Auch die Einführung der geheimen Stimmabgabe in
verschiedenen Ländern im 19. Jahrhundert geschah weniger aus der Überzeugung, dass diese Art der Stimmabgabe den demokratischen Vorstellungen einer
freien Willensbildung entsprach, sondern vielmehr aus rein opportunistischen o-
der pragmatischen Gründen. Die einen erhofften sich von der geheimen Stimmabgabe Vorteile im Sinne von besseren Wahlchancen, die anderen sahen sie als
einzige, aber vorübergehende Lösung zur Bekämpfung von Ausschreitungen und
Korruption an. Eine weitere Gruppe von Befürwortern war aus grundsätzlicher
Überzeugung für die geheime Stimmabgabe, da nur diese die Schwächeren vor
Repression schützen und damit die freie Willensbildung und -kundgabe gewährleisten könne.

222 Heute ist die geheime Stimmabgabe ein allgemein anerkannter Grundsatz, wobei
die Handhabung in einzelnen Ländern höchst unterschiedlich ist. Jede Rechtsord-

nung akzeptiert einen unterschiedlichen Grad an Geheimhaltung in Bezug auf den gesamten Wahlprozess. Von den behandelten Ländern hat Frankreich das Stimmgeheimnis am konsequentesten umgesetzt. In Deutschland und England hingegen wird mit der brieflichen Stimmabgabe in Kauf genommen, dass das Stimmgeheimnis nicht mehr absolut geschützt werden kann. Auch in der Handhabung der brieflichen Stimmabgabe sind Unterschiede erkennbar: Während Deutschland die Nutzung der brieflichen Stimmabgabe an gewisse Voraussetzungen knüpft, denkt man in England darüber nach (zumindest auf kommunaler Ebene), die briefliche Stimmabgabe voraussetzungslos zuzulassen. England unterscheidet sich von Deutschland und Frankreich des Weiteren dadurch, dass eine Möglichkeit zur Herstellung einer Verbindung zwischen wählender Person und Stimmzettel nach der Stimmabgabe aufrechterhalten wird. Dies bedeutet allerdings nicht, dass in England das Stimmgeheimnis weniger Gewicht hat als in den anderen beiden Rechtsordnungen. Eine Wahlordnung muss immer als Gesamtheit und vor dem Hintergrund der gesellschaftlichen Rahmenbedingungen betrachtet werden. Bei der Stimmabgabe im Wahllokal selbst wird die Geheimhaltung in England ebenso strikt gehandhabt wie in Frankreich und Deutschland.

223   Die unterschiedliche Handhabung des Grundsatzes des Stimmgeheimnisses wirkt sich auch auf den Umgang mit Distanz-E-Voting aus. In Frankreich, wo die briefliche Stimmabgabe nicht vorgesehen ist, findet Distanz-E-Voting wenig Unterstützung. In Deutschland ist E-Voting generell im Gespräch, allerdings führt die Beschränkung der brieflichen Stimmabgabe auch zu Schwierigkeiten mit Distanz-E-Voting. Falls Distanz-E-Voting in Deutschland umgesetzt werden sollte, ist anzunehmen, dass dessen Benutzung an gewisse Voraussetzungen geknüpft wird. In England schliesslich sind die Schritte in Richtung Distanz-E-Voting am grössten.

224   Die Kritik an der geheimen Stimmabgabe im 20. Jahrhundert ist – jedenfalls im Vergleich mit der Kritik im 19. Jahrhundert – relativ moderat, und von einigen Ausnahmen abgesehen, wird der Grundsatz des Stimmgeheimnisses heute nicht mehr in Frage gestellt.

225   Im Hinblick auf den Vergleich mit der Entwicklung des Stimmgeheimnisses in der Schweiz soll an dieser Stelle betont werden, dass das Stimmgeheimnis nicht isoliert betrachtet werden kann. Wie die Ergebnisse der Untersuchung im ersten Teil deutlich zeigen, üben sowohl das historische als auch das zeitgenössische, soziale Umfeld prägenden Einfluss auf die Entwicklung und Ausgestaltung des Stimmgeheimnisses aus.

TEIL 2: STIMMGEHEIMNIS IN DER SCHWEIZ

226 Die Darstellung im zweiten Teil folgt wie bereits im ersten Teil weitestgehend einer historischen Gliederung. Die Stimmabgabe wird in den folgenden Zeitperioden untersucht: zur Zeit der alten Eidgenossenschaft (6), der Helvetik (7), der Mediation (8), der Restauration (9), der Regeneration (10) und seit der Entstehung des Bundesstaates (11). Diese Kapitel werden ergänzt durch eine Untersuchung der Gründe, welche für und gegen das Stimmgeheimnis vorgebracht wurden (12), eine Darstellung des Stimmgeheimnisses heute (13) und die Auseinandersetzung mit der Frage, ob E-Voting mit dem Stimmgeheimnis vereinbar ist (14). Am Ende der Behandlung einer Zeitperiode wird jeweils die Bedeutung des Stimmgeheimnisses in dieser Zeit festgehalten. Den Schluss dieses zweiten Teils bildet eine Zusammenfassung der gesamten untersuchten Entwicklung seit der Zeit der alten Eidgenossenschaft (15).

227 Die Untersuchung der historischen Entwicklung der geheimen Stimmabgabe in der Schweiz beginnt mit der Zeit der *alten Eidgenossenschaft*. Obwohl für diese Zeit keine demokratische Stimmabgabe im heutigen Sinn stattfand, interessiert die Zeit vor der französischen Revolution vom Gesichtspunkt der ideengeschichtlichen Entwicklung der geheimen Stimmabgabe her. Konkret geht es darum aufzuzeigen, dass die geheime Stimmabgabe als Idee bereits vor der französischen Revolution im Gebiet, auf welchem die Schweiz entstehen sollte, bekannt war.

228 Die historische Untersuchung der geheimen Stimmabgabe in der Schweiz kann sowohl auf lokaler (Gemeinde-), kantonaler und „staatlicher" Ebene erfolgen. Für die Zwecke dieser Arbeit werden in jeder Zeitperiode schwerpunktmässig entweder die „staatliche" oder die kantonale Ebene untersucht, je nach staatsrechtlicher Hauptentwicklung der jeweiligen Zeit. Wo von besonderem Interesse, werden Hinweise auf die lokale Ebene gemacht. Daraus ergeben sich für die einzelnen Zeitperioden folgende Schwerpunkte: Für die *Helvetik* wird die „staatliche" Ebene betrachtet, da in dieser Zeit der Gedanke an eine nationale Einheit und eine geschriebene Verfassung überhaupt aufkam. In der *Mediationszeit* kann die Schweiz wieder als Staatenbund bezeichnet werden, weshalb die Stimmabgabe auf kantonaler Ebene im Mittelpunkt dieses Kapitels steht. Auch in der *Restaurations-* und der *Regenerationszeit* ist die Ausgestaltung des Stimm- und Wahlrechts Sache der Kantone, weshalb der Schwerpunkt der Untersuchung die Kantone sind. Mit der Schaffung des *Bundesstaates 1848* setzt die langsame aber stetige Entwicklung einer einheitlichen Regelung der Stimmabgabe in eidgenössischen Angelegenheiten ein. Der Fokus liegt in diesem Kapitel und im Kapitel, das sich mit der Weiterentwicklung der geheimen Stimmabgabe bis heute befasst infolgedessen hauptsächlich auf der Bundesebene. Allerdings kommt die Darstel-

lung des Stimmgeheimnisses in der föderalistischen Schweiz nicht umhin, auch die kantonale Ausgestaltung zu berücksichtigen.

6 STIMMGEHEIMNIS ZUR ZEIT DER ALTEN EIDGENOSSENSCHAFT

229 Obwohl für die Zeit der alten Eidgenossenschaft nicht von Stimmabgabe im heutigen, demokratischen Sinn gesprochen werden kann, wird im Folgenden dennoch kurz der Stellenwert der geheimen Stimmabgabe untersucht. Es soll geklärt werden, ob die Stimmabgabe wenigstens ausnahmsweise geheim praktiziert wurde. Dies ist im Hinblick auf die Klärung der Frage, ob die Schweiz die geheime Stimmabgabe aus Frankreich übernommen hat oder ob die Schweiz eigene Vorläufer der geheimen Stimmabgabe kannte, von Interesse. Besondere Aufmerksamkeit wird dabei den Landsgemeindeorten, den Orten mit Volksanfragen, der Ostschweiz und Genf gewidmet.

6.1 Alte Eidgenossenschaft

230 „Alte Eidgenossenschaft" bezeichnet das Bündnissystem der Eidgenossen von 1291 bis 1798. Die alte Eidgenossenschaft war ein aus Einzel- und Gruppenverträgen bestehendes Gebilde, das sich ab 1273[599] entwickelte. Es begann mit einem losen Bündnis der drei Orte Uri, Schwyz und Nidwalden, dem allmählich weitere Orte beitraten beziehungsweise wurden weitere Bündnisse mit anderen Orten abgeschlossen[600]. Ab 1513 bestand die alte Eidgenossenschaft aus dreizehn Orten[601] mit den entsprechenden Untertanengebieten sowie den zugewandten Orten, ebenfalls mit den entsprechenden Untertanengebieten. Inhalt der verschiedenen Bündnisse und Verträge waren militärische Schutz- und Hilfeversprechen für den Fall einer Bedrohung der Orte von aussen oder von innen[602]. Das einzige gesamteidgenössische Organ war die Tagsatzung, welche in Kriegs- und Konfliktzeiten die Einhaltung der Hilfeleistungs- und Friedensverpflichtungen zu überwachen sowie die gemeinen Herrschaften zu verwalten hatte[603].

6.2 Politische Struktur der einzelnen Orte

231 Die politische Struktur der einzelnen Orte lässt sich in drei Gruppen einteilen: die *Städteorte mit Zunftverfassung* (Zürich, Basel, Schaffhausen), die *Städteorte mit aristokratischer Verfassung* (Bern, Luzern, Freiburg, Solothurn und der zuge-

---

[599] Das erste überlieferte Bündnis datiert von 1291: Landfriedensbündnis zwischen Uri, Schwyz und Nidwalden. Vgl. für den Text: Erster ewiger Bund der drei Waldstätte (1291), in: *Nabholz/Kläui* 1940, S. 1-3. Darin wird ein früheres Bündnis erwähnt, dessen Text jedoch nicht überliefert ist. Es wird vermutet, dass dieses Bündnis aus dem Jahr 1273 datiert, vgl. *Peyer* 1980, S. 182.

[600] Zur Entstehung der acht-örtigen alten Eidgenossenschaft vgl. *Peyer* 1980, S. 198ff. Zur Aufnahme weiterer Orte bis zur dreizehn-örtigen alten Eidgenossenschaft vgl. *Schaufelberger* 1980, S. 328 und 346f.

[601] Uri, Schwyz, Unterwalden, Glarus, Zug und Appenzell (Landsgemeindeorte) sowie Zürich, Bern, Luzern, Freiburg, Solothurn, Basel und Schaffhausen (Städteorte).

[602] Zu den Bündnissystemen in der Schweiz vgl. *Peyer* 1980, S. 179ff.

[603] *Kölz* 1992a, S. 7.

wandte Ort Genf) und die *Landsgemeindeorte* (Uri, Schwyz, Obwalden, Nidwalden, Glarus, Zug und Appenzell)[604]. Ausserhalb dieser Einteilung sind die beiden föderativen Demokratien Graubünden und Wallis anzusiedeln[605]. St. Gallen war monarchisch konzipiert und in Neuenburg hatte der König von Preussen seit 1707 die Funktion eines monarchischen Souveräns inne, welche er mittels eines von ihm ernannten Gouverneurs ausübte[606].

232   Die *Zunftstädte* hatten keine eigentliche politische Verfassung, sondern vielmehr eine wirtschaftsständische Verfassung. Die Regierung, bestehend aus Kleinem und Grossem Rat, wurde von den verschiedenen Handwerkszünften gewählt[607]. Die obersten Gewalten in den *Orten mit aristokratischer Verfassung* waren ähnlich organisiert wie in den Zunftstädten. Die Grossen, Kleinen und Geheimen Räte setzten sich aus Mitgliedern weniger patrizischer Familien zusammen[608]. Im 17. und 18. Jahrhundert schränkte sich der Kreis der an der Regierung beteiligten Familien immer mehr ein. Bern, Luzern, Freiburg und Solothurn waren am empfänglichsten für diese Prozesse[609].

6.3   Landsgemeindeorte

233   Für die Zwecke dieser Arbeit wird in Anlehnung an Kellenberger und Ryffel unter Landsgemeinde die verfassungsmässige Versammlung der Stimmberechtigten eines Kantons zur Vornahme der Wahlen und Abstimmungen verstanden[610]. Die historische Herkunft der Landsgemeinden ist umstritten[611]. Die folgenden Ausführungen konzentrieren sich vornehmlich auf die Zeit beginnend im 16. Jahrhundert[612].

234   In den Landsgemeindeorten übten die versammelten Männer an der Landsgemeinde die oberste Gewalt aus[613]. Stimm- und wahlberechtigt an der Landsgemeinde waren die Landleute, welche das 14. oder 16. Altersjahr erreicht hatten[614].

---

[604]   Vgl. *Kölz* 1992a, S. 9f. Die Landsgemeinde existiert heute noch in Glarus und Appenzell Inerrhoden: vgl. Rz. 521ff. hiernach.

[605]   Zur Entstehung und Entwicklung des föderativen Referendums in Graubünden vgl. *Schuler* 2001, S. 51ff.; *Pieth* 2003, S. 17ff.; *Wili* 1988, S. 52ff., zur Entstehung und Entwicklung des föderativen Referendums bis 1798 im Wallis vgl. *Liebeskind* 1928; *Wili* 1988, S. 70ff.

[606]   Vgl. *Stribrny* 1998, S. 21ff.

[607]   *Kölz* 1992a, S. 9. Zum Wahlrecht in den Zunftstädten vor 1798 vgl. *Blocher* 1906, S. 141ff.

[608]   *Kölz* 1992a, S. 10.

[609]   *Kölz* 1992a, S. 13; *Hilty* 1906, S. 230ff. Zum Wahlrecht in den aristokratischen Städteorten vor 1798 vgl. *Blocher* 1906, S. 135ff.

[610]   *Kellenberger* 1956, S. 32; *Ryffel* 1903, S. 10.

[611]   Ein Überblick über verschiedene Hypothesen findet sich bei *Möckli* 1987, S. 16ff. Vgl. auch die Ausführungen zur Entstehung der Landsgemeinde bei *Carlen* 1976, S. 9ff.; *Kellenberger* 1956, S. 12ff.

[612]   Die Landsgemeinde geht jedoch historisch weiter zurück. Gemäss *Carlen* 1976, S. 6 finden sich erste Spuren von Landsgemeinden in Uri bereits im Jahr 1231.

[613]   Für Schwyz vgl. Art. 21 Landespunkte Schwyz (1701-1733), in: *Nabholz/Kläui* 1940, S. 158-161.

[614]   Für Uri vgl. Antrags- und Stimmrecht an der Landsgemeinde in Uri (1608), in: *Nabholz/Kläui* 1940, S. 158; für Obwalden vgl. Schaffung des dreifachen Rates in Obwalden (1631), in: *Nabholz/Kläui* 1940, S. 163; für Glarus vgl. Aufgebot und Teilnahmepflicht an der Glarner Landsgemeinde

Landleute waren diejenigen, die das Landrecht hatten, wobei Landrecht nicht mit dem heutigen Bürgerrecht gleichgesetzt werden kann. Das Landrecht war an gewisse ökonomische Voraussetzungen geknüpft[615]. In den Landsgemeindeorten galt also kein allgemeines Wahl- und Stimmrecht nach heutigem Verständnis. In Schwyz kam es sogar vor, dass vorübergehend Landleute von der Teilnahme an der Landsgemeinde ausgeschlossen wurden, wenn diese an einem Traktandum persönlich stark interessiert waren[616]. Man befürchtete, dass diese Landleute nicht mehr die öffentlichen Interessen vertreten würden[617].

235   Die Landsgemeinde war zuständig für die Wahl der obersten Organe der Orte (Landammann, Landesstatthalter, Säckelmeister, Zeugherr, Fähndrich, Richter etc.) und konnte über Verfassungsänderungen (soweit überhaupt von „Verfassung" gesprochen werden kann), Gesetzesänderungen, Finanzbeschlüsse, Bündnisse, Kriegseintritte und Friedensschlüsse entscheiden („mindern und mehren")[618]. Zudem hatte sie gewisse richterliche Befugnisse[619]. In Zug hatte die Landsgemeinde allerdings nur Wahlkompetenzen[620].

236   Die Stimmabgabe an der Landsgemeinde geschah durch offene Handerhebung[621]. Das Ergebnis wurde durch Landesbeamte mittels Schätzung festgestellt. Bei Unklarheit war in den meisten Orten eine Abzählung vorgesehen[622]. In Schwyz geschah dies durch „Herauszählen". Die Landmänner schritten aus dem Ring heraus – je nach Art der Stimmabgabe durch den einen oder anderen Ausgang – wobei sie gezählt wurden[623].

237   Ursprünglich hatte jedermann das Recht, an der Landsgemeinde das Wort zu ergreifen und Anträge zu stellen[624]. Manchmal war jedoch entscheidend, wer zuerst das Wort ergriff und wer als erster die Hand erhob. Auch konnte der Landam-

---

(28.4.1448), in: *Nabholz/Kläui* 1940, S. 163-164 und Ausschluss der Hintersässen von der Glarner Landsgemeinde (21.5.1532), in: *Nabholz/Kläui* 1940, S. 164. Vgl. ferner *Blocher* 1906, S. 112, 128; *Carlen* 1976, S. 12f.; *Möckli* 1987, S. 26.

[615]   Für Uri vgl. Bestimmungen über Aufnahme von Landleuten in Uri (1608), in: *Nabholz/Kläui* 1940, S. 156-157. Vgl. auch *Blocher* 1906, S. 118f.

[616]   *Schnüriger* 1906, S. 45.

[617]   *Schnüriger* 1906, S. 45.

[618]   *Kölz* 1992a, S. 11; *Möckli* 1987, S. 27ff.

[619]   *Kölz* 1992a, S. 11.

[620]   *Blocher* 1906, S. 113; *Kölz* 1992a, S. 11.

[621]   *Möckli* 1987, S. 27; *Ryffel* 1903, S. 122; *Schnüriger* 1906, S. 38f.

[622]   *Möckli* 1987, S. 27; *Stucki* 1980, S. 14ff. (zu Glarus).

[623]   *Schnüriger* 1906, S. 38f.

[624]   Für Uri vgl. Antrags- und Stimmrecht an der Landsgemeinde in Uri (1608), in: *Nabholz/Kläui* 1940, S. 158; für Nidwalden vgl. Landsgemeindebeschluss über freies Antragsrecht an der Nidwaldner Landsgemeinde (24.4.1701), in: *Nabholz/Kläui* 1940, S. 162-163; für Appenzell Innerrhoden vgl. Antragsrecht an der Landsgemeinde von Appenzell Innerrhoden (9.1.1667), in: *Nabholz/Kläui* 1940, S. 167; für Appenzell Ausserhoden vgl. Antragsrecht an der Landsgemeinde von Appenzell Ausserrhoden (1747), in: *Nabholz/Kläui* 1940, S. 167-168. Vgl. ferner *Kellenberger* 1956, S. 76ff.; *Möckli* 1987, S. 29.

mann durch seine Verhandlungsführung entscheidenden Einfluss auf die Abstimmungsergebnisse ausüben[625].

238 Seit dem 16. Jahrhundert kam Bestechung – „Tröhlen" oder „Practiciren" genannt – an den Landsgemeinden häufig vor[626]. Die Bestechungspraktiken umfassten u.a. das Abhalten von Gastmählern oder das Bezahlen der Zeche[627]. Man versuchte, den Manipulationen mittels Trölgesetzen oder Gesetzen gegen das Praktiziren vorzubeugen[628].

239 Die Bemühungen zur Verhinderung von Bestechung waren nicht von Erfolg gekrönt und es bildete sich die Gewohnheit, die Bestechung quasi zu offizialisieren[629]: Es wurden sogenannte „Auflagen" auf Ämtern erhoben, d.h. wer in ein bestimmtes Amt gewählt worden war, hatte den Landmännern und dem Staat einen jeweils vorgeschriebenen Geldbetrag zu leisten oder ein Mahl zu veranstalten[630]. Man erhoffte sich davon einen Rückgang der Bestechungen, was allerdings nicht immer eintrat[631].

240 In Glarus und Schwyz wurde als weitere Bemühung im Kampf gegen die Korruption der Losentscheid für die Besetzung wichtiger Ämter eingeführt[632]. Die Loswahl wurde in Schwyz 1692 eingeführt, jedoch schon bald wieder fallen gelassen[633]. In Glarus war das Losverfahren seit 1638 bekannt. Das dafür vorgesehene Verfahren erinnert an die venezianische Kombination von Ballotino, Los und Wahl[634]: Aus dem Ring wurden durch offenes Handmehr acht Kandidaten gewählt. Diese traten in den Ring. Ein Knabe hielt ein Säcklein mit acht Kugeln in den Händen, aus welchem die Kandidaten jeweils eine Kugel zogen. Sieben Kugeln waren aus Silber, eine Kugel war aus Gold; wer die goldene Kugel bekam, hatte das Amt gewonnen[635]. Das Losverfahren blieb in Glarus bis in die Restaurationszeit in Kraft[636].

241 Ein weiteres Problem der Landsgemeinden waren Aufruhr und tätliche Auseinandersetzungen[637]. Castell berichtet von einer Landsgemeinde in Schwyz im Jahre 1764, an welcher ein Landmann zu einer Geldbusse verurteilt wurde, „einzig

---

[625] *Möckli* 1987, S. 27. Vgl. auch *Hilty* 1890, S. 58, Fn. 2.

[626] Vgl. *Blumer* 1858, S. 113; *Möckli* 1987, S. 44ff.; *Schnüriger* 1906, S. 46ff.; *Winteler* 1952, S. 415ff.

[627] *Schnüriger* 1906, S. 47. Vgl. auch *Blumer* 1858, S. 19.

[628] Für Schwyz vgl. Art. 25 Landespunkte Schwyz (1701-1733), in: *Nabholz/Kläui* 1940, S. 158-161. Vgl. auch *Blumer* 1858, S. 113; *Schnüriger* 1906, S. 47ff.

[629] *Blumer* 1858, S. 120ff.; *Schnüriger* 1906, S. 50ff.

[630] *Blumer* 1858, S. 120ff.; *Schnüriger* 1906, S. 50ff.

[631] *Blumer* 1858, S. 127; *Schnüriger* 1906, S. 50.

[632] *Blumer* 1858, S. 127f.; *Schnüriger* 1906, S. 52; *Stucki* 1980, S. 32 (zu Glarus); *Winteler* 1954, S. 127 (zu Glarus).

[633] Vgl. das Verbot des Loses in Art. 25 Landespunkte Schwyz (1701-1733), in: *Nabholz/Kläui* 1940, S. 158-161.

[634] *Riklin* 1990, S. 282, Fn. 109. Vgl. Rz. 52 hiervor.

[635] Vgl. *Blumer* 1858, S. 128; *Stucki* 1980, S. 32; *Winteler* 1952, S. 417.

[636] Vgl. *Möckli* 1987, S. 46 und Rz. 321 hiernach.

[637] *Möckli* 1987, S. 46.

weil er der Ansicht gewesen, dass man das neue Reglement Frankreichs hätte annehmen sollen."[638] Noch schlechter erging es an derselben Landsgemeinde einem General, der jedem Landmann einen Taler Sitzgeld geben musste, um sich vor tätlichen Angriffen der versammelten Landleute zu retten[639].

6.4 Offene Stimmabgabe bei Volksanfragen in Bern, Zürich, Luzern, Freiburg, Solothurn und Neuenburg

242 In einzelnen Orten waren „Volksanfragen" bekannt, allerdings können diese bestenfalls als konsultativ bezeichnet werden. Für die Zeit zwischen 1449 und 1610 können in *Bern* 87 Volksanfragen verzeichnet werden[640]. Die Regierung legte jeweils die Form fest, in welcher die Volksanfragen zu erfolgen hatten[641]. So fanden entweder Gemeindeversammlungen statt oder einzelne Ratsmitglieder erkundigten sich beim Landvolk nach deren Meinung oder es wurden Ausschüsse der Landschaft nach Bern berufen[642]. Hinweise auf einzelne Volksanfragen sind auch für *Zürich*[643], *Luzern*[644], *Freiburg*[645], *Solothurn*[646] und *Neuenburg*[647] überliefert. Einzig für die Berner Volksanfragen finden sich Ausführungen über die Art der Stimmabgabe der einzelnen Bürger in der untersuchten Literatur. Übereinstimmend wird festgehalten, dass sie durch offenes Handmehr oder Abtreten der Verneinenden stattfand[648]. Eine (ausnahmsweise) geheime Stimmabgabe wird nicht vermerkt.

6.5 „Raun" in der Ostschweiz

243 In der Ostschweiz war im 17. Jahrhundert eine Form der geheimen Stimmabgabe bekannt, die „Raun" oder auch „Run", bei der jeder Wähler dem Wahlleiter den Namen des Kandidaten, den er wählte, ins Ohr „raunte"[649]. Neben Rorschach, Wil, Schaffhausen, Bülach, Frauenfeld, Kyburg und Zollikon war die Raun auch

---

638 *Castell* 1954, S. 65.
639 *Castell* 1954, S. 65.
640 *Wili* 1988, S. 49, Fn. 2 spricht von 88 Anfragen. Die vorliegende Arbeit stützt sich auf die Aufzählung der Anfragen in *Von Stürler* 1869, S. 246ff. Die letzte (und damit 88.) von Von Stürler erwähnte Volksanfrage fand erst im Jahr 1798 statt. Vgl. zu den Berner Volksanfragen allgemein *Curti* 1882, S. 8ff.; *Geiser* 1891, S. 43ff.; *Hilty* 1887, S. 190ff.; *Hilty* 1906, S. 248ff.; *Von Stürler* 1869, S. 225ff. Zum Inhalt der Befragungen zwischen 1495 und 1522 vgl. *Erni* 1947, S. 13ff.
641 *Hilty* 1887, S. 195.
642 *Erni* 1947, S. 9ff.; *Hilty* 1887, S. 195f.; *Hilty* 1906, S. 249f.; *Von Stürler* 1869, S. 237ff.
643 Vgl. *Dändliker* 1896, S. 47ff.; *Dändliker* 1898, S. 149ff.; *Hilty* 1887, S. 190 und 198ff.
644 *Segesser* 1854, S. 224f. und 329f.; *Segesser* 1857, S. 271ff.
645 *Dändliker* 1898, S. 149; *Erni* 1947, S. 12.
646 *Derendinger* 1973, S. 394; *Haefliger* 1938.
647 *Quartier-la-Tente* 1898, S. 23f.
648 *Curti* 1882, S. 9; *Geiser* 1891, S. 46; *Hilty* 1906, S. 250; *Von Stürler* 1869, S. 237.
649 „Run", in: Friedrich *Staub* Friedrich/*Tobler*, Ludwig (Hrsg.): Schweizerisches Idiotikon. Wörterbuch der schweizerdeutschen Sprache, Bd. 6, Frauenfeld 1909, S. 1016. Vgl. auch *Burmeister* 1998, S. 124f.

im Stadtstaat St. Gallen bekannt[650]. Eine Schicht von Bürgern im Stadtstaat St. Gallen hatte seit Ende des 12. Jahrhunderts gewisse Volksrechte[651]. Der versammelten Bürgerschaft kam das Recht zu, jährlich die drei Bürgermeister zu bestimmen. Dies geschah durch die „Raun", d.h. jeder Wähler flüsterte den Namen des zu Wählenden in das Ohr des Amtszunftmeisters[652].

6.6 Briefliche Stimmabgabe in der Stadt St. Gallen

244 In der Stadt St. Gallen war ein weiteres Verfahren der geheimen Wahl bekannt; die briefliche Stimmabgabe[653]. Im St. Galler Stadtbuch von 1673 wird geschildert, dass gewisse Bürger, welche ausser Landes weilten, gemeint hätten, sie könnten „ihr stim schrifftlich von sich stellen und denjenigen herren, welche bey der raun sitzen, in gewissnen verschlossenen briefflein eingeben"[654]. Die Stadtsatzung verbot die briefliche Stimmabgabe. Die Wahlleiter wurden aufgefordert, keine Briefe mehr entgegenzunehmen und die brieflich Stimmenden anzuzeigen[655]. Ausnahmsweise wurde die briefliche Stimmabgabe dann doch zugelassen, und zwar für die Kranken und diejenigen, welche die Stadt kurz vor der Wahl mit Erlaubnis der Obrigkeit verlassen hatten. Diese konnten dem Bürgermeister ihre Stimme „nach alter gewohnheit in verschlossenen zedtelein wohl zustellen"[656].

6.7 Forderung nach geheimer Stimmabgabe im Genfer Conseil Général

245 In Genf war der Bischof Stadtherr[657]. Seit dem 14. Jahrhundert verliehen die Bischöfe der Stadt Genf Privilegien, welche die Selbstverwaltung und Freiheit der Stadt begründeten[658]. Die Bürger der Stadt traten als „Conseil Général", einer landsgemeindeähnlichen Versammlung, zusammen und wählten die vier Häupter der Stadt („syndics")[659]. Im 18. Jahrhundert hatte der Conseil Général auch das Recht, über Gesetze zu beschliessen[660]. Die Stimme im Conseil Général wurde mündlich bei den Schreibern abgegeben[661]. Zu Beginn des 18. Jahrhunderts fand eine Bewegung für die Ausweitung der „Volksrechte" statt. Im Rahmen dersel-

---

[650] „Run", in: Friedrich *Staub* Friedrich/*Tobler*, Ludwig (Hrsg.): Schweizerisches Idiotikon. Wörterbuch der schweizerdeutschen Sprache, Bd. 6, Frauenfeld 1909, S. 1016f.

[651] Vgl. *Henne-Amrhyn* 1863, S. 17; *Oehler* 1975, S. 1f.

[652] Stadtbuch St. Gallen 1673, S. 2-4. Vgl. auch *Burmeister* 1998, S. 125; *Henne-Amrhyn* 1863, S. 17.

[653] Vgl. *Burmeister* 1998, S. 125f.

[654] Stadtbuch St. Gallen 1673, S. 3.

[655] Stadtbuch St. Gallen 1673, S. 4.

[656] Stadtbuch St. Gallen 1673, S. 4.

[657] *Von Muralt* 1980, 527.

[658] *Von Muralt* 1980, 527.

[659] Bestimmungen über die Wahl der Syndics und der Räte von Genf (28.1.1543), in: *Nabholz/Kläui* 1940, S. 149f.

[660] Vgl. Art. III, 1 Verfassung der Republik Genf (7.4.1738), in: *Nabholz/Kläui* 1940, S. 151-156; *Curti* 1882, S. 38f.

[661] *Curti* 1882, S. 38.

ben wurde, wenn auch nicht als zentrale Forderung, die Einführung der geheimen Stimmabgabe verlangt[662]. Diese Forderung wurde allerdings nicht umgesetzt.

6.8 Bedeutung des Stimmgeheimnisses

246 Die geheime Stimmabgabe war in den Landsgemeindeorten kein Thema. Obwohl Korruption und Bestechung ein Problem darstellten und tätliche Auseinandersetzungen aufgrund der Meinungsäusserungen Einzelner statt fanden, war die geheime Stimmabgabe nicht versucht worden. Aus heutiger Perspektive mag dies erstaunen; bei Betrachtung der Demokratievorstellungen in den Landsgemeindeorten wird jedoch klar, dass die geheime Stimmabgabe nicht damit vereinbar war. Die Landsgemeindedemokratien unterschieden sich ganz entscheidend von der individualistischen Demokratievorstellung der Aufklärung. Im Zentrum stand das öffentliche, nicht das individuelle Interesse. Das Schwyzer Beispiel des Ausschlusses von der Landsgemeinde bei persönlichen Interessen an einem Traktandum zeigt dies deutlich. Wo das öffentliche Interesse im Vordergrund steht, hat die offene Stimmabgabe den Vorteil, dass kontrolliert werden kann, wer nicht im Sinne des „Gesamtwohls" stimmt.

247 Auch in den Orten mit Volksanfragen spielte die geheime Stimmabgabe keine Rolle. Die Suche nach Vorläufern der geheimen Stimmabgabe in den Orten der alten Eidgenossenschaft ist lediglich in der Ostschweiz und Genf von Erfolg gekrönt. In St. Gallen beispielsweise waren zwei Arten der Stimmabgabe bekannt, welche für damalige Verhältnisse als „geheim" bezeichnet werden können. Obwohl die Geheimhaltung heutigen Standards nicht entsprechen würde – insbesondere bei der „Raun", da die Geheimhaltung nur gegenüber den Mitwählern, nicht aber gegenüber dem Amtszunftmeister galt – ist die Tatsache von Interesse, dass damit die Idee der geheimen Stimmabgabe für die Zeit der alten Eidgenossenschaft belegt ist. Ein weiterer Beleg für die Bekanntheit der geheimen Stimmabgabe vor der französischen Revolution findet sich in Genf, wo für die Stimmabgabe innerhalb der Bürgerversammlung die Geheimhaltung gefordert wurde.

248 Diese beiden Beispiele stellen jedoch die Ausnahme dar und es kann zusammenfassend festgehalten werden, dass der geheimen Stimmabgabe zur Zeit der alten Eidgenossenschaft nur marginale Bedeutung zukam.

---

[662] *Curti* 1882, S. 39; *Du Bois-Melly* 1870, S. 129.

7 STIMMGEHEIMNIS ZUR ZEIT DER HELVETIK (1798-1803)

249 Die alte Eidgenossenschaft fand ihr Ende mit dem Einmarsch der französischen Truppen. In den folgenden Jahren war die Schweiz politisch stark von Frankreich abhängig. Das Gedankengut der Aufklärung und der französischen Revolution, die Erklärung der Menschen- und Bürgerrechte von 1789 sowie die verschiedenen französischen Verfassungen dieser Zeit beeinflussten die schweizerische Verfassungsentwicklung[663]. Handfeste politische Interessen Frankreichs und dessen militärische Vorherrschaft bewirkten, dass in der Schweiz französisches Gedankengut in die Verfassungen aufgenommen wurde.

250 Die Helvetik ist geprägt von einer Vielzahl von Verfassungen und Verfassungsentwürfen auf nationaler Ebene. Die vorliegende Untersuchung konzentriert sich auf folgende Texte: die erste helvetische Verfassung vom 12.4.1798 sowie den Entwurf dazu von Peter Ochs, auf den Verfassungsentwurf vom 5.7.1800, den unitarischen Verfassungsentwurf vom 8.1.1801, Napoleons Verfassungsentwurf von Malmaison vom 30.5.1801, den unitarischen Verfassungsentwurf vom 24.10.1801, den föderalistischen Verfassungsentwurf vom 27.2.1802 sowie auf die zweite helvetische Verfassung vom 25.5.1802. Weitere Verfassungsentwürfe werden nicht dargestellt, da sie keine zusätzlichen Erkenntnisse im Hinblick auf die geheime Stimmabgabe in der Helvetik liefern.

251 Zur besseren Übersicht folgt im nächsten Abschnitt zuerst eine Skizzierung der konkreten Ereignisse, die zu den jeweiligen Verfassungen und Verfassungsentwürfen geführt haben. Danach werden die einzelnen Texte im Hinblick auf die Art der Stimmabgabe untersucht.

7.1 Ereignisse und Verfassungen

252 Nach dem Einmarsch französischer Truppen im Jahre 1797[664] wurden die bisher lose verknüpften Orte und die zugewandten Orte mit ihren Untertanengebieten in der zentralistisch aufgebauten helvetischen Republik zusammengefasst[665]. Diese umfasste beinahe das gesamte Gebiet der heutigen Schweiz. Basierend auf dem Entwurf des Baslers Peter Ochs[666] (1752-1821) entstand in Paris die erste helveti-

---

[663] Zu Frankreich vgl. Rz. 76ff. hiervor. Zum Ausmass der Rezeption französischer Ideen und der Schwierigkeit des Nachweises einer solchen Rezeption vgl. *Kölz* 1992a, S. 615ff.; *Riklin* 1982, S. 9f.

[664] Zum Einmarsch der französischen Truppen Ende 1797 vgl. *Im Hof* 1980, 773ff.; *Staehelin* 1980, S. 787ff.

[665] Für eine detaillierte Darstellung der Ereignisse zur Zeit der Helvetik vgl. *Rufer* 1927, S. 142ff..

[666] Plan d'une Constitution provisoire pour la République Helvétique ou Suisse (Januar 1798), in: *Kölz* 1992b, S. 113-125. Zum Entwurf von Peter Ochs und dessen Tätigkeit in Paris vgl. *Böglin* 1971, S. 41ff.

sche Verfassung[667]. Diese sah zwar 22 Kantone vor[668], enthielt aber ansonsten keinerlei föderative Elemente.

253   Die erste helvetische Verfassung war äusserst umstritten und blieb nicht lange in Kraft. Eine Ablösung war durch den Verfassungsentwurf vom 5.7.1800[669] vorgesehen. Dieser Entwurf lehnte sich stark an die erste helvetische Verfassung an, ersetzte jedoch die Kantone durch kleine Bezirke[670]. Er trat allerdings nie in Kraft[671].

254   Die folgende Phase war geprägt vom Kampf zwischen den Föderalisten, welche sich für eine föderale Verfassung einsetzten, und den Unitariern, welche eine zentralistische Staatsordnung anstrebten[672]. Der gesetzgebende Rat (die Legislative) und der von ihr gewählte Vollziehungsrat (die Exekutive) entwarfen eine unitarische Verfassung[673], welche sie in der Hoffnung auf Unterstützung an Napoleon Bonaparte sandten[674]. Napoleon zog es jedoch vor, eine eigene Verfassung zu entwerfen, den Verfassungsentwurf von Malmaison[675]. Darin sah Napoleon für die Schweiz einen Bundesstaat mit 17 Kantonen vor[676]. Der Verfassungsentwurf hatte wie bereits die erste helvetische Verfassung den Charakter eines Diktats[677]. Der gesetzgebende Rat musste ihm am 29.5.1801 zustimmen[678]. Er hätte sodann von der Tagsatzung formell genehmigt werden sollen, wozu es allerdings nicht kam.

255   Die im Sommer 1801 neu gewählte Tagsatzung, welche mehrheitlich aus Unitariern bestand, begann nämlich sofort, den Verfassungsentwurf von Malmaison in ihrem Sinne abzuändern[679]. Ihr Entwurf sah 19 Kantone vor[680]. Die Handlungsweise der Unitarier missfiel den Föderalisten, die aus der Tagsatzung austraten und am 28.10.1801 mit Hilfe helvetischer und französischer Truppen einen

---

[667]   Verfassung der helvetischen Republik (12.4.1798), in: *Kölz* 1992b, S. 126-152. Zur ersten helvetischen Verfassung vgl. *Kölz* 1992a, S. 98ff.; *Böglin* 1971, S. 60ff.
[668]   Art. 17 Verfassung der helvetischen Republik (12.4.1798), in: *Kölz* 1992b, S. 126-152.
[669]   Helvetische Staatsverfassung (Entwurf vom 5.7.1800), in: ASHR, Bd. 5, S. 1305-1315. Zur Vorgeschichte dieses Verfassungsentwurfs vgl. *Rufer* 1927, S. 156f.
[670]   Art. 20 Helvetische Staatsverfassung (Entwurf vom 5.7.1800), in: ASHR, Bd. 5, S. 1305-1315. Vgl. dazu *Staehelin* 1980, S. 810. Vgl. zum Verfassungsentwurf vom 5. Juli 1800 auch *Kölz* 1992a, S. 136ff.
[671]   *Rufer* 1927, S. 157f.
[672]   *Rufer* 1927, S. 158.
[673]   Entwurf der helvetischen Staatsverfassung (8.1.1801), in: ASHR, Bd. 6, S. 533-540.
[674]   *Staehelin* 1980, S. 811; *Rufer* 1927, S. 158.
[675]   Verfassungsentwurf von Malmaison (30.5.1801), in: *Kölz* 1992b, S. 152-158. Zur Vorgeschichte vgl. *Rufer* 1927, S. 158f.
[676]   Art. 2 Verfassungsentwurf von Malmaison (30.5.1801), in: *Kölz* 1992b, S. 152-158.
[677]   *Kölz* 1992a, S. 139.
[678]   *Rufer* 1927, S. 159.
[679]   Entwurf der helvetischen Tagsatzung (24.10.1801), in: *Hilty* 1878, S. 753-762. Vgl. dazu *Kölz* 1992a, S. 140; *Rufer* 1927, S. 160; *Staehelin* 1980, S. 812.
[680]   § 2 Entwurf der helvetischen Tagsatzung (24.10.1801), in: *Hilty* 1878, S. 753-762.

Staatsstreich durchführten und die Tagsatzung auflösten[681]. Die Föderalisten setzten sogleich diejenigen Bestimmungen der Malmaison-Verfassung in Kraft, welche die Zentralgewalt betrafen und begannen mit der Revision der Verfassung im föderalistischen Sinne. Ihr Entwurf ging von 21 Kantonen aus[682]. Der Senat nahm den föderalistischen Verfassungsentwurf an und beschloss, diesen den „Kantonstagsatzungen" zur Abstimmung zu unterbreiten[683]. Sechs Kantone lehnten den Verfassungsentwurf ab, während zehn Kantone annahmen und drei Kantone keine Abstimmung durchführten[684].

256   Ein weiterer Staatsstreich brachte am 17.4.1802 wiederum die Unitarier an die Macht[685]. Als Ersatz für den vertagten Senat wurde eine mehrheitlich aus Unitariern zusammengesetzte „Notabelnversammlung" bestellt, welcher die Aufgabe zukam, eine tragfähige Verfassung zu schaffen[686]. Es entstand die zweite helvetische Verfassung[687], welche am 25.5.1802 vom Kleinen Rat angenommen wurde[688]. Diese Verfassung wurde dem Volk anfangs Juni 1802 – in der ersten gesamtschweizerischen Volksabstimmung überhaupt – zur Annahme oder Verwerfung unterbreitet, wobei festgelegt wurde, dass die Nichtstimmenden als Annehmende gezählt werden sollten[689]. Dies führte schliesslich zur Annahme der zweiten helvetischen Verfassung, obwohl die Mehrheit der Stimmenden dagegen gestimmt hatte[690].

7.2   Wahlrecht in der Helvetik

257   Die beiden helvetischen Verfassungen und die verschiedenen Verfassungsentwürfe aus dieser Zeit unterschieden sich zum Teil wesentlich in der Ausgestaltung des Wahlrechts. Die folgende Darstellung konzentriert sich auf das Wahlrecht der stimmberechtigten Bürger, wo diese als Souverän anerkannt waren. Wo für das Thema dieser Arbeit von Interesse, wird zudem auf die Stimmabgabe innerhalb der Legislative eingegangen.

---

[681]   *Kölz* 1992a, S. 140; *Rufer* 1927, S. 160f.; *Staehelin* 1980, S. 812.

[682]   Art. 1 Abs. 3 Redingscher Entwurf (27.2.1802), in: *Hilty* 1878, S. 763-771.

[683]   *Kölz* 1992a, S. 140; *Rufer* 1927, S. 162; *Staehelin* 1980, S. 813. Zu den Bestimmungen über die Bestellung der Kantonstagsatzungen vgl. Rz. 270f. hiernach.

[684]   Acten betreffend die Abstimmung der Cantonstagsatzungen über den Verfassungsentwurf vom 27. Februar (2.-19.4.1802), in: ASHR, Bd. 7, S. 1206-1229. Vgl. zu den Abstimmungen Rz. 275 hiernach.

[685]   Rücknahme von Nr. 258 und 259, mit Einstellung des Senats und Berufung von 47 Notabeln als Verfassungsrath (17.4.1802), in: ASHR, Bd. 7, S. 1239-1252. Vgl dazu *Kölz* 1992a, S. 140; *Staehelin* 1980, S. 813.

[686]   Rücknahme von Nr. 258 und 259, mit Einstellung des Senats und Berufung von 47 Notabeln als Verfassungsrath (17.4.1802), in: ASHR, Bd. 7, S. 1239-1252. Vgl. dazu *Kölz* 1992a, S. 140.

[687]   Verfassungsentwurf (25.5.1802), in: ASHR, Bd. 7, S. 1374-1387.

[688]   *Kölz* 1992a, S. 140ff.; *Rufer* 1927, S. 162f.; *Staehelin* 1980, S. 813.

[689]   Art. 6 Vorlage eines neuen Verfassungsentwurfs zur Abstimmung (25.5.1802), in: ASHR, Bd. 7, S. 1372-1374. Vgl. Rz. 276f. hiernach.

[690]   Für die Abstimmungsergebnisse vgl. Beschluss über Kundmachung der Ergebnisse der Abstimmung und der angenommenen Verfassung (2.7.1802), in: ASHR, Bd. 8, S. 259ff.

7.2.1 Erste helvetische Verfassung vom 12.4.1798 und Verfassungsentwurf vom 5.7.1800

258   Die *erste helvetische Verfassung*[691] ging auch beim Wahlrecht vom Prinzip der Einheitlichkeit aus; für alle Orte galt dasselbe Wahlrecht. Institutionelles Fundament des neuen Staates bildeten die Urversammlungen („assemblées primaires"). An den Urversammlungen konnten die mindestens zwanzig Jahre alten und mindestens seit fünf Jahren in einer Gemeinde wohnenden (männlichen) Bürger teilnehmen[692]. Diese Regelung des aktiven Wahlrechts kann für damalige Zeiten als grosszügig bezeichnet werden[693]. Die Urversammlungen sollten jedes Jahr zusammentreten und die Wahlmänner bestimmen[694]. Ein mittels Los bestimmter Teil dieser Wahlmänner bildete sodann die kantonalen Wahlversammlungen[695].

259   Für die *Stimmabgabe in den Ur- und Wahlversammlungen* war – im Gegensatz zur französischen Direktorialverfassung[696], welche als Vorbild für die erste helvetische Verfassung diente[697] – nicht die geheime Stimmabgabe vorgeschrieben[698]. Bereits der Entwurf von Peter Ochs[699] sah die offene Stimmabgabe vor. Auf diese erstaunliche Abweichung der ersten helvetischen Verfassung von der französischen Direktorialverfassung geht die Literatur nicht ein[700].

260   Die Gründe für diesen Unterschied können nur erahnt werden. Vielleicht sprachen praktische Gründe gegen die Durchführung der geheimen Stimmabgabe in den schweizerischen Versammlungen? Vielleicht hat sich die erste helvetische Verfassung – welche zwar drei Jahre nach der Direktorialverfassung, aber nur ein Jahr vor der Napoleonischen Konsulatsverfassung vom 13.12.1799 entstand – auch bereits an der letzteren orientiert? Diese wich vom Grundsatz der Geheimhaltung ab, indem sie offen liess, ob die Stimmabgabe geheim oder offen zu erfolgen hatte[701].

---

[691] Verfassung der helvetischen Republik (12.4.1798), in: *Kölz* 1992b, S. 126-152. Vgl. dazu *Kölz* 1992a, S. 98ff.; *Böglin* 1971.

[692] Art. 28 Verfassung der helvetischen Republik (12.4.1798), in: *Kölz* 1992b, S. 126-152.

[693] Vgl. *Blocher* 1906, S. 148; *Scholla* 1986, S. 92.

[694] Art. 32 Verfassung der helvetischen Republik (12.4.1798), in: *Kölz* 1992b, S. 126-152.

[695] Art. 34 Verfassung der helvetischen Republik (12.4.1798), in: *Kölz* 1992b, S. 126-152.

[696] Vgl. Rz. 79 hiervor.

[697] Ochs wurde zur Unterstützung bei der Schaffung seines Entwurfs Daunou, der Schöpfer der französischen Direktorialverfassung zur Seite gestellt. Vgl. *Ochs* 1935, S. 209. Zudem wurde Ochs von den Direktoren Reubel und Laréveillère-Lepaux „beraten" und hatte auch mit Napoleon direkten Kontakt, vgl. *Gisi* 1872, S. III; *Oechsli* 1899, S. 24. Zur Anlehnung der helvetischen Verfassung an die Direktorialverfassung vgl. *Böglin* 1971, S. 60ff.; *Kölz* 1992a, S. 116.

[698] Falsch in diesem Punkt *Kölz* 1992a, S. 113.

[699] Plan d'une Constitution provisoire pour la République Helvétique ou Suisse (Januar 1798), in: *Kölz* 1992b, S. 113-125.

[700] Vgl. *Böglin* 1971, S. 60ff; *Guyot* 1903, S. 143ff.; *Heusler* 1920, S. 309ff.; *His* 1920, S. 346ff.; *Oechsli* 1899, S. 24ff.; *Oechsli* 1903, S. 153ff.

[701] Vgl. Rz. 80 hiervor.

261 Im Hinblick auf das Thema geheime Stimmabgabe ist der *Wahlmodus des Direktoriums (Exekutive)* erwähnenswert. Dieses wurde von den beiden Räten (dem Senat und dem Grossen Rat, welche zusammen die Legislative bildeten[702]) gewählt. Im ersten Jahr wurde derjenige Rat ausgelost, welcher mittels geheimer Stimmabgabe eine Liste mit fünf Kandidaten erstellen sollte[703]. Aus dieser bestimmte der andere Rat mittels geheimer Stimmabgabe einen Direktor[704]. Dieses Verfahren sollte im ersten Jahr fünf Mal durchgeführt werden bis die vorgesehenen fünf Direktoren bestimmt waren[705].

262 Zur Umschreibung der geheimen Stimmabgabe wurde der Ausdruck „scrutin" verwendet. An anderer Stelle in der ersten helvetischen Verfassung wurde jedoch zur Umschreibung der geheimen Stimmabgabe die Bezeichnung „scrutin secret" benutzt[706]. Es stellt sich die Frage, weshalb in Art. 73 nicht ebenfalls von „scrutin secret" gesprochen wurde und ob mit „scrutin" wirklich die geheime Stimmabgabe gemeint war. Aus folgenden Überlegungen ist anzunehmen, dass damit sehr wohl die geheime Stimmabgabe umschrieben wurde:

➢ Die Übersetzungen ins Deutsche, obwohl in anderen Punkten starke Abweichungen auftraten[707], stimmten bei Art. 73 überein[708]. Dem Ausdruck „scrutin" wurde im Deutschen die Bedeutung „geheime Stimmabgabe" gegeben.

➢ Bereits Peter Ochs benutzte den Ausdruck „scrutin" in seinem auf Französisch eingereichten Entwurf[709]. Da Ochs mit der französischen Sprache gut vertraut war[710] und der Begriff „scrutin" im Französischen zur Umschreibung der geheimen Stimmabgabe verwendet wurde[711], kann davon ausgegangen werden, dass damit von Anfang an die geheime Stimmabgabe gemeint war.

---

[702] Art. 36 Verfassung der helvetischen Republik (12.4.1798), in: *Kölz* 1992b, S. 126-152.

[703] Art. 73, 2. Satz Verfassung der helvetischen Republik (12.4.1798), in: *Kölz* 1992b, S. 126-152.

[704] Art. 73, 2. Satz Verfassung der helvetischen Republik (12.4.1798), in: *Kölz* 1992b, S. 126-152: „L'un des Conseils forme, au scrutin et à la majorité absolue des voix, une liste de cinq candidats, et l'autre Conseil choisit, aussi au scrutin et à la majorité absolue des voix, dans cette liste présentée, le nouveau Directeur". Denselben Wortlaut gibt auch die in der ASHR publizierte erste helvetische Verfassung wieder, vgl. Erste Verfassung der helvetischen Republik (28.3.1798), in: ASHR, Bd. 1, S. 578 sowie der bei Gisi publizierte Text, vgl. Helvetische Constitution 1798, in: *Gisi* 1872.

[705] Art. 71 und 73 Verfassung der helvetischen Republik (12.4.1798), in: *Kölz* 1992b, S. 126-152.

[706] Art. 60 Verfassung der helvetischen Republik (12.4.1798), in: *Kölz* 1992b, S. 126-152: „Toute délibeation sur les mêmes objets est prise à l'appel nominal et au scrutin secret."

[707] *Gisi* 1872, S. Vff. verzeichnet 14 inhatlich auseinander gehende deutsche Versionen.

[708] Art. 73 Helvetische Constitution 1798, in: *Gisi*, 1872. Gisi verzeichnet zu diesem Artikel keine Abweichungen.

[709] Art. 43 Plan d'une Constitution provisoire pour la République Helvétique ou Suisse (Januar 1798), in: *Kölz* 1992b, S. 113-125. Vgl. auch *Gisi* 1872, S. III.

[710] Vgl. *Steiner* 1927, S. LIIf.

[711] Vgl. *Diderot* 1780, S. 388; *Wartburg* 1964, S. 345.

> Der Artikel, in welchem der Ausdruck „scrutin secret" vorkam, wurde dem Entwurf von Ochs erst später durch das französische Direktorium beigefügt[712]. Es erscheint wahrscheinlich, dass dabei nicht auf einheitlichen Wortgebrauch innerhalb der Verfassung geachtet wurde. Das Direktorium Frankreichs hat in der Ergänzung den eigenen in der französischen Direktorialverfassung einheitlich präzisierten Begriff in die helvetische Verfassung übertragen.

263 Festzuhalten bleibt, dass die beiden Räte das Direktorium mittels geheimer Stimmabgabe wählen sollten. Auf die Begründung dafür finden sich in der Literatur erneut keine Hinweise. Böglin erwähnt nur knapp, dass das Los, welches bei der Wahl des Direktoriums ebenfalls zum Einsatz kam, der Verhinderung von Intrigen dienen sollte[713]. Für die geheime Stimmabgabe fehlt eine solche Erklärung.

264 Bei der Implementierung der ersten helvetischen Verfassung war die geheime Stimmabgabe bei der Wahl der Direktoren unbestritten. Vor der Durchführung der ersten Wahlen zum Direktorium präzisierten die beiden Räte die Bestimmungen von Art. 73 der ersten helvetischen Verfassung wie folgt: „Die Stimmen bei allen Scrutinien werden durch zusammengelegte Stimmzeddel, die von den Stimmgebern in ein zu dem Ende aufgestelltes Gefäss gelegt werden, gegeben."[714] Die Stimmzettel sollten nach der Bekanntmachung der Resultate verbrannt werden[715]. Aus den Akten zur Wahl gehen keine Anhaltspunkte für eine Verletzung der geheimen Stimmabgabe hervor[716].

265 Der *Verfassungsentwurf vom 5.7.1800*[717] enthielt für die Art der Stimmabgabe keine Neuerungen. An den Urversammlungen sollten die Wahlmänner gewählt werden, welche die Wahlversammlungen bildeten[718]. Die Wahlversammlungen sollten die Mitglieder der Legislative aus einem Verzeichnis von Vorschlägen wählen[719]. Über die Art der Stimmabgabe an den Ur- und Wahlversammlungen schwieg der Entwurf wie bereits die erste helvetische Verfassung. Bei der Wahl der Mitglieder der Exekutive war hingegen wiederum die geheime Stimmabgabe vorgesehen[720]. Der Grundsatz der geheimen Stimmabgabe bei der Wahl der Exekutive wurde in den folgenden Debatten über diesen Verfassungsentwurf nicht in Frage gestellt[721].

---

[712] *Böglin* 1971, S. 78; Helvetische Constitution 1798, in: *Gisi*, 1872, Anmerkung auf S. 17 und *Rufer* 1927, S. 144. Zu den Änderungen durch das Direktorium generell vgl. *Böglin* 1971, S. 54ff. und S. 77ff.
[713] *Böglin* 1971 S. 69.
[714] Verhandlungen zur Wahl des Vollziehungsdirektoriums (17./18.4.1798), in: ASHR, Bd. 1, S. 650.
[715] Verhandlungen zur Wahl des Vollziehungsdirektoriums (17./18.4.1798), in: ASHR, Bd. 1, S. 651.
[716] Verhandlungen zur Wahl des Vollziehungsdirektoriums (17./18.4.1798), in: ASHR, Bd. 1, S. 649ff.
[717] Helvetische Staatsverfassung (Entwurf vom 5.7.1800), in: ASHR, Bd. 5, S. 1305-1315.
[718] Art. 33 und 37 Helvetische Staatsverfassung (Entwurf vom 5.7.1800), in: ASHR, Bd. 5, S. 1305-1315.
[719] Art. 38 Helvetische Staatsverfassung (Entwurf vom 5.7.1800), in: ASHR, Bd. 5, S. 1305-1315.
[720] Art. 72 Helvetische Staatsverfassung (Entwurf vom 5.7.1800), in: ASHR, Bd. 5, S. 1305-1315.
[721] Entwürfe und Vorverhandlungen, Verhandlungen des Senats und des Grossen Rats zur helvetischen Staatsverfassung vom 5.7.1800, in: ASHR, Bd. 5, S. 1315-1400.

7.2.2 Unitarische Verfassungsentwürfe vom 8.1.1801 und 24.10.1802 und Verfassungsentwurf von Malmaison vom 30.5.1801

266   Der *unitarische Verfassungsentwurf vom 8.1.1801*[722] sah nur noch einen einzigen gesetzgebenden Rat vor, dessen Mitglieder von den Urversammlungen aus einer durch die Gemeinderäte erstellten Vorschlagsliste gewählt werden sollten[723]. Der gesetzgebende Rat wählte aus einem dreifachen Vorschlag die Mitglieder der Exekutive, des Regierungsrats[724]. Die Art der Stimmabgabe wurde weder für die Wahl des gesetzgebenden noch des Regierungsrats näher umschrieben. Aus den Unterlagen zur Übergabe des Entwurfs an die französische Regierung geht nicht hervor, weshalb die Exekutive nicht mehr mittels geheimer Stimmabgabe bestellt werden sollte[725].

267   Auch der *Verfassungsentwurf von Malmaison*[726] enthielt keine näheren Angaben zur Stimmabgabe. Im Bereich des Wahlrechts waren einzig Zensusbestimmungen vorgesehen[727]. Es war den Kantonen also grundsätzlich frei gestellt, wie sie ihre Tagsatzungsvertreter wählen sollten[728].

268   Der *unitarische Verfassungsentwurf vom 24.10.1801*[729] sah als Organe der Republik eine Tagsatzung sowie einen Senat vor[730]. Die Mitglieder der Tagsatzung sollten von den Kantonen, die Mitglieder des Senats von der Tagsatzung bestimmt werden[731]. Wie der Entwurf von Malmaison sagte auch dieser Verfassungsentwurf nichts über das Verfahren der Stimmabgabe aus, sondern hielt lediglich Zensusbestimmungen für das aktive und passive Wahlrecht fest[732].

7.2.3 Föderalistischer Verfassungsentwurf vom 27.2.1802 und Bestimmungen zur Wahl der Kantonstagsatzungen

269   Der föderalistische *Verfassungsentwurf vom 27.2.1802*[733] sah als Bundesorgane wiederum eine Tagsatzung und einen Senat vor[734]. Die Tagsatzung sollte aus den Stellvertretern aller Kantone bestehen[735]. Für den Senat hatte jede Kantonalbe-

---

[722]   Entwurf der helvetischen Staatsverfassung (8.1.1801), in: ASHR, Bd. 6, S. 533-540.
[723]   Art. 16 und 32 Entwurf der helvetischen Staatsverfassung (8.1.1801), in: ASHR, Bd. 6, S. 533-540.
[724]   Art. 48 Entwurf der helvetischen Staatsverfassung (8.1.1801), in: ASHR, Bd. 6, S. 533-540.
[725]   Acten zur Uebergabe eines Verfassungsentwurfs an die französische Regierung (16.1.1801), in: ASHR, Bd. 6, S. 567.
[726]   Verfassungsentwurf von Malmaison (30.5.1801), in: *Kölz* 1992b, S. 152-158. Zur Vorgeschichte vgl. *Rufer* 1927, S. 158f.
[727]   Art. 46 Verfassungsentwurf von Malmaison (30.5.1801), in: *Kölz* 1992b, S. 152-158. Zur Vorgeschichte vgl. *Rufer* 1927, S. 158f.
[728]   Vgl. *Blocher* 1906, S. 153.
[729]   Entwurf der helvetischen Tagsatzung (24.10.1801), in: *Hilty* 1878, S. 753-762.
[730]   § 28 Entwurf der helvetischen Tagsatzung (24.10.1801), in: *Hilty* 1878, S. 753-762.
[731]   §§ 31 und 36 Entwurf der helvetischen Tagsatzung (24.10.1801), in: *Hilty* 1878, S. 753-762.
[732]   § 93 Entwurf der helvetischen Tagsatzung (24.10.1801), in: *Hilty* 1878, S. 753-762.
[733]   Redingscher Entwurf (27.2.1802), in: *Hilty* 1878, S. 763-771.
[734]   Art. 13 Redingscher Entwurf (27.2.1802), in: *Hilty* 1878, S. 763-771.
[735]   Art. 14 Redingscher Entwurf (27.2.1802), in: *Hilty* 1878, S. 763-771.

hörde der Tagsatzung drei Personen zur Auswahl vorzuschlagen[736]. Wie im Verfassungsentwurf von Malmaison und im unitarischen Verfassungsentwurf vom 28.10.1801 waren auch in diesem Entwurf lediglich Zensusbestimmungen vorgesehen[737]. Die Art der Stimmabgabe wurde nicht geregelt.

270 Der Senat hatte beschlossen, diesen Verfassungsentwurf den „Kantonstagsatzungen" zur Abstimmung zu unterbreiten[738]. Die Vorschriften des Senats, welche die Kantone für die Schaffung ihrer Tagsatzungen beachten sollten, enthielten mehrere Artikel, in denen die geheime Stimmabgabe erwähnt wurde: Für die Ernennung der Tagsatzungsmitglieder wurden in jedem Kanton Vorschlagslisten erstellt[739]. Zu diesem Zweck wählten die Ur- oder Gemeindeversammlungen Wahlmänner, „wobei sie selber entscheiden, ob diese Ernennung durch offenes oder geheimes Stimmenmehr geschehen soll"[740]. Die Wahlmänner versammelten sich und ernannten durch geheime Stimmabgabe die Wählbaren für die Kantonstagsatzungen[741]. Aus sämtlichen Wählbarkeitsverzeichnissen wählte sodann eine Wahlkommission mittels geheimer Stimmabgabe die Tagsatzungsmitglieder des Kantons[742]. Die Föderalisten hatten das Wahlverfahren für die Mitglieder der Kantonstagsatzungen so ausgestaltet, dass föderalistische Mehrheiten zustande kommen sollten, ein Umstand, der von Seiten der Kantone heftige Kritik auslöste. Die geheime Stimmabgabe wurde dabei nicht diskutiert[743].

271 Die in der ASHR abgedruckten Unterlagen zu den Wahlen für die Kantonstagsatzungen[744] enthalten zwei Hinweise darauf, dass die Wahlen nicht immer wie vorgesehen abgelaufen sind. Während aus Aarau die Meldung „In zwei Urversammlungen seien Unregelmässigkeiten vorgefallen, die vielleicht das Wahlergebnis hätten beeinflussen können"[745] eintraf, meldete Luzern: „Dem Vernehmen nach wurde nichts gespart, um Stimmen zu erhalten, mit einem Wort, kein Mittel un-

[736] Art. 25 Redingscher Entwurf (27.2.1802), in: *Hilty* 1878, S. 763-771.
[737] Art. 65 Redingscher Entwurf (27.2.1802), in: *Hilty* 1878, S. 763-771.
[738] Vgl. Rz. 255 hiervor.
[739] Art. 3 Vorschriften für die Bestellung von Cantonstagsatzungen behufs Annahme einer neuen helvetischen Verfassung und Ausarbeitung von Cantonsverfassungen (26.2.1802), in: ASHR, Bd. 7, S. 1036-1041.
[740] Art. 5 Vorschriften für die Bestellung von Cantonstagsatzungen behufs Annahme einer neuen helvetischen Verfassung und Ausarbeitung von Cantonsverfassungen (26.2.1802), in: ASHR, Bd. 7, S. 1036-1041.
[741] Art. 13 Vorschriften für die Bestellung von Cantonstagsatzungen behufs Annahme einer neuen helvetischen Verfassung und Ausarbeitung von Cantonsverfassungen (26.2.1802), in: ASHR, Bd. 7, S. 1036-1041.
[742] Art. 19 Vorschriften für die Bestellung von Cantonstagsatzungen behufs Annahme einer neuen helvetischen Verfassung und Ausarbeitung von Cantonsverfassungen (26.2.1802), in: ASHR, Bd. 7, S. 1036-1041.
[743] Protestationen gegen die Wahlvorschriften und den Verfassungsplan vom 26. und 27. Februar, und bezügliche Verhandlungen der Oberbehörden (10.3.-April 1802), in: ASHR, Bd. 7, S. 1123-1145.
[744] Berichte über die Wahlen für die Cantonstagsatzungen (27.2.-12.4.1802), in: ASHR, Bd. 7, S. 1155-1165.
[745] Berichte über die Wahlen für die Cantonstagsatzungen (27.2.-12.4.1802), in: ASHR, Bd. 7, S. 1155.

versucht gelassen, um zu seinem Zwecke zu gelangen."[746] So seien insbesondere Abreden über die „Wahl der Wählbaren" getroffen worden[747]. Nicht explizit gesagt wurde, dass die Geheimhaltung der Stimmabgabe verletzt worden sei. Allerdings ist zu vermuten, dass Abreden nur dann erfolgreich getroffen worden waren, wenn die Einhaltung dieser Abreden sodann auch überprüft werden konnte[748].

7.2.4 Zweite helvetische Verfassung vom 25.5.1802

272 Die zweite helvetische Verfassung[749] sah wiederum eine Tagsatzung – nun allerdings als Volksvertretung – vor. Daneben bestand ein Senat, welcher von der Tagsatzung bestimmt wurde. Die zweite helvetische Verfassung führte ein einheitliches Wahlrecht ein. Die Mitglieder der Tagsatzung wurden vom Volk in einem komplizierten indirekten Verfahren gewählt[750]. Dabei kam das Los zum Einsatz; die geheime Stimmabgabe war jedoch nicht vorgesehen. Für die Wahlmänner galt ein Zensus.

7.3 Stimmrecht in der Helvetik

273 Sowohl die erste helvetische Verfassung vom 12.4.1798 als auch der Verfassungsentwurf vom 5.7.1800 sahen die Annahme oder Verwerfung der Staatsverfassung durch Abstimmungen in den Urversammlungen vor[751]. Die Voraussetzungen für das Stimmrecht waren jeweils die gleichen wie für das Wahlrecht. Keiner der beiden Verfassungstexte sah die geheime Stimmabgabe vor. Diese Bestimmungen wurden allerdings nie angewandt.

274 Der unitarische Verfassungsentwurf vom 8.1.1801[752], der Verfassungsentwurf von Malmaison vom 30.5.1801[753] und der unitarische Verfassungsentwurf vom 24.10.1801[754] sahen keine Bestimmungen mehr über die Annahme der Verfassung oder von Verfassungsänderungen durch die Aktivbürgerschaft vor.

275 Auch der föderalistische Verfassungsentwurf vom 27.2.1802[755] äusserte sich nicht zum Stimmrecht, allerdings sollte gemäss Senatsbeschluss dieser Entwurf selbst den „Kantonstagsatzungen" zur Abstimmung unterbreitet werden[756]. Im

---

[746] Berichte über die Wahlen für die Cantonstagsatzungen (27.2.-12.4.1802), in: ASHR, Bd. 7, S. 1156.
[747] Berichte über die Wahlen für die Cantonstagsatzungen (27.2.-12.4.1802), in: ASHR, Bd. 7, S. 1156.
[748] Zu den Vorschriften für die Abstimmung an den Kantonstagsatzungen vgl. Rz. 275 hiernach.
[749] Verfassungsentwurf (25.5.1802), in: ASHR, Bd. 7, S. 1374-1387.
[750] Art. 18 Verfassungsentwurf (25.5.1802), in: ASHR, Bd. 7, S. 1374-1387.
[751] Art. 32 Verfassung der helvetischen Republik (12.4.1798), in: *Kölz* 1992b, S. 126-152; beziehungsweise Art. 3 Helvetische Staatsverfassung (Entwurf vom 5.7.1800), in: ASHR, Bd. 5, S. 1305-1315.
[752] Entwurf der helvetischen Staatsverfassung (8.1.1801), in: ASHR, Bd. 6, S. 533-540.
[753] Verfassungsentwurf von Malmaison (30.5.1801), in: *Kölz* 1992b, S. 152-158. Zur Vorgeschichte vgl. *Rufer* 1927, S. 158f.
[754] Entwurf der helvetischen Tagsatzung (24.10.1801), in: *Hilty* 1878, S. 753-762.
[755] Redingscher Entwurf (27.2.1802), in: *Hilty* 1878, S. 763-771.
[756] Vgl. Rz. 255 hiervor.

Gegensatz zu den Bestimmungen für die Bestellung der Kantonstagsatzungen[757], bestanden für die Abstimmungen über die Verfassung an den kantonalen Tagsatzungen betreffend die Art der Stimmabgabe keine Vorschriften. Obwohl die Föderalisten die Wahlbestimmungen so ausgestaltet hatten, dass an den Tagsatzungen föderalistische Mehrheiten zustande kamen, lehnten sechs Kantone den Verfassungsentwurf ab, zehn Kantone nahmen ihn an und drei führten keine Abstimmung durch[758].

7.3.1 Veto-Abstimmung über die zweite helvetische Verfassung

276 Auch die zweite helvetische Verfassung sah keine Abstimmung über die Verfassung vor. Dennoch wurde sie auf Beschluss des Senats[759] dem Volk anfangs Juni 1802 unterbreitet, wobei festgelegt worden war, dass die Nichtstimmenden als Annehmende gezählt würden (Veto-Abstimmung)[760]. Die Stimmabgabe war offen und hatte schriftlich mittels Eintragung in Ja- und Nein-Listen durch die erwachsenen Männer oder durch Beamte zu erfolgen[761]. Die Listen sollten bei den Statthaltern oder Gemeindekanzleien während vier Tagen aufgelegt werden[762].

277 Aufgrund der untersuchten Quellen wird klar, dass die Abstimmung nicht gerade frei und fair verlief. Mindestens lokale Behörden hatten Einblick in die Listen und wussten, wer wie gestimmt hatte[763]. Aber auch die Gegner der Verfassung nutzten die Register, um Befürworter ausfindig zu machen und zu verfolgen[764]. Es kam immer wieder zu Drohungen[765]. Aus Glarus stammt zum Beispiel ein Bericht des Regierungsstatthalters an das Justizdepartement, in dem steht: „Manche seien terrorisirt worden, besonders durch die Ausstreuung, die Register würden eingefordert, um zu erfahren wie jeder gestimmt habe (...)"[766].

---

[757] Vorschriften für die Bestellung von Cantonstagsatzungen behufs Annahme einer neuen helvetischen Verfassung und Ausarbeitung von Cantonsverfassungen (26.2.1802), in: ASHR, Bd. 7, S. 1036-1041.

[758] Vgl. Acten betreffend die Abstimmung der Cantonstagsatzungen über den Verfassungsentwurf vom 27. Februar (2.-19.4.1802), in: ASHR, Bd. 7, S. 1206-1229.

[759] Art. 1 des Beschlusses zur Vorlage eines neuen Verfassungsentwurfs zur Abstimmung (25.5.1802), in: ASHR, Bd. 7, S. 1372-1374.

[760] Art. 6 des Beschlusses zur Vorlage eines neuen Verfassungsentwurfs zur Abstimmung (25.5.1802), in: ASHR, Bd. 7, S. 1372-1374.

[761] Art. 2 des Beschlusses zur Vorlage eines neuen Verfassungsentwurfs zur Abstimmung (25.5.1802), in: ASHR, Bd. 7, S. 1372-1374. Vgl. auch Acten zur Abstimmung über den Verfassungsentwurf vom 25. Mai (1802), in: ASHR, Bd. 8, S. 2ff. Vgl. dazu *Hilty* 1878, S. 456; *Junker* 1982, S. 92; *Oechsli* 1903, S. 370.

[762] Art. 3 und 7 des Beschlusses zur Vorlage eines neuen Verfassungsentwurfs zur Abstimmung (25.5.1802), in: ASHR, Bd. 7, S. 1372-1374.

[763] Vgl. Acten zur Abstimmung über den Verfassungsentwurf vom 25. Mai (1802), in: ASHR, Bd. 8, S. 15, 17, 37f., 43. Für Bern vgl. *Junker* 1982, S. 92. Für eine Übersicht über verschiedene Kantone vgl. *Von Tillier* 1843, S. 48ff.

[764] Vgl. Acten zur Abstimmung über den Verfassungsentwurf vom 25. Mai (1802), in: ASHR, Bd. 8, S. 2, 14, 16, 46, 48.

[765] Acten zur Abstimmung über den Verfassungsentwurf vom 25. Mai (1802), in: ASHR, Bd. 8, S. 11, 46.

[766] Acten zur Abstimmung über den Verfassungsentwurf vom 25. Mai (1802), in: ASHR, Bd. 8, S. 11. *Winteler* 1954, S. 333 schildert für Glarus eine ähnliche Drohung.

278   Nicht alle Kantone und Gemeinden hielten sich an das vorgeschriebene Listen-
       verfahren. So wurde mancherorts gefordert, die Abstimmung innerhalb einer
       Versammlung durchzuführen[767] oder es wurden (unautorisierte) Versammlungen
       abgehalten[768], deren Ergebnisse dann entweder noch direkt an der Versamm-
       lung[769] oder später in die Listen eingetragen wurden[770]. Die Stimmabgabe an den
       Versammlungen verlief wahrscheinlich nicht geheim und es stellt sich die Frage,
       ob die Eintragung in die Listen immer dem Ergebnis der Abstimmung in den
       Versammlungen entsprach.

279   Alles in allem kann festgehalten werden, dass sowohl die gravierenden Unregel-
       mässigkeiten als auch die Vorschrift über die Zählung der Nichtstimmenden als
       Annehmende verunmöglichten, dass die erste schweizerische Volksabstimmung
       als richtige Wiedergabe des Willens der Stimmberechtigten im heutigen Sinn an-
       gesehen werden kann. Dieser Eindruck wird bei Betrachtung der Abstimmungs-
       resultate noch verstärkt. 167'172 Aktivbürger blieben der Abstimmung gänzlich
       fern (bei 72'453 Ja- gegenüber 92'423 Nein-Stimmenden)[771]. Die kurze Lebens-
       dauer der zweiten helvetischen Verfassung von neun Monaten bestätigt das trau-
       rige Bild, welches diese erste gesamtschweizerische Volksabstimmung liefert.

7.4   Bedeutung des Stimmgeheimnisses

280   Die Helvetik brachte neue Gedanken und Ideen wie die nationale Einheit, eine
       geschriebene Verfassung oder auch die Volkssouveränität. Hilty schreibt über
       diese Zeitperiode: „Die Helvetik war (...) der erste Versuch, die konsequenten
       Theorien der modernen Demokratie auf unserem Boden einzubürgern."[772] In die-
       sen Vorstellungen von „moderner Demokratie" kam dem Grundsatz der gehei-
       men Stimmabgabe jedoch praktisch keine Bedeutung zu. Einzig innerhalb der ge-
       setzgebenden Räte zu Beginn der Helvetik war die geheime Stimmabgabe, ver-
       mutungsweise aufgrund des französischen Vorbildes vorgesehen. Wo die gehei-
       me Stimmabgabe bei Abstimmungen oder kantonalen Wahlen vorgesehen war,
       zeigt ein Blick auf die Praxis, dass häufige Verletzungen vorkamen.

281   Erstaunlich und im Hinblick auf die Ideengeschichte von Bedeutung ist der Um-
       stand, dass die erste helvetische Verfassung die geheime Stimmabgabe in den Ur-
       und Wahlversammlungen nicht vorsah. In diesem Punkt wich die erste helveti-
       sche Verfassung vom französischen Vorbild ab.

---

[767]   Acten zur Abstimmung über den Verfassungsentwurf vom 25. Mai (1802), in: ASHR, Bd. 8, S. 8f.,
        46.
[768]   Acten zur Abstimmung über den Verfassungsentwurf vom 25. Mai (1802), in: ASHR, Bd. 8, S. 6, 16.
[769]   Acten zur Abstimmung über den Verfassungsentwurf vom 25. Mai (1802), in: ASHR, Bd. 8, S. 11f.
[770]   Acten zur Abstimmung über den Verfassungsentwurf vom 25. Mai (1802), in: ASHR, Bd. 8, S. 17.
[771]   *Von Tillier* 1843, S. 53.
[772]   *Hilty* 1878, S. 18.

8 STIMMGEHEIMNIS ZUR ZEIT DER MEDIATION (1803-1813)

282 In der Mediationszeit war auf Bundesebene lediglich eine Verfassung, diejenige der Mediationsakte, in Kraft. Im folgenden Abschnitt werden die Ereignisse, die zur Mediationsakte geführt haben, zusammengefasst und die Grundzüge der Bundesverfassung dargelegt. Im Weiteren werden die Bestimmungen über die Stimmabgabe in den Kantonen untersucht.

8.1 Ereignisse

283 Die zweite helvetische Verfassung brachte keine Stabilität. Nach dem Abzug der französischen Truppen 1802 schritten die föderalistischen Kräfte zum Aufstand, welchen die helvetischen Truppen nicht dämmen konnten („Stecklikrieg")[773]. Die Wirren gaben Napoleon Anlass zur Intervention; am 30.9.1802 erliess er eine Proklamation, in welcher er seine Vermittlung („médiation") ankündigte und gleichzeitig mit erneuter militärischer Intervention drohte[774]. Darauf entsandten die Kantone und Gemeinden Vertreter zur Beratung („Consulta") einer neuen Verfassung nach Paris[775]. Obwohl die Mehrheit der Vertreter in Paris Unitarier waren, war Napoleon entschlossen, der Schweiz nun eine föderalistischere Verfassung zu geben. An der Consulta wurden die Kantonsverfassungen ausgearbeitet; Napoleon behielt sich die Ausarbeitung der Bundesverfassung vor. Am 19.2.1803 wurde die von Napoleon unterzeichnete Mediationsakte („Vermittlungsakte") von einem Ausschuss der Schweizer Vertreter unterschrieben[776]. Der helvetische Senat nahm die Mediationsakte am 5.3.1803 an[777] und sie trat am 10.3.1803 in Kraft[778]. Damit fand die Helvetik offiziell ihr Ende. Es fanden keine Volksabstimmungen – weder über die Bundesverfassung noch über die kantonalen Verfassungen – statt; die Mediationsakte war wieder eine von Frankreich unverhüllt oktroyierte Verfassung.

8.2 Bundesverfassung

284 Die Schweiz war während der Mediationszeit kein Bundesstaat, sondern ein mit einigen wenigen bundesstaatlichen Elementen versehener Staatenbund[779]. Beson-

---

[773] *Junker* 1982, 94f.; *Kölz* 1992a, S. 143; *Rufer* 1927, S. 163ff.; *Staehelin* 1980, S. 814.

[774] Proclamation Consul Bonaparte's betreffend die Uebernahme der Vermittlung zwischen den Parteien der Schweiz (30.9.1802), in: ASHR, Bd. 8, S. 1437-1458. Vgl. dazu *Rufer* 1927, S. 167ff.

[775] Vgl. dazu *His* 1920, 54ff.; *Kölz* 1992a, S. 144; *Rufer* 1927, S. 169f.; *Staehelin* 1980, S. 815f.

[776] Vgl. Uebergabe der Vermittlungsacte an die helvetischen Deputirten und bezügliche Abschlussverhandlungen (19. und 21.2.1803), in: ASHR, Bd. 9, S. 1028-1040.

[777] Erklärung des Senats über die Annahme der Vermittlungsacte (5.3.1803), in: ASHR, Bd. 9, S. 1220-1225.

[778] *Kölz* 1992a, S. 144.

[779] Vgl. *Kölz* 1992a, S. 152; *Frei* 1980, S. 844.

ders deutlich bringt dies Art. 1 der Bundesverfassung von 1803[780] zum Ausdruck, wonach nicht der Bund, sondern die Kantone „gegenseitig die Gewährleistung für ihre Verfassung, ihr Gebiet, ihre Freiheit und Unabhängigkeit" übernahmen.

285 Die Mediationsakte[781] enthielt sowohl die 19 Kantonsverfassungen, welche in alphabetischer Reihenfolge gleich auf die Präambel folgten, als auch die Bundesverfassung, welche am Schluss stand. Die Bundesverfassung kann nicht mehr als Verfassung im Sinne der rationalen Verfassungslehre verstanden werden[782]. Sie war unvollständig und zum Teil unklar. Als oberste Behörde war eine Tagsatzung als Ständevertretung vorgesehen[783]. Für die Eidgenossenschaft als Ganzes sah die Bundesverfassung keine gesetzgebende Volksvertretung mehr vor. Auch der Gedanke der Verfassungsgenehmigung durch das Volk tauchte nicht mehr auf.

8.3 Stimm- und Wahlrecht in den Kantonsverfassungen

286 Mit dem Scheitern der Bestrebungen zur Bildung eines helvetischen Einheitsstaates war auch die Idee eines einheitlichen Wahlrechtes erloschen. Die Bundesverfassung hielt als einzige einheitliche Bestimmung über die politischen Rechte fest, dass diese nicht zu gleicher Zeit in zwei Kantonen ausgeübt werden durften[784]. Ansonsten wurde die Regelung der politischen Rechte den Kantonen überlassen[785].

287 Die in der Mediationsakte enthaltenen 19 Kantone lassen sich in drei Gruppen teilen: die sechs alten Landsgemeindekantone, die fünf neuen Kantone sowie die sieben einst aristokratischen Städtekantone. Daneben kann der Kanton Graubünden mit dem föderativen Referendum als Spezialfall betrachtet werden.

8.3.1 Landsgemeindeorte

288 Entsprechend ihrem staatenbündischen Charakter, sah die Mediationsakte keine Souveränität des gesamten helvetischen Volkes vor. In einzelnen Kantonsverfassungen allerdings war die Volkssouveränität erhalten geblieben. In den ehemaligen Landsgemeindekantonen Appenzell, Glarus, Schwyz, Unterwalden, Uri und Zug war wieder die Landsgemeinde souverän[786].

---

[780] BV 1803.
[781] Acte de médiation fait par le premier Consul de la République française, entre les partis qui divisent la Suisse (19.2.1803), in: *Kaiser* 1886, S. 395-494.
[782] *Kölz* 1992a, S. 151.
[783] Art. 25ff. BV 1803.
[784] Art. 4 BV 1803.
[785] Art. 4 BV 1803. Zum Wahlrecht in der Mediationszeit vgl. *Blocher* 1906, S. 157ff.
[786] Art. 3 KV Appenzell 1803; Art. 2 KV GL 1803; Art. 2 KV SZ 1803; Art. 3 KV Unterwalden 1803; Art. 2 KV UR 1803; Art. 3 KV ZG 1803.

289 An den Landsgemeinden sollte neben den Wahlen auch wieder über Vorlagen abgestimmt werden[787]. Wahl- und stimmberechtigt waren die männlichen Bürger ab 20 Jahren[788]. Die Verfassungen hielten fest, dass die Wahlen auf die gleiche Art wie „ehemals" geschehen sollten[789]. Die Stimme wurde also wie in vorrevolutionärer Zeit durch Handerheben in offener Versammlung abgegeben[790].

8.3.2 Neue Kantone

290 Die Verfassungen der neuen Kantone Aargau, St. Gallen, Tessin, Thurgau und Waadt sahen als oberstes Organ einen Grossen Rat vor, dessen Mitglieder teilweise vom Volk (organisiert in den als „Zünften", „Quartieren" und „Kreisen" benannten Wahlkreisen) direkt gewählt, teilweise durch das Los bestimmt wurden[791]. Diese Kantone sahen für das passive Wahlrecht zum Teil strenge Zensusbestimmungen vor[792], das aktive Wahlrecht hatten die 20-jährigen Kantonsbürger, die seit einem Jahr im Wahlkreis wohnten und leichte Zensusbedingungen erfüllten[793]. Die Wahlen wurden in Versammlungen durchgeführt[794] – die Art der Stimmabgabe wurde in den Verfassungen der neuen Kantone, ausser der Erwähnung des Loses, nicht näher umschrieben.

291 Beispielhaft soll an dieser Stelle die Gesetzgebung des Kantons Waadt näher untersucht werden. Als erstes Wahlgesetz des Kantons Waadt kann dasjenige von 1807 angesehen werden[795]. Über die Stimmabgabe in den Wahlversammlungen war darin festgehalten: „L'élection aura lieu au scrutin (...)."[796] Diese Bestimmung wird von Meuwly dahingehend interpretiert, dass Stimmzettel benutzt werden sollten[797]. Aufgrund der Verwendung des Begriffs „scrutin" ist davon auszugehen, dass damit die geheime Stimmabgabe gemeint war[798]. Weitere Angaben über die Art und Weise der Verwendung der Stimmzettel enthielt das Gesetz

---

[787] Art. 4 KV Appenzell 1803; Art. 3 KV GL 1803; Art. 3 KV SZ 1803; Art. 4 KV Unterwalden 1803; Art. 3 KV UR 1803; Art. 4 KV ZG 1803. Dies galt auch für Zug, wo die Landsgemeinde traditionell und auch nach der Mediationszeit wieder nur Wahlbefugnisse hatte, vgl. *Gruber* 1968, S. 103 und Rz. 235 hiervor sowie Rz. 321 hiernach.

[788] Art. 4 KV Appenzell 1803; Art. 3 KV GL 1803; Art. 3 KV SZ 1803; Art. 4 KV Unterwalden 1803; Art. 3 KV UR 1803; Art. 4 KV ZG 1803.

[789] Art. 5 KV Appenzell 1803; Art. 4 KV GL 1803; Art. 4 KV SZ 1803; Art. 5 KV Unterwalden 1803; Art. 4 KV UR 1803; Art. 5 KV ZG 1803.

[790] *His* 1920, S. 355. Vgl. zur Stimmabgabe an der Landsgemeinde Rz. 236 hiervor.

[791] Art. 13 KV AG 1803; Art. 13 KV SG 1803; Art. 14 KV TI 1803; Art. 13 KV TG 1803; Art. 14 KV VD 1803. Vgl. dazu *His* 1920, S. 208f. und 355f.

[792] Art. 13 KV AG 1803; Art. 13 KV SG 1803; Art. 14 KV TI 1803; Art. 13 KV TG 1803; Art. 14 KV VD 1803. Vgl. dazu *His* 1920, S. 354.

[793] Art. 2 KV AG 1803; Art. 2 KV SG 1803; Art. 3 KV TI 1803; Art. 2 KV TG 1803; Art. 3 KV VD 1803. Vgl. dazu *Blocher* 1906, S. 158f.

[794] Art. 13 KV AG 1803; Art. 13 KV SG 1803; Art. 14 KV TI 1803; Art. 13 KV TG 1803; Art. 14 KV VD 1803.

[795] *Meuwly* 1990, S. 45.

[796] Art. 20 Loi renouvellement Grand Conseil (4.12.1807), in: Rec. VD, Bd. 5.

[797] Vgl. *Meuwly* 1990, S. 49.

[798] Vgl. zum französischen Ausdruck „scrutin" Rz. 262 hiervor. Vgl. auch *Meuwly* 1990, S. 50.

nicht. Im folgenden Gesetz von 1812 wurde die Verwendung der Stimmzettel präzisiert: „A chaque tour de vote, il sera délivré à chaque électeur un bulletin imprimé, ayant une contremarque, sur lequel devra être inscrit son vote; il ne pourra en être délivré qu'un seul à la fois à chaque électeur, et ce bulletin ne pourra servir que pour le tour de vote pour lequel il a été délivré. Tout vote inscrit sur un autre billet ou carte est nul."[799] Zudem hielt das Gesetz von 1812 fest, dass jede Bestechung mittels Geschenken oder Versprechungen sowie jede Einschüchterung mit dem Ziel der Beeinflussung des Wahlresultats mit Gefängnis oder einer Geldbusse bestraft werden[800].

292 Obwohl die Waadtländer Vorkehrungen auf Gesetzesstufe den Schluss auf geheime Stimmabgabe nahe legen, fehlten weitergehende Vorschriften, welche zur Sicherstellung der Geheimhaltung notwendig gewesen wären. So war beispielsweise nicht vorgeschrieben, dass die Wähler die Stimmzettel vor Einsicht Dritter geschützt auszufüllen hatten. Des Weiteren wurden keine Vorschriften über die Art der Einsammlung der Stimmzettel gemacht. Zusammenfassend kann festgehalten werden, dass – obwohl auf Verfassungsstufe nicht vorgesehen – auf Gesetzesstufe im Kanton Waadt das Verfahren der geheimen Stimmabgabe zumindest angebahnt wurde[801].

293 Auch im Kanton Thurgau scheint die Möglichkeit, dass zur Zeit der Mediation die Stimmabgabe geheim war, nicht ausgeschlossen. Schoop erwähnt für die Zeit der Helvetik eine geheime Wahl. Es wäre zumindest denkbar, dass sich die geheime Stimmabgabe in der Mediationszeit fortgesetzt hatte[802].

8.3.3 Städtekantone

294 Die Verfassungen der Städtekantone Basel, Bern, Freiburg, Luzern, Schaffhausen, Solothurn und Zürich sahen ebenfalls einen Grossen Rat als gesetzgebende Behörde vor. Dessen Mitglieder wurden in einem kombinierten Verfahren aus direkter und indirekter Wahl auf Lebenszeit bestimmt[803]. Es bestanden sowohl für das aktive als auch für das passive Wahlrecht Zensusbestimmungen[804]. Die Städtekantone kannten zudem das Institut der „Zensur" (das „Grabeau"-System). Mit

---

[799] Art. 5 Loi assemblées électorales (29.5.1812), in: Rec. VD, Bd. 9.
[800] Art. 9 Loi assemblées électorales (29.5.1812), in: Rec. VD, Bd. 9.
[801] Spätere Gesetze übernahmen beinahe wörtlich den Art. 5 Loi assemblées électorales (29.5.1812), in: Rec. VD, Bd. 9. Vgl. dazu Rz. 354 und 361 hiernach.
[802] Schoop 1987, S. 51.
[803] Art. 11 und 13 KV Basel 1803; Art. 12 und 14 KV BE 1803; Art. 11 und 13 KV FR 1803; Art. 11 und 13 KV LU 1803; Art. 11 und 13 KV SH 1803; Art. 11 und 13 KV SO 1803; Art. 11 und 13 KV ZH 1803. Vgl. dazu His 1920, S. 209 und 355f.
[804] Art. 4 und 17 KV Basel 1803; Art. 4 und 18 KV BE 1803; Art. 4 und 17 KV FR 1803; Art. 4 und 17 KV LU 1803; Art. 4 und 17 KV SH 1803; Art. 4 und 17 KV SO 1803; Art. 4 und 17 KV ZH 1803. Vgl. dazu Blocher 1906, S. 167f und His 1920, S. 354.

diesem konnte ein amtierendes Mitglied des Grossen Rates abgewählt werden[805].

Napoleon hielt das Grabeau-System für die aristokratischen Städtekantone als unumgänglich, da ansonsten die auf Lebenszeit gewählten Grossen Räte sich nicht mehr an den Bedürfnissen des Staates orientieren und unerträglich („insupportables") würden[806].

295 Die Verfassungen der Städtekantone sahen sowohl für die Wahl der Grossen Räte als auch für die Abberufung einzelner Mitglieder die geheime Stimmabgabe vor[807]. Diesen Umstand erwähnte Napoleon bei der Rechtfertigung des Grabeau-Verfahrens sowie anderer Wahlrechtsvorkehrungen jedoch mit keinem Wort[808]. Die untersuchte Literatur schweigt sich ebenfalls darüber aus[809]. Über die Beweggründe Napoleons für die Einführung der geheimen Stimmabgabe in diesen Kantonen kann nur spekuliert werden. Wollte er damit die Vorherrschaft und den Einfluss ehemaliger einflussreicher patrizischer Familien einschränken?

8.3.4 Graubünden

296 Graubünden war in Hochgerichte (Zusammenschlüsse mehrerer Gemeinden) und Gerichte (Gemeinden) unterteilt[810]. Die Mediationsverfassung sah einen Grossen Rat vor, der sich aus Vertretern der Hochgerichte zusammensetzte und die gesetzgebende Gewalt ausübte[811]. Zudem wurde das alte föderative Referendum wiederhergestellt. Die vom Grossen Rat beschlossenen Gesetze wurden den Gemeinden – und in diesen den versammelten Bürgern – obligatorisch zur Abstimmung unterbreitet; das Gesetz trat in Kraft, wenn eine Mehrheit der Gemeinden sich dafür aussprach[812]. Die Mediationsakte schrieb die Art der Stimmabgabe nicht vor; es ist davon auszugehen, dass diese jahrhundertealter Tradition entsprechend offen in Versammlungen erfolgte[813].

---

[805] Art. 11 und 18 KV Basel 1803; Art. 12 und 19 KV BE 1803; Art. 11 und 18 KV FR 1803; Art. 11 und 18 KV LU 1803; Art. 11 und 18 KV SH 1803; Art. 11 und 18 KV SO 1803; Art. 11 und 18 KV ZH 1803.

[806] Conferenzverhandlung des Ersten Consuls mit den Delegirten der helvetischen Deputation (29.1.1803), in: ASHR, Bd. 9, S. 944.

[807] Art. 16 und 18 KV Basel 1803; Art. 17 und 19 KV BE 1803; Art. 16 und 18 KV FR 1803; Art. 16 und 18 KV LU 1803; Art. 16 und 18 KV SH 1803; Art. 16 und 18 KV SO 1803; Art. 16 und 18 KV ZH 1803.

[808] Conferenzverhandlung des Ersten Consuls mit den Delegirten der helvetischen Deputation (29.1.1803), in: ASHR, Bd. 9, S. 941-946.

[809] Vgl. *Frei* 1980, S. 855; *Kölz* 1992a, S. 146; *Oechsli* 1903, S. 449ff.; *Schudel* 1933, S. 29ff.

[810] Vgl. *Dierauer* 1917, S. 341; *Heusler* 1920, S. 344; *Hilty* 1887, S. 176f.; *Schuler* 2001, S. 31.

[811] Art. 5 und 6 KV GR 1803. Vgl. *Caviezel* 1990, S. 53f.; *Liver* 1982a, S. 167f.; *Rathgeb* 2003, S. 122; *Schuler* 2001, S. 43f.

[812] Art. 5 und 6 KV GR 1803. Vgl. *Dierauer* 1917, S. 341f.; *Liver* 1982a, S. 167f.; *Liver* 1982b, S. 184; *Wili* 1988, S. 63f.

[813] Vgl. *Schuler* 2001, S. 298.

8.4 Bedeutung des Stimmgeheimnisses

297 Die Stimmabgabe in den Landsgemeindekantonen war offen, in Graubünden kann ebenfalls von offener Stimmabgabe ausgegangen werden. Von den neuen Kantonen gibt es für den Kanton Waadt Hinweise auf Gesetzesstufe, die vermuten lassen, dass die Stimmabgabe geheim sein sollte. Wie das Beispiel Thurgau zeigt, ist auch in anderen Kantonen nicht gänzlich auszuschliessen, dass die geheime Stimmabgabe praktiziert wurde. In den Städtekantonen war die geheime Stimmabgabe auf Verfassungsstufe vorgeschrieben. Über die Praxis in den Städtekantonen ist allerdings wenig bekannt. Es lässt sich nicht sagen, ob die Stimmabgabe effektiv geheim war. Die Tatsache, dass die Geheimhaltung von Napoleon vorgeschrieben worden war – also nicht einem direkten Bedürfnis der betreffenden Kantone selbst entsprach – sowie der Blick auf die spätere Entwicklung lassen vermuten, dass die Geheimhaltung nicht streng praktiziert wurde. Die folgenden Verfassungen dieser Kantone zeigen, dass die Geheimhaltung nach der Mediationszeit nicht konsequent beibehalten wurde[814].

298 Zusammenfassend kann festgehalten werden, dass die Idee der geheimen Stimmabgabe in der Mediationszeit zwar bekannt war, dass sie allerdings entweder nicht nach heutigen Standards umgesetzt wurde oder sich nicht fest in das politische System integrieren konnte. Insgesamt kam ihr geringfügig grössere Bedeutung zu als noch zur Zeit der Helvetik.

---

[814] Vgl. dazu Rz. 328f., 344f. und 382 hiernach.

9 STIMMGEHEIMNIS ZUR RESTAURATIONSZEIT (1814-1830)

299 „Restauration" bedeutet wörtlich Wiederherstellung oder Instandsetzung. Die Bezeichnung für diese Zeitperiode bezieht sich auf die Wiederherstellung der vorrevolutionären Rechts- und Gesellschaftsordnung[815].

300 Im Folgenden werden zuerst die Ereignisse dargestellt, welche zum Bundesvertrag von 1815 führten. Anschliessend wird der Bundesvertrag im Hinblick auf die für das Wahlrecht relevanten Bestimmungen erörtert. Darauf folgt die Darstellung des Wahlrechts in den kantonalen Verfassungen.

9.1 Ereignisse

301 Der Niedergang Napoleons blieb nicht ohne Wirkung auf die Schweiz. Die Schweiz stand nun unter dem Einfluss der mittel- und osteuropäischen Staaten, welche allerdings die Neutralität und Unabhängigkeit der Eidgenossenschaft – wenigstens formell – anerkannten[816]. Am 29.12.1813 setzten die Gesandten von zehn alten Kantonen[817] die Mediationsakte ausser Kraft[818]. Die Mächte forderten die Schweiz unter Androhung gewaltsamer Intervention auf, eine neue Verfassung auszuarbeiten. Diese Aufgabe übernahm eine aus Vertretern aller 19 Mediationskantone zusammen gesetzte Tagsatzung. Sie begann am 6.4.1814 in Zürich und dauerte anderthalb Jahre, weshalb man auch von der „langen Tagsatzung" spricht[819]. Die Erarbeitung einer neuen Bundesordnung gab zu heftigen Auseinandersetzungen Anlass[820]. Am 8.9.1814 wurde der aus nur 15 Paragraphen bestehende Bundesvertrag angenommen[821]. Am 12.9.1814 wurden das Wallis, Neuenburg und Genf von der Tagsatzung als neue Bundesglieder aufgenommen[822]. Der Bundesvertrag entfaltete bis zu seiner Beschwörung am 7.8.1815 durch die

---

[815] *Kölz* 1992a, S. 155.

[816] *Biaudet* 1980, S. 874ff.; *Carlen* 1968, S. 92.

[817] Uri, Schwyz, Luzern, Zürich, Glarus, Zug, Freiburg, Basel, Schaffhausen und beide Appenzell.

[818] Uebereinkunft vom 29 Christmonat 1813 (29.12.1813), in: *Usteri* 1821, S. 3-4. Vgl. dazu *Biaudet* 1980, S. 877; *Kölz* 1992a, S. 177f.

[819] Vgl. Abschied ausserordentliche Tagsatzung 1814/15, Bd. 1-3. Zur langen Tagsatzung, den verschiedenen Verfassungsentwürfen und den in dieser Zeit stattfindenden Ereignissen vgl. *Biaudet* 1980, S. 879ff., *Dierauer* 1917, S. 321ff.; *His* 1929, S. 13ff.; *Rappard* 1936, S. 106ff.

[820] Vgl. Abschied ausserordentliche Tagsatzung 1814/15, Bd. 1, S. 52ff. (Beratungen vom 6.4.-6.5.1814), S. 80ff. (10.5.-4.7.1814); S. 122ff. (18.7.-6.8.1814) und S. 148ff. (8.8.-16.8.1814).

[821] Abschied ausserordentliche Tagsatzung 1814/15, Bd. 2, S. 92. Zum Text des Bundesvertrages zwischen den 19 Kantonen der Schweiz vgl. Abschied ausserordentliche Tagsatzung 1814/15, Bd. 2, Beilage P. Vgl. auch Rz. 302ff. hiernach.
Biaudet 1980, S. 882, 891ff.; *Dierauer* 1917, S. 328 geben als Datum der Annahme den 9.9.1814 an. Dies ist insofern unzutreffend, als die Abstimmung über die Annahme des Bundesvertrages am 8.9. stattfand und 9.9. die Genehmigung des Entwurfs einer Urkunde über die Annahme des Bundesvertrages erfolgte, vgl. Abschied ausserordentliche Tagsatzung 1814/15, Bd. 2, S. 94.

[822] Abschied ausserordentliche Tagsatzung 1814/15, Bd. 2, S. 99f. Zu Neuenburg vgl. auch *Stribrny* 1998, S. 219f.

Tagsatzungsgesandten von $21^{1/2}$ Kantonen jedoch noch keine Wirkung[823]. Am 30.8.1815 trat das zwischenzeitlich aus der Eidgenossenschaft ausgetretene Nidwalden nach militärischer Intervention dem Bundesvertrag ebenfalls bei[824].

9.2 Bundesvertrag

302 Im Bundesvertrag vom 7.8.1815[825] – einer „verschlimmbesserten Neuauflage der Mediationsakte"[826] – war die Bundesgewalt noch schwächer ausgestaltet als in der Mediationsakte. Vorgesehen war eine Tagsatzung, welche nichts weiter war als eine Versammlung von kantonalen Gesandten, die lediglich nach den Instruktionen ihrer Kantonsregierungen stimmen durften[827]. Die Souveränität war bei den Kantonen. Aufgabe des Bundes war es, die Freiheit der Kantone – nicht etwa der Individuen – zu schützen[828]. Gleich wie in der Mediationsakte gewährleisteten sich auch hier die Kantone gegenseitig ihre Verfassungen und ihr Gebiet[829].

303 Grundlegende persönliche Freiheiten, wie sie in der Helvetik und der Mediation noch bestanden, kamen in der Restauration nicht mehr vor. Die politischen Rechte wurden – ausser in den Landsgemeindekantonen – praktisch abgeschafft[830]. Anstelle des Volkes waren die Räte wieder die Träger der Souveränität, mit Ausnahme des Tessins, wo die Gesamtheit der Bürger als Träger der Souveränität bezeichnet wurde[831]. Es erstaunt deshalb auch nicht weiter, dass der Bundesvertrag dem Volk nicht zur Abstimmung unterbreitet wurde.

304 Die einzige für die Ausgestaltung des Wahlrechts wesentliche Bestimmung legte fest, dass „der Genuss der politischen Rechte nie das ausschliessliche Privilegium einer Classe der Kantonsbürger"[832] sein könne. Ansonsten war die Ausgestaltung des Wahlrechts den Kantonen überlassen[833].

9.3 Kantonale Verfassungen

305 Die kantonalen Verfassungen zur Zeit der Restauration lassen sich in vier Gruppen gliedern[834]: jene der ehemals aristokratischen Städteorte (Bern[835], Lu-

---

[823] Abschied ausserordentliche Tagsatzung 1814/15, Bd. 3, S. 118. Vgl. *Biaudet* 1980, S. 892; *Kölz* 1992a, S. 183.

[824] Abschied ausserordentliche Tagsatzung 1814/15, Bd. 3, S. 183ff. Vgl. *Biaudet* 1980, S. 892, Fn. 119; *Kölz* 1992a, S. 183.

[825] Bundesvertrag zwischen den XXII Kantonen der Schweiz (7.8.1815), in: *Kölz* 1992b, S. 193-203.

[826] *Oechsli* 1913, S. 399.

[827] § 8 Bundesvertrag zwischen den XXII Kantonen der Schweiz (7.8.1815), in: *Kölz* 1992b, S. 193-203. Vgl. *Biaudet* 1980, S. 892; *Heusler* 1920, S. 332; *Kölz* 1992a, S. 184.

[828] § 1 Bundesvertrag zwischen den XXII Kantonen der Schweiz (7.8.1815), in: *Kölz* 1992b, S. 193-203.

[829] § 1 Bundesvertrag zwischen den XXII Kantonen der Schweiz (7.8.1815), in: *Kölz* 1992b, S. 193-203.

[830] Vgl. Rz. 306ff. hiernach.

[831] Art. 2 KV TI 1814. Vgl. *Biaudet* 1980, S. 900.

[832] § 7 Bundesvertrag zwischen den XXII Kantonen der Schweiz (7.8.1815), in: *Kölz* 1992b, S. 193-203.

[833] *Blocher* 1906, S. 171.

[834] Vgl. dazu *Dierauer* 1917, S. 329ff.; *Kölz* 1992a, S. 186ff.

[835] Zu Bern vgl. *Junker* 1982, S. 231ff.

zern[836], Freiburg[837], Solothurn[838]), jene der ehemaligen Zunftstädte (Zürich[839], Basel, Schaffhausen), jene der neuen Kantone (Aargau[840], Thurgau[841], St. Gallen[842], Tessin[843], Waadt[844]) und jene der Landsgemeindekantone (Uri, Schwyz[845], Obwalden, Nidwalden, Glarus[846], Zug[847], beide Appenzell). Daneben können die Verfassungen von Graubünden[848], Wallis[849], Neuenburg[850] und Genf separat betrachtet werden. Dieser Einteilung folgt die nachfolgende Darstellung. Die Ausführungen behandeln jeweils sowohl das Wahl- als auch – wo relevant – das Stimmrecht.

9.3.1 Ehemals aristokratische Städteorte

306 In Bern, Solothurn, Freiburg und Luzern existierte faktisch keine Volkssouveränität mehr. Die Macht der Obrigkeit leitete sich von den patrizischen Familien ab[851]. Freiheitsrechte bestanden – abgesehen vom Recht auf freien Handel und freies Gewerbe – nicht und auch die Rechtsgleichheit wurde nicht garantiert[852]. Die Verhandlungen von Grossen und Kleinen Räten fanden unter Ausschluss der Öffentlichkeit statt[853]. Die am stärksten restaurative Verfassung hatte Bern. Luzern, Freiburg und Solothurn hatten im Gegensatz zu Bern immerhin neue Verfassungen geschaffen, während sich Bern in einer Erklärung an die Tagsatzung auf die Wiederherstellung der alten Verfassungsordnung berief[854].

307 Das Wahlrecht war in den vier Orten unterschiedlich ausgestaltet. Die 299 Mitglieder des *Berner* Grossen Rates wurden in einem komplexen Verfahren gewählt[855]. 200 der Mitglieder kamen aus der Stadt Bern und wurden von einem Wahlkollegium aus Stadt-Berner Mitgliedern des Kleinen und Grossen Rates ge-

---

[836] Zur Entstehung der Luzerner Restaurationsverfassung vgl. *Pfyffer* 1869, S. 18ff.; *Sidler* 1934, S. 12ff.
[837] Zur Freiburger Restaurationsverfassung vgl. *Breitenbach* 1939, S. 79ff.
[838] Zur Entstehung der Solothurner Restaurationsverfassung vgl. *Furrer* 1940, S. 39ff.
[839] Zur Entstehung der Zürcher Restaurationsverfassung vgl. *Dändliker* 1904, S. 8ff.
[840] Zur Aargauer Restaurationsverfassung vgl. *Halder* 1953, S. 242ff.; *Wüthrich* 1990, S. 324f.
[841] Zur Entstehung der Thurgauer Restaurationsverfassung vgl. *Schoop* 1987, S. 83ff.
[842] Zur St. Galler Restaurationsverfassung vgl. *Duft* 1910, S. 23ff.; *Oehler* 1975, S. 13ff.
[843] Zur Entstehung der Tessiner Restaurationsverfassung vgl. *Sauter* 1969, S. 11ff.
[844] Zur Entstehung der Waadtländer Restaurationsverfassung vgl. *Meuwly* 1990, S. 60ff.
[845] Zur Schwyz vgl. *Castell* 1954, S. 76f.
[846] Zur Glarner Restaurationsverfassung vgl. *Winteler* 1954, S. 384ff.
[847] Zur Zuger Restaurationsverfassung vgl. *Gruber* 1968, S. 105f.
[848] Zur Bündner Restaurationsverfassung vgl. *Caviezel* 1990, S. 54f.; *Rathgeb* 2003, S. 124ff.; *Schreiber* 1920, S. 107ff.
[849] Zur Walliser Restaurationsverfassung vgl. *Seiler* 1939, S. 35ff.
[850] Zur Entstehung der Neuenburger Restaurationsverfassung vgl. *Stribrny* 1998, S. 211ff.
[851] *Dierauer* 1917, S. 330; *Kölz* 1992a, S. 191.
[852] Vgl. Fundamentalgesetze BE 1816; KV LU 1814; KV FR 1814; KV SO 1814.
[853] *Biaudet* 1980, S. 900; *Feller* 1931, S. 7; *Kölz* 1992a, S. 191.
[854] Fundamentalgesetze BE 1816.
[855] Zum Wahlrecht in Bern vgl. *Blocher* 1906, S. 174f.; *Feller* 1931, S. 7.

wählt[856]. Die restlichen 99 Mitglieder kamen aus den übrigen Gebieten und wurden teils von den betreffenden Städten und Amtsbezirken, teils unmittelbar vom Grossen Rat selbst gewählt[857]. Die Wahl aller 299 Mitglieder geschah also entweder durch bisherige Mitglieder des Grossen oder Kleinen Rats oder durch Mitglieder der Städte und Amtsbezirke[858]. Faktisch blieb dadurch die Macht in den Händen des Patriziats, obschon gesetzlich die Wahlfähigkeit aller mindestens 29 Jahre alten Kantonsbürger vorgesehen war[859]. Die Souveränität hatte nicht das Volk, sondern der Grosse Rat gemeinsam mit dem Kleinen Rat inne[860].

308   Über die Art der Stimmabgabe in Bern gibt das Wahlreglement über die Wahlart in den Wahlkollegien der Berner Amtsbezirke Aufschluss. Art. 8 sah vor, dass die Mitglieder des Wahlkollegiums namentlich aufgerufen werden und an einem Tisch, an welchem zwei Aufseher und vier Sekretäre sitzen, einen dort bereit liegenden Stimmzettel erhalten sollten. Auf diesen notierten sie den Namen ihres Kandidaten und legten ihn eigenhändig in ein Gefäss. Sobald alle Anwesenden gestimmt hatten, wurden die Stimmzettel aus dem Gefäss genommen[861]. Das Wahlreglement sprach nirgends explizit von geheimer Stimmabgabe. Die Vorkehrungen – Stimmzettel, Gefäss und eigenhändiges Einlegen des Stimmzettels in das Gefäss durch den Wähler – deuten zwar auf Geheimhaltung hin. Bei der Interpretation dieser Bestimmungen blieb jedoch viel Spielraum, zumal neben dem Wähler sechs weitere Personen am Tisch sitzen sollten und nicht festgehalten wurde, dass diese den Wähler beim Ausfüllen des Stimmzettels nicht beobachten durften.

309   Auch in *Solothurn* und *Freiburg* wählten die Grossräte ihre Mitglieder selbst (Kooptation)[862]. Beide Verfassungen sahen dabei ausdrücklich die geheime Stimmabgabe vor. In Solothurn geschahen die Wahlen „durch geheimes und absolutes Stimmenmehr." [863] In Freiburg sah die Verfassung vor: „Die Wahlen und

---

[856] Art. 8 der urkundlichen Erklärung des grossen Raths von Bern, enthalten in: Fundamentalgesetze BE 1816, S. 226ff. in Verbindung mit Art. 10 des Auszugs aus den die Verfassung betreffenden Gesetzen und Dekreten des grossen Raths der Stadt und Republik Bern, enthalten in: Fundamentalgesetze BE 1816, S. 236ff.

[857] Art. 9 der urkundlichen Erklärung des grossen Raths von Bern, enthalten in: Fundamentalgesetze BE 1816, S. 229 und Art. 10 des Auszugs aus den die Verfassung betreffenden Gesetzen und Dekreten des grossen Raths der Stadt und Republik Bern, enthalten in: Fundamentalgesetze BE 1816, S. 236ff.

[858] Vgl. Reglement über die Zusammensetzung der Wahlkollegien und die Wahlart der Abgeordneten von den Amtsbezirken an den grossen Rath, enthalten in: Fundamentalgesetze BE 1816, S. 232ff.

[859] Art. 10 des Auszugs aus den die Verfassung betreffenden Gesetzen und Dekreten des grossen Raths der Stadt und Republik Bern, enthalten in: Fundamentalgesetze BE 1816, S. 236ff. Vgl. auch *Feller* 1931, S. 7ff.

[860] Vgl. Art. 8 der urkundlichen Erklärung des grossen Raths von Bern, enthalten in: Fundamentalgesetze BE 1816, S. 229.

[861] Vgl. Reglement über die Zusammensetzung der Wahlkollegien und die Wahlart der Abgeordneten von den Amtsbezirken an den grossen Rath, enthalten in: Fundamentalgesetze BE 1816, S. 232ff.

[862] Art. 6 KV SO 1814; Art. 15 und 16 KV FR 1814. Zu Solothurn vgl. *Sigrist* 1981, S. 571.

[863] Art. 6 KV SO 1814.

Vorschläge überhaupt, wenn nicht eine gesetzlich bestimmte Ausnahme vorhanden, geschehen durch das geheime und absolute Stimmenmehr."[864]

310 Im Gegensatz zu Bern, Solothurn und Freiburg erfolgten die Wahlen in *Luzern* teilweise unmittelbar durch die Stimmberechtigten[865]. Aktiv wahlberechtigt war, wer das 20. Altersjahr zurückgelegt hatte, Bürger des entsprechenden Gerichtskreises oder Munizipalortes war und ein bestimmtes Vermögen besass[866]. Jeder Gerichtsbezirk, jeder Munizipalort sowie die Stadt Luzern wählten unmittelbar ein Mitglied, beziehungsweise mehrere Mitglieder von „Rät und Hundert"[867]. Ein weiterer Teil der Mitglieder von „Rät und Hundert" wurde durch Kooptation bestimmt[868]. Auch die Luzerner Verfassung sah die geheime Stimmabgabe vor und zwar für alle Wahlen[869].

9.3.2 Ehemalige Zunftstädte

311 Unmittelbare Wahlen waren auch in den ehemaligen Zunftstädten bekannt[870]. In Zürich und Basel wurde jeweils der kleinere Teil der Mitglieder des Grossen Rates in den Zünften gewählt, der grössere Teil wurde durch den Grossen Rat selbst bestimmt und zwar aus dem dreifachen Vorschlag eines Wahlkollegiums, dessen Mitglieder vom Grossen Rat bestimmt wurden[871]. In Schaffhausen wurden sämtliche Mitglieder des Grossen Rates durch die Wahlberechtigten ernannt[872].

312 Wahlberechtigt waren alle männlichen Kantonsbürger, welche ein Gemeindebürgerrecht hatten, mit Ausnahme der Konkursiten, Almosengenössigen, den „in Kost und Lohn" Stehenden (Dienstboten, Knechte)[873] sowie denjenigen, denen das Aktivbürgerrecht durch ein Gericht genommen worden war[874]. Für das aktive Wahlrecht bestand also kein eigentlicher Zensus, in Zürich und Basel wohl aber für das passive Wahlrecht[875].

313 Für die Stimmabgabe galten in den drei Kantonen unterschiedliche Vorschriften. Während in der Verfassung von *Schaffhausen* nähere Bestimmungen über die Art der Stimmabgabe gänzlich fehlten, hatte in *Zürich* die Kooptation geheim zu erfolgen[876]. Für die Stimmabgabe in den Zünften machte die Zürcher Verfassung

---

[864] Art. 20 KV FR 1814.
[865] Zum Wahlrecht der Luzerner Restaurationsverfassung vgl. *His* o.J., S. 60.
[866] Art. 46 KV LU 1814.
[867] Art. 36 KV LU 1814. Vgl. dazu *Blocher* 1906, S. 177; *Heusler* 1920, S. 338.
[868] Art. 36 KV LU 1814.
[869] Art. 45 KV LU 1814: „Alle Wahlen geschehen durch das geheime, absolute Stimmenmehr."
[870] Vgl. dazu *Blocher* 1906, S. 177; *Heusler* 1920, S. 336f.
[871] Art. 15, 17 und 19 KV ZH 1814; Art. 9 KV Basel 1814.
[872] Art. 16 KV SH 1814.
[873] Die in Kost und Lohn stehenden wurden nur in Zürich und Basel vom Stimmrecht ausgenommen, nicht auch in Schaffhausen. Vgl. auch *Blocher* 1906, S. 178.
[874] Art. 9 und 11 KV ZH 1814; Art. 3 KV Basel 1814; Art. 2 und 4 KV SH 1814.
[875] Art. 22 KV ZH 1814; Art. 10 KV Basel 1814. Vgl. dazu *Blocher* 1906, S. 177; *Dierauer* 1917, S. 334; *Kölz* 1992a, S. 192.
[876] Art. 19 KV ZH 1814.

keine näheren Vorschriften. In *Basel* schrieb die Verfassung das „geheime und absolute Stimmenmehr" für die Bestellung des Wahlkollegiums und die Bezeichnung von Wahlvorschlägen innerhalb dieses Kollegiums zwar vor, allerdings fehlte eine entsprechende Vorschrift für die eigentliche Wahl der neuen Mitglieder durch den Grossen Rat[877]. Im Unterschied dazu verlangte die Verfassung die geheime Stimmabgabe für die Wahlen in den Zünften[878].

9.3.3 Neue Kantone

314 Auch in den neuen Kantonen wurden die Mitglieder der Grossen Räte teils unmittelbar von den Stimmberechtigten, teils mittels Kooptation bestimmt. Für die Wählbarkeit galt ein hoher Vermögensnachweis[879], wobei Ausnahmen gemacht wurden[880]. Für das aktive Wahlrecht galt ebenfalls ein – wenn auch geringerer – Vermögenszensus[881].

315 Im Kanton *Aargau* wurde der Grosse Rat auf dreifache Art gewählt: teilweise von den Kreisversammlungen, teilweise vom Grossen Rat aus Wahlvorschlägen der Kreisversammlungen und teilweise durch ein Wahlkollegium aus Mitgliedern des Kleinen und Grossen Rates und des Appellationsgerichts[882]. Die Verfassung enthielt keine Vorschriften über die Art der Stimmabgabe.

316 Auch *Thurgau* kannte verschiedene Wahlarten: ein Teil der Mitglieder des Grossen Rates wurde von den Kreisversammlungen gewählt, ein Teil wurde vom Grossen Rat bestimmt, ein weiterer Teil der Grossräte schliesslich wurde durch ein Wahlkollegium, bestehend aus Mitgliedern des Kleinen und Grossen Rates, des Obergerichts sowie 16 der reichsten Kantonsbürger gewählt[883]. Vorschriften über die Art der Stimmabgabe enthielt die Verfassung nicht.

317 Im Kanton *St. Gallen* wurde der Grosse Rat ebenfalls auf dreifache Art gewählt: ein Teil der Grossräte wurde durch die Wahlkreise, ein zweiter Teil durch Bezirkswahlcorps und ein dritter Teil durch amtierende Grossräte ernannt[884]. Die Bezirkswahlcorps wurden von den Kreisversammlungen gewählt und wählten selbst durch „geheimes absolutes Stimmenmehr"[885]. Die Art der Stimmabgabe in den Wahlkreisen und durch den Grossen Rat wurde in der Verfassung nicht vorgeschrieben.

---

[877] Art. 9 KV Basel 1814.
[878] Art. 9 KV Basel 1814.
[879] Art. 37 KV SG 1814; Art. 16 KV AG 1814; Art. 16 KV TG 1814; Art. 31 KV TI 1814 Art. 20, 21; 22 KV VD 1814.
[880] So in St. Gallen, Aargau und Waadt, vgl. Art. 37 KV SG 1814; Art. 16 KV AG 1814; Art. 22 KV VD 1814. Vgl. *Blocher* 1906, S. 179; *Dierauer* 1917, S. 336; *Heusler* 1920, S. 342ff.
[881] Art. 13 KV SG 1814; Art. 7 KV AG 1814; Art. 4 KV TG 1814; Art. 12 KV TI 1814; Art. 3. KV VD 1814.
[882] Art. 16 KV AG 1814. Vgl. dazu *Halder* 1953, S. 242f.
[883] Art. 14 KV TG 1814. Vgl. *Schoop* 1987, S. 87.
[884] Art. 37 KV SG 1814.
[885] Art. 41 KV SG 1814.

318 Der *Tessiner* Grosse Rat wurde zur Hälfte von den Kreisen, zur Hälfte vom Grossen Rat ernannt[886]. Nähere Vorschriften über die Art der Stimmabgabe enthielt die Verfassung nicht.

319 Im Kanton *Waadt* wurden die Mitglieder des Grossen Rates teilweise direkt durch die Kreise aus ihrer eigenen Mitte ernannt, teilweise vom Grossen Rat gewählt und teilweise von einer Wahlkommission – bestehend aus Mitgliedern des Staatsrates, des Appellationsgerichtes und des Grossen Rates – bestimmt[887]. Für die Wahlen, die der Grosse Rat selbst vornahm, hielt die Verfassung fest, dass sie „durch geheimes absolutes Stimmenmehr" zu erfolgen hatten[888]. Für die Stimmabgabe bei den direkten Volkswahlen wurde auf Gesetzesstufe auf die Bestimmungen von 1812 verwiesen[889]. D.h. die Stimmabgabe hatte mittels Stimmzetteln zu erfolgen und war vermutlich geheim[890].

9.3.4 Landsgemeindekantone

320 Die Verfassungen der Landsgemeindekantone waren äusserst knapp formuliert; Usteri ergänzte sie jedoch in seinem Handbuch mit eigenen zusätzlichen Angaben. Die Landsgemeinde war wiederum die oberste Behörde[891]. Das Mindestalter zur Zulassung an der Landsgemeinde wurde in Uri und Obwalden auf 20 Jahre festgelegt[892], in Appenzell Innerrhoden auf 18 Jahre, in Appenzell Ausserrhoden, Glarus und Schwyz auf 16 Jahre herabgesetzt[893]. In Nidwalden wurde als Wahlrechtsalter 14 Jahre, als Stimmrechtsalter allerdings 20 Jahre bestimmt[894].

321 Zu den Befugnissen der Landsgemeinde gehörte die Wahl der obersten Kantonsorgane sowie der Tagsatzungsabgeordneten[895]. Ausser in Zug, wo die Landsgemeinde wiederum nur Wahlbefugnisse hatte[896], beschloss sie zudem über Gesetze, Bündnisse, Verträge, Steuern, Kriegs- und Friedensschlüsse[897]. An der Lands-

---

[886] Art. 31 KV TI 1814.
[887] Art. 20, 21 und 22 KV VD 1814.
[888] Art. 21 KV VD 1814.
[889] Art. 17 Arrêté assemblées de cercles (27.9.1814), in: Rec. VD, Bd. 11.
[890] Vgl. Rz. 291f. hiervor.
[891] Art. 2 KV UR 1820; Art. 4 KV OW 1816; Titel III, Bst. A KV NW 1816; Art. 1 KV GL 1815; Art. 11 KV ZG 1814; Art. 1 KV AR 1814; 3. Titel KV AI 1814. Schwyz reichte bei der Tagsatzung keine Verfassung ein; vgl. *Usteri* 1821, 258.
[892] Zu Uri s. *Usteri* 1821, S. 254; Art. 5 KV OW 1816.
[893] 3. und 13. Titel KV AI 1814; Art. 1 KV AR 1814; zu Glarus s. *Usteri* 1821, S. 278; zu Schwyz s. *Usteri* 1821, S. 258. Vgl. dazu *Biaudet* 1980, S. 894; *Blocher* 1906, S. 178; *Dierauer* 1917, S. 329f.
[894] *Blocher* 1906, S. 178.
[895] Art. 3 und 4 KV UR 1820; zu Schwyz s. *Usteri* 1821, S. 258; Art. 7 und 9 KV OW 1816; Titel III, Bst. A KV NW 1816; Art. 2 KV GL 1815; Art. 1 KV AR 1814; 4. Titel KV AI 1814.
[896] Art. 13 KV ZG 1814. Vgl. auch Rz. 235 und 289 hiervor.
[897] Art. 3 KV UR 1820; vgl. zu Uri auch *Usteri* 1821, S. 254; zu Schwyz s. *Usteri* 1821, S. 258; Art. 10 und 11 KV OW 1816; Titel III, Bst. A KV NW 1816; Art. 2 KV GL 1815; zu Glarus s. auch *Usteri* 1821, S. 279; Art. 1 KV AR 1814; 4. Titel KV AI 1814.

gemeinde wurde offen abgestimmt und gewählt[898]. In Glarus war zusätzlich das Losverfahren vorgesehen[899].

9.3.5 Graubünden

322 Die Verfassung von Graubünden blieb föderativ[900]. Sie enthielt keine Bestimmungen zur Art der Ausübung des Wahl- und Stimmrechts in den Gemeinden. Die neue Verfassung wurde in Graubünden, entsprechend Art. 34, den Stimmberechtigten zur Abstimmung unterbreitet[901].

9.3.6 Wallis

323 Die Verfassung des Kantons Wallis[902] war ebenfalls föderativ. Die Eckpfeiler der Ordnung im Wallis bildeten die 13 Zehnden[903]. Oberste Behörde der Zehnden war jeweils der Zehndenrat, welcher von den Stimmberechtigten ohne Zensusbestimmungen gewählt wurde[904]. Oberste kantonale Behörde war der Landrat, in welchen jeder Zehndenrat jeweils vier Gesandte ernannte[905]. Zudem sass der Bischof von Sitten im Landrat[906]. Der Landrat erliess Gesetze, welche dem obligatorischen Referendum durch die Zehnden unterlagen[907]. Anders als in Graubünden stimmten im Wallis jedoch die Zehndenräte und nicht die Stimmberechtigten über die Gesetze ab[908]. Das Referendum im Kanton Wallis bewirkte keine Demokratisierung, sondern vielmehr eine Vormachtstellung der sieben älteren Zehnden des Oberwallis gegenüber den Zehnden des Unterwallis[909]. Die Verfassung enthielt keine näheren Vorschriften über die Art der Stimmabgabe.

9.3.7 Neuenburg

324 Die aus vier Teilen bestehende Verfassung[910] wurde vom König von Preussen (Friedrich Wilhelm III) erlassen und hatte monarchischen Charakter[911]. Dem vom

---

[898] *Usteri* 1821, S. 254, 258 und 281; Art. 49 KV OW 1816; Art. 1 KV AR 1814; 3. Titel KV AI 1814.

[899] *Usteri* 1821, S. 280f. Vgl. zum Losverfahren in Glarus auch Rz. 240 hiervor.

[900] Vgl. insbes. § 2 KV GR 1820. Die Verfassung wurde bereits im November 1814 angenommen, vgl. Präambel der Verfassung von 1820 sowie *Hilty* 1887, S. 184; *Liver* 1982a, S. 168; *Liver* 1982b, S. 185ff. Zur Entwicklung des föderativen Referendums in Graubünden zur Restaurationszeit vgl. *Wili* 1988 S. 64f. Vgl. zu Graubünden in der Mediationszeit Rz. 296 hiervor.

[901] *Biaudet* 1980, S. 900; *Hilty* 1887, S. 184; *Schuler* 2001, S. 165.

[902] KV VS 1815. Vgl. dazu *Seiler* 1939, S. 35ff.

[903] Art. 3 KV VS 1815.

[904] Art. 7, 8 und 11 KV VS 1815.

[905] Art. 14 und 15 KV VS 1815.

[906] Art. 19 KV VS 1815.

[907] Art. 20 KV VS 1815.

[908] Art. 20 KV VS 1815.

[909] Vgl. *Hilty* 1887, S. 174 und 176; *Seiler* 1921, S. 28ff.; *Wili* 1988, S. 88.

[910] Verfassungs-Urkunde des Fürstenthums Neuenburg (14.6.1814), in: *Usteri* 1821, S. 460-464; Organisations-Edikt für die Landstände des Fürstenthums Neuenburg (26.12.1814), in: *Usteri* 1821, S. 464-468; Einberufungs-Edikt der Landstände (2.2.1816), in: *Usteri* 1821, S. 471-472; Reglement für die Wahl der Mitglieder der Landstände (6.2.1816), in: *Usteri* 1821, S. 472-476.

[911] Verfassungs-Urkunde des Fürstenthums Neuenburg (14.6.1814), in: *Usteri* 1821, S. 460-464. Vgl. zur Entstehung der Neuenburger Verfassung von 1814 auch *Stribrny* 1998, S. 211ff.

König ernannten Gouverneur[912] stand ein Staatsratskollegium zur Seite. Zehn Staatsräte, 14 weitere Notabeln, die Präsidenten der Gerichtsbezirke sowie dreissig durch die Bezirke ernannte Männer bildeten die Landstände[913]. Die Bezirksvertreter in den Landständen wurden von den Wahlberechtigten in halbdirekter Wahl ernannt[914]. Für die passive Wahlfähigkeit bestand ein Zensus[915]. Die Wahlen wurden in einer Versammlung durchgeführt; wer einem ausgerufenen Kandidaten seine Zustimmung gab, erhob sich[916]; die Stimmabgabe war also offen.

9.3.8 Genf

325 Die Verfassung der „Stadt und Republik Genf"[917] war vergleichsweise lang und ausführlich. Sie sah einen Repräsentantenrat als oberste Behörde vor. Dieser wurde von den Wahlberechtigten in einem komplizierten Wahl- und Losverfahren gewählt[918], das gemäss Rappard der Verhinderung von Schiebereien dienen sollte[919]. Die geheime Stimmabgabe war in den Verfassungsbestimmungen zur Wahl des Repräsentantenrates nicht vorgesehen. Allerdings hielt der nächste Titel über die Wahl der Syndics und des Staatsrates (welche vom Repräsentantenrat gewählt wurden[920]) den allgemeinen Grundsatz fest, dass alle Wahlen geheim zu erfolgen hatten[921]. Es stellt sich die Frage, für welche Wahlen dieser Grundsatz galt. Aufgrund der Systematik ist anzunehmen, dass die Wahl des Staatsrats und der Syndics durch den Repräsentantenrat geheim zu erfolgen hatte, dieser Grundsatz aber nicht auf die Wahl des Repräsentantenrats auszudehnen war.

326 Nichtsdestoweniger erwähnten drei Gesetze betreffend die Wahlen des Repräsentantenrats die Verwendung von Wahlzetteln[922]. Das dritte Gesetz vom 22.9.1819 sah weitere Vorkehrungen vor, wie beispielsweise das ausschliessliche Ausfüllen

---

[912] *Stribrny* 1998, S. 209.

[913] Art. 2 Organisations-Edikt für die Landstände des Fürstenthums Neuenburg (26.12.1814), in: *Usteri*, 1821, S. 464-468.

[914] Art. 4 Organisations-Edikt für die Landstände des Fürstenthums Neuenburg (26.12.1814), in: *Usteri*, 1821, S. 464-468.

[915] Art. 4 Organisations-Edikt für die Landstände des Fürstenthums Neuenburg (26.12.1814), in: *Usteri*, 1821, S. 464-468.

[916] Art. 28 Reglement für die Wahl der Mitglieder der Landstände (6.2.1816), in: *Usteri* 1821, S. 472-476.

[917] KV GE 1814. Zu den Ereignissen in Genf vgl. *Dierauer* 1917, S. 345ff., zum Wahlrecht in Genf vgl. *Blocher* 1906, S. 179ff.; *Fulpius* 1942, S. 73ff.

[918] 2. Titel, Art. 6 KV GE 1814.

[919] *Rappard* 1942, S. 51.

[920] 2. Titel, Art. 7 Abs. 6 KV GE 1814.

[921] 3. Titel, Art. 12 KV GE 1814.

[922] § 4 Gesetze, welche ausschliesslich Bezug haben auf die erste Bildung des Repräsentantenraths und des Staatsraths, und auf die Ernennungsweise zu den Stellen, welche im Repräsentantenrath erledigt werden, ehe solcher durch das Loos erneuert wird (1814), in: *Usteri* 1821, S. 502-505; § 9 Verfassungsgesetz über die Wahlen des Repräsentantenraths (28.7.1819), in: *Usteri* 1821, S. 512-515; §§ 18 und 29ff. Organisches Gesetz über die Wahlen der Abgeordneten in den Repräsentantenrath (22.9.1819), in: *Usteri* 1821, S. 515-520.

der Stimmzettel in den „Wahlzimmern"[923], das eigenhändige Ausfüllen oder das Ausfüllen durch einen Helfer, der schwören musste, die Stimmen treu zu schreiben und diese geheim zu halten[924] sowie die Vernichtung der Zettel nach erfolgter Wahl[925]. Diese Bestimmungen lassen auf geheime Stimmabgabe schliessen[926].

327   Die Genfer Verfassung wurde der Volksabstimmung unterstellt. Die Abstimmung verlief jedoch nicht gerade demokratisch. Die Gegner der Verfassung waren Einschüchterungen ausgesetzt und hatten ihr „Nein" in Anwesenheit von Beamten abzugeben[927]. Die Verfassung wurde mit 2'444 Ja- gegenüber 334 Nein-Stimmen angenommen[928].

9.4   Bedeutung des Stimmgeheimnisses

328   Einzelne Restaurationsverfassungen sahen die geheime Stimmabgabe vor (vgl. folgende Tabelle):

Geheime Stimmabgabe für Grossratswahlen in den Kantonsverfassungen zur Restaurationszeit   *Tabelle 3*

	Kooptation durch Grossen Rat	Wahl durch Wahlkollegium	Mittelbare Wahl durch Stimmberechtigte	Unmittelbare Wahl durch Stimmberechtigte
ZH	geheim			
BE[929]		teilweise geheim		
LU	geheim			geheim
FR	geheim			
SO	geheim			
Basel				geheim
SG			geheim	
VD	geheim			

Erklärung: Die grauen Flächen zeigen die vorgesehenen Stimmabgabemöglichkeiten. Wo kein weiterer Text steht, enthielt die Verfassung keine näheren Angaben zur Art der Stimmabgabe; in den anderen Fällen sollte die Stimmabgabe geheim, beziehungsweise teilweise geheim erfolgen.

---

[923]   § 29 Organisches Gesetz über die Wahlen der Abgeordneten in den Repräsentantenrath (22.9.1819), in: *Usteri* 1821, S. 515-520.

[924]   §§ 30f. Organisches Gesetz über die Wahlen der Abgeordneten in den Repräsentantenrath (22.9.1819), in: *Usteri* 1821, S. 515-520.

[925]   §37 Organisches Gesetz über die Wahlen der Abgeordneten in den Repräsentantenrath (22.9.1819), in: *Usteri* 1821, S. 515-520.

[926]   Vgl. auch *Fulpius* 1942, S. 74, der festhält: „Le vote au scrutin secret fut (...) introduit d'une manière définitive dans le droit constitutionnel genevois."

[927]   *Rappard* 1942, S. 45.

[928]   Vgl. KV GE 1814, S. 508; *Rilliet* 1849, S. 133. *Rappard* 1942, S. 45 spricht in Abweichung der vorzitierten Quellen von 344 Nein-Stimmen.

[929]   Für Bern werden anstelle der Verfassung die Fundamentalgesetze betrachtet.

329 Von den sieben Kantonen, die bereits in der Mediationsakte die geheime Stimmabgabe vorgesehen hatten, sahen sechs Kantone – Zürich, Bern, Luzern, Freiburg, Solothurn und Basel – die geheime Stimmabgabe in der Restaurationsverfassung mindestens teilweise ebenfalls vor. Die Schaffhauser Verfassung sah die geheime Stimmabgabe nun nicht mehr explizit vor.

330 Die Vorschrift der geheimen Stimmabgabe auf Verfassungsstufe gibt noch keinen Einblick in die Praxis. Es kann nicht mit Sicherheit gesagt werden, dass die Stimmabgabe heutigen Vorstellungen entsprechend geheim war.

331 Die Kantonsverfassungen alleine geben allerdings keinen endgültigen Aufschluss über das Vorkommen der geheimen Stimmabgabe. Wie die Beispiele der Kantone Waadt und Genf zeigen, ist die Nicht-Regelung auf Verfassungsstufe nicht identisch mit der offenen Stimmabgabe. Die geheime Stimmabgabe konnte auch auf Gesetzesstufe vorgesehen sein. Das Genfer Beispiel zeigt zudem, dass die geheime Stimmabgabe bei Wahlen nicht gleichzeitig auch eine geheime Stimmabgabe bei Abstimmungen bedeutete.

332 Für die Bedeutung des Stimmgeheimnisses kann zusammenfassend festgehalten werden, dass die Idee wie schon in der Mediationszeit bekannt war und in mindestens neun Kantonen auf Verfassungs- oder Gesetzesstufe für die Stimmabgabe bei Wahlen vorgeschrieben war. Die weitere Entwicklung in diesen Kantonen zeigt, dass das Stimmgeheimnis allerdings noch nicht gefestigt war[930].

---

[930] Vgl. dazu Rz. 344f. und 382 hiernach.

10 STIMMGEHEIMNIS ZUR REGENERATIONSZEIT (1830-1847)

333   Regeneration bedeutet „Wiedererzeugung" und steht in rechtsgeschichtlichem Zusammenhang für die Erneuerung der kantonalen Rechtsordnungen im Sinne des Individualismus und rationalen Naturrechts[931]. Grob gesagt, wurden in der Regenerationszeit die Verfassungsgrundsätze der Helvetik und der französischen Revolution „wieder erzeugt". Als Auslöser der Regenerationszeit kann die Julirevolution in Paris betrachtet werden[932].

334   Die Darstellung in diesem Kapitel ist aufgrund der Dominanz der Vorgänge in den Kantonen zweigeteilt: zuerst werden die Ereignisse und Verfassungen auf kantonaler Ebene, danach wird die Entwicklung auf Bundesebene untersucht.

10.1 Regenerationszeit in den Kantonen

335   In dieser Zeit kam es in den Kantonen teilweise zu mehreren Verfassungsrevisionen[933]. Als regeneriert verstanden sich diejenigen Kantone, welche seit 1830 ihre Verfassungen im demokratischen Sinne revidiert hatten. Die Entwicklung in diesen Kantonen kann in drei Phasen eingeteilt werden: liberale Phase (1830-1839), konservative Gegenbewegung (1839-1844) und radikale Phase (1845-1847)[934]. Die Darstellung der kantonalen Entwicklungen in den Regenerationskantonen folgt dieser Einteilung. Danach folgt eine Darstellung der Entwicklungen in den übrigen Kantonen.

10.1.1 Regenerationskantone: Liberale Phase (1830-1839)

336   Nach der Julirevolution in Paris verlief die Regenerationsbewegung in elf Kantonen[935] – *Zürich, Bern, Luzern, Freiburg, Solothurn, Basel-Landschaft*[936], *Schaffhausen, St. Gallen, Aargau, Thurgau und Waadt* – nach einem ähnlichen Muster: Die Liberalen publizierten Broschüren, Forderungskataloge („Memoriale"),

---

[931] *Kölz* 1992a, S. 209.
[932] Vgl. *Biaudet* 1980, S. 918ff.; *Dierauer* 1917, S. 490ff.; *His* 1929, S. 72ff.; *Kölz* 1992a, S. 215; *Pfyffer* 1869, S. 25; *Rappard* 1948, S. 58ff.
[933] Vgl. dazu Tabelle 4 hiernach.
[934] Vgl. *Kölz* 1992a, S. 209ff.
[935] Im Kanton Tessin war die Verfassung bereits vor der Julirevolution in liberalem Sinn verändert worden, vgl. dazu *Sauter* 1969, S. 145ff.
[936] Zur Trennung des Kantons Basel vgl. Rz. 364 hiernach.

Kantonsverfassungen 1830-1847[937]　　　　　　　　　　　*Tabelle 4*

	1830	1831	1832	1833	1834	1835	1836	1837	1838	1839	1840	1841	1842	1843	1844	1845	1846	1847
	Liberale Phase (1830-1839)										Konservative Gegenbewegung (1839-1844)					Radikale Phase (1845-1847)		
ZH		T																
BE		T															T	
LU		T										T						
UR																		
SZ				T														
Ausser-Schwyz			T															
OW																		
NW																		
ZG																		
GL							T						T					
FR		T																
SO	T											T						
BS (Basel)				T														T
BL (Basel)		T	T						T									
SH		T			T													
AR					T													
AI																		
SG		T																
GR																		
AG		T										T						
TG		T						T										
TI	T																	
VD	T*	T															T	
VS										T					T			
NE		T																
GE													T					T

Legende: T = Totalrevision

---

[937] Die Tabelle basiert auf der Tabelle II in: *Vogt* 1873, S. 358f.

* Die Waadtländer Verfassung von 1830 war allerdings noch nicht regeneriert und entsprach in den Wahlrechtsbelangen weitgehend der Verfassung von 1814, vgl. KV VD 1830.

Flugblätter und Denkschriften und führten Volksversammlungen durch[939]. Aus dem Volk gingen ebenfalls Bittschriften mit Änderungswünschen ein[940]. Lediglich im Kanton Tessin taucht dabei die Forderung nach geheimer Stimmabgabe auf[941]. Allerdings wurde zum Teil die Verhinderung von Bestechungen und grundsätzlich die Abhaltung von freien, unbeeinflussten Wahlen gefordert[942].

337 Die Grossen Räte gaben diesem Druck nach und veranlassten Verfassungsrevisionen[943]. In allen Regenrationskantonen ausser Freiburg fanden Volksabstimmungen (meistens die ersten rein kantonalen Sachabstimmungen) über die neuen Verfassungen statt, welche zur Annahme der Verfassungen führten[944].

338 Zur Art der Stimmabgabe anlässlich der Volksabstimmungen über die neuen Kantonsverfassungen seien beispielhaft die Regelungen in Zürich und Bern erwähnt[945]: In *Zürich* erhielten alle an der Versammlung teilnehmenden Stimmberechtigten eine abgestempelte Karte, auf welche sie „Ja" oder „Nein" schreiben sollten[946]. Weiter hielt die Regelung fest: „Die Stimmzettel werden gesammelt, gezählt, nach der Zählung verlesen (...)"[947]. Die geheime Stimmabgabe wurde nicht explizit vorgeschrieben. Die erwähnten Vorkehrungen könnten zwar als Sicherstellung der geheimen Stimmabgabe interpretiert werden. Allerdings fehlten genauere Vorschriften, insbesondere über ein ungestörtes Ausfüllen des Stimmzettels oder ein Einsammeln der Stimmzettel, ohne dass die Stimmenzähler den Inhalt der Stimme erkennen konnten. Auch bestanden keine Vorschriften über ein allfälliges Durchmischen der Stimmzettel, damit nicht aufgrund der Reihenfolge der Resultatsverlesung der Inhalt eines Stimmzettels einer Person zugeordnet werden konnte. Die Stimmabgabe fand also vermutungsweise offen statt.

339 Die Abstimmung in *Bern* hatte durch öffentliche Erklärung der Zustimmung oder Ablehnung an Versammlungen zu geschehen. Das Votum wurde jeweils in Namenslisten protokolliert, diese wurden nach der Stimmabgabe aller Anwesenden

---

[939] *Dierauer* 1917, S. 494ff.; *Dünki* 1990, S. 6f. (zu Zürich); *Furrer* 1940, S. 50ff. (zu Solothurn); *Feller* 1931, S. 20ff. (zu Bern); *Junker* 1990, S. 20ff. (zu Bern); *Kölz* 1992a, S. 218ff.; *Meuwly* 1990, S 91ff. (zu Waadt); *Oehler* 1975, S. 18 (zu St. Gallen); *Schoop* 1987, S 124ff. (zu Thurgau); *Sidler* 1934, S. 20ff. (zu Luzern); *Sigrist* 1981, S. 718ff. (zu Solothurn); *Ziswiler* 1992, S. 18ff. (zu Aargau).

[940] Vgl. *Blum* 1976, S. 71ff. (zu Basel); *Breitenbach* 1939, S. 87 (zu Freiburg); *Furrer* 1940, S. 57 (zu Solothurn); *Kloetzli* 1918 (zu Bern); *Meuwly* 1990, S. 91ff. (zu Waadt); *Nabholz* 1911 (zu Zürich); *Oehler* 1975, S. 19 (zu St. Gallen); *Schoop* 1987, S. 129ff. (zu Thurgau). Für eine allgemeine Übersicht über die Volksbewegungen in den Kantonen vgl. *Dierauer* 1917, S. 496ff.

[941] *Ghiringhelli* 1995, S. 31.

[942] *Breitenbach* 1939, S. 20; *Kloetzli* 1918 S. 76.

[943] *Dierauer* 1917, S. 496ff.; *Kölz* 1992a, S. 220 und 305ff.

[944] *Dierauer* 1917, S. 503f.; *Kölz* 1992a, S. 222. In St. Gallen wurde die neue Verfassung nur angenommen, weil die Nicht-Stimmenden zu den Ja-Stimmen gezählt wurden.

[945] Vgl. zudem Rz. 353 hiernach zu Basel-Landschaft.

[946] § 7 Beschluss Grosser Rath (10.3.1831), in: OS ZH seit 1831, Bd. 1.

[947] § 8 Beschluss Grosser Rath (10.3.1831), in: OS ZH seit 1831, Bd. 1.

laut vorgelesen[948]. Die Stimmabgabe war also nicht geheim; Junker hält fest, dass es zahlreiche Möglichkeiten zur Einflussnahme gegeben hatte[949].

340　Die Regenerationskantone stellten den Grundsatz der *Volkssouveränität* an die oberste Stelle[950]. Diese wurde dahin gehend verstanden, dass die Bürger die Mitglieder des Grossen Rates wählten und über neue oder geänderte *Verfassungen abstimmen* konnten[951]. Als weitere Neuerung wurde in einigen Kantonen die *Verfassungsinitiative* eingeführt[952]. Diese war entweder als einstufiges Verfahren – d.h. eine absolute Mehrheit der Stimmberechtigten musste das Initiativbegehren unterstützen und damit war gleichzeitig auch die Frage, ob eine Verfassungsrevision stattfinden sollte, entschieden[953] – oder als zweistufiges Verfahren ausgestaltet[954]. In St. Gallen beispielsweise mussten 10'000 Stimmberechtigte das Begehren unterstützen, damit anschliessend eine Volksabstimmung über die Frage stattfand[955]. Wer das Initiativbegehren unterstützen wollte, konnte dieses in Gegenwart des Gemeindeammanns und des Gemeinderatsschreibers unterzeichnen[956]. Fand schlussendlich eine Abstimmung über die Initiative auf Verfassungsrevision statt, geschah diese in St. Gallen „durch das offene Mehr"[957].

341　*St. Gallen* führte zudem das *Veto-Recht* ein – das Recht auf Verwerfung eines Gesetzes, wenn eine bestimmte Zahl von Aktivbürgern innerhalb einer bestimmten Frist die Abstimmung über das Gesetz verlangte[958]. Die Verweigerung des Gesetzes wurde an Gemeindeversammlungen beraten und entschieden[959]. Auch *Basel-Landschaft* sah ein Veto vor. Dieses wurde mittels Zuschriften in Form von

---

[948]　Art. 7-9 Gesetz Annahme Verfasssung (16.7.1831), in: Gesetze BE 1833, Bd. 1.

[949]　*Junker* 1990, S. 50.

[950]　§ 1 KV ZH 1831; § 3 KV BE 1831; § 3 KV LU 1831; § 3 KV FR 1832; § 1 KV SO 1830; § 2 KV BL 1832 und auch § 2 KV BL 1838; § 3 KV SH 1831 und auch § 3 KV SH 1834; § 2 KV SG 1831; § 2 KV AG 1831; § 2 KV TG 1831 und auch § 2 KV TG 1837; Art. 2 KV TI 1830; § 1. KV VD 1831. Vgl. dazu *Diethelm* 1939, S. 44ff.; *Schefold* 1966, S. 20ff. Zur Verfassungsrevision im Kanton Thurgau von 1837 vgl. *Schoop* 1987, S. 147ff., zur Verfassung in Bern vgl. *Junker* 1990, S. 52ff.

[951]　Ein obligatorisches Verfassungsreferendum kannten alle Regenerationsverfassungen ausser diejenigen von Freiburg, Solothurn und St. Gallen aus dem Jahr 1831. Vgl. § 93 KV ZH 1831; § 96 KV BE 1831; § 61 KV LU 1831; § 81 KV BL 1832 und auch § 81 KV BL 1838; § 80 KV SH 1831 und auch § 81 KV SH 1834; Art. 40ff. PKV SG 1838; § 85 KV AG 1831; § 221 KV TG 1831 und auch § 209 KV TG 1837; Art. 96 KV VD 1831.

[952]　Jederzeitige Einreichung der Initiative: § 80 KV BL 1832; § 81 KV SH 1834; § 85 Bst. a KV AG 1831. Initiativrecht nach Ablauf einer Frist während derer die Verfassung in Kraft war: § 61 KV LU 1831; § 80 KV BL 1838; § 80 Abs. 1 KV SH 1831; § 143 KV SG 1831; § 219 KV TG 1831 und auch § 209 KV TG 1837.

[953]　§ 80 KV SO 1830; § 80 KV BL 1838; § 80 KV SH 1831; § 143 KV SG 1831; § 85 KV AG 1831; § 219 KV TG 1831.

[954]　§ 61 KV LU 1831; Art. 4 Bst. a PKV SG 1838; § 209 KV TG 1837; § 81 KV SH 1834. Zu Beginn der Entwicklung der Verfassungsinitiative wurde diese häufig als „Petition" bezeichnet, vgl. *Gisiger* 1935, S. 60.

[955]　Art. 4 Bst. a PKV SG 1838. Vgl. dazu *Duft* 1910, S. 58f.; *Huser* 1983, S. 104.

[956]　Art. 5 PKV SG 1838.

[957]　Art. 20 PKV SG 1838.

[958]　§ 3 KV SG 1831. Zum Veto allgemein vgl. *Duft* 1910, S. 59ff. Zum Veto in St. Gallen vgl. *Duft* 1910, S. 63ff.; *Huser* 1983, S. 104f.; *Oehler* 1975, S. 24ff.; *Schefold* 1966, S. 278ff.; *Vogt* 1873, S. 368ff.

[959]　§ 137 KV SG 1831.

Unterschriftenlisten, also unter Angabe des Namens, ausgeübt[960]. Nach 1838 sah die revidierte Verfassung von Basel-Landschaft dann vor, dass die Verwerfung durch „an offener Gemeinde abzugebende Unterschriften"[961] erfolgen sollte.

342 Die meisten Regenerationsverfassungen legten das Prinzip der *Öffentlichkeit der Verhandlungen* der Grossen Räte (in Basel-Landschaft der Landrat) fest[962]. Meist wurde auch der Grundsatz der *Rechtsgleichheit* verankert[963]. Dabei ging es u.a. darum, allen (männlichen) Bürgern die gleichen Mitwirkungsrechte bei der Bildung des Staatswillens zu geben (politische Gleichheit)[964]. Die *aktive Wahlberechtigung* wurde in den Regenerationskantonen meist nicht mehr von einem Vermögens- oder Einkommensnachweis abhängig gemacht[965]; allerdings waren neben den Geisteskranken und Bevormundeten häufig auch die Armengenössigen, Konkursiten und die in der Ehrenfähigkeit Eingestellten sowie in Luzern und Freiburg die Dienstboten vom Wahlrecht ausgeschlossen[966]. Juden und in Luzern allen Bürgern nichtkatholischer Religion stand das Wahlrecht ebenfalls nicht zu[967]. In einigen Kantonen waren zudem die Angehörigen des geistlichen Standes (Priester, Pfarrer) nicht wahlberechtigt[968].

343 Bezüglich der Ausgestaltung des *Wahlrechts* für die Wahl der Grossen Räte (in Basel-Landschaft des Landrats) sind vier Gruppen von Regenerationskantonen unterscheidbar:

➢ Diejenigen Kantone, in denen alle Parlamentsmitglieder in direkter Volkswahl bestimmt wurden (Basel-Landschaft, Schaffhausen nach 1834, St. Gallen, Thurgau, Tessin, Waadt)[969],

---

[960] § 40 KV BL 1832. Zum Veto in Basel-Landschaft vgl. Blum 1977, S. 106ff.; *Schefold* 1966, S. 285ff.
[961] § 40 KV BL 1838.
[962] § 49 KV ZH 1831; § 56 KV BE 1831; § 20 KV LU 1831; § 32 KV BL 1832 und auch § 32 KV BL 1838; § 40 KV SH 1834; § 52 KV SG 1831; § 4 KV AG 1831; § 50 KV TG 1831 und auch § 49 KV TG 1831; Art. 24 § 14 KV TI 1830; § 31 KV VD 1831.
[963] § 3 KV ZH 1831; § 7 KV BE 1831; § 4 KV LU 1831; § 4 KV FR 1832; § 5 KV BL 1832 und auch § 5 KV BL 1838; § 4 KV SH 1831 und auch § 4 KV SH 1834; § 10 KV AG 1831; § 9 KV TG 1831 und auch § 9 KV TG 1837; Art. 2 KV VD 1831.
[964] *Kölz* 1992a, S. 320. Bern (§ 8), Freiburg (§ 5) und Thurgau (§ 9) verankerten die politische Gleichheit explizit in der Verfassung.
[965] Mit Ausnahme von Luzern und Tessin: §§ 51 und 52 KV LU 1831; Art. 16 Bst. c KV TI 1830. Bern und Aargau kannten einen teilweisen Zensus: §§ 31 Abs. 6 und 35 Abs. 3 KV BE 1831; § 36 Bst. b KV AG 1831 (passives Wahlrecht).
[966] § 24 KV ZH 1831; § 32 KV BE 1831; § 51 KV LU 1831; § 29 KV FR 1832; § 10 KV SO 1830; § 3 KV BL 1832 und auch § 3 KV BL 1838; §§ 24 und 26 KV SH 1831 und auch §§ 24 und 26 KV SH 1834; § 35 KV SG 1831; §§ 32 und 33 KV AG 1831; §§ 27 und 29 KV TG 1831 und auch § 27 KV TG 1837; §§ 16 und 17 KV VD 1831.
[967] § 51 KV LU 1831.
[968] § 35 Abs. 4 KV BE 1831 (nur passives Wahlrecht); §§ 51 Bst. b und 52 KV LU 1831; §§ 29 Bst. a und 33 KV FR 1832; §§ 10 und 12 KV SO 1830; § 29 KV SH 1831 (nur passives Wahlrecht); §§ 10 und 36 KV AG 1831. In Schaffhausen wird diese Anforderung in der Revision 1834 aufgehoben: § 29 KV SH 1834.
[969] § 45 KV BL 1832 und auch § 45 KV BL 1838; § 28 KV SH 1834; § 45 KV SG 1831; § 37 KV AG 1840; § 39 KV TG 1831 und auch § 38 KV TG 1837; Art. 32 KV TI 1830; § 22 KV VD 1831.

➢ diejenigen Kantone, die ein gemischtes Verfahren kannten, in dem ein Teil der Parlamentarier direkt vom Volk gewählt und der Rest vom Parlament selbst ergänzt wurde (Zürich, Luzern, Schaffhausen vor 1834, Aargau)[970],

➢ jener Kanton, in dem neben Kooptation und direkten Volkswahlen zusätzlich noch indirekte Volkswahlen vorgesehen waren (Solothurn)[971], sowie

➢ diejenigen Kantone, die keine direkten Volkswahlen kannten (Bern, Freiburg). In Bern wählten vom Volk gewählte Wahlmänner den grösseren Teil der Grossratsmitglieder; die restlichen Mitglieder wurden durch die indirekt gewählten Mitglieder des Grossen Rates ergänzt[972]. In Freiburg wurden alle Parlamentsmitglieder durch die von Stimmberechtigten ernannten Wahlmänner bestimmt[973].

344 Die Verfassungen der regenerierten Kantone enthielten entweder keine näheren Vorschriften bezüglich der Art der Stimmabgabe bei den Grossratswahlen (Freiburg, Solothurn, Basel-Landschaft, St. Gallen, Aargau, Tessin, Waadt)[974] oder sie schrieben explizit die geheime Stimmabgabe – und zwar für alle jeweils vorgesehenen Wahlgremien – vor (Zürich, Bern, Luzern, Schaffhausen, Thurgau)[975].

Geheime Stimmabgabe für Grossratswahlen in den Kantonsverfassungen 1830-1839   *Tabelle 5*

	Kooptation durch Grossen Rat	Mittelbare Wahl durch Stimmberechtigte	Unmittelbare Wahl durch Stimmberechtigte
ZH	geheim		geheim
BE	geheim	geheim	
LU	geheim		geheim
SH			geheim
	geheim		(ab 1834 nur noch unmittelbare, geheime Volkswahl)
TG			geheim

Erklärung: Die grauen Flächen zeigen die vorgesehenen Stimmabgabemöglichkeiten.

345 Von den acht Kantonen, deren Restaurationsverfassungen die geheime Stimmabgabe vorsahen, hatten drei Kantone diese beibehalten: Zürich, Bern und Lu-

---

[970] § 33 KV ZH 1831; § 37 KV LU 1831; § 28 KV SH 1831; § 35 KV AG 1831.
[971] § 3ff. KV SO 1830. Vgl. dazu *Sigrist* 1981, S. 729 und 736ff.
[972] § 37ff. KV BE 1831. Vgl. dazu *Junker* 1990, S. 45ff.
[973] § 24ff. KV FR 1832.
[974] Vgl. inbes. §§ 31 und 40 KV FR 1832; § 45 KV BL 1832 und auch § 45 KV BL 1838; § 96 KV SG 1831; § 35 KV AG 1831; Art. 32 KV TI 1830; §§ 68ff. KV VD 1831.
[975] §§ 30 und 35 KV ZH 1831; §§ 38; 41 und 43 KV BE 1831; § 36 KV LU 1831; § 12 KV SO 1840; § 21 KV SH 1831 und auch § 21 KV SH 1834; § 209 KV TG 1831 und auch § 203 KV TG 1837. Vgl. dazu Tabelle 5.

zern[976]. Neu sahen die Verfassungen Schaffhausens und Thurgaus die geheime Stimmabgabe explizit vor. Die Verfassungen der Kantone Freiburg, Solothurn, Basel, St. Gallen und Waadt sahen im Gegensatz zur Restaurationszeit die geheime Stimmabgabe nicht mehr vor, was allerdings nicht zwingend bedeutet, dass die Geheimhaltung auf Gesetzesstufe ebenfalls nicht vorgesehen war.

346   Es stellen sich nun zwei Fragen:

> Erstens: waren in denjenigen Regenerationskantonen mit Verankerung der geheimen Stimmabgabe auf Verfassungsebene die Verfahren effektiv so ausgestaltet, dass die Stimmabgabe geheim erfolgen konnte?

> Und zweitens: war die Stimmabgabe in denjenigen Regenerationskantonen, deren Verfassungen keine näheren Vorschriften machten, offen oder geheim?

347   *Zur ersten Frage:* Die *Luzerner* Verfassung gab bereits durch die Formulierung zu erkennen, dass es mit der Geheimhaltung wohl nicht ganz einfach war: „Alle durch die Verfassung vorgeschriebenen Wahlen geschehen, so viel möglich, durch das geheime absolute Stimmenmehr."[977] Die Art der Stimmabgabe und die Vorschrift der Geheimhaltung werden in der zahlreichen Literatur zur Luzerner Regenerationsverfassung nicht thematisiert[978]. Die einschränkende Wortwahl „so viel möglich" liess einen grossen Interpretationsspielraum zu. Aufgrund der Formulierung der Verfassungsbestimmung kann lediglich vermutet werden, dass die geheime Stimmabgabe nicht oder nicht immer vollständig umgesetzt wurde.

348   Am Beispiel *Berns* soll die Ausführungsgesetzgebung hinsichtlich der geheimen Stimmabgabe näher untersucht werden. In *Bern* wurde die Wahl innerhalb des Grossen Rates, in den Urversammlungen und in den Wahlversammlungen auf die gleiche Weise vollzogen. Jeder Wähler erhielt einen Stimmzettel, auf welchen er den/die Namen derjenigen Person(en) schrieb, der/denen er seine Stimme gab[979]. Die Stimmzettel wurden sodann von den Stimmenzählern in Gefässen eingesammelt, gezählt und laut vorgelesen[980].

349   Die Vorkehrungen zur Sicherstellung der Geheimhaltung waren unvollständig. Insbesondere das laute Vorlesen der Stimmzettel ohne besondere Vorkehrungen, welche die Reihenfolge des Einlegens in das Gefäss unkenntlich machten, könn-

---

[976] Vgl. auch Rz. 382 hiernach.

[977] § 36 KV LU 1831.

[978] Vgl. *His* o.J., S. 74ff.; *Pfyffer* 1869, S. 29ff.; *Segesser* 1858, S. 740ff.; *Sidler* 1934, S. 19ff.

[979] §§ 58 und 59 Reglement Grosser Rath (4.8.1831), in: Gesetze BE 1833, Bd. 1; § 8 Verordnung Wahlen (5.8.1831), in: Gesetze BE 1833, Bd. 1; § 14 Verordnung Wahlen (5.8.1831), in: Gesetze BE 1833, Bd. 1. Ähnlich auch die Zürcher Regelung: § 50 Abs. 3 Reglement Grosser Rath (19.5.1831), in: OS ZH seit 1831, Bd. 1; § 5 Abs. 2 Gesetz Versammlungen Bürger (28.9.1832), in: OS ZH seit 1831, Bd. 2.

[980] §§ 58 und 59 Reglement Grosser Rath (4.8.1831), in: Gesetze BE 1833, Bd. 1; § 8 Verordnung Wahlen (5.8.1831), in: Gesetze BE 1833, Bd. 1; § 14 Verordnung Wahlen (5.8.1831), in: Gesetze BE 1833, Bd. 1. Ähnlich auch die Zürcher Regelung: § 5 Abs. 3 Gesetz Versammlungen Bürger (28.9.1832), in: OS ZH seit 1831, Bd. 2.

ten zur faktischen Umgehung des Stimmgeheimnisses geführt haben. Die erste Frage lässt sich also dahingehend beantworten, dass die Vorschrift der geheimen Stimmabgabe auf Verfassungsstufe noch keine Gewähr dafür bot, dass die Verfahren auf Gesetzesstufe die Geheimhaltung der Stimmabgabe vollständig sicherstellten.

350 *Zur zweiten Frage*: Von den Kantonen, deren Verfassungen sich nicht näher zur Art der Stimmabgabe äussern, werden an dieser Stelle beispielhaft Basel-Landschaft und Waadt näher untersucht.

351 Im Kanton *Basel-Landschaft* war auf Gesetzesstufe seit 1832 die geheime Stimmabgabe für die *Landratswahlen* vorgesehen[981]. Nähere Angaben über die Art und Weise, wie die geheime Stimmabgabe erfolgen sollte, enthielten diese Bestimmungen jedoch nicht. Das Verfahren wurde in der Verordnung von 1841 etwas präzisiert, indem vorgeschrieben wurde, dass die Stimmzettel „durch die Gemeinderäthe bei ihren betreffenden Gemeindeangehörigen"[982] eingesammelt, von den Stimmenzählern eröffnet und „deutlich und laut"[983] abgelesen werden sollten. Erst das Gesetz von 1844 konkretisierte dieses Verfahren weiter: „Die Wähler der verschiedenen Gemeinden treten, wie der letztern Namen in alphabetischer Reihe folgen, unter Aufsicht ihrer Gemeindevorsteher zum Bureau des Wahlvorstandes, wo ein Wähler nach dem andern den Stimmzeddel, das Geschriebene einwärts gekehrt, zusammengelegt dem Wahlpräsidenten persönlich einhändigt."[984] Der Präsident übergab die Stimmzettel den Stimmenzählern, welche die Stimmzettel öffneten und vorlasen[985]. Zuletzt zerriss der Präsident die Stimmzettel[986].

352 Auch dieses Gesetz liess Raum für Stimmgeheimnisverletzungen. Erstens mussten die Wähler die Stimmzettel dem Präsidenten direkt abgeben und nicht in eine Urne legen. Wie das Beispiel Frankreichs gezeigt hat, bestehen trotz des Erfordernisses der Stimmzettel-Faltung zahlreiche Möglichkeiten, wie der Präsident den Inhalt des Zettels dennoch erfahren kann[987]. Auch die Tatsache, dass die Stimmberechtigten ihre Stimmzettel in alphabetischer Reihenfolge abgeben mussten und der Inhalt der einzelnen Stimmzettel später laut vorgelesen wurde, ermöglichte faktisch die Zuordnung des Inhalts eines Stimmzettels zu einer be-

---

[981] § 11 Gesetz Abstimmung Verfassung (30.4.1832), in: Gesetze BL, Bd. 1 i.V.m. § 7 Beschluss Bildung Verfassungsrat (25.3.1832), in: Gesetze BL, Bd. 1 und § 3 Gesetz Bildung Verfassungsrat (10.4.1838), in: Gesetze BL, Bd. 3 i.V.m. § 10 Beschluss Abstimmung Verfassung (1.8.1838), in: Gesetze BL, Bd. 3

[982] § 8 Verordnung Erneuerungswahlen Landrath (9.9.1841), in: Gesetze BL, Bd. 3.

[983] § 10 Verordnung Erneuerungswahlen Landrath (9.9.1841), in: Gesetze BL, Bd. 3.

[984] § 13 Gesetz Volkswahlen (29.10.1844), in: Gesetze BL, Bd. 3.

[985] § 14 Gesetz Volkswahlen (29.10.1844), in: Gesetze BL, Bd. 3.

[986] § 14 Gesetz Volkswahlen (29.10.1844), in: Gesetze BL, Bd. 3.

[987] Vgl. zu Frankreich Rz. 86 hiervor.

stimmten Person. Das Gesetz von 1844 war für die folgenden Landratswahlen 1848 sowie für die Nationalratswahlen massgebend[988].

353 Die Art der Stimmabgabe bei den *Abstimmungen* unterschied sich in Basel-Landschaft von derjenigen bei Wahlen. 1832 und 1833 hatten die Abstimmungen mittels Stimmzettel zu erfolgen. Obwohl die Geheimhaltung nicht explizit vorgesehen war, ähnelte das Verfahren den zu dieser Zeit üblichen Vorkehrungen zur „geheimen" Stimmabgabe: Die Stimmzettel wurden zusammengelegt einem Stimmenzähler übergeben, danach gezählt, geöffnet und laut verlesen[989]. Die Vorkehrungen deuteten also auf geheime Stimmabgabe hin, wobei die Vorschriften Raum für Offenlegung der Stimmen liessen[990]. Seit 1838 war jedoch die offene Stimmabgabe vorgesehen. Jeder Stimmberechtigte wurde „einzeln von dem die Gemeindeversammlung leitenden Mitgliede derselben aufgefordert, sich zu erklären: ob er die Verfassung annehmen wolle oder nicht, und die erfolgende Antwort nebst dem Namen der dieselbe Ertheilenden durch die Schreiber zu Protokoll genommen."[991] Das Nebeneinander von offenen Abstimmungen und geheimen Wahlen blieb bis ins Jahr 1862 bestehen[992]. So war auch für die Abstimmung über die Bundesverfassung 1848 die mündliche Erklärung vor der Versammlung vorgesehen[993].

354 Die *Waadtländer* Wahlgesetzgebung zur Regenerationszeit übernahm beinahe wörtlich die Bestimmung von Art. 5 des Gesetzes von 1812[994]. Zusätzlich wurden weitere Vorkehrungen, welche auf eine Geheimhaltung der Stimmabgabe deuteten, getroffen: „Chaque électeur, immédiatement après avoir reçu son bulletin, se rend dans un lieu désigné et séparé, mais dans l'intérieur de la salle, où il écrit ou fait écrire son vote par un électeur de son choix; il présente son bulletin fermé à l'un des membres du Bureau, qui le dépose immédiatement dans l'urne. Ce dépôt est contrôlé."[995] Es wird nicht klar, ob der separate Ort, an welchen sich der Stimmberechtigte zum Ausfüllen seines Stimmzettels begeben sollte, ihn wie das französische „Isoloir" vor dem Einblick anderer beim Ausfüllen des Stimmzettels schützen sollte[996]. Die Tatsache, dass ein anderer Stimmberechtigter oder ein Mitglied des Büros ebenfalls anwesend sein durfte, lässt eher die Vermutung zu,

---

[988] § 5 Verordnung Erneuerungswahlen Landrath (4.1.1848), in: Gesetze BL, Bd. 4; §§ 5 und 6 Vollziehungsverordnung Wahlen Nationalrath (26.9.1848), in: Gesetze BL, Bd. 4. Vgl. zu den Nationalratswahlen 1848 Rz. 389ff. hiernach.

[989] §§ 6 und 7 Gesetz Abstimmung Verfassung (30.4.1832), in: Gesetze BL, Bd. 1; § 4 Beschluss Bundesverfassung (19.6.1833), in: Gesetze BL, Bd. 1.

[990] Vgl. dazu auch Rz. 338 und 352 hiervor. *Blum* 1976, S. 568 geht für diese Abstimmungen von geheimer Stimmabgabe aus.

[991] § 6 Beschluss Abstimmung Verfassung (1.8.1838), in: Gesetze BL, Bd. 3.

[992] Vgl. *Blum* 1976, S. 568ff.

[993] § 6 Beschluss Abstimmung Bundesverfassung (25.7.1848), in: Gesetze BL, Bd. 4. Vgl. zur Bundesverfassung von 1848 Rz. 385ff. hiernach.

[994] Vgl. Art. 43 Loi assemblées électorales (26.1.1832), in: Rec. VD, Bd. 24. Vgl. auch Rz. 291f. hiervor.

[995] Vgl. Art. 44 Loi assemblées électorales (26.1.1832), in: Rec. VD, Bd. 24.

[996] Vgl. zum französischen „Isoloir" Rz. 87f. hiervor.

dass der separate Raum für die Benutzung durch mehrere Stimmberechtigte gleichzeitig konzipiert war. Auch 1832 fehlte im Kanton Waadt eine grundsätzliche Bestimmung, welche die Stimmabgabe als geheim vorschrieb.

355   Auf die zweite Frage lässt sich also antworten, dass in Kantonen, welche keine verfassungsrechtlich vorgeschriebene geheime Stimmabgabe kannten, diese sehr wohl auf Gesetzesstufe verwirklicht sein konnte. Allerdings war auch in diesen Fällen die Geheimhaltung nicht durchgehend gewährleistet.

10.1.2 Regenerationskantone: Konservative Gegenbewegung (1839-1844)

356   Die konservative Gegenbewegung wurde durch den 1839 in Zürich erfolgten „Züriputsch" eingeleitet, bei welchem sich die protestantischen Konservativen in Volksversammlungen gegen die Reformen im Sinne der Aufklärung wandten und schliesslich die Regierung unter Waffeneinsatz auflösten[997]. Der Züriputsch löste einen konservativen Umschwung in *Luzern* aus, der vor allem von den ländlich-bäuerlichen Demokraten angestrebt worden war[998]. In Luzern führte die konservative Bewegung zu einer neuen Verfassung, welche am 1.5.1841 von der Mehrheit der Stimmberechtigten angenommen wurde[999]. Neu sollten alle Grossräte direkt vom Volk gewählt werden, das Zensuserfordernis für das aktive Wahlrecht wurde aufgehoben und das Vetorecht eingeführt[1000]. Die Stimmabgabe blieb geheim, wobei allerdings zwei Drittel der Anwesenden an der Volksversammlung die offene Stimmabgabe verlangen konnten[1001].

357   Der Züriputsch hatte auch Auswirkungen auf den Kanton *Aargau*. Die liberalen Kräfte wollten den Einfluss der Katholiken im Grossen Rat weiter schwächen, während die Katholiken sich für eine konfessionelle Aufteilung der Staatsorganisation einsetzten[1002]. Nach einem ersten, gescheiterten Anlauf[1003], wurde am 5.1.1841 der zweite Verfassungsentwurf in einer Volksabstimmung angenommen[1004]. Alle Mitglieder des Grossen Rates sollten nun direkt vom Volk gewählt werden, und der Zensus für das passive Wahlrecht wurde abgeschafft[1005]. Die Art der Stimmabgabe wurde nach wie vor nicht näher geregelt[1006]. Die Aargauer Verfassung von 1840 bevorzugte die Anliegen der Liberalen, was die katholischen Demokraten zur Gegenbewegung veranlasste[1007]. In der Folge hob der Grosse Rat die Klöster im Kanton Aargau auf, ein Vorgehen, welches von der Tagsatzung

---

[997]   Vgl. *Wettstein* 1912, S. 314ff.
[998]   Vgl. *Büchi* 1967, S. 20ff. und 34ff.; *Glauser* 1963, S. 257ff.
[999]   KV LU 1841. Vgl. *Büchi* 1967, S. 23f.; 108 und 147.
[1000]   §§ 25, 35, 39 und 40 KV LU 1841.
[1001]   § 87 KV LU 1841.
[1002]   *Staehelin* 1978, S. 79ff.; *Ziswiler* 1992, S. 61f.
[1003]   *Staehelin* 1978, S. 86; *Ziswiler* 1992, S. 52.
[1004]   KV AG 1840. Vgl. *Staehelin* 1978, S. 88.
[1005]   §§ 34 und 37 KV AG 1840.
[1006]   Vgl. Rz. 344 hiervor.
[1007]   Vgl. *Staehelin* 1978, S. 88ff.; *Ziswiler* 1992, S. 62f.

verurteilt wurde[1008]. Die Vorfälle im Kanton Aargau verschärften den Konflikt zwischen den Liberalen und konservativen Katholiken.

358   Im Kanton *Solothurn* hatte sich eine demokratisch-katholische Bewegung entwickelt, welche sich gegen die herrschende liberale Regierung und gegen das Repräsentativsystem wandte[1009]. Ihre Forderungen umfassten in staatspolitischer Hinsicht u.a. die Verdoppelung der Zahl der Wahlkreise sowie direkte und freie Wahlen; die geheime Stimmabgabe war nicht Bestandteil der Forderungen[1010]. Der Grosse Rat entschloss sich am 15.10.1840 zur Revision der Verfassung[1011]. Die Konservativen konnten sich in den folgenden Beratungen mit den wenigsten ihrer Forderungen durchsetzen und versuchten, mittels Agitation ein negatives Resultat in der Volksabstimmung über den Verfassungsentwurf zu erreichen[1012]. Dies führte zu einem Truppenaufgebot und unter diesen Bedingungen fand die Volksabstimmung statt, in welcher die Verfassung mit 6'289 Ja- gegenüber 4'277 Nein-Stimmen angenommen wurde[1013]. Für diese Abstimmung sah die Verfassung ausdrücklich die geheime Stimmabgabe vor[1014]. Dazu wurden Stimmzettel benutzt, welche am Abstimmungstag in einem Zeitraum von fünf Stunden eingelegt werden konnten[1015]. Nähere Vorschriften bestanden nicht. Angesichts der Umstände ist an einer konsequenten Geheimhaltung zu zweifeln.

359   Die Solothurner Verfassung von 1840 sah neu ein obligatorisches Verfassungsreferendum und nach Ablauf von zehn Jahren ein vom Volk ausgehendes Initiativrecht auf Verfassungsrevision vor[1016]. Die Verfassung behielt die drei Wahlarten – Kooptation, unmittelbare und mittelbare Volkswahlen – bei[1017]. Allerdings sah diese Verfassung im Gegensatz zur Verfassung von 1830 die geheime Stimmabgabe bei allen in der Verfassung vorgesehenen Wahlen vor[1018]. Auf Gesetzesstufe wurde das Verfahren für die direkten und indirekten Volkswahlen konkretisiert: Am Wahltag versammelten sich die stimmfähigen Bürger, beziehungsweise die Wahlkollegien am vorgeschriebenen Ort[1019] und legten die Stimmzettel beim Aufruf ihres Namens ein (direkte Wahlen) oder gaben diese ab (Wahlkollegien)[1020]. Es wurde nicht näher präzisiert, wo und unter welchen Umständen die

[1008]   Vgl. Abschied ordentliche Tagsatzung 1841, Teil 1, Beilage T. Vgl. dazu *Staehelin* 1978, S. 97ff.; *Ziswiler* 1992, S. 63.
[1009]   Vgl. dazu *Furrer* 1940, S. 77ff.; *Kaiser* 1940, S. 394ff.; *Wallner* 1967, S. 30ff.
[1010]   § 6 der Petition der Egerkinger Volksversammlung, abgedruckt als Beilage zur Schildwache am Jura (12.12.1840), S. 391. Zu den konservativen Forderungen vgl. auch *Kaiser* 1940, S. 406ff.
[1011]   *Kaiser* 1940, S. 415; *Wallner* 1967, S. 31.
[1012]   Vgl. *Furrer* 1940, S. 79ff.; *Kaiser* 1940, S. 425ff. und 442ff.; *Wallner* 1967, S. 32ff.
[1013]   *Kaiser* 1940, S. 458f. Vgl. auch *Furrer* 1940, S. 83f.; *Wallner* 1967, S. 34ff.
[1014]   § 80 KV SO 1840.
[1015]   § 2 Beschluss Abstimmung Staatsverfassung (21.12.1840), in: Sammlung Gesetze SO, Bd. 38.
[1016]   §§ 84 und 85 KV SO 1840.
[1017]   § 17 KV SO 1840. Vgl. dazu *Wallner* 1967, S. 47f. Vgl. Rz. 343 hiervor.
[1018]   § 12 KV SO 1840.
[1019]   §§ 1 und 25 Wahlgesetz (21.12.1840), in: Sammlung Gesetze SO, Bd. 38.
[1020]   §§ 11 und 29 Wahlgesetz (21.12.1840), in: Sammlung Gesetze SO, Bd. 38.

Zettel eingelegt oder abgegeben werden sollten. Offenbar waren diese Vorkehrungen nicht ausreichend, um die Geheimhaltung zu schützen. Anlässlich der ersten Wahlen nach der neuen Verfassung kam es zu zahlreichen Bestechungen[1021]. Für die Teilerneuerungswahlen von 1846 erliess der Grosse Rat ein Gesetz gegen Wahlbestechungen[1022], das gemäss Wallner die Konservativen derart einschüchterte, dass sie sich nicht mehr getrauten, Wahlpropaganda zu betreiben[1023].

10.1.3 Regenerationskantone: Radikale Phase (1845-1847)

360 Die Berufung der Jesuiten an die höhere Lehranstalt in Luzern[1024] gab den Radikalen Auftrieb und ermöglichte die erneute Mobilisierung breiter Volksmassen. Gegen Luzern wurden zwei Freischarenzüge unternommen; in anderen Kantonen veröffentlichten Radikale Petitionen und Flugschriften gegen die Jesuiten, da man durch sie Freiheit und Volkssouveränität bedroht sah[1025]. Die beiden Freischarenzüge bewirkten den Zusammenschluss der sieben katholischen Kantone Luzern, Uri, Schwyz, Unterwalden, Zug, Freiburg und Wallis am 11.12.1845 zum Sonderbund, einer Verteidigungsallianz[1026].

361 Im Kanton *Waadt* erklärten die Radikalen am 15.2.1845 die Auflösung des Grossen Rates[1027], führten Neuwahlen durch und nahmen die Ausarbeitung einer neuen Verfassung an die Hand[1028]. Waadt schuf in der neuen Verfassung als erster Kanton die Gesetzesinitiative[1029]. Die Verfassung unterschied sich ansonsten im Bereich der Volksrechte nicht wesentlich von der Verfassung von 1831; die Art der Stimmabgabe war nicht näher vorgeschrieben[1030]. Die 1812 und 1832 auf Gesetzesstufe eingeführten Vorkehrungen wurden im neuen Wahlgesetz von 1845 beibehalten[1031]. Die Stimmabgabe in den Abstimmungsversammlungen entsprach derjenigen in den Wahlversammlungen[1032]. Zum ersten Mal in der Waadtländer Gesetzgebung wurde explizit die Geheimhaltung der Stimmabgabe ausgesprochen: „La votation a lieu au scrutin secret."[1033]

[1021] *Wallner* 1967, S. 49f.

[1022] Gesetz gegen Wahlbestechungen (1.4.1846), in: Sammlung Gesetze SO, Bd. 44.

[1023] *Wallner* 1967, S. 216.

[1024] Vgl. dazu *Dierauer* 1917, S. 660ff.; *His* 1929, S. 639ff.; *His* o.J., S 104.

[1025] Vgl. dazu *Dierauer* 1917, S. 666ff.; *His* 1929, S. 641 und *His* o.J., S 106.

[1026] Sonderbundsakte (10.12.1845), in: *Kölz* 1992b, S. 404. Vgl. dazu *Biaudet* 1980, S. 944ff.; *Kölz* 1992a, S. 457f.

[1027] *Meuwly* 1990, S. 169f.

[1028] *Meuwly* 1990, S. 170f.

[1029] Art. 21 Bst. b KV VD 1845. Vgl. dazu *Meuwly* 1990, S. 200ff.; *Schefold* 1966, S. 256ff.

[1030] Vgl. insbes. Art. 26ff. KV VD 1845.

[1031] Art. 5 Loi assemblées électorales (29.5.1812), in: Rec. VD, Bd. 9 findet sich in Art. 44 Loi assemblées électorales (19.12.1845), in: Rec. VD, Bd. 42 wieder; Art. 45 Loi assemblées électorales (19.12.1845), in: Rec. VD, Bd. 42 entspricht wortwörtlich dem Art. 44 Loi assemblées électorales (26.1.1832), in: Rec. VD, Bd. 24. Vgl. auch Rz. 291f. und 354 hiervor.

[1032] Vgl. Art. 25 und 26 Loi exercice souveraineté du peuple (28.1.1846), in: Rec. VD, Bd. 43.

[1033] Vgl. Art. 25 Loi exercice souveraineté du peuple (28.1.1846), in: Rec. VD, Bd. 43.

362   Im Kanton *Bern* entwickelte sich ebenfalls eine Bewegung gegen die Jesuiten, welche die Radikalen nutzten, um ihre Forderungen vorzubringen[1034]. Führer der Berner Radikalen war Fürsprecher Jakob Stämpfli (1820-1879)[1035]. Es wurden auch in Bern Volksversammlungen durchgeführt und Petitionen eingereicht, welche die Revision der Verfassung forderten[1036]. Allerdings können die Versammlungen und Petitionen meist auf den von Stämpfli gegründeten „Volksverein" zurückgeführt werden[1037]. In der Folge wurde ein Verfassungsrat eingesetzt und die Verfassung am 31.7.1846 vom Volk angenommen[1038]. Die Stimmabgabe bei dieser Abstimmung hatte offen zu erfolgen[1039].

363   Die neue Berner Verfassung sah durchwegs direkte Wahlen vor, das Wahlrechtsalter wurde auf 20 Jahre, dasjenige der Wählbarkeit auf 25 Jahre herabgesetzt, und die Zensusbestimmungen wurden beseitigt[1040]. Des Weiteren wurden ein Recht auf Durchführung ausserordentlicher Gesamterneuerungswahlen des Grossrates auf Verlangen der Mehrheit der Stimmberechtigten sowie die Volksinitiative auf Verfassungsänderung verankert[1041]. Über die Art der Stimmabgabe bei den Abstimmungen machte die Verfassung keine näheren Vorschriften. Die geheime Stimmabgabe bei Wahlen war jedoch wiederum vorgesehen[1042]. In der Verordnung für die Wahl der Grossräte wurde festgehalten, dass die Stimmberechtigten an den Versammlungen Stimmzettel erhalten sollten, auf welche die Namen der Kandidaten zu schreiben waren[1043]. Die Stimmzettel wurden persönlich von den Stimmenzählern eingesammelt. Weitere Angaben über die Zählung und allfällige Aufbewahrung der Stimmzettel enthielt die Verordnung nicht[1044]. Es bleibt daher unklar, ob die Stimmabgabe effektiv geheim oder offen war.

[1034] Vgl. *Junker* 1990, S. 117ff.

[1035] Vgl. *Feller* 1948, S. 158ff.; *Junker* 1990, S. 126ff.

[1036] *Widmeier* 1942, S. 24.

[1037] *Junker* 1990, S. 131. Zur Bezeichnung „Volksverein" und zur Entstehung der politischen Parteien in der Schweiz vgl. *Gruner* 1977, S. 49ff. *Feller* 1948, S. 168f. bezeichnet Stämpfli als Schöpfer der politischen Partei überhaupt.

[1038] *Widmeier* 1942, S. 25. Zum Verfassungsrat und seiner Arbeit vgl. *Junker* 1990, S. 140ff.; *Kölz* 1992a, S. 489ff. Das detaillierte Ergebnis ist zu finden in: Ergebnis Abstimmung (4.8.1846), in: Gesetze BE 1846, Bd. 1.

[1039] § 9 Verordnung Abstimmung Verfassung (13.7.1846), in: Gesetze BE 1846, Bd. 1. Vgl. dazu *Junker* 1990, S. 157ff.

[1040] Vgl. §§ 3, 4, 10 und 19 KV BE 1846. Zum Inhalt der Berner Verfassung von 1846 vgl. *Junker* 1990, S. 160ff.

[1041] §§ 22 und 90 Abs. 2 KV BE 1846. Zum Recht auf Abberufung des grossen Rates vgl. *Schefold* 1966, S. 270ff.; *Widmeier* 1942, S. 35ff.

[1042] Vgl. § 9 KV BE 1846. Falsch in diesem Punkt *Kölz* 1992a, S. 495, wenn er sagt, dass es sich hierbei um die erste Verankerung der Geheimwahl von Grossräten in einer schweizerischen Verfassung handle.

[1043] § 8 Verordnung Wahlen Grosser Rath (14.7.1846), in: Gesetze BE 1846, Bd. 1.

[1044] § 8 Verordnung Wahlen Grosser Rath (14.7.1846), in: Gesetze BE 1846, Bd. 1.

10.1.4 Entwicklung in den anderen Kantonen

364 Anfang 1831 nahm das *Basler* Volk eine neue Verfassung mit einigen liberalen Elementen in einer Volksabstimmung an[1045]. Wegen des vorgesehenen, die Landbevölkerung benachteiligenden Vertretungsverhältnisses im Grossen Rat kam es jedoch zu einem zweijährigen Bürgerkrieg, der mit der Kantonstrennung endete[1046]. Basel-Landschaft gehörte fortan zu den Regenerationskantonen, Basel-Stadt zu den konservativen Kantonen. Die Verfassung von *Basel-Stadt* von 1833 sah für die Grossratswahlen, die einerseits in den Zünften und andrerseits in den Bezirken durchgeführt wurden, keine näheren Vorschriften bezüglich der Art der Stimmabgabe vor, genauso wenig wie die 1847 revidierte Verfassung[1047].

365 In *Schwyz* kam es zu bürgerkriegsähnlichen Auseinandersetzungen, die sich an der Frage der Vertretung im Landrat entzündeten: Die äusseren Bezirke waren gegenüber dem Bezirk Schwyz untervertreten[1048]. Am 6.1.1831 forderte die grosse Volksversammlung von Lachen eine gleiche Vertretung und drohte mit der Bildung eines eigenen Kantons[1049]. Im April 1832 kam es dann tatsächlich zu der Bildung eines Kantons Schwyz „äusseres Land" (ohne Wollerau und Gersau)[1050]. Am 6.5.1832 gab sich die in Lachen tagende Landsgemeinde eine liberale Verfassung[1051]. Diese Verfassung sah explizit die offene Abstimmung an der Landsgemeinde vor[1052]. Am 1.8.1833 musste die Tagsatzung mit eidgenössischen Truppen einschreiten, um den bürgerkriegsähnlichen Zuständen ein Ende zu bereiten. Am 28.8.1833 konnte aufgrund der Vermittlung durch die Tagsatzung die Trennung rückgängig gemacht werden[1053]. Am 11.10.1833 wurde von allen Bezirkslandsgemeinden eine Landsgemeindeverfassung mit einzelnen liberalen

---

[1045] *Mez* 1994, S. 29.

[1046] Zu den Beratungen der Basler Kantonstrennung an der Tagsatzung vgl. Abschied ausserordentliche Tagsatzung 1830/31, S. 93ff und 107ff.; Abschied ordentliche Tagsatzung 1831, S. 116ff.; Abschied ausserordentliche Tagsatzung 1832, Teil 1, S. 1ff.; Abschied ausserordentliche Tagsatzung 1832, Teil 2, S. 2ff.; Abschied ordentliche Tagsatzung 1832, S. 176ff.; Abschied ausserordentliche Tagsatzung 1833, S. 158ff.; Abschied ordentliche Tagsatzung 1833, S. 139ff.; Abschied ordentliche Tagsatzung 1834, S. 111ff.; Abschied ordentliche Tagsatzung 1835, S. 196ff.; Abschied ordentliche Tagsatzung 1836, S. 153f.; Abschied ordentliche Tagsatzung 1837, S. 254f. Vgl. dazu *His* 1927, S. 75ff.; *Mez* 1994, S. 31ff. Zur Basel-Landschaft vgl. Rz. 336ff. hiervor.

[1047] Vgl. insbes. § 29 KV BS 1833; § 28 KV BS 1847.

[1048] Vgl. *Castell* 1954, S. 79ff.

[1049] *Castell* 1954, S. 79.

[1050] Zu den Beratungen der Schwyzer Kantonstrennung an der Tagsatzung vgl. Abschied ausserordentliche Tagsatzung 1830/31, S. 93ff. und 100ff.; Abschied ordentliche Tagsatzung 1831, S. 87ff.; Abschied ausserordentliche Tagsatzung 1832, Teil 1, S. 72; Abschied ausserordentliche Tagsatzung 1832, Teil 2, S. 120ff.; Abschied ordentliche Tagsatzung 1832, S. 147ff.; Abschied ausserordentliche Tagsatzung 1833, S. 146ff.; Abschied ordentliche Tagsatzung 1833, S. 92ff.; Abschied ordentliche Tagsatzung 1834, S. 104ff.; Abschied ordentliche Tagsatzung 1835, S. 192ff.; Abschied ordentliche Tagsatzung 1836, S. 151ff.; Abschied ordentliche Tagsatzung 1837, S. 228ff. Vgl. dazu ferner *Michel* 1982, S. 251ff.

[1051] KV Ausser-Schwyz 1832.

[1052] IV. Titel, Kantonsgemeinde, § 9 KV Ausser-Schwyz 1832.

[1053] *Castell* 1954, S. 82f.

Elementen angenommen[1054]. Die Schwyzer Verfassung bestimmte, dass alle Abstimmungen an der Landsgemeinde „durch das Handmehr" – also offen – geschehen sollten[1055]. Im Zusammenhang mit dem „Hörner- und Klauenstreit" im Jahr 1838 wurde die Forderung nach geheimer Abstimmung über die Frage einer Verfassungsrevision laut[1056]. Diese blieb allerdings ohne Erfolg.

366   In Uri, Obwalden, Nidwalden, Glarus, Zug, Appenzell Ausserrhoden, Appenzell Innerhoden und Graubünden hatte die liberale Bewegung beinahe keine Auswirkungen[1057]. Zwar wurden die Verfassungen in *Glarus* und *Appenzell Ausserrhoden* revidiert; die Stimmabgabe an der Landsgemeinde blieb jedoch offen[1058] beziehungsweise wurde in der Verfassung nicht näher festgelegt[1059].

367   *Neuenburg* war immer noch Kanton und zugleich preussisches Fürstentum. Die liberalen Kräfte erreichten im Juni 1831 beim preussischen König eine Abänderung des Reglements über Zusammensetzung und Wahlart der gesetzgebenden Versammlung (corps législatif), wonach nur noch zehn Abgeordnete vom König ernannt und die anderen 78 in direkter Volkswahl gewählt wurden[1060]. Die Stimmabgabe hatte mittels Kugeln („ballotte") zu geschehen: Jeder Wähler erhielt eine Kugel, welche er in eine von zwei Schachteln legen konnte. Die eine Schachtel stand für die Annahme des Kandidaten, die andere für dessen Ablehnung. Die Kugeln sollten so eingelegt werden, dass niemand beobachten konnte, in welche Schachtel der Wähler seine Kugel legte[1061]. Mit anderen Worten: die Stimmabgabe hatte – gemäss Grandpierre, ehemaligem Neuenburger Staatsrat – nach französischem Vorbild geheim zu erfolgen[1062]. Allerdings erliess der König gemäss Stribrny bereits am 3.9.1831 eine neue Verordnung, worin das Wahlrecht als öffentlich bezeichnet wurde[1063]. Es ist aus diesem Grund nicht eindeutig klar, ob die Stimmabgabe nun geheim oder offen war. Es kann aber davon ausgegangen werden, dass die geheime Stimmabgabe als Idee im Raum stand. Zum ersten Mal findet sich hier ein Hinweis auf Frankreich als Vorbild für die geheime Stimmabgabe.

368   Im *Wallis* besassen die oberen, deutschsprachigen Zehnden eine ungleich stärkere Vertretung im Landrat als die unteren, französischsprachigen Zehnden, weshalb

---

[1054]   KV SZ 1833.
[1055]   § 45 KV SZ 1833.
[1056]   *Steinauer* 1861, S. 220. Vgl. zum Hörner- und Klauenstreit *Castell* 1954, S. 84ff.; *Steinauer* 1861, S. 207ff.
[1057]   *Dierauer* 1917, S. 504; *Rathgeb* 2003, S. 132ff. (zu Graubünden); *Winteler* 1954, S. 438ff. (zu Glarus).
[1058]   § 29 KV GL 1836. Ebenso § 28 KV GL 1842.
[1059]   Vgl. § 1 KV AR 1834.
[1060]   Vgl. *Grandpierre* 1889, S. 138ff.; *Stribrny* 1998, S. 233ff.
[1061]   § 9 Règlement pour l'élection des membres des Audiences-Générales ou corps législatifs (22.6.1831), in: *Snell* 1845, S. 776-779.
[1062]   Vgl. *Grandpierre* 1889, S. 140.
[1063]   *Stribrny* 1998, S. 237.

die Forderungen nach politischer Reorganisation auch von letzteren ausgingen[1064]. 1839 kam es zu einer verspäteten Regeneration und einer neuen Verfassung, in welcher die Volkssouveränität festgehalten wurde[1065]. Der Grosse Rat sollte in indirekter Wahl bestimmt werden[1066]. Das obligatorische Verfassungsreferendum wurde eingeführt[1067]. Das föderative Referendum wurde durch ein „Veto-Referendum"[1068] ersetzt. Die Art der Stimmabgabe wurde nicht näher vorgeschrieben. Die Verfassung von 1839 brachte keine Ruhe. Sie wurde in der Folge von den Konservativen durch eine neue Verfassung ersetzt[1069]. Diese Verfassung wich nicht gross von der Verfassung von 1839 ab. Sie hielt am Repräsentativprinzip fest, obwohl direkt demokratische Instrumente wie ein obligatorisches Gesetzesreferendum eingeführt wurden[1070]. Zur Art der Stimmabgabe wurden keine näheren Vorschriften gemacht.

369   In *Genf* kam es vor 1841 zu keinen grösseren Bewegungen[1071]. Allerdings wurde seit 1830 sowohl in der Regierung als auch im Repräsentantenrat über eine Wahlrechtsreform diskutiert[1072]. Im Zentrum standen die direkte Volkswahl der Mitglieder des Repräsentantenrates[1073], die Abschaffung des Zensus[1074] und die direkte Volkswahl der Exekutive[1075]. In letzterem Zusammenhang wurde auch kurz die Forderung nach der Stimmabgabe an der Urne gestellt, jedoch nicht weiter thematisiert[1076]. Während im Repräsentantenrat die direkte Volkswahl Zustimmung fand, wurde die Abschaffung des Zensus abgelehnt[1077]. Auch die Volkswahl der Exekutive fand keine Befürworter[1078].

370   Eine 1842 auf Grund des öffentlichen Drucks erlassene und vom Volk angenommene Verfassung[1079] verbesserte die Freiheitsrechte, sah insbesondere das Petitionsrecht vor und beseitigte das Zensuswahlrecht[1080]. Die Verfassung von 1842 war zwar liberal, wurde jedoch von den mehrheitlich konservativen Gross-

---

[1064] Vgl. *Seiler* 1921, S. 39ff.; *Seiler* 1939, S. 41.

[1065] Art. 1 KV VS 1839. Vgl. zur Verfassung von 1839 *Seiler* 1921, S. 107ff.; *Seiler* 1939, S. 40ff.

[1066] Art. 54 KV VS 1839.

[1067] Art. 73 KV VS 1839.

[1068] Art. 67 KV VS 1839. Vgl. dazu *Seiler* 1921, S. 115ff.; *Seiler* 1939, S. 45f.

[1069] KV VS 1844. Vgl. *Seiler* 1939, S. 167ff.

[1070] Art. 71 KV VS 1844.

[1071] Vgl. dazu *Fulpius* 1942, S. 69ff.

[1072] Vgl. *Rappard* 1942, S. 122ff.

[1073] *Rappard* 1942, S. 123 und 143ff.

[1074] *Rappard* 1942, S. 132ff.

[1075] *Rappard* 1942, S. 127.

[1076] Vgl. *Rappard* 1942, S. 127ff.

[1077] *Rappard* 1942, S. 139 und 143.

[1078] Vgl. *Rappard* 1942, S. 127ff.

[1079] KV GE 1842. Vgl. dazu *Fulpius* 1942, S. 125ff. Zu den Arbeiten und zur Zusammensetzung des Verfassungsrats vgl. *Fulpius* 1942, S. 120ff.

[1080] Art. 11 und 15ff. KV GE 1842.

räten nicht vollständig umgesetzt[1081]. Es kam zur radikalen Revolution und bewaffneten Auseinandersetzungen[1082].

371 Die in der Folge erneuerte Genfer Verfassung sah direkte Volkswahlen für den Grossen Rat vor[1083]. Zudem wurde der seit Jahren von den Radikalen geforderte „Conseil Général" wieder eingeführt[1084]. Dieser hatte im Gegensatz zu früher aber nicht mehr das Recht über Gesetze und Dekrete zu entscheiden[1085], sondern sollte über Verfassungsänderungen bestimmen und den Conseil d'Etat wählen[1086]. Damit sah Genf also die Volkswahl der Exekutive vor[1087]. Für die Stimmabgabe bei dieser Wahl war Geheimhaltung vorgeschrieben[1088]. Allerdings wurde diese Bestimmung in der Praxis dadurch vereitelt, dass die Wähler ihre Stimmzettel im Wahllokal, unter Anwesenheit anderer Wähler, auszufüllen hatten[1089]. Es kam in der Folge zu Manipulationen, insbesondere durch die Verteilung vorgefertigter Listen im Wahllokal[1090].

10.2 Verfassungen und Vorgänge auf Bundesebene

372 Die Regenerationszeit war geprägt von den Reformbewegungen im grössten Teil der reformierten Schweiz und der Opposition im katholischen Landesteil. Zu Beginn der Regeneration wurden in den Regenerationskantonen neue Kantonsverfassungen geschaffen, welche die Grundsätze der Volkssouveränität und der repräsentativen Demokratie begründeten[1091]. Damit gaben sich die Liberalen und Radikalen jedoch noch nicht zufrieden. Ihr eigentliches Ziel war die Schaffung einer festeren Bundesordnung[1092]. In der Folge kam es zu verschiedenen Revisionsversuchen des Bundesvertrages von 1815, welche jedoch alle scheiterten.

373 Die erste Initiative ging vom Kanton Thurgau aus, der die Frage der Verfassungsrevision an die Tagsatzung brachte[1093]. Den thurgauischen Antrag unterstützten an der Tagsatzungssitzung vom 19.8.1831 die Kantone Luzern, Zürich, Freiburg, Solothurn, Schaffhausen, St. Gallen, Aargau und Thurgau, alles Kantone mit revidierten Verfassungen[1094]. Die drei Urkantone und das Wallis waren gänzlich

---

[1081] Vgl. *Fulpius* 1942, S. 144ff.
[1082] *Fulpius* 1942, S. 146f.
[1083] Art. 31 KV GE 1847.
[1084] Vgl. dazu *Fulpius* 1942, S. 161ff.
[1085] Zum Conseil Général im 18. Jahrhundert vgl. *Curti* 1882, S. 38f. und Rz. 245 hiervor.
[1086] Art. 26 KV GE 1847.
[1087] Vgl. dazu *Schefold* 1966, S. 398ff.
[1088] Art. 27 KV GE 1847. Vgl. dazu *Kölz* 1992a, S. 526ff.
[1089] *Roget* 1866, S. 3.
[1090] Vgl. *Roget* 1866, S. 3ff.
[1091] Vgl. Rz. 336ff. hiervor.
[1092] *Kölz* 1992a, S. 374. Zum Einfluss der kantonalen Regenerationsbewegungen auf die Entwicklungen auf Bundesebene vgl. *Rappard* 1948, S. 60ff.
[1093] Abschied ordentliche Tagsatzung 1831, S. 74.
[1094] Abschied ordentliche Tagsatzung 1831, S. 75.

gegen das Vorhaben[1095]. Es ergab sich keine Mehrheit in der Frage und es wurde beschlossen, diese an der nächsten ordentlichen Tagsatzung im Sommer 1832 zu entscheiden[1096]. An der Sommertagsatzung 1832 wurde mit knapper Mehrheit festgelegt, die Revisionsbestrebungen weiter voran zu treiben und eine Revisionskommission zu bilden[1097]. Zu den acht bereits 1831 zustimmenden Kantonen waren Bern, Appenzell Ausserrhoden, Graubünden, Basel, Waadt und Genf dazu gekommen[1098]. Uri, Unterwalden, Zug, Tessin, Wallis und Neuenburg wollten nicht auf das Geschäft eintreten; Glarus und Appenzell Innerrhoden nahmen ebenfalls eine ablehnende Haltung ein[1099]; alles in allem eine ungünstige Ausgangslage.

374   Ziel des von der Revisionskommission verabschiedeten Verfassungsentwurfs[1100] war die Stärkung der Bundesgewalt. Gleichzeitig sollte den Kantonen möglichst viel Spielraum belassen werden[1101]. Der Bund sollte die „Rechte und Freiheiten" der Eidgenossen schützen[1102]. Im Gegensatz zur Mediationsakte war es nun auch der Bund, welcher den „Kantonen ihr Gebiet, ihre Souveränität und Unabhängigkeit (...)" gewährleisten sollte[1103]. Der Bund übernahm die Gewährleistung der Kantonsverfassungen, wenn diese u.a. „die Ausübung der politischen Rechte nach repräsentativen oder demokratischen Formen sichern"[1104]. Als oberste Behörde war eine Tagsatzung vorgesehen, welche sich aus Kantonsvertretern zusammensetzen sollte[1105]. Die Tagsatzung sollte gesetzgebende und auch vollziehende Behörde sein[1106]. Die Kantonsvertreter sollten für manche Geschäfte an Instruktionen gebunden sein, in manchen Geschäften frei entscheiden können und manchmal zwar entscheiden, ihre Entscheide sollten jedoch der nachträglichen Genehmigung durch die Kantone unterliegen[1107]. Für die Art der Wahl der Kantonsvertreter enthielt der Entwurf keine Vorschriften.

[1095]   Abschied ordentliche Tagsatzung 1831, S. 78.
[1096]   Abschied ordentliche Tagsatzung 1831, S. 79.
[1097]   Abschied ordentliche Tagsatzung 1832, S. 128.
[1098]   Abschied ordentliche Tagsatzung 1832, S. 128.
[1099]   Abschied ordentliche Tagsatzung 1832, S. 128.
[1100]   Bundesurkunde der schweizerischen Eidgenossenschaft (15.12.1832), in: *Kölz* 1992b, S. 348-368. Vgl. dazu *Rappard* 1948, S. 70ff.
[1101]   Vgl. dazu *Kölz* 1992a, S. 378f.
[1102]   Art. 3 Bundesurkunde der schweizerischen Eidgenossenschaft (15.12.1832), in: *Kölz* 1992b, S. 348-368.
[1103]   Art. 5 Bundesurkunde der schweizerischen Eidgenossenschaft (15.12.1832), in: *Kölz* 1992b, S. 348-368.
[1104]   Art. 6 Bundesurkunde der schweizerischen Eidgenossenschaft (15.12.1832), in: *Kölz* 1992b, S. 348-368.
[1105]   Art. 43 Bundesurkunde der schweizerischen Eidgenossenschaft (15.12.1832), in: *Kölz* 1992b, S. 348-368.
[1106]   Art. 50, 52-54 Bundesurkunde der schweizerischen Eidgenossenschaft (15.12.1832), in: *Kölz* 1992b, S. 348-368.
[1107]   Art. 56 Bundesurkunde der schweizerischen Eidgenossenschaft (15.12.1832), in: *Kölz* 1992b, S. 348-368.

375 Die Kantone erhielten den Entwurf zugestellt und brachten zahlreiche konservative und föderalistische Änderungen an[1108]. Die Tagsatzung vom 13.-15.5.1833 stimmte einer bereinigten Fassung zu[1109]. Die Bundesurkunde wurde sodann den Kantonen zum Entscheid vorgelegt. Meist entschieden die Grossen Räte; in den Landsgemeindekantonen sowie in Solothurn, Basel-Landschaft, Thurgau und Luzern wurde der Entwurf den Bürgern vorgelegt[1110]. Nur in Zürich, Solothurn (dort allerdings unter Zählung der Nichtstimmenden als Annehmende), Bern, Freiburg, Thurgau, Glarus, Schaffhausen, Basel-Landschaft und St. Gallen fand der Entwurf der Bundesurkunde Zustimmung[1111]. Die übrigen Kantone inklusive Luzern, das eigentlich Bundessitz hätte werden sollen, lehnten die Bundesurkunde ab. Mit der Ablehnung in Luzern war die Bundesreform endgültig gescheitert[1112].

376 Von 1834 bis 1846 wurde die Frage der Revision der Bundesurkunde von 1815 jedes Jahr an der Tagsatzung behandelt[1113]. Bis 1848 kam es aber zu keiner Ablösung der Bundesurkunde.

10.3 Bedeutung des Stimmgeheimnisses

377 Die geheime Stimmabgabe war von den Liberalen und Radikalen nicht direkt gefordert worden und lediglich in der Hälfte der Regenerationskantone wurde sie auf Verfassungsstufe verankert. Zudem wurden die neu eingeführten Instrumente der Volksinitiative und das Veto-Referendum jeweils offen ausgeübt. Es kann also kein direkter Zusammenhang zwischen den liberalen oder radikalen Forderungen nach Volkssouveränität, Ausweitung der Volksrechte und Rechtsgleichheit und der Forderung nach geheimer Stimmabgabe ausgemacht werden. Vielmehr entsteht der Eindruck, als sei die Einführung der geheimen Stimmabgabe ein zufälliges Ereignis, das nicht zu grossen Diskussionen geführt hatte. Die Debatten drehten sich stattdessen um die erwähnten Anliegen der Liberalen und Radikalen. Dies zeigt, wie wenig fundiert das Stimmgeheimnis gefordert wurde und wie wenig demokratisch es begründet war.

378 Im Unterschied zu früheren Regelungen sahen diejenigen *Regenerationsverfassungen*, welche die geheime Stimmabgabe festhielten, diese jeweils für *alle*

[1108] *Kölz* 1992a, S. 385.
[1109] Vgl. Abschied ausserordentliche Tagsatzung 1833, S141ff. Der Text ist abgedruckt als „Entwurf einer revidirten Bundesurkunde" (13.-15.5.1833), in: *Kaiser/Strickler* 1901, S. 216-269.
[1110] *Kölz* 1992a, S. 385.
[1111] Abschied ordentliche Tagsatzung 1833, S. 82ff.
[1112] Vgl. den Beschluss, nicht mehr weiter über die Revision zu beraten in: Abschied ordentliche Tagsatzung 1833, S. 87.
[1113] Vgl. Abschied ordentliche Tagsatzung 1834, S. 63ff.; Abschied ordentliche Tagsatzung 1835, S. 154ff.; Abschied ordentliche Tagsatzung 1836, S. 90ff.; Abschied ordentliche Tagsatzung 1837, S. 125ff.; Abschied ordentliche Tagsatzung 1838, Teil 1, S. 43ff.; Abschied ordentliche Tagsatzung 1839, S. 13ff.; Abschied ordentliche Tagsatzung 1840, S. 104ff.; Abschied ordentliche Tagsatzung 1841, Teil 1, S. 31ff.; Abschied ordentliche Tagsatzung 1842, S. 98ff.; Abschied ordentliche Tagsatzung 1843, S. 110ff.; Abschied ordentliche Tagsatzung 1844, S. 80ff.; Abschied ordentliche Tagsatzung 1845, S. 86ff.; Abschied ordentliche Tagsatzung 1846, S. 89ff.

Wahlorgane vor. Allerdings liess die praktische Ausgestaltung zu wünschen übrig. Den unterschiedlichen kantonalen Ausführungsbestimmungen ist gemeinsam, dass sie alle grossen Spielraum für die Umgehung der Geheimhaltung liessen.

379 Die Tatsache, dass die geheime Stimmabgabe bei Wahlen galt, bedeutete ferner noch nicht, dass sie auch bei Abstimmungen zur Anwendung kommen sollte. Wie bereits in Genf zur Zeit der Restauration, zeigen auch die Beispiele der Kantone Zürich, Bern und Basel-Landschaft zur Regenerationszeit, dass ein Nebeneinander von Bestimmungen, welche die geheime Stimmabgabe bei Wahlen und die offene Stimmabgabe bei Abstimmungen vorsahen, durchaus vorkam.

380 Von den anderen Kantonen sind Schwyz, Neuenburg und Genf von Bedeutung, da dort mindestens die Idee der geheimen Stimmabgabe vorhanden und in Genf ab 1847 für die Volkswahl der Exekutive in der Verfassung verankert war. Auf Bundesebene kam die geheime Stimmabgabe nicht zur Sprache.

381 Zusammenfassend kann für die Regenerationszeit festgehalten werden, dass die geheime Stimmabgabe im Vergleich zur Restaurationszeit etwas an Bedeutung gewann. Allerdings war in der Mehrheit der Kantone die geheime Stimmabgabe immer noch kein Thema.

382 Ein Rückblick auf die Entwicklung der Bestimmungen zur geheimen Wahl der Grossräte in den Kantonsverfassungen seit 1803 ergibt folgendes Bild:

Geheime Stimmabgabe für Grossratswahlen in den Kantonsverfassungen 1803-1847   *Tabelle 6*

	Mediation	Restauration	Regeneration, liberale Phase	Regeneration, Konservative Phase	Regeneration, Radikale Phase
ZH					
BE					
LU					
FR					
SO					
Basel					
SH					
SG					
TG					
VD					

Erklärung: Dunkelgrau = geheime Stimmabgabe in allen Wahlorganen, hellgrau = geheime Stimmabgabe in einem Teil der Wahlorgane.

11 STIMMGEHEIMNIS IM BUNDESSTAAT (SEIT 1848)

383   Die Ausführungen konzentrieren sich fortan hauptsächlich auf die politischen Rechte auf Bundesebene[1114]. Zu diesem Zweck wird zuerst auf die Bundesverfassung von 1848 und die damit einhergehende Entstehung des Bundesstaates eingegangen. Danach folgt eine Untersuchung der Bundesgesetzgebung bis 1874 im Hinblick auf die geheime Stimmabgabe sowie eine beispielhafte Darstellung kantonaler Bestimmungen zur geheimen Stimmabgabe bei Nationalratswahlen. Die Verfassungsrevision von 1874 sowie die seither verlaufene Entwicklung in der Bundesgesetzgebung bis 1976 werden in den folgenden Abschnitten untersucht[1115].

384   Die Gründe, welche bei der Einführung der geheimen Stimmabgabe für und gegen diese vorgebracht wurden sowie die Betrachtung der Bedeutung des Stimmgeheimnisses folgen in einem separaten Kapitel (12).

11.1 Bundesverfassung von 1848

385   Am 20.7.1847 erklärte die Tagsatzung den Sonderbund für aufgelöst und schritt am 4.11.1847 mit bewaffneter Gewalt gegen diesen[1116]. Anfang Dezember 1847 kam es zur endgültigen Niederlage des Sonderbundes[1117]. Bereits am 16.8.1847 hatte die Tagsatzung beschlossen, den Bundesvertrag zu revidieren[1118]. Die Unruhen in Europa trieben die Ausarbeitung der Bundesverfassung voran. Man wollte Europa vor vollendete Tatsachen stellen, bevor die europäischen Mächte Zeit und Kraft für eine Intervention gefunden hatten[1119]. Die zur Ausarbeitung der Verfassung eingesetzte Kommission mit mehrheitlich liberalen Mitgliedern hielt ihre erste Sitzung am 17.2.1848 ab, die letzte der insgesamt 31 Sitzungen fand am 8.4.1848 statt[1120]. Volkspetitionen spielten bei der Erarbeitung der Verfassung keine Rolle mehr, überhaupt war die Öffentlichkeit – u.a. zwecks Beschleunigung der Arbeiten – von den Verhandlungen der Kommission ausgeschlossen[1121].

[1114] Vgl. Rz. 228 hiervor. Zum Aufbau des Bundesstaates vgl. *Kölz* 2004, S. 477ff.

[1115] Das geltende Recht wird im übernächsten Kapitel (13) dargestellt.

[1116] Abschied ordentliche Tagsatzung 1847, Teil 1, S. 97 (Beschluss der Auflösung des Sonderbunds) und Abschied ordentliche Tagsatzung 1847, Teil 2, S. 65 (Beschluss der Exekution gegen den Sonderbund).

[1117] Abschied ordentliche Tagsatzung 1847, Teil 2, S. 70ff. (Kapitulationen der einzelnen Sonderbundsmitglieder zwischen 15.11. und 2.12.).

[1118] Abschied ordentliche Tagsatzung 1847, Teil 1, S. 82.

[1119] *Kölz* 1992a, S. 551. Zu den internen Voraussetzungen und Wegbereitern für die Entstehung der Bundesverfassung von 1848 vgl. *Rappard* 1948, S. 19ff. und insbes. S. 94ff.

[1120] Vgl. Protokoll Kommission 1848.

[1121] Vgl. Protokoll Kommission 1848, 1. Sitzung vom 17.2.1848, S. 2f.

386 Die Tagsatzung stimmte dem Verfassungsentwurf am 27.6.1848 zu und liess diesen den Kantonen zukommen[1122]. 14$^{3/2}$ Kantone meldeten die Annahme der neuen Verfassung, während 5$^{3/2}$ diese ablehnten[1123]. Aufgrund der Zustimmung durch die Mehrheit der Stimmberechtigten und mehr als zwei Drittel der Kantone, erklärte die Tagsatzung mit Beschluss vom 12.9.1848 die Bundesverfassung für angenommen[1124].

387 Die Bundesverfassung von 1848 führte das Zweikammersystem ein. Die oberste Gewalt des Bundes übte die Bundesversammlung – bestehend aus National- und Ständerat – aus[1125]. Die Nationalräte wurden in direkten Volkswahlen bestimmt, die Mitglieder des Ständerates wurden von den kantonalen Behörden gewählt[1126]. Das Wahlrechtsalter für die Nationalratswahlen betrug 20 Jahre, weitere Wahlrechtsvoraussetzungen sollte die kantonale Gesetzgebung bestimmen[1127]. Die Verfassung sah weiter die Initiative auf Totalrevision vor. Wenn 50'000 Stimmberechtigte dies forderten, musste eine Abstimmung über die Frage der Totalrevision der Verfassung durchgeführt werden[1128]. Eine Verfassungsrevision war jederzeit möglich[1129]. Die Bundesverfassung garantierte zudem die Rechtsgleichheit[1130] und verlangte als Voraussetzung für die Gewährleistung der Kantonsverfassungen durch den Bund, dass diese die „Ausübung der politischen Rechte nach republikanischen – repräsentativen oder demokratischen – Formen sichern"[1131].

[1122] Abschied ordentliche Tagsatzung 1847, Teil 4, S. 286 (Abstimmung und Annahme unter Vorbehalt eines Entscheides in den Kantonen). Vgl. auch Art. 1 Übergangsbestimmungen BV 1848. Zu den Diskussionen des Entwurfs in der Tagsatzung vgl. Abschied ordentliche Tagsatzung 1847, Teil 4, S. 34ff.

[1123] AS a.F. I 36f (ohne Einzelheiten). Vgl. die (einzige amtlich publizierte) Zusammenstellung der Resultate in BBl 1879 I 426f. Vgl. für detaillierte kantonale Ergebnisse *Segesser* 1965, S. 301ff. Luzern wurde nur deshalb zu den zustimmenden Kantonen gezählt, weil die Nichtstimmenden als zustimmend gezählt worden waren; vgl. § 8 Dekret Volksabstimmung Bundesentwurf (9.8.1848), in: Gesetze LU, Bd. 1 und Uebersicht Abstimmung Bundesverfassung (20.8.1848), in: Gesetze LU, Bd. 1. Zu den Vorschriften für die Abstimmung in Basel-Landschaft vgl. Rz. 353 hiervor.

[1124] AS a.F. I 36f. Vgl. auch Art. 2 Übergangsbestimmungen BV 1848. Vgl. dazu *Kölz* 1992a, S. 605ff.; *Rappard* 1948, S. 122ff.

[1125] Art. 60 BV 1848. Das Zweikammersystem sowie die Zusammensetzung und Wahl der beiden Kammern waren umstritten, vgl. Protokoll Kommission 1848, 12., 13. und 14. Sitzung vom 3.3., 6.3. und 7.3.1848, S. 71ff.; 19.-24. Sitzung vom 19.3.-24.3.1848, S. 109ff.; 26. Sitzung vom 30.3.1848, S. 148 und 29. Sitzung vom 5.4.1848, S. 177ff. Vgl. ferner Abschied ordentliche Tagsatzung 1847, Teil 4, S. 40ff., 105ff. und 272ff. Vgl. dazu auch *Curti* 1900, S. 1ff.; *Kölz* 1992a, S. 554ff.; *Rappard* 1948, S. 133ff.

[1126] Art. 62 und 69 BV 1848.

[1127] Art. 63 BV 1848. Zum eidgenössischen Stimm- und Wahlrecht 1848 und 1850 vgl. *Blocher* 1906, S. 445ff.; *Gruner* 1978, Bd. 1, S. 94ff.

[1128] Art. 113 BV 1848. Vgl. Protokoll Kommission 1848, 25. Sitzung vom 27.3.1848, S. 142f. und 26. Sitzung vom 30.3.1848, S. 144. Vgl. ferner Abschied ordentliche Tagsatzung 1847, Teil 4, S. 158ff.

[1129] Art. 111 BV 1848. Vgl. Protokoll Kommission 1848, 25. Sitzung vom 27.3.1848, S. 142f.; Abschied ordentliche Tagsatzung 1847, Teil 4, S. 158. Zu den Bestimmungen über die Verfassungsrevision vgl. auch *Curti* 1882, S. 184ff.; *Rappard* 1948, S. 168f.

[1130] Art. 4 BV 1848. Vgl. dazu Protokoll Kommission 1848, 5. Sitzung vom 23.2.1848, S. 27; Abschied ordentliche Tagsatzung 1847, Teil 4, S. 52f.

[1131] Art. 6 Bst. b BV 1848. Vgl. dazu Protokoll Kommission 1848, 4. Sitzung vom 22.2.1848, S. 21ff.; Abschied ordentliche Tagsatzung 1847, Teil 4, S. 54ff.

388   Die Bundesverfassung von 1848 führte für die Stimmabgabe keine einheitlichen Vorschriften ein. Die Ausgestaltung der Stimmabgabe lag bei den Kantonen[1132].

11.2   Erste Nationalratswahlen (1848 und 1851)

389   1848 bestanden keine genaueren Bundesvorschriften für die Nationalratswahlen. Für die nächsten Wahlen wurde ein Gesetz erlassen, welches jedoch keine näheren Angaben zur Art der Stimmabgabe enthielt. Vielmehr wurde es explizit den Kantonen überlassen zu entscheiden, ob die Stimmgebung geheim oder offen zu erfolgen hatte[1133]. Einzelne Bestimmungen des Bundesstrafrechts deuteten jedoch darauf hin, dass gewisse Manipulationen, welche aus der offenen Stimmabgabe resultieren konnten, nicht toleriert wurden. Strafbar machte sich u.a., wer Stimmzettel manipulierte, bestach oder durch Drohung Einfluss auszuüben suchte[1134].

390   In den kantonalen Bestimmungen zu den Nationalratswahlen waren sowohl die offene als auch die geheime Stimmabgabe vorgesehen. Dabei unterschieden sich insbesondere die Vorkehrungen zur geheimen Stimmabgabe wesentlich und nicht alle als „geheim" vorgeschriebenen Stimmabgabemodalitäten sorgten effektiv für Geheimhaltung[1135]. Dazu im Folgenden beispielhaft die Regelungen von Luzern, Bern und Waadt für die Nationalratswahlen von 1848 und 1851[1136].

391   *Luzern* sah für die Nationalratswahlen 1848 die offene Stimmabgabe mittels Handaufheben vor[1137]. 1851 wurde die Benutzung von Stimmkarten eingeführt. Der Wähler musste zur Stimmabgabe seine Stimmkarte in eine Schachtel legen, die den Namen seines Kandidaten trug[1138]. Die Schachteln wurden jeweils einzeln beim Büro aufgestellt[1139]. Die Reihenfolge der Abstimmung über die Wahlvorschläge und damit der Aufstellung der Schachteln wurde ausgelost[1140]. Das Dekret hielt nicht explizit fest, dass mit der Benutzung von Stimmkarten die geheime Stimmabgabe eingeführt werden sollte. Es ist vielmehr anzunehmen, dass die Stimmabgabe von Gesetzes wegen offen war. Ein Zeitungsbericht unterstützt diese Vermutung[1141]. Der Bericht kritisierte nämlich explizit die „offene Abstim-

---

[1132]   Vgl. auch *Gruner* 1978, Bd. 1, S. 101ff.
[1133]   Art. 12 Bundesgesez betreffend die Wahl der Mitglieder des Nationalrathes vom 21. Dezember 1850, AS a.F. II 210ff. Zur Entstehung des Gesetzes vgl. *Kölz* 2004, S. 491ff.
[1134]   Art. 49 Bst. a und b Bundesgesez über das Bundesstrafrecht der schweizerischen Eidgenossenschaft (4.2.1853), AS a.F. III 404ff.
[1135]   *Gruner* 1978, Bd. 1, S. 112ff. unterscheidet zwischen Vorschriften für die scheinbar geheime und wirklich geheime Stimmabgabe. Als Kriterium stützt er sich insbesondere auf die Gestaltung der Resultatermittlung ab. Vgl. auch *Aubert* 1998, Rz. 164.
[1136]   Zur Regelung für Basel-Landschaft 1848 vgl. Rz. 351f. hiervor.
[1137]   § 8 Beschluss Nationalratswahlen (4.10.1848), in: Kantonsblatt LU, Nr. 40. Zur Wahl der Luzerner Nationalräte 1848 vgl. *His* o.J., S. 114.
[1138]   § 11 Bst. d Dekret Wahl Nationalräte (9.10.1851), in: Gesetze LU, Bd. 2.
[1139]   § 11 Bst. d Dekret Wahl Nationalräte (9.10.1851), in: Gesetze LU, Bd. 2.
[1140]   § 11 Bst. c Dekret Wahl Nationalräte (9.10.1851), in: Gesetze LU, Bd. 2.
[1141]   A.A. *Gruner* 1978, Bd. 1, S. 113, der von offener, allerdings nicht genügend geschützter Stimmabgabe ausgeht.

mung" und beschrieb zur Veranschaulichung die Stimmabgabe anlässlich der Nationalratswahlen, welche im Posthof stattfanden: „Die offenen Seiten desselben waren mit einem Zaune umgeben. (...) Wer nun demjenigen stimmen wollte, der nach dem Entscheide des Looses in Abmehrung kam, musste bei dem Büreau auf der einen Seite durch den Zaun eintreten, vor dem zahlreich besetzten Büreau vorbeipassiren, seine Stimmkarte unbeschrieben in die auf einem vor dem Büreau stehenden Tische liegende, mit dem Namen des Vorgeschlagenen angeschriebene Schachtel legen und auf der andern Seite durch den Zaun wieder austreten. (...) Schon vor der Abstimmung hatte sich eine Menge Volkes möglichst nahe zu dem Büreau hingedrängt. (...) Die radikale Partei hatte den Vortheil erhalten, dass das Loos die beiden Wahlen ihrer Kandidaten zuerst in Abstimmung gebracht, so dass sie in Masse sich an dem zu passirenden Wege aufstellen konnte. So konnte so zu sagen jeder ohne Ausnahme beobachtet werden, wie er stimme; den Radikalen konnte kaum Einer entgehen (...) Wer nun weiss, wie eine grosse Anzahl abhängiger Leute in einer Stadt und zumal an einem Regierungssitze sich befinden (...) kann der noch eine so offene Abstimmung für passend halten?"[1142]

392 Für die Stimmabgabe in *Bern* wurde 1848 zwar die Geheimhaltung verlangt[1143], bei näherem Hinsehen waren aber Mängel des vorgesehenen Verfahrens bemerkbar. Die Stimmzettel wurden von den Stimmenzählern persönlich in Empfang genommen und öffentlich verlesen[1144]. Es bestanden weder Vorkehrungen, die den Stimmenzählern die Einsicht in die Stimmzettel bei Abgabe derselben verunmöglichte, noch Vorschriften, welche eine Durchmischung der Zettel vor dem Verlesen verlangt hätten. Auch das Gesetz für die öffentlichen Wahlen von 1851 änderte an diesem Verfahren nur wenig[1145]. Allerdings kann aus der Formulierung von § 29 geschlossen werden, dass die Stimmberechtigten ihre Stimmzettel den Stimmenzählern verschlossen übergeben sollten: „Nach erfolgter Einsammlung sämmtlicher Stimmzettel werden diese vom Büreau geöffnet (...)."[1146]

393 Die Stimmabgabe im Kanton *Waadt* verlief nach bereits dargestelltem Verfahren[1147]. Der Wähler füllte seinen Stimmzettel an einem „lieu désigné et séparé" aus und übergab ihn gefaltet einem Stimmenzähler, der den Stimmzettel in die Urne legte[1148]. Obwohl im Kanton Waadt die Verwendung der Urne vorgesehen

---

[1142] Luzerner Zeitung, Nr. 131 (31.10.1851).
[1143] § 13 Vollziehungsverordnung Wahlen Nationalrat (20.9.1848), in: Gesetze BE 1848, Bd. 3. Zu den ersten Nationalratswahlen in Bern vgl. *Junker* 1990, S. 203ff.
[1144] §§ 13 und 14 Vollziehungsverordnung Wahlen Nationalrat (20.9.1848), in: Gesetze BE 1848, Bd. 3. Vgl. *Junker* 1990, S. 203.
[1145] Vgl. §§ 26, 28, 29 und 30 Gesetz öffentliche Wahlen (7.10.1851), in: Gesetze BE 1851, Bd. 6.
[1146] Vgl. § 29 Gesetz öffentliche Wahlen (7.10.1851), in: Gesetze BE 1851, Bd. 6.
[1147] Vgl. Rz. 354 und 361 hiervor.
[1148] Art. 12 Décret nomination Conseil national et Conseil des Etats (27.9.1848), in: Rec. VD, Bd. 45 und Art. 14 Décret élection Conseil national (25.6.1851), in: Rec. VD, Bd. 48.

war, liess auch dieses Verfahren noch Möglichkeiten der Verletzung des Stimmgeheimnisses zu[1149].

11.3 Einführung der geheimen Stimmabgabe für eidgenössische Wahlen und Abstimmungen 1872

394 1872 legte der Bundesrat seinen Entwurf für die Revision des BG von 1850
vor[1150]. Hauptmotivation für die Revision waren gemäss Bundesrat der Rege-
lungsbedarf im Bereich der Stimmberechtigung sowie einzelne Lücken der Regelung von 1850[1151]. Obwohl vom Bundesrat nicht explizit genannt, kann davon
ausgegangen werden, dass die Einschränkung der Missbrauchsmöglichkeiten ein
weiterer wichtiger Grund für die Revision war[1152]. Dies erklärt auch die Aufnahme der geheimen Stimmabgabe in das Bundesgesetz von 1872: „Die National-
rathswahlen und die Verfassungsabstimmungen finden mittels schriftlicher und
geheimer Stimmabgabe statt; die Wahl der Geschworenen kann in offener Abstimmung vorgenommen werden. Stimmabgabe durch Stellvertretung ist untersagt."[1153] Zudem wurde festgelegt, dass die Stimmzettel nach der Erwahrung der
Resultate zu vernichten waren[1154]. Der Bundesrat selbst begründete die Einführung der geheimen Stimmabgabe lediglich mit wenigen Worten[1155]. Auch die Debatten im National- und Ständerat tangierten das Thema Stimmgeheimnis vergleichsweise wenig[1156]. Im Zentrum standen vielmehr die Frage der Wahlkreis-
einteilung für die Nationalratswahlen sowie die Stimmregisterfrage.

11.4 Weitere Entwicklung der geheimen Stimmabgabe

11.4.1 Bundesverfassung und Bundesgesetzgebung 1874

395 1872 wurde die Totalrevision der Verfassung von Volk und Ständen abgelehnt[1157]; am 19.4.1874 stimmten ihr Volk und Stände zu[1158]. Hauptrichtung der
Revision von 1872 war die vermehrte Zentralisierung gewesen, die jedoch nach

---

[1149] Vgl. Rz. 354 hiervor. A.A. jedoch *Gruner* 1978, S. 112 und 114, der die Waadtländer Regelung als „wirklich geheim" einstuft.

[1150] Botschaft des Bundesrathes an die hohe Bundesversammlung, betreffend eidgenössische Wahlen und Abstimmungen vom 24. Juni 1872, BBl 1872 II 753ff.

[1151] BBl 1872 II 754ff. und 762ff. Zur beiden Fragen vgl. auch Kreisschreiben des Bundesrates an die Kantonsregierungen vom 19. April 1872, BBl 1872 I 833ff.

[1152] Vgl. *Aubert* 1998, Rz. 147; *Gruner* 1978, S. 116f.

[1153] Art. 8 Bundesgesez betreffend die eidgenössischen Wahlen und Abstimmungen vom 19. Heumonat 1872, AS aF X 915ff.

[1154] Art. 11 Bundesgesez betreffend die eidgenössischen Wahlen und Abstimmungen vom 19. Heumonat 1872, AS aF X 915ff.

[1155] BBl 1872 II 767. Vgl. dazu Rz. 441, 444 und 447 hiernach.

[1156] Vgl. NZZ, Nr. 351 (13.7.1872), Nr. 353 (14.7.1872), Nr. 356 (16.7.1872), Nr. 360 (18.7.1872), Nr. 362 (19.7.1872), Nr. 364 (20.7.1872), Nr. 366 (21.7.1872), Nr. 367 (21.7.1872), Nr. 368 (22.7.1872) und Nr. 369 (23.7.1872). Vgl. dazu Rz. 444, 447 und 451 hiernach.

[1157] BBl 1872 II 358. Vgl. dazu *Aubert* 1998, Rz. 219ff. Zum Totalrevisionsversuch 1872 vgl. *Kölz* 2004, S. 513ff.

[1158] BBl 1874 I 699. Vgl. dazu *Aubert* 1998, Rz. 230f.

dem ablehnenden Resultat der Volksabstimmung 1872 zugunsten des Ausbaus der Volksrechte etwas zurück trat[1159]. Die Verfassung von 1874 führte das Referendumsrecht ein, die Anzahl der stimmfähigen Bürger, welche das Referendumsbegehren unterzeichnen mussten, wurde auf 30'000 festgelegt und die Zahl der Kantone auf acht[1160]. Die Einführung des Referendums 1874 war der Punkt, in welchem sich diese Verfassung am meisten von der Verfassung von 1848 unterschied[1161].

396　Anlässlich der Abstimmung über die Verfassung von 1874 waren Verletzungen des Stimmgeheimnisses festgestellt worden. So hielt die nationalrätliche Kommission bei der Erwahrung der Ergebnisse fest, dass Stimmzettel, welche die Namen der Stimmenden enthielten, einen Missbrauch darstellten, der sich mit der Vorschrift der geheimen Stimmabgabe nicht vertrage und nicht geduldet werden dürfe[1162]. Trotz der Missbräuche wurden keine weiteren Bestimmungen im Gesetz von 1872 ergänzt. Auch das Gesetz zur Ausgestaltung des Referendums verwies lediglich auf die bereits bestehenden bundesgesetzlichen Vorschriften[1163].

11.4.2 Erfolglose Revisionsversuche 1877 und 1883

397　Mit der Regelung im BG von 1872 war die geheime Stimmabgabe noch nicht zufrieden stellend eingeführt[1164]. Die Kantone hatten immer noch eine grosse Freiheit in der Ausgestaltung des Verfahrens. Die wesentlichen Unterschiede betrafen den Ausweis der Stimmberechtigung (Ausweiskarte oder Namensaufruf in der Wahlversammlung), die Austeilung der Wahl- und Abstimmungszettel (vor-

---

[1159]　Zur Revision von *1872* vgl. Botschaft des Bundesrathes an die h. Bundesversammlung, betreffend die Revision der Bundesverfassung vom 17. Juni 1870, BBl 1870 II 665ff.; Protokoll Revision BV, Kommission NR (1871); Protokoll Revision BV, Kommission StR (1871); Protokoll Revision BV, NR (1871/1872); *Kölz* 2004, S. 513ff.
　　Zur Revision von *1874* vgl. Botschaft des Bundesrathes an die hohe Bundesversammlung, betreffend die Revision der Bundesverfassung vom 4. Juli 1873, BBl 1873 II 963ff.; Protokoll Revision BV, Kommission NR (1873); Protokoll Revision BV, Kommission StR (1873); Protokoll Revision BV, eidg. Räte (1873/1874); *Kölz* 2004, S. 599ff.

[1160]　Art. 89 BV 1874. Vgl. dazu *Aubert* 1998, Rz. 233ff.; *Hilty* 1887, S. 217f.; *Kölz* 2004, S. 614ff.

[1161]　*Hilty* 1887, S. 367. Zu den Stimmen für und wider die Einführung der Volksrechte im Bund 1874 vgl. *Curti* 1882, S. 242ff.

[1162]　*Von Salis* 1903-1904, Bd. 3, Nr. 1206; BBl 1874 II 481, 509; BBl 1975 II 564.
　　Aus der Rechtsprechung, welche anlässlich kantonaler und kommunaler Wahlen und Abstimmungen entwickelt wurde, kann ein grundsätzlicher Gehalt auch für die Bundesebene abgeleitet werden. In der Mitte des 19. Jahrhunderts begannen die Bundesbehörden die Ermittlung des wahren Volkswillens in kantonalen Wahlen und Abstimmungen als ein durch die *Bundesverfassung* gewährleistetes – und damit auch für eidgenössische Urnengänge relevantes – Recht zu betrachten; vgl. BBl 1860 I 365ff.; BBl 1889 III 557ff.; BBl 1889 IV 48f.; BBl 1890 III 137f.; BBl 1895 IV 106ff.; BBl 1896 II 120; BBl 1896 III 803f.; *Von Salis* 1903-1904, Bd. 3, Nr. 1133 und 1136. Vgl. dazu auch *Poledna/Widmer* 1987, S. 285ff. sowie Rz. 463 hiernach.

[1163]　Art. 11 Bundesgesez betreffend Volksabstimmung über Bundesgeseze und Bundesbeschlüsse (17.6.1874), AS n.F. I 116ff. Vgl. dazu *Hilty* 1887, S. 384ff.

[1164]　Vgl. auch *Gruner* 1978, S. 131ff. *Aubert* 1998 Rz. 165 fasst sich etwas zu kurz, wenn er schreibt „C'est la deuxième loi électorale fédérale, celle de 1872 (...), qui va mettre de l'ordre dans tout cela. (...) le vote se fait en secret, le bulletin se remplit dans un isoloir et se jette dans une bouche anonyme."

herige Zustellung oder Verteilung in der Versammlung), die Abgabe des Stimmzettels (Einsammeln durch Stimmenzähler oder Einlage in eine Urne), die Ausgestaltung der Stimmzettel (gedruckte oder von Hand geschriebene Stimmzettel) und schliesslich die Person, welche den Stimmzettel abgab (persönliche Abgabe oder Zulassung der Stellvertretung)[1165].

398　1877 prüfte der Bundesrat eine Vereinheitlichung der kantonalen Regelungen der Stimmabgabe[1166]. In seiner Botschaft kam er zum Schluss, dass eine Vereinheitlichung zwar wünschbar, aber aus referendumspolitischen Gründen abzulehnen sei[1167]. Die bestehenden kantonalen Vorschriften würden gemäss Bundesrat „das Geheimniss der Stimmgebung überall möglichst" wahren und schützen[1168]. Allerdings hatte er aus einigen Kantonen Rückmeldungen zur Wahlpraxis erhalten, die etwas anderes vermuten liessen. So hatten in Luzern einige Militärdienstleistende ihre Stimmzettel bei der Abstimmung über die revidierte Bundesverfassung vom 19.4.1874 offen an die Amtsstelle in Luzern gesandt, was nicht zu einer Ungültigerklärung der Stimmen geführt hatte[1169]. Anlässlich derselben Volksabstimmung hatten Arbeiter der Centralbahn einem beim Stimmbüro anwesenden Vorarbeiter ihren Stimmzettel offen vorweisen müssen[1170]. Im Kanton Schwyz waren die Ausweise und Stimmkarten nummeriert worden, um die ausgegebenen und eingehenden Stimmzettel zu kontrollieren. Dabei hatte die Gefahr bestanden, dass Beamte die Nummern der ausgegebenen Stimmkarten notieren und somit die Stimmabgabe der entsprechenden Stimmberechtigten in Erfahrung bringen konnten[1171]. Trotz diesen offensichtlichen Stimmgeheimnisverletzungen kam es 1877 zu keiner Revision.

399　Zu einem weiteren Reformversuch im Bereich der Stimmabgabe kam es nach den Nationalratswahlen von 1881[1172]. Die dabei aufgetauchten Manipulationen, insbesondere im Tessin, gaben den entscheidenden Anstoss[1173]. Im Tessin waren 28 Stimmzettel mehr abgegeben worden, als Teilnehmer an der Wahl gezählt wor-

---

[1165] Vgl. BBl 1877 IV 432f.

[1166] Vgl. Botschaft des Bundesrathes an die hohe Bundesversammlung, betreffend Ergänzung des Bundesgesezes vom 19. Juli 1872 über eidgenössische Wahlen und Abstimmungen und des Bundesgesezes vom 17. Juni 1874 betreffend Volksabstimmung über Bundesgeseze und Bundesbeschlüsse vom 27. November 1877, BBl 1877 IV 413ff.

[1167] BBl 1877 IV 434 und 441.

[1168] BBl 1877 IV 435.

[1169] BBl 1877 IV 436.

[1170] BBl 1877 IV 436.

[1171] BBl 1877 IV 436f.

[1172] Vgl. Botschaft des Bundesrathes an die Bundesversammlung über den Entwurf zu einem Bundesgesetze betreffend eidgenössische Wahlen und Abstimmungen vom 30. Oktober 1883, BBl 1883 IV 193ff.

[1173] BBl 1883 IV 200. Vgl. zu Wahlmanipulationen im Kanton Tessin in dieser Zeit *Ghiringhelli* 1995, S. 25ff.

den waren[1174]. Zudem hatten mindestens 181 Wähler teilgenommen, welche im betreffenden Wahlkreis nicht stimmberechtigt gewesen waren[1175].

400 In seiner Botschaft aus dem Jahr 1883 schlug der Bundesrat eine Regelung aller das Wahl- und Abstimmungsrecht in Bundesangelegenheiten betreffenden Punkte in einem einzigen Gesetz vor[1176]. Für den besseren Schutz der geheimen Stimmabgabe waren die Einführung des Urnensystems[1177], die Beibehaltung des Verbots der Stellvertretung[1178], die Verteilung von Ausweiskarte und Stimmzettel von Amtes wegen vor der Abstimmung oder Wahl[1179], das handschriftliche Ausfüllen der Stimmzettel oder die Benutzung vorgedruckter Stimmzettel[1180], das Ausfüllen des Stimmzettels vor der Abstimmung oder Wahl oder am Wahltag in einem separaten Raum im Wahllokal[1181], die Benutzung von amtlich abgestempelten Stimmkuverts[1182] und das Einlegen des verschlossenen, den Stimmzettel enthaltenden Stimmkuverts in die Urne durch den Stimmberechtigten[1183] vorgesehen. Dem Gesetzesentwurf von 1883 erwuchs erhebliche Opposition und er wurde durch Beschluss der eidgenössischen Räte vom 18.6. und 9.12.1885 abgelehnt[1184].

11.4.3 Verschärfung der Massnahmen ohne einheitliches Bundesgesetz

401 Obwohl keine einheitliche Regelung geschaffen werden konnte, vollzog sich in den Kantonen eine Entwicklung, welche in Richtung der 1883 vorgeschlagenen Massnahmen ging[1185].

402 Die wichtigste Massnahme bestand im Übergang vom Versammlungs- zum Urnensystem[1186]. Um die Jahrhundertwende hatte sich das Urnensystem zur geheimen Stimmabgabe in eidgenössischen Angelegenheiten in den meisten Kantonen

---

[1174] *Von Salis* 1903-1904, Bd. 1, Nr. 172.
[1175] *Von Salis* 1903-1904, Bd. 1, Nr. 172.
[1176] BBl 1883 IV 203f.
[1177] Art. 13 und 14 des Entwurfs in BBl 1883 IV 225ff. Zum Ausdruck „Urnensystem" vgl. Fn. 1186 hiernach.
[1178] Art. 13 des Entwurfs in BBl 1883 IV 225ff. Für ein Verbot der Stellvertretung wegen der Missbrauchsmöglichkeiten, welche dieselbe bot, äusserte sich in dieser Zeit auch *Hilty* 1890, S. 54.
[1179] Art. 15 des Entwurfs in BBl 1883 IV 225ff.
[1180] Art. 16 des Entwurfs in BBl 1883 IV 225ff. Diese Vorschrift ist als direkte Reaktion auf die Praxis des Nationalrates, gedruckte Wahlzettel – entgegen der engen Auslegung der Vorschrift von Art. 8 des Bundesgesetzes von 1872 durch den Bundesrat – anzuerkennen. Vgl. *Von Salis* 1903-1904, Bd. 2, Nr. 396 und Bd. 3, Nr. 1204.
[1181] Art. 17 des Entwurfs in BBl 1883 IV 225ff.
[1182] Art. 17 des Entwurfs in BBl 1883 IV 225ff.
[1183] Art. 18 des Entwurfs in BBl 1883 IV 225ff.
[1184] BBl 1886 I 909.
[1185] Vgl. *Gruner* 1978, S. 140f.
[1186] Der Ausdruck „Urnensystem" wird in dieser Arbeit als Abgrenzung zum Versammlungssystem verwendet. In der Literatur wird dafür bisweilen auch der Ausdruck „Urnenabstimmung mit sukzessiver Stimmgebung" verwendet, vgl. *Giacometti* 1941, S. 249; *Huser* 1983, S. 23f.; *Meyer* 1951, S. 227.

etabliert[1187]. Die Verfahren unterschieden sich auch hier, was an den Beispielen der Regelungen in St. Gallen, Bern und Luzern dargestellt wird.

403   In *St. Gallen* erhielten die Stimmberechtigten sowohl Stimmrechtsausweis als auch Stimmzettel vor der Abstimmung oder Wahl nach Hause zugeschickt[1188]. Beim Eintritt in das Wahllokal wies sich der Stimmberechtigte durch den Stimmrechtsausweis aus und erhielt ein abgestempeltes Stimmkuvert[1189]. Das Lokal hatte so eingerichtet zu sein, dass der Stimmberechtigte den Stimmzettel unkontrolliert ausfüllen und in das Stimmkuvert legen konnte[1190]. Offen abgegebene Stimmzettel waren ungültig[1191]. Die Stimmkuverts mussten persönlich, in Gegenwart der Mitglieder des Büros und unter Abgabe des Stimmrechtsausweises in die Urne gelegt werden[1192]. Dem Büro war dabei verboten „nach dem Inhalt eines Couverts zu forschen"[1193]. Eine weitere Vorkehrung zum Schutz der geheimen Stimmabgabe bestand in der Mischung der Stimmkuverts vor deren Öffnung[1194].

404   In *Bern* erhielten die Stimmberechtigten vor der Abstimmung oder Wahl lediglich den Stimmrechtsausweis[1195]. Den Stimm- oder Wahlzettel erhielten sie im Wahllokal gegen Abgabe des Stimmrechtsausweises[1196]. Die Stimmberechtigten füllten den Zettel im Wahllokal aus und legten diesen sodann in das Kuvert. Der Ausschuss hatte dafür zu sorgen, dass diese Tätigkeiten „vollständig unbeeinflusst und unkontrolliert" geschehen konnten[1197]. Das Kuvert mit den Stimm- und Wahlzetteln hatten die Stimmberechtigten sodann „persönlich in Gegenwart von Mitgliedern des Ausschusses in die Urne zu legen."[1198] Den Mitgliedern des Ausschusses war explizit verboten, „nach dem Inhalt eines Couverts zu forschen oder solches für einen Stimmenden auszufüllen."[1199]

[1187] Vgl. *Duttweiler* 1907, S. 73f.; *Hörni* 1907, S. 19f. und 104f.; *Kölz* 2004, S. 158 und 162; *Schollenberger* 1900, S. 93.

[1188] Art. 19 Verordnung Wahlen und Abstimmungen (18.2.1891), in: Gesetze SG, Bd. 6 und Art. 18 Gesetz Volkswahlen und Volksabstimmungen (16.5.1893), in: Gesetze SG, Bd. 6. Das Urnensystem wurde in St. Gallen 1890 eingeführt. Vgl. Art. 81 KV SG 1890 (Stand 16.11.1890). Vgl. *Duft* 1910, S. 168; *Duttweiler* 1907, S. 73f.; *Huser* 1983, S. 23 und 116ff.; *Kölz* 2004, S. 209; *Oehler* 1975, S. 65ff. Zur partiellen Einführung der absolut geheimen Stimmabgabe für kantonale Volksabstimmungen in St. Gallen vor der Verankerung in der Kantonsverfassung von 1890 vgl. *Huser* 1983, S. 111ff.

[1189] Art. 21 Verordnung Wahlen und Abstimmungen (18.2.1891), in: Gesetze SG, Bd. 6 und Art. 20 Gesetz Volkswahlen und Volksabstimmungen (16.5.1893), in: Gesetze SG, Bd. 6.

[1190] Art. 21 Verordnung Wahlen und Abstimmungen (18.2.1891), in: Gesetze SG, Bd. 6 und Art. 20 Gesetz Volkswahlen und Volksabstimmungen (16.5.1893), in: Gesetze SG, Bd. 6.

[1191] Art. 20 Gesetz Volkswahlen und Volksabstimmungen (16.5.1893), in: Gesetze SG, Bd. 6.

[1192] Art. 22 Verordnung Wahlen und Abstimmungen (18.2.1891), in: Gesetze SG, Bd. 6 und Art. 21 Gesetz Volkswahlen und Volksabstimmungen (16.5.1893), in: Gesetze SG, Bd, 6.

[1193] Art. 22 Verordnung Wahlen und Abstimmungen (18.2.1891), in: Gesetze SG, Bd. 6 und Art. 21 Gesetz Volkswahlen und Volksabstimmungen (16.5.1893), in: Gesetze SG, Bd. 6.

[1194] Art. 26 Verordnung Wahlen und Abstimmungen (18.2.1891), in: Gesetze SG, Bd. 6 und Art. 25 Gesetz Volkswahlen und Volksabstimmungen (16.5.1893), in: Gesetze SG, Bd. 6.

[1195] § 17 Dekret Volksabstimmungen und Volkswahlen (22.11.1904), in: Gesetze BE, n.F. Bd. 4.

[1196] § 22 Dekret Volksabstimmungen und Volkswahlen (22.11.1904), in: Gesetze BE, n.F. Bd. 4.

[1197] § 24 Dekret Volksabstimmungen und Volkswahlen (22.11.1904), in: Gesetze BE, n.F. Bd. 4.

[1198] § 25 Dekret Volksabstimmungen und Volkswahlen (22.11.1904), in: Gesetze BE, n.F. Bd. 4.

[1199] § 25 Dekret Volksabstimmungen und Volkswahlen (22.11.1904), in: Gesetze BE, n.F. Bd. 4.

405　　In *Luzern* wiesen sich die Stimmberechtigten durch Angabe ihrer Personalien aus und erhielten dann das Stimmaterial[1200]. Der Stimmberechtigte hatte den erhaltenen Stimmzettel im Wahllokal selbst eigenhändig auszufüllen und in ein Stimmkuvert zu legen[1201]. Das Stimmkuvert musste verschlossen und unter Kontrolle des Büros in die Urne gelegt werden[1202]. In Luzern findet sich ferner eine Vorschrift, die in den anderen untersuchten Gesetzen noch nicht aufgetaucht ist: „Zum Zwecke der Kontrollirung durch Zeichen oder in anderer Weise kenntlich gemachte Stimmzeddel sind ungültig zu erklären (...)"[1203].

406　　Nicht alle Kantone sahen die Benutzung von Kuverts vor[1204], doch wo sie vorgesehen war, mussten die Kuverts zum Schutz des Stimmgeheimnisses *verschlossen* in die Urne gelegt werden[1205]. Diese Anforderung wurde in Anwendung von kantonalem Recht formuliert und kann daher nicht direkt auf die Bundesebene übertragen werden[1206].

407　　Erst mit der Einführung des Urnensystems kann von der „wirklich" oder der „absolut" geheimen Stimmabgabe gesprochen werden[1207]. Huser spricht im Zusammenhang mit der Einführung des Urnensystems auch von der Einführung der „obligatorischen" geheimen Stimmabgabe[1208]. Diese Begriffsverwendung ist allerdings abzulehnen, da sie den Anschein erweckt, die Stimmabgabe sei vorher „fakultativ" geheim gewesen. Dies trifft allerdings nicht zu. Die Stimmabgabe war in Bundesangelegenheiten seit 1872 geheim, allein mit der Durchsetzung haperte es. Dies war angesichts der stark ausgeprägten föderalistischen Struktur der Schweiz auch kein einfaches Unterfangen. In mehreren Anläufen hatte der Bundesrat versucht, entsprechende Massnahmen zur Gewährleistung der geheimen Stimmabgabe einzuführen, allerdings ohne Erfolg[1209].

11.4.4 Bundesgesetz betreffend die Wahl des Nationalrates (1919) und Strafgesetzbuch, SR 311.0 (1937)

408　　Die in der Mitte des 19. Jahrhunderts aufgekommene Idee des proportionalen Wahlverfahrens fand nach langen Auseinandersetzungen ihre Umsetzung auf

---

[1200] § 29 Gesetz Wahlen und Abstimmungen (29.11.1892), in: Gesetze LU, Bd. 7. Das Urnensystem wurde in Luzern 1890 eingeführt, vgl. Art. 14 Gesetz Abänderung Staatsverfassung (26.11.1890), in: Gesetze LU, Bd. 7. Vgl. dazu *Duttweiler* 1907, S. 74; *His* o.J., S. 146; *Sidler* 1934, S. 72.

[1201] § 31 Gesetz Wahlen und Abstimmungen (29.11.1892), in: Gesetze LU, Bd. 7.

[1202] § 31 Gesetz Wahlen und Abstimmungen (29.11.1892), in: Gesetze LU, Bd. 7.

[1203] § 38 Gesetz Wahlen und Abstimmungen (29.11.1892), in: Gesetze LU, Bd. 7. Eine ähnliche Bestimmung findet sich heute im BPR Art. 12 Abs. 1 Bst. d.

[1204] *Fisch* 1950, S. 500.

[1205] BBl 1897 III 263; BGE 49 I 318 E. 2 S. 326. Vgl. auch BBl 1897 III 688ff.; BBl 1897 IV 92ff.; *Von Salis* 1903-1904, Bd. 3, Nr. 1179.

[1206] Vgl. jedoch zur Geltung von in der Rechtsprechung anlässlich kantonaler Wahlen und Abstimmungen entwickelten Grundsätzen für Bundesurnengänge Fn. 1162 hiervor.

[1207] Vgl. BGE 98 Ia 602 E. 10b S. 612f.; *Castella* 1959, S. 573a; *Huser* 1983, S. 24.

[1208] *Huser* 1983, S. 22.

[1209] Vgl. Rz. 397ff. hiervor.

Bundesebene im *BG von 1919*[1210]. Der Grundsatz der geheimen Stimmabgabe wurde darin ebenfalls betont: „Das Geheimnis der Abstimmung ist unter allen Umständen zu wahren."[1211] In seiner Botschaft bezeichnete es der Bundesrat als „selbstverständlich", dass „in keinem Falle der Grundsatz der geheimen Wahl verletzt werden" dürfe[1212]. Diese Bestimmung wäre aufgrund des BG von 1872, welches ja auch für Nationalratswahlen galt, nicht nötig gewesen[1213]. Sie zeigt jedoch das Bedürfnis des Bundes, auf der Geheimhaltung der Stimmabgabe zu insistieren, und damit indirekt auch die immer noch mangelhafte Durchsetzung dieser Bestimmung.

409   Das BG von 1919 setzte nun erstmals seit 1872 einzelne Reformen durch. Allerdings beschränkten sich diese auf die Vorschrift, dass gedruckte Wahlzettel verwendet werden und diese auch eigenhändig abgeändert werden durften[1214]. Wahlzettel, welche auf mechanischen Wegen vervielfältigt oder abgeändert wurden, waren ungültig[1215].

410   Trotz der einsetzenden Verschärfung der Vorschriften zur Sicherung der Geheimhaltung auf kantonaler Ebene und der Betonung des Prinzips der Geheimhaltung auf Bundesebene kam es immer wieder zu Verletzungen des Stimmgeheimnisses und anderen Missbräuchen. Stimmzettel wurden gesammelt und anstelle der Stimmberechtigten ausgefüllt[1216] oder die Stimmzettel wurden zur Kontrolle der Stimmabgabe einzelner Bürger markiert[1217]. In St. Gallen kam es anlässlich der Nationalratswahlen von 1919, 1922, 1925 und 1935 immer wieder zu ähnlichen Manipulationen; Stimmzettel wurden gesammelt, von Hand verändert und an die Stimmberechtigten verteilt[1218]. Fehlende Regelungen im Bereich der Stimmregister führten zu weiteren Missbräuchen und damit zu Stimmgeheimnisverletzungen[1219]. Je nach Bedarf wurden Wähler nämlich kurzfristig in einen anderen Wahlkreis verschoben („Wahlknechte")[1220].

[1210]   Zur historischen Entwicklung des Nationalratswahlrechts vgl. *Schnewlin* 1946, S. 1ff. Zur Proporzbewegung vgl. *Kölz* 2004, S. 692ff.

[1211]   Art. 11 Abs. 3 Bundesgesetz betreffend die Wahl des Nationalrates (14.2.1919), AS XXXV 359ff. Vgl. dazu *Castella* 1959, S. 574af.

[1212]   BBl 1918 V 132.

[1213]   So auch der Bundesrat 1937, vgl. BBl 1937 II 96.

[1214]   Art. 13 Abs. 3 Bundesgesetz betreffend die Wahl des Nationalrates (14.2.1919), AS XXXV 359ff. Vgl. *Schnewlin* 1946, S. 38ff.; *Von Waldkirch* 1948, S. 124. Zu den kantonalen Variationen erlaubter Stimmzettel um 1950 vgl. *Castella* 1959, 577aff.; *Fisch* 1950, S. 499f.

[1215]   Art. 13 Abs. 3 Bundesgesetz betreffend die Wahl des Nationalrates (14.2.1919), AS XXXV 359ff.

[1216]   ZBl 26, 1925, 95f. (Schaffhausen); Amtl. sten. Bull. NR 1938 692 (Wallis).

[1217]   *Burckhardt* 1930-1931, Bd. 2, Nr. 411 III (Luzern); Amtl. sten. Bull. NR 1938 692 (Wallis).

[1218]   BBl 1937 II 91f.

[1219]   Vgl. BGE 49 I 437.

[1220]   BGE 49 I 416. (Luzern); *Burckhardt* 1930-1931, Bd. 2, Nr. 394 III (Aargau); *Segesser* 1879, S. 116ff. (Luzern); *Segesser* 1887, S. 234ff. (Luzern); *Vogt* 2000, S. 527 (Solothurn). Vgl. allgemein *Gruner* 1978, S. 123ff.

411 Zahlreiche Rekurse führten zu besonderer Berücksichtigung des Stimmgeheimnisses im *StGB*[1221]. Die entsprechende Vorschrift lautet: „Wer sich durch unrechtmässiges Vorgehen Kenntnis davon verschafft, wie einzelne Berechtigte stimmen oder wählen, wird mit Gefängnis oder mit Busse bestraft."[1222] Der objektive Tatbestand besteht darin, dass sich jemand durch unrechtmässiges Vorgehen Kenntnis verschafft, wie einzelne Berechtigte stimmen oder wählen. Vollendet ist die Tat, wenn sich der Täter die Kenntnis verschafft hat; er muss diese nicht weitergeben[1223]. Legal ist jedoch beispielsweise, wenn jemand von einer stimmberechtigten Person selbst mitgeteilt erhält, wie sie gestimmt hat oder wenn ein Mitglied des Wahlbüros die Handschrift der stimmberechtigten Person erkennt[1224]. Das unrechtmässige Verschaffen ist wichtig. Dieses ist zum Beispiel gegeben, wenn jemand heimlich Stimmkuverts öffnet oder wenn ein Mitglied des Wahlbüros den Stimmzettel beim Abstempeln auf der Rückseite lesen kann[1225]. Die herrschende Lehre zählt ferner auch das zufällige Erblicken des Stimmzettels eines anderen, an der Urne stehenden Stimmbürgers zum unrechtmässigen Verschaffen, da dieses gegen den Willen des Stimmberechtigten geschieht[1226]. Auf der subjektiven Seite ist Vorsatz gefordert[1227]. Nicht strafbar sind Stimmberechtigte, die über ihre Stimmabgabe Auskunft geben[1228]. Auch der Tatbestand des Weiterverbreitens (rechtmässig) erworbener Kenntnisse über den Inhalt der Stimmabgabe einer oder mehrerer stimmberechtigter Personen durch eine mit dem Urnengang betraute Person fällt nicht unter Art. 283 StGB[1229]. Dies stellt eine Amtsgeheimnisverletzung i.S. von Art. 320 StGB dar[1230].

412 Auch weitere Bereiche der Stimmabgabe fanden Schutz durch das Strafgesetzbuch[1231]. Das StGB stellt sowohl die Verhinderung eines Stimmberechtigten an der Ausübung der politischen Rechte als auch die Nötigung zu dieser Ausübung sowie Wahlbestechungen als auch die Wahlfälschung unter Strafe[1232].

[1221] BBl 1918 IV 60; *Burckhardt* 1930-1931, Bd. 2, Nr. 568.

[1222] Art. 283 Schweizerisches Strafgesetzbuch (21.12.1937), AS n.F. 54 757ff. Diese Vorschrift gilt bis heute unverändert.

[1223] *Donatsch/Wohlers* 2004, S. 303.

[1224] *Donatsch/Wohlers* 2004, S. 303.

[1225] *Donatsch/Wohlers* 2004, S. 303; *Hangartner/Kley* 2000, Rz. 301; *Wehrle* 2003, S. 1768f.

[1226] *Hafter* 1943, S. 708; *Stratenwerth* 2000, S. 273. A.A. *Donatsch/Wohlers* 2004, S. 304, die den Vorsatz verneinen und *Wehrle* 2003, S. 1769.

[1227] *Donatsch/Wohlers* 2004, S. 304.

[1228] *Hafter* 1943, S. 708; *Hangartner/Kley* 2000, Rz. 301; *Stratenwerth* 2000, S. 273; *Wehrle* 2003, S. 1769. Vgl. zur Bedeutung des Begriffs Geheimnis im StGB und zur Abgrenzung gegenüber dem Stimmgeheimnis *Comtesse* 1942. Vgl. zu den Pflichten der Stimmberechtigten aufgrund des Stimmgeheimnisses Rz. 487 hiernach.

[1229] *Donatsch/Wohlers* 2004, S. 304; *Wehrle* 2003, S. 1769.

[1230] *Donatsch/Wohlers* 2004, S. 304; *Hangartner/Kley* 2000, Rz. 301; *Wehrle* 2003, S. 1769. Vgl. auch Rz. 435 hiernach.

[1231] Vgl. *Castella* 1959, S. 573a.; *Giacometti* 1949, S. 451; *Von Waldkirch* 1948, S. 126.

[1232] Art. 279ff. Schweizerisches Strafgesetzbuch (21.12.1937), AS n.F. 54 757ff. Vgl. dazu *Donatsch/Wohlers* 2004, S. 291ff.; *Hafter* 1943, S. 693ff.; *Stratenwerth* 2000, S. 266ff.; *Wehrle* 2003, S. 1747ff.

413   Ein 1937 im StGB nicht berücksichtigter Umstand – das Verbot des Stimmenfangs – fand kurze Zeit später Eingang in das Nationalratswahlgesetz. Ausgelöst
durch die Manipulationen anlässlich der Nationalratswahlen in St. Gallen[1233],
wurde die Revision des Nationalratswahlgesetzes angegangen. Nach dem Vorschlag des Bundesrats sollten die Wahlzettel den Stimmberechtigten von Amtes
wegen nach Hause zugesandt werden[1234]. Diese Bestimmung stiess im Parlament
auf heftigen Widerstand[1235]. Die Kantone wollten sich kein einheitliches Verfahren vorschreiben lassen. Stattdessen einigte man sich auf die Einführung einer
Strafbestimmung, welche dem Stimmenfang entgegenwirken sollte: „Das plan-
mässige Einsammeln, Ausfüllen oder Abändern von Wahlzetteln und das Vertei-
len so ausgefüllter oder abgeänderter Wahlzettel ist verboten."[1236]

414   Art. 279 bis 283 StGB sind bis heute unverändert in Kraft[1237]. 1976 wurde das
Verbot des Stimmenfangs in das StGB integriert[1238].

11.4.5 Einführung der brieflichen Stimmabgabe (1966)

415   Die Einführung von Erleichterungen bei der Stimmabgabe auf Bundesebene[1239],
insbesondere der brieflichen Stimmabgabe[1240], ist in direktem Zusammenhang
mit der allmählichen Ausdehnung des Stimm- und Wahlrechts – durch die Aufhebung des Konkursiten- und Gepfändetenstimmrechts-Ausschlusses[1241], die
Einführung des Auslandschweizerstimmrechts[1242], des Gefangenenstimm-

---

[1233]   Vgl. Rz. 410 hiervor.

[1234]   Art. 11 des Entwurfs in Botschaft des Bundesrates an die Bundesversammlung betreffend Abänderung der Bestimmungen über die Verwendung der Stimmzettel bei den Nationalratswahlen vom
11. Juni 1937, BBl 1937 II 91ff.

[1235]   Amtl. sten. Bull. NR 1938 686ff.; Amtl. sten. Bull. StR 1938 455ff.

[1236]   Art. 13bis Abs. 1 Bundesgesetz betreffend die Wahl des Nationalrates (14.2.1919), Bereinigte Sammlung der Gesetze und Verordnungen 1848-1947, Bd. 1, S. 180ff. Vgl. Amtl. sten. Bull. NR 1938
688ff. und 1199; Amtl. sten. Bull. StR 1938 455ff. und 619.

[1237]   SR 311. Stand am 27. Juli 2004.

[1238]   Art. 282bis StGB („Wer Wahl- oder Stimmzettel planmässig einsammelt, ausfüllt oder ändert oder wer
derartige Wahl- oder Stimmzettel verteilt, wird mit Haft oder mit Busse bestraft."). Vgl. dazu Rz. 433
hiernach.

[1239]   Zu den kantonalen Bestimmungen über Stimmabgabeerleichterungen in dieser Zeit vgl. *Goetschel*
1934, S. 5ff. und 23ff.; *Schwingruber* 1978, S. 100ff.

[1240]   Zu den Erleichterungen in zeitlicher Hinsicht vgl. Bundesgesetz betreffend Erleichterung der Ausübung des Stimmrechts und Vereinfachung des Wahlverfahrens (30.3.1900), AS n.F. 18 119ff. und
Kreisschreiben des Bundesrates an die Kantonsregierungen betreffend Erleichterung der Stimmabgabe bei eidgenössischen Wahlen und Abstimmungen vom 3. April 1925, BBl 1925 II 137f. Zur Stellvertretung vgl. Rz. 431 und 506ff. hiernach.

[1241]   Art. 3 Abs. 2 Bundesgesetz betreffend die öffentlich-rechtlichen Folgen der fruchtlosen Pfändung und
des Konkurses (29.4.1920), Bereinigte Sammlung der Gesetze und Verordnungen 1848-1947, Bd. 3,
S. 78ff. Vgl. dazu *Burckhardt* 1930-1931, Bd. 2, Nr. 400. Vgl. auch den geltenden Art. 26 SchKG,
Fassung gem. Ziff. 1 Bundesgesetz über Schuldbetreibung und Konkurs, Änderung vom 16.12.1994,
AS 1995 1227ff. Vgl. dazu Botschaft über die Änderung des Bundesgesetzes über Schuldbetreibung
und Konkurs vom 8. Mai 1991, BBl 1991 III 1ff., insbes. S. 39.

[1242]   Art 1 BPRAS (Stand am 19.12.1975, AS 1976 1805ff.). Vgl. dazu Botschaft des Bundesrates an die
Bundesversammlung über die politischen Rechte der Auslandschweizer vom 3. März 1975, BBl 1975
I 1285ff.

rechts[1243] und des Frauenstimmrechts[1244], die Aufhebung der Einstellung des Stimmrechts als StGB-Nebenstrafe[1245] sowie die einheitliche Regelung der Stimmrechts-Ausschlussgründe auf Bundesebene[1246] – zu sehen. Neben der Ausweitung des Stimm- und Wahlrechts war auch die zunehmende Mobilität der Menschen von Bedeutung. Die Klagen von Saison-Arbeitern, Arbeitern in der Hotelindustrie und Gendarmen welche am Abstimmungstag ortsabwesend und dadurch an der Ausübung ihres Stimmrechts verhindert waren, häuften sich[1247].

416 Die Einführung der brieflichen Stimmabgabe wurde mehrmals in Angriff genommen; zwischen 1936 und 1966 kam es zu zwei erfolglosen Versuchen[1248]. Der vom Bundesrat 1936 präsentierte Gesetzesentwurf hätte den Kantonen gestattet, auf begründetes Gesuch hin die briefliche Stimmabgabe („Stimmabgabe auf dem Korrespondenzwege") zu bewilligen[1249]. National- und Ständerat lehnten dies jedoch ab und beschlossen Nichteintreten[1250]. Hauptbefürchtung der beiden Räte waren die Missbrauchsmöglichkeiten[1251]. Mindestens teilweise gründeten sich diese Befürchtungen auf bereits gemachte Erfahrungen, insbesondere mit Stimmzettelfang im Kanton St. Gallen[1252].

417 1947 nahm der Bundesrat die Einführung von Stimmabgabeerleichterungen erneut an die Hand[1253]. Das vom Bundesrat vorgeschlagene und vom Ständerat unterstützte System „Gemeindekanzlei/Post" sah ein Verfahren vor, bei dem sich

---

[1243] Vgl. den Wortlaut des Art. 5 Abs. 4 Bst. b im bundesrätlichen Entwurf (BBl 1975 I 1363): „Stimmberechtigte, die wegen höherer Gewalt..." und den Wortlaut im angenommen BPR (AS 1978 I 689): „Stimmberechtigte, die aus anderen zwingenden Gründen am Gang zur Urne verhindert sind". Damit sollte den Gefangenen die briefliche Stimmabgabe ermöglicht werden, vgl. Amtl. Bull. StR 1976 518.

[1244] Vgl. BBl 1971 I 485 (Abstimmung vom 7.2.1971); BBl 1970 II 989 (Beschluss des Parlaments); BBl 1970 I 61ff. (Botschaft des Bundesrates).

[1245] Aufhebung der Art. 52, 171 und 284 StGB. Vgl. Ziff. I Bundesgesetz betreffend Änderung des Schweizerischen Strafgesetzbuches (18.3.1971), AS 1971 777ff. Vgl. dazu Botschaft des Bundesrates an die Bundesversammlung über eine Teilrevision des Schweizerischen Strafgesetzbuches vom 1. März 1965, BBl 1965 I 561ff., insbes. S. 582f. Vgl. zur Situation vor der Revision des StGB *Giacometti* 1949, S. 434f.

[1246] Art. 2 BPR (Stand am 17.12.1976, AS 1978 I 688ff.). Vgl. BBl 1975 I 1328; *Schwingruber* 1978, S. 80ff. Bis 1978 stellte das Bundesrecht für die Regelung der Stimmrechts-Ausschlussgründe auf das stark divergierende kantonale Recht ab, vgl. *Von Salis* 1903-1904, Bd. 3, Nr. 1172ff. und die Übersicht über kantonale Stimmrechtsausschlussgründe bis 1978 bei *Wili* 1988, S. 149f., Fn. 8.

[1247] Vgl. *Burckhardt* 1930-1931, Bd. 2, Nr. 392, 394 I und II; BBl 1947 II 740f.

[1248] Zu Anträgen betr. Einführung der brieflichen Stimmabgabe vor 1936 vgl. *Burckhardt* 1930-1931, Bd. 2, Nr. 567. Zu den weiteren Etappen in der Entwicklung der brieflichen Stimmabgabe und die Frage der brieflichen Stimmabgabe für Auslandschweizer Stimmberechtigte vgl. Rz. 429f. und 512ff. hiernach.

[1249] Vgl. Botschaft des Bundesrates an die Bundesversammlung zum Entwurfe eines Bundesgesetzes betreffend die Ermächtigung zur Ausübung des Stimmrechts ausserhalb der Wohnsitzgemeinde vom 14. Dezember 1936, BBl 1936 III 449ff.

[1250] Amtl. sten. Bull. NR 1937 44; Amtl. sten. Bull. StR 1937 187.

[1251] Vgl. Amtl. sten. Bull. NR 1937 33ff.; Amtl. sten. Bull. StR 1937 166ff.

[1252] Vgl. Rz. 410 hiervor.

[1253] Vgl. Botschaft des Bundesrates an die Bundesversammlung zum Entwurf eines Bundesgesetzes über die Ausübung des Stimmrechtes durch die von ihrem Wohnsitz Abwesenden vom 20. August 1947, BBl 1947 II 738ff.

der Stimmberechtigte am Montag vor der Abstimmung auf die zuständige Amts-stelle der Anwesenheitsgemeinde begeben und dort den Stimmzettel ausfüllen und im Kuvert abgeben sollte[1254]. Damit wollte man die befürchteten Missbräu-che verhindern und das Stimmgeheimnis sichern[1255].

418   Der Gesetzesentwurf wurde heftig diskutiert[1256]. Der Nationalrat war mit dem vom Bundesrat vorgeschlagenen System nicht einverstanden und schuf eine neue Vorlage, in welcher er die briefliche Stimmabgabe vorsah[1257]. Der Ständerat wie-derum schlug ein Verfahren vor, welches sich stark an den ursprünglichen Ent-wurf des Bundesrates anlehnte[1258], schwenkte jedoch schliesslich auf den Entwurf des Nationalrats ein[1259]. Allerdings bestand zwischen den beiden Räten noch eine Differenz hinsichtlich des Kreises der Berechtigten[1260]. Das Gesetz kam schliess-lich nicht zustande, da der Ständerat es in der Schlussabstimmung verwarf[1261].

419   Die Gegner der brieflichen Stimmabgabe brachten vor, dass das Stimmgeheimnis und die Sicherheit der Stimmabgabe nicht gewährleistet werden können[1262]. Es wurde geltend gemacht, dass Stimmzettel unbemerkt verschwinden könnten, un-statthafte Kontrollen des Inhalts vorgenommen und die Stimmberechtigten beim Ausfüllen des Stimmzettels beeinflusst würden[1263]. Zudem wurde befürchtet, dass die Einführung der ausnahmsweisen brieflichen Stimmabgabe der erste Schritt

---

[1254]   BBl 1947 II 742ff.
[1255]   BBl 1947 II 749.
[1256]   Vgl. Amtl. sten. Bull. NR 1948 110ff. und 146ff. (Gesetzesberatung im Nationalrat vom 8.6. und 18.6.-19.6.1948); Amtl. sten. Bull. StR 1948 327ff. und 1949 544ff. (Gesetzesberatung im Ständerat vom 5.10.-6-10.1948 und 14.12.1949); Amtl. sten. Bull. NR 1950 129ff. und 559ff. (Differenzberei-nigung im Nationalrat vom 21.3.-22.3.1950 und 5.10.1950); Amtl. sten. Bull. StR 1950 459ff. und 1951 153ff. (Differenzbereinigung im Ständerat vom 21.12.1950 und 5.4.1951); Amtl. sten. Bull. NR 1951 664ff. (Differenzbereinigung im Nationalrat vom 19.9.1951); Amtl. sten. Bull. StR 1951 503ff. (Differenzbereinigung im Ständerat vom 12.12.1951); Amtl. sten. Bull. NR 1952 242ff. (Differenzbe-reinigung im Nationalrat vom 26.3.1952); Amtl. sten. Bull. StR 1952 189f. (Differenzbereinigung im Ständerat vom 17.6.1952); Amtl. sten. Bull. StR 1952 222 (Schlussabstimmung im Ständerat vom 19.6.1952: Ablehnung); Amtl. sten. Bull. NR 1952 461 (Schlussabstimmung im Nationalrat vom 20.6.1952: Annahme).
[1257]   Vgl. Amtl. sten. Bull. NR 1948 111ff. Zum vorgesehenen Verfahren der brieflichen Stimmabgabe vgl. Amtl. sten. Bull. NR 1948 161ff.
[1258]   Vgl. Amtl. sten. Bull. StR 1949 544ff.
[1259]   Vgl. Amtl. sten. Bull. NR 1950 129ff.; Amtl. sten. Bull. StR 1951 155ff.
[1260]   Vgl. Amtl. sten. Bull. StR 1951 155, 159; Amtl. sten. Bull. NR 1948 149; Amtl. sten. Bull. NR 1951 666.
[1261]   Amtl. sten. Bull. StR 1952 222. Dies war der erste von insgesamt nur sechs Fällen seit Beginn des 2. Weltkrieges, in welchen eine Vorlage in der Schlussabstimmung scheiterte. Weitere Vorlagen waren: Finanzhaushalt des Bundes: Beschaffung zusätzlicher Einnahmen (scheiterte in der Schlussabstim-mung im Nationalrat; Amtl. Bull. NR 1967 99), Konsumkreditgesetz (scheiterte in der Schlussab-stimmung im StR; Amtl. Bull. StR 1986 700), Sperrfrist für die Veräusserung nichtlandwirtschaftli-cher Grundstücke, Änderung (scheiterte in der Schlussabstimmung im NR; Amtl. Bull. NR 1991 2530), Neuer Geld- und Währungsartikel in der BV (scheiterte in der Schlussabstimmung im NR; Amtl. Bull. NR 1999 1402ff.); Familienname der Ehegatten (scheiterte in den Schlussabstimmungen beider Räte; Amtl. Bull. NR 2001 949ff.; Amtl. Bull. StR 2001 471).
[1262]   Amtl. sten. Bull. NR 1948 150f., 156; Amtl. sten. Bull. StR 1948 331, 337; Amtl. sten. Bull. NR 1950 134ff.
[1263]   Amtl. sten. Bull. NR 1948 150f., 158; Amtl. sten. Bull. NR 1950 134ff.

auf dem Weg zu einer Verallgemeinerung dieser Abstimmungsform darstellen würde[1264]. Dabei sollte die Stimmabgabe an der Urne auch weiterhin die Regel bleiben[1265].

420   Die Befürworter der brieflichen Stimmabgabe machten geltend, dass Manipulationen auch beim Urnensystem vorkämen und wiesen auf die guten Erfahrungen hin, welche mit der brieflichen Stimmabgabe für Militärpersonen während der Kriegszeit gemacht worden waren[1266]. Zudem wurden der Kanton Zürich und England angeführt, wo die briefliche Stimmabgabe problemlos praktiziert würde[1267]. Schliesslich sei die briefliche Stimmabgabe weit weniger kompliziert als die anderen vorgeschlagenen Verfahren und die Post sei sicher und zuverlässig[1268].

421   Erst 1966 konnte eine gesetzliche Grundlage für Stimmabgabeerleichterungen geschaffen werden[1269]. Als Stimmabgabeerleichterungen wurden die vorzeitige Stimmabgabe und die Stimmabgabe auf dem Korrespondenzweg eingeführt. Dieser Gesetzesentwurf wurde im National- und Ständerat im Vergleich zum Entwurf von 1947 rasch behandelt[1270]. Der brieflichen Stimmabgabe erwuchs kein grundsätzlicher Widerstand mehr. Es wurde auf positive Erfahrungen mit der brieflichen Stimmabgabe in den Kantonen (z.B. in ZH, SO, BS, SG, VD, NE, GE) verwiesen[1271]. Wichtig ist, dass die Stimmabgabeerleichterungen als Ausnahmen ausgestaltet waren und die persönliche Stimmabgabe als Grundsatz weiterhin gelten sollte[1272].

422   Zur Stimmabgabe auf dem Korrespondenzweg waren Kranke, Gebrechliche und Stimmberechtigte, die sich aus beruflichen Gründen ausserhalb des Wohnsitzes aufhielten oder aufgrund höherer Gewalt am Gang zur Urne verhindert waren, be-

---

[1264] Amtl. sten. Bull. NR 1948 151.
[1265] Amtl. sten. Bull. StR 1951 156.
[1266] Amtl. sten. Bull. NR 1948 114, 117f., 120f., 152ff.; Amtl. sten. Bull. StR 1948 336, 339; Amtl. sten. Bull. NR 1950 131, 139. Zur Stimmabgabe von Militärdienstleistenden vor dem zweiten Weltkrieg vgl. *Burckhardt* 1930-1931, Bd. 2, Nr. 387 und 562.
[1267] Amtl. sten. Bull. NR 1948 111f.
[1268] Amtl. sten. Bull. NR 1948 111, 120, 150.
[1269] Bundesgesetz über die Einführung von Erleichterungen der Stimmabgabe an eidgenössischen Wahlen und Abstimmungen (25.6.1965), AS 1966 849ff. Zu den vor 1966 möglichen Stimmabgabeerleichterungen vgl. *Bolla-Vincenz* 1978, S. 100ff.; *Burmeister* 1998, S. 119f.; *Castella* 1959, 589aff.; *Fisch* 1950, S. 501ff.; *Goetschel* 1934, S. 5ff.; *Studer-Jeanrenaud* 1929, S. 341ff.; *Usteri* 1959, S. 450aff.
[1270] Vgl. Amtl. Bull. NR 1964 690ff. (Gesetzesberatung im Nationalrat vom 16.12.1964); Amtl. Bull. StR 1965 5ff. (Gesetzesberatung im Ständerat vom 2.-3.3.1965); Amtl. Bull. NR 1965 324f. (Differenzbereinigung im Nationalrat vom 17.6.1965); Amtl. Bull. StR 1965 78f. (Differenzbereinigung im Ständerat vom 23.6.1965); Amtl. Bull. NR 1965 332 (Schlussabstimmung im Nationalrat vom 25.6.1965: Zustimmung); Amtl. Bull. StR 1965 95 (Schlussabstimmung im Ständerat vom 25.6.1965: Zustimmung).
[1271] Amtl. Bull. NR 1964 691, 693; Amtl. Bull. StR 1965 6.
[1272] Vgl. auch Amtl. Bull. StR 1965 6.

rechtigt[1273]. Ein schriftlicher Antrag unter Angabe der Gründe war Voraussetzung für die briefliche Stimmabgabe[1274]. Die weitere Regelung des Verfahrens war den Kantonen überlassen, wobei sie insbesondere Vorschriften zu erlassen hatten, „um die Kontrolle der Stimmberechtigung sowie das Stimmgeheimnis zu gewährleisten und die doppelte Stimmabgabe zu verhindern."[1275] Zur Kontrolle der Stimmberechtigung erklärte der Bundesrat in seiner Botschaft, dass dieser Ausdruck so zu verstehen sei, „dass die Gemeindebehörde sich vergewissern muss, ob der Stimmberechtigte, dessen Adresse auf dem Zustellkuvert steht, tatsächlich stimmfähig ist. Er hat dagegen nicht die Bedeutung, dass zu kontrollieren wäre, ob er persönlich gestimmt habe."[1276]

11.5 Bundesgesetz über die politischen Rechte 1976 (SR 161.1)

423 Erst im Jahre 1971 wurde eine Vereinheitlichung der bundesgesetzlichen Vorschriften betreffend die eidgenössischen Wahlen und Abstimmungen wieder in Angriff genommen[1277]. Der Gesetzesentwurf gab in mehrfacher Hinsicht Anlass zu Auseinandersetzungen in National- und Ständerat[1278]. Der definitive Erlass wurde schliesslich nach erfolgreichem fakultativem Referendum vom Volk angenommen[1279] und mit der Verordnung zusammen am 1.7.1978 in Kraft gesetzt[1280].

424 Die zentrale Vorschrift für den Bereich des Stimmgeheimnisses lautet: „Das Stimmgeheimnis ist zu wahren."[1281] Der Grundsatz der Wahrung des Stimmgeheimnisses gab in den eidgenössischen Räten keinen Anlass zu Diskussionen[1282]. Anstatt ein detailliertes Verfahren zur Sicherung der geheimen Stimmabgabe vorzuschreiben, sollen die kantonalen Vorschriften im Rahmen der Bundesvor-

---

[1273] Art. 5 Bundesgesetz über die Einführung von Erleichterungen der Stimmabgabe an eidgenössischen Wahlen und Abstimmungen (25.6.1965), AS 1966 849ff. Vgl. zu den Erwägungen über den Kreis der Berechtigten BBl 1964 II 388ff.

[1274] Art. 6 Bundesgesetz über die Einführung von Erleichterungen der Stimmabgabe an eidgenössischen Wahlen und Abstimmungen (25.6.1965), AS 1966 849ff.

[1275] Art. 7 Abs. 3 Bundesgesetz über die Einführung von Erleichterungen der Stimmabgabe an eidgenössischen Wahlen und Abstimmungen (25.6.1965), AS 1966 849ff.

[1276] BBl 1964 II 396.

[1277] Vgl. Botschaft des Bundesrates an die Bundesversammlung zu einem Bundesgesetz über die politischen Rechte (9.4.1975), BBl 1975 I 1317ff.; *Huser* 1983, S. 65. Zu früheren Versuchen vgl. Rz. 397ff. hiervor.

[1278] Vgl. Amtl. Bull. NR 1976 2-50 und 67-89 (Gesetzesberatung im Nationalrat vom 1.-3.3.1976); Amtl. Bull. StR 1976 514-543 (Gesetzesberatung im Ständerat vom 7.10.1976); Amtl. Bull. NR 1976 1485-1489 (Differenzbereinigung im Nationalrat vom 8.12.1976); Amtl. Bull. StR 1976 673-676 (Differenzbereinigung im Ständerat vom 14.12.1976); Amtl. Bull. NR 1976 1709 (Schlussabstimmung im Nationalrat vom 17.12.1976); Amtl. Bull. StR 1976 726 (Schlussabstimmung im Ständerat vom 17.12.1976).

[1279] BBl 1977 II 208f. (Zustandekommen des Referendums); BBl 1978 I 324f. (Bundesratsbeschluss über das Ergebnis der Volksabstimmung vom 4.12.1977).

[1280] AS 1978 I 711 und 718.

[1281] Art. 5 Abs. 7 BPR (Stand am 17.12.1976, AS 1978 I 688ff.). Diese Vorschrift gilt bis heute unverändert.

[1282] Vgl. Amtl. Bull. NR 1976 13; Amtl. Bull. StR 1976 517f.

gaben entsprechend ausgestaltet werden[1283]. Für die Stimmabgabe in Bundesangelegenheiten war die Verwendung von Urnen vorgeschrieben: „Der Stimmberechtigte hat seine Stimme persönlich an der Urne abzugeben."[1284]

425   Neu sieht das BPR verschiedene Vorschriften bezüglich der Stimmzettel vor. So dürfen für die Stimmabgabe ausschliesslich amtliche Stimmzettel verwendet werden[1285], Zettel ohne Vordruck sind handschriftlich auszufüllen, solche mit Vordruck dürfen nur handschriftlich geändert werden[1286]. Die Stimmzettel werden den Kantonen vom Bund zur Verfügung gestellt[1287] und den Stimmberechtigten vor der Abstimmung oder Wahl zugesandt[1288]. Das Gesetz von 1976 sieht – wie bereits dasjenige von 1872 – die Vernichtung der Stimmzettel nach Erwahrung des Abstimmungsergebnisses vor[1289].

11.5.1 Unterzeichnen von Nationalratswahlvorschlägen, Initiativ- und Referendumsbegehren

426   Die Frage der Geltung des Stimmgeheimnisses für Unterzeichner von Initiativen und Referendumsbegehren stellte sich schon rund 100 Jahre vor der Einführung des BPR. Anlässlich der Erwahrung des Abstimmungsergebnisses vom 26.11.1882 über den Bundesbeschluss vom 14.6.1882, gegen welchen das fakultative Referendum ergriffen worden war, hatte sich die Bundesversammlung schon damit befasst[1290]. Es wurde diskutiert, ob die Unterschriften lediglich der Prüfungsbehörde vorgelegt und danach vor der Öffentlichkeit verschlossen werden sollten, da Unterzeichner von Referenden öffentlich angegriffen worden seien[1291]. Gegen die Geheimhaltung der Unterschriften wurde deren praktische Undurchführbarkeit vorgebracht[1292]. Zudem liege es in der Natur der Sache, dass es

---

[1283]   Vgl. Art. 7 Abs. 4 BPR (Stand am 17.12.1976, AS 1978 I 688ff.): „Die Kantone erlassen die zur Erfassung aller Stimmen, zur Sicherung des Stimmgeheimnisses und zur Verhinderung von Missbräuchen erforderlichen Bestimmungen." Diese Vorschrift gilt bis heute unverändert.

[1284]   Art. 5 Abs. 3 BPR (Stand am 17.12.1976, AS 1978 I 688ff.). Vgl. auch *Huser* 1983, S. 96. *Giacometti* 1949, S. 451 sah die Verwendung von Urnen schon unter dem Gesetz von 1872 als das einzig gesetzesmässige System an. A.A. *Usteri* 1959, S. 434aff.

[1285]   Art. 5 Abs. 1; Art. 12 Abs. 1 Bst. a; Art. 38 Abs. 1 Bst. b und Art. 49 Abs. 1 Bst. b BPR (Stand am 17.12.1976, AS 1978 I 688ff.). Vgl. *Baumann-Bruckner* 1978, S. 45f. Diese Vorschriften gelten bis heute unverändert.

[1286]   Art. 5 Abs. 2; Art. 12 Abs. 1 Bst. b; Art. 38 Abs. 1 Bst. c; Art. 49 Abs. 1 Bst. c BPR (Stand am 17.12.1976, AS 1978 I 688ff.). Diese Vorschriften gelten bis heute unverändert.

[1287]   Art. 11 Abs. 1 BPR (Stand am 17.12.1976, AS 1978 I 688ff.). Diese Vorschrift gilt bis heute unverändert.

[1288]   Art. 11 Abs. 3 BPR (Stand am 17.12.1976, AS 1978 I 688ff.). Vgl. im gleichen Sinn den heute geltenden Art. 11 Abs. 3 BPR.

[1289]   Art. 14 Abs. 3 BPR (Stand am 17.12.1976, AS 1978 I 688ff.). Vgl. Rz. 394 hiervor.

[1290]   BBl 1883 IV 201. Zum Bundesbeschluss und zur Abstimmung vgl. BBl 1880 III 180 (Botschaft Bundesrat); BBl 1882 III 167 (Beschluss Parlament); BBl 1882 III 735 (Zustandekommen des Referendums) und BBl 1882 IV 632 (Abstimmung).

[1291]   BBl 1883 IV 201; *Hilty* 1887, S. 380.

[1292]   *Hilty* 1887, S. 380.

sich um eine öffentliche Angelegenheit handle, die der Kontrolle durch die öffentliche Meinung und durch die Presse nicht entzogen werden dürfe[1293].

427 Seit diesem Entscheid hatte sich die Praxis der Bundeskanzlei jedoch geändert. 1976 wurde auch gesetzlich verankert, dass die Unterschriftenlisten von Initiativ- oder Referendumsbegehren nach deren Einreichung bei der Bundeskanzlei nicht mehr eingesehen werden durften[1294]. Eine solche Einsicht darf auch beim Scheitern einer Initiative oder eines Referendums nicht gewährt werden[1295].

428 Ein entsprechender Schutz des Stimmgeheimnisses gilt für die Unterzeichner von Nationalratswahlvorschlägen jedoch nicht: „Die Stimmberechtigten des Wahlkreises können die Wahlvorschläge und die Namen der Unterzeichner bei der zuständigen Behörde einsehen."[1296] In seiner Botschaft erklärte der Bundesrat dies mit der öffentlichen Funktion, welche die Urheber eines Wahlvorschlages erfüllen[1297]. Der Bundesrat war damit in Übereinstimmung mit der vom Bundesgericht gutgeheissenen Praxis[1298]. Das Bundesgericht hielt fest, dass das Interesse der Unterzeichner an der Geheimhaltung der Listen gegenüber dem Interesse der Allgemeinheit an deren Zugänglichkeit weniger Gewicht habe[1299]. Der Grundsatz der Abstimmungsfreiheit erfordere, dass die Listen allen Stimmberechtigten offen stehen[1300]. Denn der Wähler müsse, um sein Stimmrecht in voller Freiheit und Unabhängigkeit ausüben zu können, die Möglichkeit haben, sich Klarheit über die politischen Absichten der Vorgeschlagenen und der Vorschlagenden zu verschaffen[1301]. Die Vorschrift bezüglich der Unterzeichner von Nationalratswahlvorschlägen wurde weder im National- noch im Ständerat diskutiert[1302].

11.5.2 Ausbau der Stimmabgabeerleichterungen

429 Der Bundesrat sah es als notwendig an, die Bestimmungen betreffend die Erleichterung der Stimmabgabe zu revidieren[1303]. Ursprünglich sollte die briefliche Stimmabgabe der Stimmabgabe an der Urne gleichgestellt werden und alle Stimmberechtigten sollten die freie Wahl zwischen den beiden Stimmabgabemo-

---

[1293] *Hilty* 1887, S. 380. Vgl. auch BGE 20 782 in dem das Bundesgericht den Anspruch der Stimmberechtigten auf Einsicht in ungültig erklärte Unterschriften bejahte.

[1294] Art. 64 Abs. 2 und Art. 71 Abs. 2 BPR (Stand am 17.12.1976, AS 1978 I 688ff.); vgl. BBl 1975 I 1346 und 1350. Diese Vorschriften gelten bis heute unverändert. Strafrechtlich ist das Stimmgeheimnis der Unterzeichner von Initiativ- und Referendumsbegehren nicht geschützt, da diese von Art. 283 StGB nicht erfasst werden. Vgl. *Wehrle* 2003, S. 1768. Vgl. jedoch auch Rz. 435 hiernach.

[1295] Vgl. BBl 1997 IV 1627ff. A.A. *Tschannen* 2004, § 52 Rz. 66; BGE 20 782 E. 3 S. 788f.

[1296] Art. 26 BPR (Stand am 17.12.1976, AS 1978 I 688ff.). Diese Vorschrift gilt bis heute unverändert. Vgl. zur Kritik daran Rz. 498 und Fn. 1298 hiernach.

[1297] BBl 1975 I 1337.

[1298] BGE 98 Ib 289. Vgl. dazu *Muheim* 1978, S. 77. Kritisch zu dieser Praxis: *Hangartner/Kley* 2000, Rz. 2575; *Poledna* 1988, S. 264f.; *Widmer* 1989, S. 144f.

[1299] BGE 98 Ib 289 E. 4h S. 297.

[1300] BGE 98 Ib 289 E. 4h S. 297.

[1301] BGE 98 Ib 289 E. 4g S. 296.

[1302] Amtl. Bull. NR 1976 34; Amtl. Bull. StR 1976 524.

[1303] BBl 1975 I 1325.

dalitäten haben[1304]. Das Vernehmlassungsverfahren hatte aber gezeigt, dass diese Regelung auf Widerstand stossen würde[1305]. Es wurde deshalb am Grundsatz der persönlichen Stimmabgabe an der Urne festgehalten[1306].

430   Das BPR sah jedoch eine wesentliche Erweiterung der brieflichen Stimmabgabe vor, indem als Grund die blosse Ortsabwesenheit (Ferien, Militärdienst, Wochenendabwesenheit etc.) genügte[1307]. Auf kantonaler Ebene waren teilweise weitere Gründe für die briefliche Stimmabgabe anerkannt[1308]. In diesen Fällen passte sich das Bundesrecht weiter gehendem kantonalen Recht an[1309]. Die briefliche Stimmabgabe war nur bei Aufgabe bei einer inländischen Poststelle zulässig[1310]. Damit war es im Ausland weilenden Schweizern nicht erlaubt, brieflich abzustimmen. Auslandschweizer mussten zur Ausübung ihres Stimmrechts in die Schweiz reisen[1311]. Die briefliche Stimmabgabe fand sowohl im National- als auch im Ständerat diskussionslos Zustimmung[1312].

431   Aufgrund der wesentlichen Ausweitung der brieflichen Stimmabgabe sah der Bundesrat von weiteren Stimmabgabeerleichterungen wie der Einführung der Stellvertretung oder der Einführung von Lochkarten zur Stimmabgabe ab[1313]. Stellvertretung sollte allerdings in jenen Kantonen zulässig sein, welche diese für kantonale Wahlen und Abstimmungen vorsahen[1314]. Im Gegensatz zur brieflichen Stimmabgabe wurde die Stellvertretung aufgrund der Missbrauchsmöglichkeiten und der Verletzung des Stimmgeheimnisses im Nationalrat kritisiert[1315].

432   Bei allen Stimmabgabeerleichterungen sind besondere Schutzvorkehrungen u.a. für die Wahrung des Stimmgeheimnisses vorzusehen. Insbesondere soll der Stimmzettel bei der Vorurne verschlossen abgegeben werden[1316]. Bei der brieflichen Stimmabgabe haben die Kantone Bestimmungen zu erlassen, „um die Kontrolle der Stimmberechtigung, das Stimmgeheimnis und die Erfassung aller

---

[1304] BBl 1975 I 1331. Vgl. dazu *Bolla-Vincenz* 1978, S. 149ff.
[1305] Vgl. BBl 1975 I 1331; *Baumann-Bruckner* 1978, S. 46.
[1306] Art. 5 Abs. 3 BPR (Stand am 17.12.1976, AS 1978 I 688ff.).
[1307] Art. 5 Abs. 4 Bst. c BPR (Stand am 17.12.1976, AS 1978 I 688ff.); vgl. BBl 1975 I 1326 und 1331; *Baumann-Bruckner* 1978, S. 47. Kritisch zur Einschränkung auf bestimmte Personengruppen *Schwingruber* 1978, S. 139f.
[1308] Vgl. *Bolla-Vincenz* 1978, S. 151ff.
[1309] Art. 5 Abs. 5 BPR (Stand am 17.12.1976, AS 1978 I 688ff.).
[1310] Art. 5 Abs. 4 und Art. 12 Abs. 1 Bst. e BPR (Stand am 17.12.1976, AS 1978 I 688ff.).
[1311] Art. 1 BPRAS (Stand am 19.12.1975, AS 1976 1805ff.). Vgl. *Bolla-Vincenz* 1978, S. 192ff.; *Schwingruber* 1978, S. 141f. Vgl. zu den Auslandschweizer Stimmberechtigten auch Rz. 512 hiernach.
[1312] Amtl. Bull. NR 1976 17; Amtl. Bull. StR 1976 518.
[1313] BBl 1975 I 1326. Vgl. zur Stellvertretung Rz. 506ff. hiernach.
[1314] Art. 5 Abs. 6 BPR (Stand am 17.12.1976, AS 1978 I 688ff.); vgl. BBl 1975 I 1331. Diese Vorschrift gilt bis heute unverändert. Vgl. auch Rz. 506ff. hiernach. Zum Zeitpunkt des Erlasses des BPR kannten die Kantone Zürich, Bern, Zug, Basel-Landschaft und Schaffhausen die Stellvertretung, vgl. *Baumann-Bruckner* 1978, S. 48.
[1315] Vgl. Amtl. Bull. NR 1976 13ff. Vgl. auch *Baumann-Bruckner* 1978, S. 49f.
[1316] Art. 7 Abs. 2 BPR (Stand am 17.12.1976, AS 1978 I 688ff.). Vgl. BBl 1975 I 1332. Diese Vorschrift gilt bis heute unverändert.

Stimmen zu gewährleisten und Missbräuche zu verhindern."[1317] Gleichzeitig soll das Verfahren zur brieflichen Stimmabgabe einfach ausgestaltet sein[1318].

433 Der bisher im Nationalratswahlgesetz fest gehaltene Tatbestand des Stimmenfangs wurde neu als Straftatbestand in Art. 282bis StGB verankert[1319].

11.6 Weitere Entwicklungen

434 Die Entwicklung der Regelungen, welche das Stimmgeheimnis betreffen, ist mit der Einführung des BPR noch längst nicht abgeschlossen. Vielmehr tauchen immer wieder Lücken auf, die fortlaufend gefüllt werden müssen. So zum Beispiel 1987 durch Ergänzung der Verordnung über die politischen Rechte (VPR) oder 1997 bei der Schaffung des Bundesgesetzes über Massnahmen zur Wahrung der inneren Sicherheit (BWIS).

435 1987 wurde die *VPR* um Art. 19 Abs. 6 ergänzt: „Die Amtsstelle wahrt das Stimmgeheimnis."[1320] Damit sind die Unterzeichner von Referenden bereits mit der Übergabe der Liste an die betreffende Amtsstelle, welche die Stimmrechtsbescheinigung erteilt, geschützt. Der Schutz durch das Stimmgeheimnis beginnt nicht erst mit der Einreichung bei der Bundeskanzlei. Geben Amtspersonen die Namen der Unterzeichner eines Referendums bekannt, so sind sie wegen Amtsgeheimnisverletzung i.S. von Art. 320 StGB strafbar[1321]. Nicht strafbar machen sich jedoch Privatpersonen wie beispielsweise Mitglieder des Referendumskomitees[1322]. Analoges hat für die Handhabung der Unterzeichner von Initiativen zu gelten. Eine unterschiedliche Behandlung wäre nicht gerechtfertigt.

436 Das *BWIS* hat die Sicherung der demokratischen und rechtsstaatlichen Grundlagen der Schweiz sowie den Schutz der Freiheitsrechte der Bevölkerung zum Zweck[1323]. Dazu soll der Bund vorbeugende Massnahmen treffen, um Gefährdungen durch Terrorismus, verbotenen Nachrichtendienst und gewalttätigen Extremismus frühzeitig zu erkennen[1324]. Der Tätigkeit des Bundes und der Kantone werden dabei Schranken gesetzt. Als unumstössliche Schranke gilt Art. 3 Abs. 3 BWIS: „Das Stimm-, das Petitions- und das Statistikgeheimnis bleiben ge-

---

[1317] Art. 8 Abs. 1 BPR (Stand am 17.12.1976, AS 1978 I 688ff.). Diese Vorschrift gilt bis heute unverändert.

[1318] Art. 8 Abs. 1 BPR (Stand am 17.12.1976, AS 1978 I 688ff.). Diese Vorschrift gilt bis heute unverändert. Vgl. zur Ausgestaltung der Verfahren Rz. 513ff. hiernach.

[1319] Art. 88 BPR (Stand am 17.12.1976, AS 1978 I 688ff.). Vgl. auch Rz. 413f. hiervor.

[1320] AS 1987 1126.

[1321] Vgl. *Wehrle* 2003, S. 1769. Vgl. auch Rz. 411 hiervor.

[1322] Vgl. *Wehrle* 2003, S. 1769. A.A. *Hangartner/Kley* 2000, Rz. 209.

[1323] Art. 1 BWIS.

[1324] Art. 2 Abs. BWIS.

wahrt."[1325] Sie wurde in den parlamentarischen Beratungen nicht in Frage gestellt[1326] und ist gerade in der heutigen Zeit von zentraler Bedeutung.

[1325] Diese Bestimmung war früher im Datenschutzgesetz enthalten: Art. 24 Abs. 2 DSG (Stand am 19.6.1992, AS 1993 1945ff.). Vgl. Botschaft des Bundesrates über Massnahmen zur Wahrung der inneren Sicherheit und zur Volksinitiative "S.o.S. Schweiz ohne Schnüffelpolizei" vom 7. März 1994, BBl 1994 II 1127ff., insbes. S. 1172.
[1326] Vgl. Amtl. Bull. StR 1995 578ff.; Amtl. Bull. NR 1996 711ff.

12 ARGUMENTATION FÜR UND WIDER DAS STIMM-GEHEIMNIS IN DER SCHWEIZ

12.1 Befürworter der Geheimhaltung

437 Die Aufteilung in einzelne Argumente der Befürworter beziehungsweise der Gegner der geheimen Stimmabgabe ist eine künstliche. Befürworter wie Gegner brachten ihre Argumentationen jeweils zusammenhängend vor. Die folgende Unterteilung in einzelne Argumente hat zwei Ziele: einerseits soll ein gewisser Unterschied zwischen rein pragmatischen Reflexionen und abstrakt-theoretischen Erwägungen aufgezeigt werden. Andrerseits ermöglicht die Aufteilung in einzelne Argumente schliesslich den Vergleich über die Landesgrenzen hinweg.

438 Im Folgenden werden Argumente aus den Debatten um und im Anschluss an die Einführung der geheimen Stimmabgabe auf Bundesebene durch das BG von 1872 dargestellt sowie die im Kanton Zürich anlässlich der Einführung der geheimen Stimmabgabe angeführten Argumente untersucht. Ferner werden zeitgenössische Autoren berücksichtigt.

12.1.1 Geheime Stimmabgabe zum Schutz der Schwächeren

439 Die geheime Stimmabgabe wurde in erster Linie zum Schutz der in der Gesellschaft „schwächeren" oder abhängigen Personen vorgesehen[1327]. Potentiell abhängige Personen waren zum Beispiel Beamte, Angestellte von Regierung und Stadtbehörden, Wirte, Handels- und Krämerleute, Handwerker, Taglöhner sowie Personen, welche direkten oder indirekten Verdienst von einer Behörde oder von Privaten erhielten[1328]. Im Vordergrund stand die Befürchtung von Einflussnahme durch Behörden und Arbeitgeber. Von letzteren hatten zum Beispiel die Eisenbahngesellschaften den Ruf, ihre Arbeitnehmer zu beeinflussen[1329]. Diese stellten eine nicht unerhebliche Interessengruppe dar, wenn man bedenkt, dass zwischen 1879 und 1920 von insgesamt 66 Abstimmungen[1330] immerhin fünf Abstimmungen direkt Eisenbahnfragen betrafen[1331].

[1327] *Hilty* 1890, S. 58.
[1328] Luzerner Zeitung, Nr. 131 (31.10.1851).
[1329] Vgl. *Bleuler*: Verhandlungs-Protokoll des zürcherischen Verfassungsrathes. Sitzung der Gesammtkommission für Ausarbeitung eines Verfassungsentwurfes (11.6.1868), S. 11.
[1330] Vgl. die Liste aller Abstimmungen seit 1848 in: *Kaufmann* et al. 2005, S. 186ff.
[1331] Bundesgesez betreffend Gewährung von Subsidien für Alpenbahnen (19.1.1879, BBl 1879 I 406); Bundesbeschluss betreffend den Ankauf der schweizerischen Centralbahn (6.12.1891, BBl 1892 I 70); Bundesgesetz über das Rechnungswesen der Eisenbahnen (4.10.1896, BBl 1896 IV 133); Bundesgesetz betreffend die Erwerbung und den Betrieb von Eisenbahnen für Rechnung des Bundes und die Organisation der Verwaltung der schweizerischen Bundesbahnen (20.2.1898, BBl 1898 II 69); Bundesgesetz betreffend die Arbeitszeit beim Betriebe der Eisenbahnen und anderer Verkehrsanstalten (31.10.1920, BBl 1920 V 160).

440   Die Abhängigkeiten ergaben sich u.a. durch ökonomische Unterschiede[1332]. Die offene Stimmabgabe wurde als „eine wohlgemeinte oder auch eine weniger wohlgemeinte Phrase zu Gunsten der ökonomisch Sichergestellten"[1333] bezeichnet. „Wer eine Million hat, darf bei der Abstimmung nur seine Meinung in die Waagschale legen, aber dem Armen und Gedrückten setzt man die offene Abstimmung auf den Nacken, denn diese Leute müssten nicht nur ihre Meinung, sondern auch die Rücksicht auf die Existenz ihrer Frau und Kinder in die Waagschale legen."[1334] Aus den ökonomisch Abhängigen würden ohne geheime Stimmabgabe auch politisch Abhängige. Ein Autor erklärte die Zunahme der Bedeutung der geheimen Stimmabgabe mit dem Umstand, „dass bei den heutigen sozialen Verhältnissen vielen Bürgern nur dann (...) eine freie Ausübung ihres Stimmrechts zusteht, wenn ihnen eine solche keine Nachteile irgendwelcher Art bringt. Das aber wird stets nur dann der Fall sein, wenn er seine Stimmabgabe geheim halten kann. Ist dies nicht so, dann wird eben der ökonomisch Abhängige auch politisch abhängig werden."[1335]

441   Auch der Bundesrat ging in seiner Botschaft zum BG von 1872 davon aus, „dass namentlich der nach Vermögen und äusserer Stellung abhängige Bürger" die geheime Stimmabgabe fordern müsse, „wenn er wenigstens in Bezug auf seine politischen Rechte demjenigen gleichgestellt werden will, nach dem er sich im sonstigen Leben zu richten hat."[1336] Aber nicht nur materielle, sondern auch moralische Einflüsse könnten die Freiheit des Einzelnen verletzen[1337]. Das Stimmgeheimnis sollte allgemein die Minderheiten gegenüber der Mehrheit schützen[1338].

442   Eine lebendige Schilderung der Wahlmanipulationspraktiken findet sich bei Jeremias Gotthelf (1797-1854). Neben der gut organisierten Diffamierung der Konkurrenten bedurfte der Kandidat auch gut platzierter Wahlpanduren, die auf die Wähler Druck ausüben konnten: „Am passendsten werden diese Panduren unter dem Militär, den Staatsangestellten und aus dem Lehrstande gewählt. Diese Klassen kommen durch ihre Stellung mit vielen Leuten in Verkehr; ihr Amt sichert ihnen einen bestimmten Einfluss, sie können sagen: ‚Thut's, wohl und gut, sonst wart', ich will dir!' (...) zu Gunsten des Vaterlandes und der wahren Volksvertre-

---

[1332] Vgl. Bericht der nationalräthlichen Kommission betreffend das Begehren des Kantons Tessin um Abänderung des Art. 8 des Bundesgesetzes über die eidg. Wahlen und Abstimmungen vom 11./23. Juli 1873, BBl 1873 III 457ff., inbes. S. 460.

[1333] *Ziegler*: Verhandlungs-Protokoll des zürcherischen Verfassungsrathes. Sitzung des Gesamt-Verfassungsrathes (11.9.1868), S. 9.

[1334] *Ziegler*: Verhandlungs-Protokoll des zürcherischen Verfassungsrathes. Sitzung des Gesamt-Verfassungsrathes (11.9.1868), S. 9.

[1335] *Hörni* 1907, S. 105.

[1336] BBl 1872 II 767.

[1337] BBl 1872 II 767.

[1338] *Giacometti* 1941, S. 249; *Poledna* 1988, S. 259.

ter und Volksfreunde kann das Amt nie genug gebraucht, geschweige denn missbraucht werden."[1339]

443   Auch der Einfluss der Kirche wird bei Gotthelf anschaulich dargestellt: „Die Wahlen gehen nämlich zumeist in der Kirche vor, und das ist eine herrliche Sache! Das ist eine Prüfung vor Gott von sämmtlichen Wählern; das ist ein wahres Selbstgericht, ein vorläufiges. Da thun Buben und Männer im nämlichen Hause, in welchem sie getauft und das christliche Gelübde abgelegt, ihren Sinn kund (...) Die Zeugnisse dieses Sinnes steigen auf zu dem, der die Gelübde gehört, der den Segen hat in seiner Hand, der selig macht und verdammt; sie bleiben droben angeschrieben. Ihr Buben und ihr Männer, vergesst es nicht! Jeder Name, den ihr schreibt, ist ein Zeugnis für oder gegen euch; Herrgott, wie viele ruchlose Namen werden einst ewig brennen auf den Seelen verstockter Wähler!"[1340]

12.1.2 Geheimhaltung zur Sicherung der Wahl- und Abstimmungsfreiheit

444   Der Bundesrat stellte zwar die Einführung der geheimen Stimmabgabe nicht in den Vordergrund der Revision von 1872, dennoch nannte er sie einen „Hauptpunkt" derselben[1341]. Der Bundesrat argumentierte nur knapp für die Einführung der geheimen Stimmabgabe auf Bundesebene. Er ging davon aus, dass allgemein anerkannt sei, dass „die Wahl- und Stimmfreiheit jedes einzelnen Bürgers nur bei der schriftlichen Stimmgabe gesichert ist (...)"[1342]. Auch National- und Ständerat gingen in ihren Debatten nur am Rande auf Art. 8 des BG von 1872 ein. Die geheime Stimmabgabe wurde als unabdingbar für die Sicherstellung einer freien Stimmabgabe angesehen[1343].

445   In ihrer Beantwortung des Tessiner Gesuchs um Abänderung von Art. 8 des BG von 1872 hielt die nationalrätliche Kommission fest, dass einzig die geheime Stimmabgabe mittels offizieller Wahlzettel die Unabhängigkeit des freien Willens des Stimmenden sichern könne[1344]. Die ständerätliche Kommission schloss sich dieser Argumentation an[1345].

12.1.3 Strömung der neueren Zeit

446   In der Schweiz fand die geheime Stimmabgabe keine derart hochemotionalen Verfechter wie in den anderen untersuchten Ländern, wohl weil die Emotionen

---

[1339] *Gotthelf* 1861, S. 181.
[1340] *Gotthelf* 1861, S. 188.
[1341] Vgl. Botschaft des Bundesrathes an die hohe Bundesversammlung, betreffend eidgenössische Wahlen und Abstimmungen vom 24. Juni 1872, BBl 1872 II 753ff., insbes. S. 767.
[1342] BBl 1872 II 767.
[1343] NZZ, Nr. 351 (13.7.1872).
[1344] BBl 1873 III 459f. Vgl. auch Rz. 452 hiernach.
[1345] Bericht der ständeräthlichen Kommission über eine Eingabe des Staatsraths von Tessin, betreffend Revision des Artikels 8 des Bundesgesetzes vom 19. Juli 1872 über die eidgenössischen Wahlen und Abstimmungen im Sinne der Wiedereinführung der offenen Stimmabgabe vom 22. Juli 1873, BBl 1873 III 747ff.

andere Themen (Ausweitung des Wahlrechts, Ausbau der Volksrechte) beschlugen und weil die verbreitet bekannte, offene Stimmabgabe genauso „geschätzt" wurde.

447   Die Argumentation verwies oft auch auf die bereits erfolgte Einführung der geheimen Stimmabgabe in einzelnen Kantonen oder im Ausland[1346]. Man wollte sich dieser Tendenz zur geheimen Stimmabgabe nicht verschliessen[1347]. So wurde im Ständerat auf „die demokratische Strömung der neuern Zeit" verwiesen, welche „auf Erleichterung der Ausübung des Wahlrechts im Sinne der Freiheit des Wählers ausgeht und zu diesem Zwecke die geheime Abstimmungsweise als eines ihrer wesentlichen Postulate aufgestellt hat."[1348]

12.1.4 Zunehmender Bildungsstand macht Landsgemeinde überflüssig

448   Erst mit der Einführung der Volksschule[1349] und der Zunahme des Bildungsstandes konnte die schriftliche und damit auch die geheime Stimmabgabe ein Thema werden. „In den Zeiten, da man noch nicht lesen noch schreiben konnte, da die Anregung und Belehrung in Bezug auf alle öffentlichen Angelegenheiten nicht so allgemein war wie jetzt, da musste allerdings offen abgestimmt werden."[1350]

449   Die offene Stimmabgabe an den Versammlungen sei jedoch mit Nachteilen verbunden, welche sich nun umgehen liessen. „Jetzt aber kann man die Abstimmung in öffentlicher Gemeindsversammlung um so eher entbehren, als die gesetzgebende Behörde ihre Sitzungen öffentlich hat, eine beleuchtende Kundmachung zu allen Gesetzen erlassen wird und Vereine und Gesellschaften mit dazu helfen werden, das politische Leben noch zu erhalten."[1351] Mit anderen Worten es fehlte nun der Grund, weshalb man sich noch in der Versammlung treffen und dann umständehalber offen abstimmen musste.

12.1.5 Debatte um das Urnensystem – Faktische Ermöglichung der Teilnahme

450   Die Debatten um die Einführung der geheimen Stimmabgabe drehten sich faktisch vielfach um die Einführung des Urnensystems. Dabei vermischten sich die

---

[1346] BBl 1872 II 767.

[1347] Vgl. *Brändli*: Verhandlungs-Protokoll des zürcherischen Verfassungsrathes. Sitzung des Gesammt-Verfassungsrathes (10.8.1868), S. 7.

[1348] Bericht der ständeräthlichen Kommission über eine Eingabe des Staatsraths von Tessin, betreffend Revision des Artikels 8 des Bundesgesetzes vom 19. Juli 1872 über die eidgenössischen Wahlen und Abstimmungen im Sinne der Wiedereinführung der offenen Stimmabgabe vom 22. Juli 1873, BBl 1873 III 747ff.

[1349] Vgl. Art. 27 BV 1874. Kompetenzprobleme zwischen Bund und Kantonen führten 1882 zur Abstimmung über den stark umstrittenen Schulvogt, welcher schliesslich abgelehnt wurde; BBl 1882 IV 632. Vgl. dazu *Mösch* 1962, S. 10ff.; *Segesser* 1887, S. 624ff.

[1350] *Brändli*: Verhandlungs-Protokoll des zürcherischen Verfassungsrathes. Sitzung der Gesammtkommission für Ausarbeitung eines Verfassungsentwurfes (11.6.1868), S. 10.

[1351] *Brändli*: Verhandlungs-Protokoll des zürcherischen Verfassungsrathes. Sitzung der Gesammtkommission für Ausarbeitung eines Verfassungsentwurfes (11.6.1868), S. 10.

Argumentationen bisweilen, indem etwa die Vor- und Nachteile des Urnensystems gegenüber dem Versammlungssystem und nicht die geheime versus offene Stimmabgabe diskutiert wurden. So wurde in der Diskussion des Zürcher Verfassungsrates etwa geltend gemacht, dass das Urnensystem den älteren Stimmberechtigten oder denjenigen, die wegen Krankheit oder anderen Gründen an der Teilnahme der Versammlung verhindert seien, die Stimmabgabe dennoch ermögliche[1352]. Auch der Berner Begründer der Jungradikalen, Rudolf Brunner (1827-1894)[1353], forderte nicht eigentlich die geheime Stimmabgabe, sondern die Ersetzung des Versammlungssystems durch ein System der „Wahl- und Abstimmungsbüreaux, wo man während des grössten Theiles des Tages, wenn man gerade Zeit hat, seine Stimme abgeben kann."[1354] Es kann davon ausgegangen werden, dass Brunner damit für die Einführung der geheimen Stimmabgabe war[1355].

12.2 Gegner der Geheimhaltung

12.2.1 Verherrlichung der Landsgemeinde

451 Die Landsgemeinde gehört zum historischen Erbe in der Schweiz und wurde oft auch im 20. Jahrhundert mystisch verklärt und als Ur- und damit Idealform der Demokratie betrachtet[1356]. Die offene Stimmabgabe wird dabei zumindest in Kauf genommen und verschiedentlich gerechtfertigt. So wird argumentiert, dass in der Menschenmasse leicht ein Ort gefunden werden könne, wo man nicht gesehen werde[1357]. Es erstaunt nicht, dass in den Debatten des National- und Ständerats zur Einführung des BG von 1872 die Vertreter der Landsgemeindekantone Mühe mit der Einführung der geheimen Stimmabgabe bekundeten. Sie verlangten entweder, es sei den Kantonen zu überlassen, ob sie die geheime oder offene Stimmabgabe vorziehen[1358]. Oder aber sie wollten mindestens die Wahlen offen durchführen und die geheime Stimmabgabe nur bei Verfassungsabstimmungen einführen[1359]. Als Begründung wurde die Tradition der offenen Stimmabgabe angeführt; man wollte „die uralte offene Abstimmung retten"[1360].

[1352] *Brändli*: Verhandlungs-Protokoll des zürcherischen Verfassungsrathes. Sitzung des Gesammt-Verfassungsrathes (10.8.1868), S. 7; *Brändli*: Verhandlungs-Protokoll des zürcherischen Verfassungsrathes. Sitzung des Gesamt-Verfassungsrathes (11.9.1868), S. 3.

[1353] Zu Brunner vgl. *Kölz* 2004, S. 96f.

[1354] *Brunner* 1866, S. 11. Das Urnensystem wurde in der Zeit häufig durch den Ausdruck „Wahlbüreau" umschrieben, vgl. *Brändli*: Verhandlungs-Protokoll des zürcherischen Verfassungsrathes. Sitzung der Gesammtkommission für Ausarbeitung eines Verfassungsentwurfes (11.6.1868), S. 9.

[1355] So auch *Kölz* 2004, S. 97.

[1356] Vgl. z.B. *Kellenberger* 1965, S. 87ff.

[1357] Vgl. z.B. *Kellenberger* 1965, S. 87ff.

[1358] NZZ, Nr. 351 (13.7.1872).

[1359] NZZ, Nr. 362 (19.7.1872).

[1360] NZZ, Nr. 351 (13.7.1872).

12.2.2 Fehlender Grund für die Einführung der geheimen Stimmabgabe

452   Die Einführung der geheimen Stimmabgabe auf Bundesebene rief den (erfolglosen) Protest des Kantons Tessin hervor[1361]. Nach der Einführung des BG von 1872 wandte sich der Kanton Tessin an den Bund, um Art. 8 – mit welchem die geheime Stimmabgabe auf Bundesebene eingeführt worden war – dahin gehend abzuändern, dass die Kantone die Art der Stimmabgabe in Bundesangelegenheiten wieder selbst bestimmen könnten[1362]. Das Begehren wurde vom Kanton Tessin damit begründet, dass die für die Einführung der geheimen Stimmabgabe sprechenden Erwägungen in ihrem Kanton nicht zuträfen. Im Kanton Tessin hätte es unter der offenen Stimmabgabe weder Verfolgung noch Unregelmässigkeiten gegeben[1363]. Inwiefern die Tessiner Angaben zutreffen, kann hier nicht untersucht werden. Allerdings ist zu vermuten, dass der Einfluss der katholischen Kirche auf das politische Geschehen, insbesondere zu Zeiten des Kulturkampfes, gross war. Das Interesse an der offenen Stimmabgabe und damit leichteren Einflussmöglichkeiten muss auch unter diesem Aspekt betrachtet werden[1364].

453   Auch in Zürich wurde die Gefahr der Einflussnahme bei offener Abstimmung als gering eingestuft[1365]. Wenn nur die Versammlungen gross genug seien, dann seien Einflussnahmen nicht mehr möglich[1366].

12.2.3 Missbrauch bei geheimer Stimmabgabe

454   In der Tessiner Argumentation wurde zudem angeführt, dass die erste Anwendung der geheimen Stimmabgabe zu Klagen wegen Bestechung und Missbräuchen geführt habe[1367].

455   Auch Philipp Anton von Segesser (1817-1888), Führer der katholisch-konservativen Opposition, dreimal Luzerner Grossrat zwischen 1851 und 1871, Nationalrat von 1848 bis 1888[1368], fürchtete Missbrauchsmöglichkeiten. Allerdings waren diese weniger auf die geheime Stimmabgabe an sich gemünzt, als vielmehr auf das Urnensystem[1369]. Seine Vorstellung von Demokratie liess sich

---

[1361]   Vgl. Botschaft des Bundesrathes an die gesetzgebenden Räthe der Eidgenossenschaft, betreffend die Abänderung des Bundesgesezes über die eidgenössischen Wahlen und Abstimmungen vom 25. Juni 1873, BBl 1873 II 1012ff.; Bericht der nationalräthlichen Kommission betreffend das Begehren des Kantons Tessin um Abänderung des Art. 8 des Bundesgesetzes über die eidg. Wahlen und Abstimmungen vom 11./23. Juli 1873, BBl 1873 III 457ff.; *Gruner* 1978, S. 137.

[1362]   BBl 1873 II 1012.

[1363]   BBl 1873 II 1013; BBl 1873 III 458.

[1364]   Vgl. die zahlreichen Beispiele von in einer ersten Phase physischer und später eher subtileren Form der Wahlmanipulationen durch Bestechung und Korruption bei *Ghiringhelli* 1995, S. 23ff.

[1365]   *Grunholzer*: Verhandlungs-Protokoll des zürcherischen Verfassungsrathes. Sitzung der Gesammtkommission für Ausarbeitung eines Verfassungsentwurfes (11.6.1868), S. 11.

[1366]   *Ziegler*: Verhandlungs-Protokoll des zürcherischen Verfassungsrathes. Sitzung der Gesammtkommission für Ausarbeitung eines Verfassungsentwurfes (11.6.1868), S. 12.

[1367]   BBl 1873 II 1013.

[1368]   *Kölz* 2004, S. 191.

[1369]   Vgl. *Segessers* Schilderung der Wahl von 1863 in: *Segesser* 1887, S. 378ff.

am besten in einer kleinen Gemeinschaft umsetzen[1370]. Die Idealform war für ihn die Gemeindeversammlung[1371]. Das Urnensystem löse die Gemeinde auf und ermögliche Stimmenkauf und Betrug[1372]. Die Bürger sollten ihre Stimmkarten „in öffentlicher und ordentlicher Gemeindeversammlung vor den Augen ihrer Mitbürger als selbständige Männer" einlegen[1373].

12.2.4 Offene Stimmabgabe führt zu gemeinwohlorientierten Entscheiden

456   Die Tessiner Opposition gegenüber der geheimen Stimmabgabe wurde etwa auch damit begründet, dass mit der offenen Stimmabgabe der Vorteil verbunden sei, dass der „gemeine Bürger, der sich nach alten, lange verwahrlosten staatlichen Zuständen nur langsam politisch heranbilde, dem Rath und Beispiel der Vertrauensmänner" folgen könne, „welche bisher die öffentlichen Interessen in Staat und Gemeinde zu seiner Zufriedenheit" besorgt hätten[1374]. Dieses Argument wurde aber weder in den Debatten 1872 noch in den Debatten im Zürcher Verfassungsrat 1868 noch in der untersuchten Literatur vorgebracht.

12.2.5 Ablehnung des Urnensystems wegen fehlender Diskussion

457   In den Debatten um die Einführung der geheimen Stimmabgabe ging es häufig gleichzeitig um die Frage der Ersetzung des Versammlungs- durch das Urnensystem[1375]. Die Frage der geheimen oder offenen Stimmabgabe vermischte sich mit der Frage der Wünschbarkeit einer Versammlung, an welcher über die abzustimmenden Geschäfte diskutiert werden sollte. Im Zürcher Verfassungsrat wurde das Argument vorgebracht, dass eine Diskussion insbesondere vor Abstimmungen wünschenswert sei, damit aber gleichzeitig die offene Abstimmung einhergehen müsse[1376]. Denn wenn die Stimmabgabe nicht gleich auf die Beratung folge, würde keine Teilnahme an der Versammlung stattfinden[1377].

[1370]   *Keel* 1949, S. 59.
[1371]   *Segesser* 1887, S. 644f. Vgl. dazu *Keel* 1949, S. 61 und 82.
[1372]   *Segesser* 1887, S. 644.
[1373]   *Segesser* 1887, S. 645.
[1374]   BBl 1873 III 458f.
[1375]   Vgl. Rz. 450 hiervor.
[1376]   *Grunholzer*: Verhandlungs-Protokoll des zürcherischen Verfassungsrathes. Sitzung der Gesammtkommission für Ausarbeitung eines Verfassungsentwurfes (11.6.1868), S. 11; *Wille*: Verhandlungs-Protokoll des Zürcherischen Verfassungsrathes. Sitzung des Gesamt-Verfassungsrathes (11.9.1868), S. 6f. und 10; *Studer*: Verhandlungs-Protokoll des Zürcherischen Verfassungsrathes. Sitzung des Gesamt-Verfassungsrathes (11.9.1868), S. 9 und *Ziegler*: Verhandlungs-Protokoll des zürcherischen Verfassungsrathes. Sitzung der Gesammtkommission für Ausarbeitung eines Verfassungsentwurfes (11.6.1868), S. 12.
[1377]   *Grunholzer*: Verhandlungs-Protokoll des zürcherischen Verfassungsrathes. Sitzung der Gesammtkommission für Ausarbeitung eines Verfassungsentwurfes (11.6.1868), S. 11 und *Studer*: Verhandlungs-Protokoll des Zürcherischen Verfassungsrathes. Sitzung des Gesamt-Verfassungsrathes (11.9.1868), S. 9.

12.3 Bedeutung des Stimmgeheimnisses

458 In der ersten Phase des Bundesstaates existierten sowohl die geheime als auch die offene Stimmabgabe. Seit 1872 war in Bundesangelegenheiten die geheime Stimmabgabe vorgeschrieben. Allerdings brauchte es mehrere Anläufe, bis diese Bestimmung ergänzt und durchgesetzt werden konnte. Zu Beginn des 20. Jahrhunderts hatte sich in den meisten Kantonen die endgültige Wende zur vollständig geheimen Stimmabgabe vollzogen, indem detaillierte Regelungen für die Geheimhaltung während des gesamten Wahl- und Abstimmungsprozesses erstellt worden waren. Das Urnensystem konnte sich etablieren.

459 Die geheime Stimmabgabe erlangte spätestens ab diesem Zeitpunkt die Bedeutung einer wesentlichen Voraussetzung demokratischer Wahlen und Abstimmungen. Die geheime Stimmabgabe war zu etwas Selbstverständlichem geworden[1378]. Oder anders: die geheime Stimmabgabe war eine grundlegende Voraussetzungen einer gültigen Wahl oder Abstimmung geworden. Der Bundesrat hatte anerkannt, dass eine Wahl oder Abstimmung aufgehoben werden musste, wenn die Geheimhaltung der Stimmabgabe verletzt worden war[1379].

460 Mit der zunehmenden Mobilität der Personen und einem ausgeweiteten Kreis der Stimmberechtigten stellte sich seit dem Beginn des 20. Jahrhunderts immer wieder die Frage der Stimmabgabeerleichterungen, insbesondere der brieflichen Stimmabgabe und der Stellvertretung. Die Bedeutung der geheimen Stimmabgabe war inzwischen so gross geworden, dass es argumentativ Mühe bereitete, Ausnahmen davon i.S. der Erleichterung der Stimmabgabe vorzusehen.

[1378] Vgl. BBl 1918 V 132. Vgl. auch *Hilty* 1890, S. 58; *Winzeler* 1982, S. 77.
[1379] *Burckhardt* 1930-1931, Bd. 2, Nr. 411 III; *Von Salis* 1903-1904, Bd. 3, Nr. 1211. Vgl. *Castella* 1959, S. 572a.; *Picenoni* 1945, S. 96ff. Zur Bundesrechtsprechung anlässlich kantonaler und kommunaler Wahlen und Abstimmungen vgl. Fn. 1162 hiervor und Rz. 463f. hiernach.

13 STIMMGEHEIMNIS HEUTE

461 In diesem Kapitel werden zuerst die geltende Rechtslage unter Berücksichtigung der relevanten Bestimmungen des internationalen Rechts sowie die Massnahmen zur Sicherung des Stimmgeheimnisses dargestellt. Ein besonderes Augenmerk gilt dabei der verfassungsrechtlichen Festlegung des Stimmgeheimnisses in Art. 34 BV und der Frage, ob dadurch die Verankerung des Stimmgeheimnisses auf Gesetzesstufe überflüssig geworden ist. Danach werden der Schutzbereich des Stimmgeheimnisses definiert und die heute vorkommenden Einschränkungen aufgezeigt. Schliesslich wird die heute auf kantonaler und kommunaler Ebene noch vorkommende offene Stimmabgabe thematisiert und die heutige Bedeutung des Stimmgeheimnisses festgehalten. Die Vereinbarkeit von E-Voting mit dem Stimmgeheimnis wird in einem separaten Kapitel (14) untersucht.

13.1 Grundsatz

13.1.1 Stimmgeheimnis als verfassungsmässiges Recht

462 Bereits vor der Einführung der neuen Bundesverfassung hat das Bundesgericht in konstanter Rechtsprechung die „Wahl- und Abstimmungsfreiheit" als ungeschriebenes verfassungsmässiges Recht anerkannt[1380]. Die Wahl- und Abstimmungsfreiheit beziehungsweise das Stimm- und Wahlrecht verleihen den Bürgerinnen und Bürgern gemäss konstanter Formel des Bundesgerichts den Anspruch darauf, „dass kein Abstimmungs- oder Wahlergebnis anerkannt wird, das nicht den freien Willen der Stimmbürger zuverlässig und unverfälscht zum Ausdruck bringt."[1381] Davon wird u.a. das Recht der Bürgerinnen und Bürger auf geheime und vor äusseren Einflüssen geschützte Stimmabgabe erfasst[1382]. Dem Stimmgeheimnis kommt also Verfassungsrang zu.

[1380] Vgl. z.B. BGE 124 I 55 E. 2a S. 57; 121 I 138 E. 3 S. 141f. mit Hinweisen auf die Entwicklung. Vgl. auch BBl 1997 I 189. Derselben Meinung *Besson* 2002, S. 5f.; *Caviezel* 1990, S. 19; *Decurtins* 1992, S. 82; *Garrone* 1990, S. 53; *Herren* 1991, S. 24; *Hiller* 1990, S. 97f.; *Kälin* 1994, S. 97, Fn. 315; *Kölz* 1982, S. 5; *Kölz* 1984, S. 31; *Müller* 1999, S. 361; *Poledna* 1988, S. 14f.; *Poledna/Widmer* 1987, S. 289ff.; *Rhinow* 2000, S. 235; *Steinmann* 2002b, Art. 34, Rz. 2 und 10f.; *Widmer* 1989, S. 77f. A.A. *Auer* 1978, S. 109f.; *Auer* 1983, Nr. 424ff. und *Tschannen* 1995, N. 33f., der für die grundrechtliche Ableitung der Wahl- und Abstimmungsfreiheit hinreichende Stütze in den Verfassungsnormen, welche die einzelnene politischen Rechte einrichteten, fand.

[1381] BGE 129 I 217 E. 2.2.2 S. 225; BGE 125 I 441 E. 2 S. 443; BGE 124 I 55, E. 2a S. 57; BGE 121 I 138 E. 3 S. 141 mit Hinweisen. Die Formulierung lässt sich weit zurückverfolgen, vgl. *Levi* 1992, S. 85. Zur Entwicklung der bundesgerichtlichen Rechtsprechung zur Wahl- und Abstimmungsfreiheit vgl. *Poledna/Widmer* 1987, S. 281ff.

[1382] BGE 90 I 69 E. 2a S. 73. Vgl. auch BGE 75 I 234 E. 5b S. 240; BGE 91 I 316 E. 3 S. 318; BGE 98 Ia 602, E. 8 S. 610; BGE 99 Ia 177 E. 3c S. 183; ZBl 71, 1970, 471. Vgl. auch *Auer* 1983, Nr. 427; *Castella* 1959, S. 572a; *Decurtins* 1992, S. 82f.; *Garrone* 1990, S. 49; *Giacometti* 1941, S. 248; *Giacometti* 1949, S. 451; *Hangartner/Kley* 2000, Rz. 186 und 2563; *Poledna* 1988, S. 14f.; *Tschannen* 1995, N. 3; *Usteri* 1959, S. 424a; *Widmer* 1989, S. 140; *Winzeler* 1982, S. 77.

463　Die bundesgerichtliche Rechtsprechung wurde im Rahmen der sogenannten Stimmrechtsbeschwerde[1383] gegenüber kantonalen Wahlen und Abstimmungen entwickelt. Wegen ihres grundsätzlichen Charakters gelten die Grundsätze der Wahl- und Abstimmungsfreiheit jedoch auch auf eidgenössischer Ebene[1384].

464　Die verfassungsrechtliche Stellung des Stimmgeheimnisses bringen auch die Arbeiten zur Verfassungsrevision zum Ausdruck. Art. 58 Abs. 2 Satz 1 des Verfassungsentwurfs 1977 hielt fest: „Die geheime und unverfälschte Stimmabgabe ist gewährleistet."[1385] Der Verfassungsentwurf 1985 sah in Art. 76 Abs. 2 überhaupt nur die geheime Stimmabgabe vor: „Die geheime Stimmabgabe ist gewährleistet"[1386]. Beide Entwürfe enthielten daneben keine Verankerung einer umfassenden Wahl- und Abstimmungsfreiheit.

465　Mit der Totalrevision der Bundesverfassung von 1999[1387] sollte hingegen die Wahl- und Abstimmungsfreiheit in ihrem ganzen Umfang in der Verfassung verankert werden. Der entsprechende Artikel der Bundesverfassung trug ursprünglich den Titel „Wahl- und Abstimmungsfreiheit" und lautete in seiner vorgeschlagenen Form:

„Abs. 1: Die Wahl- und Abstimmungsfreiheit ist gewährleistet.

Abs. 2: Sie schützt die freie Willensbildung und die unverfälschte Stimmabgabe."[1388]

466　Der geltende Artikel ist nun mit „Politische Rechte" betitelt und hat den Wortlaut:

„Abs. 1: Die politischen Rechte sind gewährleistet.

Abs. 2: Die Garantie der politischen Rechte schützt die freie Willensbildung und die unverfälschte Stimmabgabe."[1389]

467　Die Garantie des Stimmgeheimnisses wird unter Art. 34 Abs. 2 subsumiert[1390]. In allgemeiner Weise kann das Stimmgeheimnis aber bereits als Gehalt von Art. 34

[1383]　Vgl. zum heute geltenden verfahrensrechtlichen Schutz Rz. 480 hiernach.

[1384]　*Müller* 1999, S. 361; *Tschannen* 1995, N. 1. Die Geltung der bundesgerichtlichen Rechtsprechung auch für eidgenössische Urnengänge anerkennen implizit z.B. BBl 1977 II 509, ZBl 87, 1986, 274f.; ZBl 93, 1992, 309f. Vgl. auch Fn. 1162 hiervor.

[1385]　Verfassungsentwurf der Expertenkommission für die Vorbereitung einer Totalrevision der Bundesverfassung (1977), BBl 1985 III 161ff.

[1386]　Modell-Studie vom 30. Oktober 1985 des Eidgenössischen Justiz- und Polizeidepartements, BBl 1985 III 189ff.

[1387]　Zur Vorgeschichte der Revision vgl. *Düggelin* 2004, S. 905ff.

[1388]　Art. 30 Verfassungsentwurf 1996, BBl 1997 I 589ff.

[1389]　Art. 34 BV.

[1390]　Vgl. *Auer* et al. 2000, Bd. 1, Nr. 851f.; *Borbély* 2004, S. 34; *Häfelin/Haller* 2005, N. 1387 und 1397f.; *Mahon* 2003, N. 4; *Steinmann* 2002b, Art. 34, Rz. 11; *Steinmann* 2003, S. 490; *Zen-Ruffinen* 2001, § 21, Rz. 35.

Abs. 1 BV betrachtet werden[1391]; Abs. 2 stellt demgegenüber eine Konkretisierung dar. Damit kommt dem Stimmgeheimnis weiterhin Verfassungsrang zu. An die frühere Rechtsprechung zum Stimmgeheimnis kann ohne weiteres angeknüpft werden[1392].

468 Die Wahl- und Abstimmungsfreiheit gemäss Art. 34 Abs. 2 BV gilt für alle drei politischen Ebenen: den Bund, die Kantone und die Gemeinden[1393]. Allerdings soll gemäss Bundesrat die Landsgemeinde und damit die offene Stimmabgabe auch unter der neuen Bundesverfassung möglich sein[1394]. Dieser Ansicht kann nicht zugestimmt werden[1395].

469 Borbély ist der Ansicht, dass mit der Einführung von Art. 34 BV der Verankerung des Stimmgeheimnisses auf Bundes-Gesetzesstufe keine eigenständige Bedeutung mehr zukommt[1396]. Dieser Ansicht ist nicht beizupflichten. Solange für Bundesurnengänge die Landsgemeinde und damit die offene Stimmabgabe vom Bundesgericht als mit der Wahl- und Abstimmungsfreiheit vereinbar – und damit verfassungsmässig – akzeptiert werden[1397], kann auf eine Positivierung des Stimmgeheimnisses auf Gesetzesstufe nicht verzichtet werden.

13.1.2 Positivierung des Stimmgeheimnisses auf Gesetzesstufe und im kantonalen Recht

470 Zur Verankerung des Stimmgeheimnisses auf *Bundesebene* kann auf die Ausführungen zur Einführung des BPR verwiesen werden[1398].

471 Heute kennen 24 Kantone den Grundsatz der geheimen Stimmabgabe bei kantonalen Wahlen und Abstimmungen[1399]. Die rechtliche Verankerung dieses Grundsatzes variiert beträchtlich. In einigen Kantonen wird das Stimmgeheimnis explizit in der Verfassung[1400] oder auf Gesetzesstufe[1401] vorgeschrieben. Gemäss bundesgerichtlicher Rechtsprechung[1402] ist zudem in den Bestimmungen, welche das Urnenverfahren vorschreiben[1403], die Garantie der geheimen Stimmabgabe eben-

---

[1391] Vgl. BBl 1997 I 358; *Mahon* 2003, N. 4; *Steinmann* 2002b, Art. 34, Rz. 3ff.; *Steinmann* 2003, S. 487ff.
[1392] *Kley/Feller* 2003, S. 86.
[1393] *Häfelin/Haller* 2005, N. 1387; *Steinmann* 2002b, Art. 34, Rz. 3 und 5; *Steinmann* 2003, S. 482; *Tschannen* 2004, § 48 Rz. 12.
[1394] BBl 1997 I 191.
[1395] Vgl. Rz. 534 hiernach.
[1396] *Borbély* 2004, S. 37.
[1397] Vgl. zur Landsgemeinde und der bundesgerichtlichen Rechtsprechung Rz. 524ff. hiernach.
[1398] Vgl. Rz. 423ff. hiervor.
[1399] Zu Glarus und Appenzell Innerrhoden vgl.Rz. 521f. hiernach.
[1400] § 36 Abs. 1 KV ZG; § 23 Abs. 3 KV BL; Art. 10 Abs. 1 KV GR; Art. 31 KV TI.
[1401] § 7 GPR ZH; Art. 8 Abs. 7 GPR BE; § 19 Abs. 1 GPR SO; Art. 51 Abs. 1 i.V.m. Art. 30 Abs. 1 und 3 WAG SH; Art. 11 GPR AR; Art. 27 Abs. 1 UAG SG; Art. 17 Abs. 5 LEDP VD; Art. 25 LDP NE.
[1402] BGE 98 Ia 602 E. 10 S. 611.
[1403] Art. 30 Abs. 1 KV UR; Art. 57 und 58 KV OW; Art. 50 Abs. 2 KV NW; § 78 Abs. 1 KV ZG; Art. 7ff. PRG FR; § 27 Abs. 1 KV BS; § 17 Abs. 1 GPR AG; 2. Titel des SWG TG; Art. 25 Abs. 1 GPR VS.

falls enthalten. In einigen Kantonen ist das Stimmgeheimnis für Wahlen in der Verfassung festgeschrieben[1404], während der Grundsatz für Abstimmungen erst auf Gesetzesstufe[1405] verankert ist oder sich aus der Tatsache, dass das Urnensystem vorgesehen ist, ergibt[1406].

13.1.3 Stimmgeheimnis in internationalen Übereinkünften

472 Das Stimmgeheimnis wird in zwei internationalen Übereinkünften und einzelnen nicht verbindlichen Dokumenten[1407] als zentraler Bestandteil einer demokratischen Rechtsordnung anerkannt und gefordert.

473 Art. 3 des ersten Zusatzprotokolls zur EMRK[1408] verpflichtet die vertragschliessenden Staaten, in angemessenen Zeitabständen freie und geheime Wahlen unter Bedingungen abzuhalten, welche die freie Äusserung der Meinung des Volkes bei der Wahl der gesetzgebenden Körperschaften gewährleisten[1409]. Da sich diese Bestimmung auch auf Glieder eines Bundesstaates bezieht[1410], hat die Schweiz – mit Rücksicht auf die offene Wahl von kantonalen Parlamentsabgeordneten und Mitgliedern des Ständerates – dieses Protokoll bisher nicht ratifiziert[1411].

474 Art. 25 Bst. b des von der Schweiz ratifizierten Internationalen Pakts über bürgerliche und politische Rechte[1412] gewährleistet jedem Staatsbürger die Teilnahme an „echten, wiederkehrenden, allgemeinen, gleichen und geheimen Wahlen, bei denen die freie Äusserung des Wählerwillens gewährleistet ist"[1413]. Die Schweiz hatte anlässlich der Ratifikation des Pakts jedoch ausdrücklich „die Bestimmungen des kantonalen und kommunalen Rechts, welche vorsehen oder zulassen, dass Wahlen an Versammlungen nicht geheim durchgeführt werden", vorbehal-

---

[1404] § 95 KV LU; §§ 24, 26 und 46 Abs. 2 KV SZ; Art. 48 Abs. 2 KV GE; Art. 74 Abs. 4 KV JU.

[1405] § 18 Abs. 1 SRG LU; Art. 19 Abs. 1 LDP JU.

[1406] Vgl. WAG SZ; LEDP GE.

[1407] Vgl. z.B. Code de bonne conduite en matière électorale, Avis n° 190/2002 du 30.10.2002, Commission Européenne pour la démocratie par le droit (Commission de Venise), Strassbourg 2002, S. 14, Ziff. 4 und S. 38; Declaration on criteria for free and fair elections, adopted by the Inter-Parliamentary Council, Paris 24.3.1994, Ziff. 1, Ziff. 2 Abs. 7 und Ziff. 4 Abs. 5; Universal declaration on democracy, adopted by the Inter-Parliamentary Council (16.9.1997), Kairo 1997, 16.9.1997, Ziff. 12.

[1408] Protocole additionnel à la Convention de sauvegarde des Droits de l'Homme et des Libertés fondamentales, STCE no. 009, 30.3.1952, Paris 1952.

[1409] „Les Hautes Parties contractantes s'engagent à organiser, à des intervalles raisonnables, des élections libres au scrutin secret, dans les conditions qui assurent la libre expression de l'opinion du peuple sur le choix du corps législatif."

[1410] *Grabenwarter* 2003, S. 319; *Schweizer* 1977, S. 40; *Wildhaber* 1986, Rz. 62.

[1411] Vgl. Amtl. Bull. NR 2004 1224. Vgl. auch Amtl. Bull. NR 1989 1548ff.; BBl 1974 I 1036; BBl 1972 I 999; *Schweizer* 1977, S. 37ff. Der Bundesrat hat bis 2007 eine Botschaft zur Frage der Ratifizierung des ersten Zusatzprotokolls zur EMRK in Aussicht gestellt, vgl. BBl 2004 1200. Vgl. zur offenen Stimmabgabe auf kantonaler Ebene Rz. 521ff. hiernach.

[1412] UNO-Pakt II, SR 0.103.2.

[1413] Die Aufnahme der Anforderung der Geheimhaltung in Art. 25 Bst. b UNO-Pakt II hat im Gegensatz zu den übrigen Anforderungen nicht zu grossen Diskussionen geführt. *Nowak* 1989, N. 6, 18 und 28 zu Art. 25 UNO-Pakt II.

ten[1414]. Art. 25 Bst. b UNO-Pakt II hat insofern eine breitere Anwendung als Art. 3 des 1. ZP zur EMRK, als er sich zusätzlich zu den Wahlen der Legislative auch auf die Wahl der Exekutive und Judikative bezieht[1415]. Art. 25 Bst. b des UNO-Pakts II bezieht sich zwar ausschliesslich auf Wahlen, allerdings ist eine gewisse Tendenz erkennbar, auch Abstimmungen darunter zu subsumieren[1416]. Der Vorbehalt der Schweiz bezieht sich lediglich auf Wahlen[1417] und müsste bei einer Subsumption der Abstimmungen unter Art. 25 Bst. b UNO-Pakt II entsprechend weiter interpretiert werden[1418].

13.1.4 Sicherstellung des Stimmgeheimnisses

475   Zu den Sicherungen der geheimen Stimmabgabe gehören heute die Benutzung von Stimmzetteln, allenfalls Kuverts, und die Verwendung von verschliessbaren Urnen[1419]. Von der Beschaffenheit der Stimmzettel und Kuverts darf nicht auf den Inhalt der Stimmabgabe oder die stimmberechtigte Person geschlossen werden können[1420]. Wo die Stimmberechtigten ihre Stimmzettel im Wahllokal ausfüllen können, muss dafür gesorgt werden, dass sie dies allein und unbeaufsichtigt tun können[1421]. Auch nach der Stimmabgabe muss das Stimmgeheimnis geschützt werden, etwa durch ein Mischen der Stimmzettel vor der Auszählung, wenn die Reihenfolge des Stimmeneingangs sonst rekonstruiert und daraus auf die Stimmberechtigten geschlossen werden könnte[1422]. Für den Fall, dass eine Urne nur von wenigen Stimmberechtigten benutzt wird, sollte eine Zusammenlegung mit anderen Urnen stattfinden[1423]. Andernfalls wäre das Stimmgeheimnis etwa bei einstimmigem Resultat nicht mehr gewahrt. Nach der Auszählung müssen die Stimmzettel bis zur Vernichtung sicher aufbewahrt werden.

476   Die ständige Überwachung der Stimmabgabe und der Auszählung im Hinblick auf die Einhaltung der zum Schutz des Stimmgeheimnisses aufgestellten Vorschriften ist ein weiteres wesentliches Mittel zur Sicherung der Geheimhaltung[1424].

[1414] Art. 1 Abs. 1 Best. g Bundesbeschluss betreffend den internationalen Pakt über bürgerliche und politische Rechte (13.12.1991), AS 1993 747ff. Vgl. dazu *Achermann* et al. 1997, S. 229; *Malinverni* 1997, S. 99f.; *Mock* 1994, S. 989; *Rouiller* 1992, S. 126ff.

[1415] *Achermann* et al. 1997, S. 229; *Rouiller* 1992, S. 126.

[1416] CCPR-Human Rights Committee: CCPR General Comment 25, 12.07.96, Ziffer 6. Vgl. *Achermann* et al. 1997, S. 229f.

[1417] *Achermann* et al. 1997, S. 229; *Malinverni* 1997, S. 100; *Mock* 1994, S. 989.

[1418] Vgl. *Achermann* et al. 1997, S. 230; *Borbély* 2004, S. 28. Vgl. aber auch *Rouiller* 1992, S. 128, der die Frage aufwirft, ob ein solcher Vorbehalt betreffend die Referendumsdemokratie nicht explizit angebracht werden sollte.

[1419] *Poledna* 1988, S. 267; *Widmer* 1989, S. 146.

[1420] Vgl. *Hangartner/Kley* 2000, Rz. 2571; *Poledna* 1988, S. 267.

[1421] Vgl. *Poledna* 1988, S. 266. Vgl. auch BGE 98 Ia 602.

[1422] Vgl. *Poledna* 1988, S. 267.

[1423] Vgl. *Hangartner/Kley* 2000, Rz. 2573; *Poledna* 1988, S. 267f.

[1424] Vgl. *Hangartner/Kley* 2000, Rz. 2553 und 2573; *Widmer* 1989, S. 146.

477 Die konkreten Verfahren zur Stimmabgabe und zum Schutz des Stimmgeheimnisses unterscheiden sich je nach Kanton. Neben den gesetzlichen Anforderungen an die Ausgestaltung der Verfahren können aus der Rechtsprechung des Bundesgerichts und des Bundesrates folgende Regeln abgeleitet werden[1425]:

> Das Gemeinwesen hat für eine geeignete Einrichtung der Wahllokale zu sorgen, wobei die Anforderungen an die Vorkehrungen zum Schutz der geheimen Stimmabgabe streng zu stellen sind[1426].

> Die Stimmzettel dürfen nicht von den Stimmenzählern aufbewahrt und erst nachträglich in Kuverts und in die Urne gelegt werden[1427].

> Die Stimmzettel dürfen nicht zur Kontrolle der Stimmabgabe einzelner Bürger gekennzeichnet werden[1428].

> Wo die Benutzung von Stimmkuverts gesetzlich vorgeschrieben ist, darf darauf nicht verzichtet werden[1429].

> Die Stimmzettel dürfen sich äusserlich nicht unterscheiden[1430]. Sie müssen von solcher Papierqualität sein, dass das Votum der Stimmenden nicht durchscheinen kann[1431].

478 Eine kasuistische Zusammenstellung erlaubter oder bevorzugter Verfahrenselemente – zum Beispiel die Benutzung von „Isolierzellen oder mit Trennwänden versehenen Schreibpulten"[1432] ist abzulehnen. Jedes Verfahren muss als solches und im Kontext der jeweiligen Rechtsordnung die Anforderungen an den Schutz des Stimmgeheimnisses erfüllen.

479 Der Anspruch auf Wahrung des Grundsatzes der geheimen Stimmabgabe ist formeller Natur[1433]. Er ist bereits dann verletzt, wenn eine Gefährdung des Stimmgeheimnisses besteht; Dritte brauchen nicht effektiv vom Inhalt der Stimmabgabe Kenntnis genommen zu haben[1434].

[1425] Zur Geltung der Rechtsprechung für eidgenössische Wahlen und Abstimmungen vgl. Rz. 463 hiervor.
[1426] BGE 98 Ia 602 E. 10b S. 613.
[1427] BGE 102 Ia 264 E. 4 S. 270.
[1428] *Burckhardt* 1930-1931, Bd. 2, Nr. 411 III (Bundesratsbeschluss vom 4.10.1912); BGE 75 I 234 E. 5 S. 237ff. Vgl. auch den Entscheid des Regierungsrates des Kantons St. Gallen vom 23.12.1957 und 1.4.1958 in: ZBl 60, 1959, 229ff.
[1429] BGE 49 I 318 E. 2 S. 326f.
[1430] BVR 1980 97, S. 100ff. (Entscheid des Bundesgerichts vom 1.11.1978). Vgl. auch den Entscheid des Regierungsrates des Kantons St. Gallen vom 23.12.1957 und 1.4.1958 in: ZBl 60, 1959, 229ff.
[1431] BGE 75 I 234 E. 5 S. 237ff. Vgl. auch Kreisschreiben des Bundesrates an die Kantonsregierungen über Probleme bei der Gesamterneuerungswahl des Nationalrates vom 22. Oktober 1995 vom 29. Mai 1996, BBl 1996 III 1297ff.; VPB 1996 Nr. 69.
[1432] BGE 98 Ia 602 E. 10b S. 613.
[1433] *Tschannen* 1995, N. 219; *Tschannen* 2004, § 52 Rz. 65.
[1434] Vgl. BGE 98 Ia 602 E. 10b S. 613f.; *Hangartner/Kley* 2000, Rz. 32. Vgl. auch Rz. 528 hiernach.

13.1.5 Zum verfahrensrechtlichen Schutz des Stimmgeheimnisses

480 Die Verletzung von Art. 34 BV kann in kantonalen Angelegenheiten mit Stimmrechtsbeschwerde ans Bundesgericht gezogen werden[1435]. Für eidgenössische Wahlen und Abstimmungen ist zurzeit noch der Beschwerdeweg an den Bundesrat[1436] beziehungsweise Nationalrat[1437] vorgesehen. Eine gerichtliche Kontrolle ist jedoch im Falle von Art. 80 BPR (Verwaltungsgerichtsbeschwerde ans Bundesgericht) möglich[1438]. Damit kann beim Bundesgericht gegen Entscheide der Kantonsregierungen über (eidgenössische) Stimmrechtsbeschwerden i.S. von Art. 77 Abs. 1 Bst. a BPR vorgegangen werden[1439]. Die Stimmrechtsbeschwerden gemäss Art. 77 Abs. 1 Bst. a BPR sind wegen Verletzung von Art. 2-4, Art. 5 Abs. 3 und 6, Art. 62 und 63 BPR zulässig[1440]; wegen Verletzung des Stimmgeheimnisses kann nicht Stimmrechtsbeschwerde geführt werden. Damit kann die Verletzung des Stimmgeheimnisses als Unregelmässigkeit bei der Vorbereitung oder Durchführung der Abstimmung beim Bundesrat oder als Unregelmässigkeit bei der Vorbereitung und Durchführung der Nationalratswahlen beim Nationalrat gerügt werden.

481 Die am 12.3.2000 beschlossene, allerdings noch nicht in Kraft getretene, Justizreform[1441] sieht vor, dass das Bundesgericht Beschwerden wegen Verletzung von eidgenössischen und kantonalen Bestimmungen über die politischen Rechte beurteilt[1442]. Damit wird auf Bundesebene ein der kantonalen Stimmrechtsbeschwerde entsprechendes Rechtsmittel eingeführt[1443].

13.2 Schutzbereich des Stimmgeheimnisses

482 An dieser Stelle soll untersucht werden, in welchen Bereichen das Stimmgeheimnis seinen Schutz entfaltet. In der Literatur wird diese Frage etwa damit beantwortet, dass das Stimmgeheimnis sowohl die freie Willensbildung als auch die freie Willenskundgabe schütze[1444]. Oder es wird gesagt, dass das Stimmgeheimnis seinen Schutz grundsätzlich für die ganze Phase einer Wahl oder Abstimmung

---

[1435] Art. 189 Abs. 1 Bst. a BV und Art. 85 Bst. a OG. Vgl. *Hiller* 1990, S. 83ff.; *Hangartner/Kley* 2000, Rz. 283ff.; *Zimmerli* et al. 2004, S. 153ff.

[1436] Art. 81 BPR (Beschwerde gegen Entscheide der Kantonsregierungen über Abstimmungsbeschwerden). Vgl. *Hangartner/Kley* 2000, Rz. 281; *Hiller* 1990, S. 43f.; *Zimmerli* et al. 2004, S. 158f.

[1437] Art. 82 BPR (Beschwerde gegen Entscheide der Kantonsregierungen über Wahlbeschwerden). Vgl. *Hangartner/Kley* 2000, Rz. 281; *Hiller* 1990, S. 44f.; *Zimmerli* et al. 2004, S. 158f.

[1438] Vgl. *Hangartner/Kley* 2000, Rz. 281; *Hiller* 1990, S. 39ff.; *Zimmerli* et al. 2004, S. 158f.

[1439] Art. 80 Abs. 1 BPR.

[1440] Vgl. *Hiller* 1990, S. 17f.; *Winzeler* 1982, S. 147f.

[1441] Volksabstimmung vom 12.3.2000 über den Bundesbeschluss über die Reform der Justiz; BBl 2000 2990f.

[1442] Art. 189 Abs. 1 Bst. f BV (AS 2002 3148ff.). Vgl. *Schefer* 2005, S. 237f.

[1443] *Haller* 2002, Rz. 33; *Kley* 2002, Rz. 18; *Steinmann* 2002b, Art. 34, Rz. 16; *Zimmerli* et al. 2004, S. 156 und 159.

[1444] *Widmer* 1989, S. 140.

– vor, während und nach der Stimmabgabe – entfalte[1445]. Bei dieser Betrachtungsweise werden jedoch Schlüsse gezogen, die der Natur des Stimmgeheimnisses nicht gerecht werden. So wird etwa aus dem Stimmgeheimnis das Verbot abgeleitet, Stimmberechtigte vor oder nach der Stimmabgabe über den Inhalt ihrer Stimme zu befragen[1446]. Dies kann sich nach der hier vertretenen Meinung jedoch nicht direkt, sondern lediglich indirekt aus dem Stimmgeheimnis ergeben. Der Schutzbereich des Stimmgeheimnisses lässt sich in einen direkten und einen indirekten Bereich einteilen.

483 *Direkten Schutz* entfaltet das Stimmgeheimnis, indem es der stimmberechtigten Person das Recht gibt, ihre Stimme abzugeben, ohne dass Dritte vom Inhalt der Stimme Kenntnis erhalten[1447]. Auch nach der Stimmabgabe darf der Inhalt der Stimme der stimmberechtigten Person nicht zugeordnet werden[1448]. Das Stimmgeheimnis schützt die stimmberechtigte Person sowohl gegenüber dem Staat als auch gegenüber Privaten[1449].

484 Als Grundsatz kann festgehalten werden, dass der direkte Stimmgeheimnisschutz ab jenem Zeitpunkt relevant wird, ab welchem eine beweisbare Verbindung zwischen dem Inhalt der Stimme und der stimmberechtigten Person herstellbar ist. *Vor* der Stimmabgabe entfaltet das Stimmgeheimnis seinen Schutz daher *indirekt* und zwar dadurch, dass sich die Stimmberechtigten keinesfalls verbindlich verpflichten können, die Stimme in einer bestimmten Weise abzugeben. Die Art der Stimmabgabe bleibt also nach wie vor offen, insbesondere können die Stimmberechtigten den Stimmzettel leer einlegen oder bewusst so kennzeichnen, dass er ungültig ist. Solange die Stimmabgabe selbst effektiv geheim ist, kann die stimmberechtigte Person zur Offenlegung nicht gezwungen werden.

485 Nicht unter den direkten Schutz des Stimmgeheimnisses fällt die Tatsache, *ob* jemand gestimmt hat oder nicht, solange damit nicht gleichzeitig auch der Inhalt der Stimmabgabe bekannt ist[1450]. Dies könnte in sehr kleinen Wahlkreisen der Fall sein, wo unter Umständen alle Stimmen den gleichen Inhalt haben und deshalb bei Bekanntsein der Personen, die ihre Stimme abgegeben haben deren Stimmgeheimnis nicht mehr gewahrt ist.

486 Für den Schutz der Unterzeichner von Initiativ- und Referendumsbegehren gilt, dass der Schutz des Stimmgeheimnisses ab demjenigen Zeitpunkt eintritt, ab wel-

---

[1445] *Borbély* 2004, S. 43f.; *Poledna* 1988, S. 262ff.

[1446] Vgl. *Hangartner/Kley* 2000, Rz. 2563; *Poledna* 1988, S. 263 und 268; *Widmer* 1989, S. 146.

[1447] *Giacometti* 1941, S. 248; *Huser* 1983, S. 21f.; *Poledna* 1988, S. 260; *Widmer* 1989, S. 140.

[1448] Vgl. *Poledna* 1988, S. 267f.; *Widmer* 1989, S. 146.

[1449] *Poledna* 1988, S. 260; *Widmer* 1989, S. 140.

[1450] A.A. *Borbély* 2004, S. 69, der auch die Kontrolle der Stimmberechtigung als – allerdings gerechtfertigte – Verletzung des Stimmgeheimnisses betrachtet, da damit bekannt sei, wer an einer Abstimmung teilnehme. Diese Ausdehnung des Schutzbereichs des Stimmgeheimnisses ist unverhältnismässig und unzweckmässig. Im Endeffekt würde dies die Stimmabgabe an der Urne verunmöglichen, da dort genaustens beobachtet werden kann, wer zur Stimmabgabe erscheint und wer nicht.

chem die Unterzeichnung zu einer politischen Willensäusserung wird, die rechtliche Wirkungen nach sich zieht. Mit anderen Worten greift der Schutz ab dem Zeitpunkt der Einreichung der Unterschriften bei der zuständigen Amtsstelle[1451].

487 Das Stimmgeheimnis stellt nicht nur ein Recht der stimmberechtigten Person dar, sondern gleichzeitig auch eine Pflicht[1452]. Das Stimmgeheimnis ist unverzichtbar. Die stimmberechtigte Person *muss* ihre Stimme so abgeben, dass ihr der Inhalt der Stimme nicht zugeordnet werden kann. Ansonsten würde sie nämlich in kleinen Wahlkreisen die Geheimhaltung der Stimmen der anderen Stimmberechtigten gefährden – zum Beispiel wenn diejenige Person, die ihre Stimme offen legt, die einzige Nein-Stimme abgibt und alle andern der Vorlage zustimmen würden. Zudem würde die stimmberechtigte Person damit gleichzeitig die Möglichkeit einräumen, dass sie zur Offenlegung gezwungen werden kann[1453]. Als Sanktion ist die Ungültigerklärung der so abgegebenen Stimmzettel unabdingbar. In diesem Sinne widerrief der Bundesrat 1997 die Genehmigung einer kantonalen Ausführungsbestimmung, welche die briefliche Stimmabgabe in unverschlossenen Kuverts – und damit den Verzicht auf das Stimmgeheimnis – als gültig erachtete[1454].

488 Der Pflicht-Charakter des Stimmgeheimnisses darf nicht darüber hinweg täuschen, dass es in erster Linie Aufgabe des Staates ist, diejenigen Vorkehrungen zu treffen, die eine Offenlegung der Stimme der stimmberechtigten Person von vorneherein ausschliessen[1455].

489 Der stimmberechtigten Person steht es jedoch frei, ihre Entscheidung vor oder nach dem Urnengang offen zu legen[1456]. Darin liegt keine Verletzung des Stimmgeheimnisses, da die stimmberechtigte Person unabhängig von ihrem effektiven Entscheid irgendeine – dank dem Stimmgeheimnis nicht nachprüfbare – Antwort geben kann[1457].

13.2.1 Ausfüllen der Stimmzettel ausserhalb des Wahllokals

490 Die Stimmberechtigten erhalten die Stimm- und Wahlzettel in der Regel nach Hause zugesandt und können diese auch dort ausfüllen. Es stellt sich die Frage,

---

[1451] Vgl. Rz. 435 hiervor und Rz. 501ff. hiernach.

[1452] *Poledna* 1988, S. 260f.; *Widmer* 1989, S. 140. Vgl. auch Code de bonne conduite en matière électorale, Avis n° 190/2002 du 30.10.2002, Commission Européenne pour la démocratie par le droit (Commission de Venise), Strassburg 2002, S. 14, Ziff. 4a: „ Le secret du vote est non seulement un droit, mais aussi une obligation pour l'électeur, qui doit être sanctionnée par la nullité des bulletins dont le contenu a été révélé." A.A. *Bolla-Vincenz* 1978, S. 88; *Giacometti* 1941, 248; *Huser* 1983, S. 21; *Picenoni* 1945, S. 97. Vgl. auch die indirekte Anerkennung der Kennzeichnung von Stimmzetteln durch Stimmberechtigte durch das Bundesgericht 1949: BGE 75 I 234 E. 5c S. 241.

[1453] Vgl. *Poledna* 1988, S. 260f.

[1454] Vgl. Amtsblatt des Kantons St. Gallen, Nr. 36 (31.8.1998), S. 1745ff.

[1455] BGE 98 Ia 602 E. 10b S. 613. Vgl. *Borbély* 2004, S. 34f.; *Poledna* 1988, S. 266 und Rz. 477ff. hiervor.

[1456] *Hangartner/Kley* 2000, Rz. 2563.

[1457] Vgl. auch *Wehrle* 2003, S. 1769; *Widmer* 1989, S. 140f.; *Poledna* 1988, S. 261.

ob durch die Möglichkeit, den Stimmzettel in Anwesenheit anderer Personen auszufüllen, das Stimmgeheimnis verletzt wird.

491 Dabei sind drei Verfahren zu unterscheiden. Beim *ersten* erhält die stimmberechtigte Person die Unterlagen nach Hause zugeschickt und hat diese ausserhalb des Wahl- oder Stimmlokals auszufüllen. Im Wahl- oder Stimmlokal werden die Stimmzettel eingelegt; ein nachträglicher Bezug von Material am Wahltag selbst oder das Ausfüllen des Stimmzettels ist nicht möglich. Poledna stellte dieses Verfahren für acht Kantone fest (ZH, GL, ZG, BS, BL, SH, AG, TG)[1458]. Heute sieht jedoch keines der acht Wahl- und Abstimmungsgesetze ein solches Verfahren explizit vor. Es stellt sich also die Frage, ob ein solches Verfahren heute praktisch noch von Bedeutung ist. Das Bundesgericht hat dieses Verfahren indirekt anerkannt. In seinem Entscheid betreffend die geeignete Einrichtung der Wahllokale zur Sicherung der geheimen Stimmabgabe sagt es nämlich: „Solche oder ähnliche Einrichtungen sind nicht mit übermässigen Umtrieben und Kosten verbunden und können dem Staat zugemutet werden, *will er nicht ein Wahlverfahren anordnen, bei welchem die Bürger ihren Wahlzettel vor dem Urnengang zuhause ausfüllen und die geheime Stimmabgabe auf diese Weise hinreichend gesichert ist.*"[1459] Poledna betrachtet dieses erste System als bedenklich, da allein die stimmberechtigte Person für die Einhaltung des Stimmgeheimnisses zu sorgen habe[1460]. Das Stimmgeheimnis verliere dadurch seine den Staat verpflichtende Bedeutung[1461]. Diese Bedenken sind zwar zutreffend. Es ist wünschenswert, dass die stimmberechtigte Person die Möglichkeit hat, ihren Stimmzettel alternativ auch im Wahllokal auszufüllen. Allerdings ist das Ausfüllen ausserhalb des Wahllokals mit dem Grundsatz des Stimmgeheimnisses vereinbar, solange verhindert wird, dass der Inhalt des abgegebenen Stimmzettels einer bestimmten stimmberechtigten Person zugeordnet werden kann[1462].

492 Das *zweite* System unterscheidet sich vom ersten dadurch, dass die Stimmberechtigten die Stimmzettel entweder zu Hause oder im Stimm- oder Wahllokal ausfüllen können. Dieses System ist in den meisten Kantonen üblich[1463]. Beim *dritten* Verfahren ist die stimmberechtigte Person zum Ausfüllen des Stimm- oder Wahlzettels im Stimm- oder Wahllokal verpflichtet[1464]. Es stellt sich die Frage, ob dies angemessen ist, da bei der brieflichen Stimmabgabe die Stimmzettel ausserhalb

---

[1458] *Poledna* 1988, S. 265.
[1459] BGE 98 Ia 602 E. 10b S. 613. Hervorhebungen durch die Autorin.
[1460] *Poledna* 1988, S. 266.
[1461] *Poledna* 1988, S. 266.
[1462] Vgl. auch Rz. 483 hiervor.
[1463] Vgl. z.B. Art. 9 und 11 Abs. 2 VPR BE; § 58 Abs. 1 SRG LU; Art. 31 und 34 WAVG UR. Vgl. *Hangartner/Kley* 2000, Rz. 2569; *Poledna* 1988, S. 266.
[1464] Art. 29 LEDP TI und Art. 25 LEDP VD. Vgl. *Hangartner/Kley* 2000, Rz. 2570; *Poledna* 1988, S. 266.

des Wahllokals ausgefüllt werden können. Hinsichtlich der Wahrung des Stimmgeheimnisses kann auf das zum ersten System Gesagte verwiesen werden[1465].

493   Einzelne Autoren interpretieren einen Bundesgerichtsentscheid[1466] dahingehend, dass es der stimmberechtigten Person gestattet sei, das Ausfüllen des Stimmzettels anderen Personen im Rahmen der Familie zu überlassen[1467] beziehungsweise, dass das Bundesgericht das Ausfüllen des Stimmzettels durch die stimmberechtigte Person zu Hause anerkenne, da die Offenbarung des Stimm- oder Wahlentscheids sich auf einen begrenzten Kreis beschränke[1468]. Dieser Interpretation kann nicht zugestimmt werden. Im betreffenden Fall ging es um eine kantonale Vorschrift, welche systematisch veränderte Wahlzettel für ungültig erklärte[1469]. Bei der Auslegung dieser Bestimmung befasste sich das Bundesgericht insbesondere mit der Bedeutung der „systematischen" Veränderung: „Das bedeutet, dass Listen, die von der gleichen Hand stammende Zusätze oder Streichungen aufweisen, dann als „systematisch" verändert zu gelten haben, wenn sie in den Urnen in solcher Zahl gefunden werden, dass nicht anzunehmen ist, sie seien in einer Familie oder von einem Familienmitglied oder in ähnlichem Rahmen, zum Beispiel an einem Arbeitsplatz, ausgefüllt worden. Im andern Fall kann nicht von einer „systematischen" Veränderung gesprochen werden und es sind die fraglichen Listen als gültig zu erachten."[1470] In der Familie oder in ähnlichem Rahmen am Arbeitsplatz von derselben Hand ausgefüllte Stimmzettel gelten also nicht als systematisch verändert. Damit hat sich das Bundesgericht allerdings nicht dazu geäussert, ob die so ausgefüllten Stimmzettel mit dem Grundsatz des Stimmgeheimnisses vereinbar sind.

13.2.2 Exkurs: Petitionsgeheimnis

494   Das Petitionsrecht ist in Art. 33 Abs. 1 BV gewährleistet: „Jede Person hat das Recht, Petitionen an Behörden zu richten; es dürfen ihr daraus keine Nachteile erwachsen."[1471] Das Petitionsrecht steht im Unterschied zu den politischen Rechten einem unbegrenzten Trägerkreis zu, zum Beispiel auch Ausländern oder Personengesamtheiten[1472]. Die Behörden sind aufgrund einer Petition nicht zu einem Handeln verpflichtet, sondern lediglich zur Kenntnisnahme[1473]. Das Petitionsrecht

---

[1465] Vgl. Rz. 491 hiervor.
[1466] BGE 103 Ia 564.
[1467] *Poledna* 1988, S. 265
[1468] *Widmer* 1989, S. 142.
[1469] Vgl. BGE 103 Ia 564 E. 4a S. 569f.
[1470] BGE 103 Ia 564 E. 4a S. 570.
[1471] Zur historischen Entwicklung des Petitionsrechts in der Schweiz vgl. *Gisiger* 1935, S. 7ff.
[1472] *Auer* et al. 2000, Bd. 2, Nr. 1470; *Buser* 1973, S. 42ff. *Häfelin/Haller* 2005, N. 900ff.; *Hangartner/Kley* 2000, Rz. 311; *Hotz* 2001, § 52; *Müller* 1999, S. 391; *Muheim* 1981, S. 23ff.; *Raissig* 1977, S. 28ff.
[1473] Art. 33 Abs. 2 BV. Vgl. *Auer* et al. 2000, Bd. 2, Nr. 1465ff.; *Buser* 1973, S. 47f.; *Häfelin/Haller* 2005, N. 893; *Hangartner/Kley* 2000, Rz. 312; *Hotz* 2001, § 52, Rz. 12ff.; *Müller* 1999, S. 389ff.; *Muheim* 1981, S. 67; *Raissig* 1977, S. 7 und 48; *Schefer* 2005, S. 240f.; *Steinmann* 2002a, Art. 33, Rz. 9.

weist aber auch gewisse Gemeinsamkeiten mit dem Initiativrecht auf, welche ihm in seiner faktischen Ausgestaltung Merkmale eines politischen Rechtes verleihen[1474].

495   Aus dem Erfordernis, dass dem Petenten keine Nachteile erwachsen dürfen, ist abzuleiten, dass die Unterzeichner von Petitionen grundsätzlich der Geheimhaltung unterliegen[1475]. Bei Massenpetitionen ergibt sich dies auch aus der Ähnlichkeit mit dem Initiativrecht und einem dem Stimmgeheimnis angenäherten Schutzbedürfnis[1476]. Diese Geheimhaltung gilt auch für die Namensweitergabe an andere Behörden[1477], die für die Beantwortung zuständige Behörde eingeschlossen[1478]. Die Offenlegung der Personendaten ist zur Beantwortung der Petition in der Regel nicht erforderlich[1479]. Eine Einschränkung des Petitionsgeheimnisses[1480] wäre höchstens zu rechtfertigen, wenn die Beantwortung der Petition die Kenntnis der persönlichen Umstände der Petenten erfordern würde[1481].

13.3   Einschränkungen

496   Das Stimmgeheimnis erfährt diverse Einschränkungen. Immer dann, wenn es in Konflikt zu einem anderen fundamentalen Grundsatz gerät, muss eine Interessenabwägung vorgenommen werden[1482]. Dies geschieht insbesondere bei der Frage der Unterzeichner von Nationalratswahlvorschlägen und bei den Stimmabgabeerleichterungen.

497   Bei der Abwägung des Grundsatzes der geheimen Stimmabgabe gegenüber anderen Grundsätzen ist jeweils das gesamte Wahl- oder Abstimmungsverfahren zu betrachten. Für eine solche Abwägung gibt es keine allgemein gültigen Richtlinien; insbesondere ist Art. 36 BV für die Einschränkung des Stimmgeheimnisses nicht anwendbar. Obwohl Art. 34 BV und damit die verfassungsrechtliche Gewährleistung des Stimmgeheimnisses im Kapitel über die Grundrechte steht[1483], stellt die Wahl- und Abstimmungsfreiheit kein Freiheitsrecht i.S. eines Abwehr-

---

[1474]   Vgl. *Buser* 1973, S. 49ff.; *Hotz* 2001, § 52, Rz. 11; *Muheim* 1981, S. 88ff.; *Raissig* 1977, S. 74f. und 109.

[1475]   *Hotz* 2001, § 52, Rz. 22; *Müller* 1999, S. 389. Aus datenschutzrechtlichen Erwägungen kann ebenfalls ein Schutz bejaht werden. Vgl. VPB 1984 Nr. 25; *Muheim* 1981, S. 51ff.

[1476]   *Auer* et al. 2000, Bd. 2, Nr. 1464; VPB 1984 Nr. 25; *Müller* 1999, S. 389; *Muheim* 1981, S. 53f.

[1477]   *Auer* et al. 2000, Bd. 2, Nr. 1464; *Steinmann* 2002a, Art. 33, Rz. 8.

[1478]   VPB 1984 Nr. 25. Vgl. auch Rz. 411 und 435 hiervor.

[1479]   VPB 1984 Nr. 25.

[1480]   Der Begriff „Petitionsgeheimnis" wird in der Gesetzgebung in Art. 3 Abs. 3 BWIS explizit verwendet, vgl. Rz. 436 hiervor.

[1481]   VPB 1984 Nr. 25.

[1482]   Vgl. *Herren* 1991, S. 148f.; *Nowak* 1989, N. 29 zu Art. 25 UNO_Pakt II; *Widmer* 1989, S. 141ff.

[1483]   Damit sollte der grundsätzliche Gehalt der Wahl- und Abstimmungsfreiheit betont werden, vgl. *Steinmann* 2003, S. 482.

rechtes dar[1484]. Damit ist eine Einschränkung gemäss den Grundsätzen von Art. 36 BV nicht möglich[1485].

13.3.1 Unterzeichnen von Nationalratswahlvorschlägen

498   Art. 26 BPR wurde seit seiner Entstehung 1976 nicht mehr verändert[1486]. Somit ist es nach wie vor möglich, dass Stimmberechtigte eines Wahlkreises die Namen der Unterzeichner der Wahlvorschläge einsehen können. Diese Bestimmung wird in der Literatur kritisiert, da in der Praxis lediglich die politischen Absichten der Kandidaten zur Willensbildung der Stimmberechtigten massgebend seien[1487]. Die politischen Absichten der Vorschlagsunterzeichner seien nicht von Gewicht. Eine Bekanntmachung der Vorschlagsunterzeichner sei deshalb nicht erforderlich[1488].

499   Anders sieht es jedoch das Bundesgericht. Dem Zweck des Stimmgeheimnisses widerspräche es, wenn die Geheimhaltungspflicht so weit ausgedehnt würde, dass die Freiheit der Stimmabgabe dadurch beeinträchtigt würde[1489]. Das Bundesgericht wertet den aus der Abstimmungsfreiheit begründeten Anspruch der Allgemeinheit auf die Zugänglichkeit der Namen der Wahlvorschlagsunterzeichner höher als den Anspruch der Unterzeichner auf Geheimhaltung[1490]. Das Bundesgericht anerkennt also grundsätzlich den Anspruch auf Schutz der Unterzeichner von Nationalratswahlvorschlägen durch das Stimmgeheimnis. Diesen Schutz schränkt es aber aufgrund höher gewerteter Interessen ein.

500   Die Kritik an dieser Argumentation ist gerechtfertigt. Es ist schwer nachvollziehbar, dass das Interesse an den Namen der Unterzeichner zur richtigen Willensbildung durch die Stimmberechtigten den Schutz des Stimmgeheimnisses aufwiegen kann. Allerdings ist die Offenlegung der Unterzeichner aufgrund einer anderen Abwägung zu befürworten.

501   Zwar gilt der Schutz des Stimmgeheimnisses auch für die Unterzeichner von Wahlvorschlägen, da sie damit ab dem Zeitpunkt der Vorschlagseinreichung eine politische Willensäusserung tätigen, welche rechtliche Konsequenzen nach sich

---

[1484] *Häfelin/Haller* 2005, N. 1363; *Steinmann* 2003, S. 483; *Weber-Dürler* 2000, S. 133, Fn. 12. Bereits früher wurden in der schweizerischen Literatur die klassischen Freiheitsrechte und die politischen Rechte klar unterschieden, vgl. *Hangartner* 1982, S. 232; *Häfelin/Haller* 1988, N. 578; *Herren* 1991, S. 130.

[1485] *Herren* 1991, S. 131; *Steinmann* 2003, S. 483; *Weber-Dürler* 2000, S. 133, Fn. 12. Vgl. auch *Feuz* 2002, S. 123, der die Anwendbarkeit von Art. 36 BV auf die Wahl- und Abstimmungsfreiheit in Frage stellt. A.A. war allerdings der Bundesrat, der in seiner Botschaft Art. 36 auch für die politischen Rechte anwendbar erklärte: BBl 1997 I 191.

[1486] Art. 26 BPR: „ Die Stimmberechtigten des Wahlkreises können die Wahlvorschläge und die Namen der Unterzeichner bei der zuständigen Behörde einsehen."

[1487] *Hangartner/Kley* 2000, Rz. 2575. Kritisch auch *Poledna* 1988, S. 264f.; *Widmer* 1989, S. 144f.

[1488] *Hangartner/Kley* 2000, Rz. 2575. A. A. *Tschannen* 1995, N. 106; *Tschannen* 2004, § 52 Rz. 67, der für die politische Meinungsbildung auch die Kenntnis der Supporter eines Kandidaten voraussetzt, da diese für die politischen Ansichten des Kandidaten aufschlussreich seien.

[1489] BGE 98 Ib 289 E. 4g S. 296.

[1490] BGE 98 Ib 289 E. 4h S. 297.

zieht[1491]. Im Unterschied zur Unterzeichnung von Initiativen und Referenden kann eine stimmberechtigte Person jedoch lediglich einen einzigen Wahlvorschlag unterzeichnen[1492]. Sowohl die Stimmberechtigten als auch die Kandidaten selbst haben ein Interesse daran zu prüfen, ob eine stimmberechtigte Person nicht mehrere Wahlvorschläge unterzeichnet hat. Dies lässt sich als einen dem Anspruch auf richtige Zusammensetzung der Aktivbürgerschaft[1493] angenäherten Anspruch verstehen. Jede stimmberechtigte Person hat ein Interesse an der korrekten Durchführung der Wahl, was bereits bei der korrekten Handhabung der Wahlvorschläge beginnt. Zudem haben die Kandidaten einen Anspruch auf Einsicht in die Wahlvorschläge, falls diese von der Behörde nicht akzeptiert worden sind.

502   Bisweilen wird zugunsten der Offenlegung der Unterzeichner von Wahlvorschlägen auch angeführt, dass die Unterzeichner im Gegensatz zur Unterzeichnung von Initiativen und Referendumsbegehren weniger deutlich einen politischen Willen äussern[1494]. Sie setzen sich nicht für ein konkretes Sachgeschäft ein, sondern für eine Person, welche schliesslich, sollte sie gewählt werden, instruktionsfrei handeln wird. Diese Argumentation ist jedoch problematisch, da sie auf den eigentlichen Wahlakt ausgedehnt werden könnte. Die Stimmabgabe bei Wahlen ist jedoch genauso durch das Stimmgeheimnis geschützt wie diejenige bei Abstimmungen.

503   Einige Autoren sehen ein potentielles Problem im Bereich der Unterschriftenquoren bei der Unterzeichnung von Wahlvorschlägen[1495]. Ein übermässig hohes Unterschriftenquorum würde grosse Teile der Wählerschaft nötigen, ihre Wahlentscheidung zu offenbaren[1496]. Daraus wird die Forderung nach marginalen Quoren abgeleitet[1497]. Die Forderung nach tiefen Quoren mag aus anderen Gründen durchaus vertretbar sein, ist aber aus dem Blickwinkel des Stimmgeheimnisses nicht nachvollziehbar. Es macht keinen Unterschied, ob eine kleine Zahl von Unterzeichnern oder eine grosse Zahl von Unterzeichnern öffentlich bekannt ist; der Stimmgeheimnis-Schutz darf nicht von diesem quantitativen Element abhängig gemacht werden. Wird ein Schutz der Unterzeichner von Wahlvorschlägen befürwortet, hat dieser genauso für einige wenige wie für eine grosse Gruppe von Stimmberechtigten zu gelten. In dieser Arbeit wird allerdings der Standpunkt vertreten, dass der Stimmgeheimnis-Schutz für Unterzeichner von Wahlvorschlägen eingeschränkt werden kann.

[1491] Vgl. Rz. 486 hiervor.
[1492] Art. 24 Abs. 2 BPR.
[1493] Vgl. *Hangartner/Kley* 2000, Rz. 2533ff.; *Widmer* 1989, S. 79ff.
[1494] *Hangartner/Kley* 2000, Rz. 2576.
[1495] *Poledna* 1988, S. 263; *Tschannen* 1995, N. 107.
[1496] *Poledna* 1988, S. 263; *Tschannen* 1995, N. 107.
[1497] *Poledna* 1988, S. 263; *Tschannen* 1995, N. 107.

13.3.2 Stimmabgabeerleichterungen

504 Bei den Stimmabgabeerleichterungen geht es meist um eine Abwägung zwischen dem Grundsatz auf möglichst breite Erreichbarkeit einer Wahl oder Abstimmung und dem Grundsatz der Geheimhaltung sowie einer Abwägung zwischen dem Grundsatz auf richtige Zusammensetzung der Aktivbürgerschaft und dem Stimmgeheimnis.

505 Die Stimmabgabeerleichterungen sollen dafür sorgen, dass möglichst alle Stimmberechtigten, die an einer Wahl oder Abstimmung teilnehmen wollen, daran auch teilnehmen können[1498]. Dies erhöht die Legitimität einer Wahl oder Abstimmung. Dabei muss sichergestellt werden, dass keine stimmberechtigte Person ihre Stimme mehr als einmal abgibt und dass keine Nicht-Stimmberechtigten an der Wahl oder Abstimmung teilnehmen[1499]. Gleichzeitig muss das Stimmgeheimnis auch bei den Stimmabgabeerleichterungen gewährleistet werden[1500]. Diese Anforderungen stehen insbesondere bei der Stellvertretung und der brieflichen Stimmabgabe in einem Spannungsverhältnis.

506 Mit der Einführung des BPR 1976 wurde die *Stellvertretung* in Bundesangelegenheiten in denjenigen Kantonen für zulässig erklärt, welche die Stellvertretung für kantonale Abstimmungen und Wahlen vorsahen[1501]. Auch heute noch richtet sich das Bundesrecht in dieser Frage nach den kantonalen Gegebenheiten. 1991 wurde diese Regelung auch für die Auslandschweizer eingeführt[1502].

507 Die (politische) Stellvertretung auf *Bundesebene* bedeutet, dass die stimmberechtigte Person ihren Stimm- oder Wahlzettel durch einen Vertreter ins Urnenlokal bringen lassen kann[1503]. Sie umfasst jedoch nicht das Ausfüllen des Stimm- oder Wahlzettels durch einen Vertreter anstelle der stimmberechtigten Person[1504].

[1498] *Bolla-Vincenz* 1978, S. 71ff.; *Huser* 1983, S. 52 und 97; *Poledna* 1988, S. 268; *Von Arx* 1998, S. 934. Vgl. auch BGE 40 I 354 E. 2 S. 364 (Ausschluss von einem Viertel der Stimmberechtigten führt dazu, dass die Wahlresultate nicht als der „wahrhafte Ausdruck" der Mehrheit der Stimmberechtigten angesehen werden können); BGE 45 I 148 E. 3 S. 153 („Es kann zwar nicht jeder einzelne verlangen, dass seine besonderen Verhältnisse berücksichtigt werden; wohl aber muss der normalen Lage grösserer Bevölkerungskreise, wenn es auch Minderheiten sind, möglichst Rechnung getragen werden, indem darauf geachtet wird, dass der Ausübung ihres Stimmrechts infolge der besonderen Art der Anordnung nicht ein wesentliches praktisches Hindernis entgegen steht").

[1499] Das Bundesgericht anerkennt einen vom Stimmrecht umfassten Anspruch auf Nichtteilnahme an einer Wahl oder Abstimmung durch Nicht-Stimmberechtigte: BGE 91 I 8 S. 9. Vgl. auch BGE 53 I 120 E. 2 S. 123.

[1500] Vgl. für die briefliche Stimmabgabe Art. 8 Abs. 1 BPR. Vgl. *Bolla-Vincenz* 1978, S.86ff.; *Von Arx* 1998, S. 936.

[1501] Vgl. Rz. 431 hiervor.

[1502] Art. 1 Abs. 2 BPRAS, Änderung vom 22.3.1991 in: AS 1991 2388ff. Vgl. dazu Botschaft über die Revision des Bundesgesetzes über die politischen Rechte der Auslandschweizer vom 15. August 1990, BBl 1990 III 445ff.

[1503] Vgl. Amtl. Bull. NR 2002 334f.; Amtl. Bull. StR 2002 336.

[1504] So darf etwa die Glarner Regelung, die 1995 den „Botengang" durch eine „echte Stellvertretung" ersetzt hat, nicht auf Bundesurnengänge angewandt werden. Vgl. zur Rechtsänderung: Memorial für die Landsgemeinde des Kantons Glarus vom Jahre 1995, S. 16.

508 Auf *kantonaler Ebene* finden sich beide Formen der Vertretung, welche auch als „echte" und „unechte" Stellvertretung bezeichnet werden[1505]. Bei der echten Stellvertretung füllt der Vertreter den Stimmzettel des Vertretenen selber aus und bringt ihn zur Urne. Bei der unechten Stellvertretung besteht die Tätigkeit des Stellvertreters lediglich darin, dass er den Stimmzettel ins Wahllokal bringt und in die Urne legt. In den kantonalen Regelungen sind die unechte und die echte Stellvertretung teilweise verschmolzen. Sieben Kantone sehen die eine oder andere Form beziehungsweise beide Formen vor[1506]. In sechs Kantonen ist Stellvertretung explizit verboten[1507].

509 Bei der Stellvertretung muss das Stimmgeheimnis für Stimmberechtigte, die sich vertreten lassen, in gleicher Weise geschützt werden wie für persönlich und brieflich Stimmende[1508]. Das Bundesgericht hat in einem Entscheid festgehalten, dass der Name des Stellvertreters nicht öffentlich bekannt gemacht werden darf, da dadurch auf die Art der Stimmabgabe des Vertretenen geschlossen werden könnte. Dies ist vor allem bei der echten Stellvertretung von Bedeutung. Eine für die nachträgliche Kontrolle der Regelkonformität der Wahl erstellte Liste der eingegangenen Stimmen durch Stellvertreter sowie einer Liste der Stimmberechtigten und ihrer jeweiligen Stellvertreter waren im vorliegenden Fall mit dem Stimmgeheimnis vereinbar, da die Listen lediglich von den im Kontrollverfahren involvierten Parteien unter Beisein des Vorsitzenden eingesehen werden durften[1509]. Ferner hält das Bundesgericht die Gefahr, dass ein Stellvertreter seine Befugnisse überschreitet, für gering, „weil der alte, invalide oder kranke Stimmberechtigte, der von der Erleichterung Gebrauch machen will, seinen Stimm- oder Wahlzettel gewöhnlich einer ihm bekannten Person übergibt, von der er annimmt, sie werde das ihr bekundete Vertrauen nicht missbrauchen."[1510]

510 Bei der echten Stellvertretung ist das Stimmgeheimnis gegenüber dem Stellvertreter jedoch nicht gewahrt. Allerdings kann die Stellvertretung relativ einfach eingeschränkt werden. Es erscheint richtig, die Stellvertretung nur für einen bestimmten Personenkreis wie Invalide, Gebrechliche, Schreibunfähige etc. zuzulassen[1511]. Zudem ist es sinnvoll, die Zahl der Vertretungsbefugnisse pro Stellvertreter zu beschränken[1512]. Die Lockerung des Stimmgeheimnisses ist diesfalls ge-

---

[1505] Vgl. *Bolla-Vincenz* 1978, S. 165ff.; *Poledna* 1988, S. 268f. *Bolla-Vincenz* 1978, S. 167, bejaht die „echte Stellvertretung" fälschlicherweise auch auf Bundesebene.

[1506] Art. 34 EVBPR NW (Stellvertretung implizit vorgesehen); Art. 13 Abs. 1 und 2 AbstG GL; Art. 53^{quinquies} WAG SH; Art. 18 GPR AR; Art. 6 Abs. 3 VPR AI; § 17 Abs. 2 und 3 GPR AG und § 10 Abs. 2 und 3 SWG TG;

[1507] Art. 12 GPR BE; Art. 31 AG OW; § 9 Abs. 2 WAG BS; Art. 17 Abs. 4 LEDP VD; Art. 20 Abs. 3 LDP NE; Art. 63 LEDP GE.

[1508] BGE 113 Ia 161 E. 4 S. 164.

[1509] BGE 113 Ia 161 E. 4 S. 164.

[1510] BGE 97 I 659 E. 4 S. 663. Vgl. auch *Bolla-Vincenz* 1978, S. 168; *Poledna* 1988, S. 268.

[1511] Vgl. auch *Poledna* 1988, S. 269; *Widmer* 1989, S. 143.

[1512] *Poledna* 1988, S. 269; *Widmer* 1989, S. 143.

rechtfertigt. Die kantonalen Regelungen entsprechen diesen Anforderungen, sofern sie die Stellvertretung zulassen.

511 Von der Stellvertretung zu unterscheiden sind die auf Bundesebene geforderten *Hilfeleistungen für Invalide und Schreibunfähige*. Eine Hilfeleistung können schreibunfähige Stimmberechtigte für die Unterzeichnung von Referendumsbegehren und Initiativen in Anspruch nehmen: „Schreibunfähige Stimmberechtigte können die Eintragung ihres Namenszuges durch einen Stimmberechtigten ihrer Wahl vornehmen lassen. Dieser setzt seine eigene Unterschrift zum Namenszug der schreibunfähigen Person und bewahrt über den Inhalt der empfangenen Anweisungen Stillschweigen."[1513] Für die Stimmabgabe Invalider hält das Bundesrecht fest: „Die Kantone sorgen dafür, dass auch stimmen kann, wer wegen Invalidität oder aus einem anderen Grund dauernd unfähig ist, die für die Stimmabgabe nötigen Handlungen selbst vorzunehmen."[1514] Die Kantone haben entsprechende Vorkehrungen in der kantonalen Gesetzgebung verankert[1515]. Wo die Hilfeleistung aufgrund von Art. 6 BPR den Einbezug einer anderen Person umfasst, hat diese analog Art. 61 Abs. 1bis BPR Stillschweigen über die empfangenen Anweisungen zu bewahren. Eine entsprechende Ergänzung von Art. 6 BPR wäre wünschenswert.

512 Bis 1994 war die *briefliche Stimmabgabe* an besondere Voraussetzungen geknüpft[1516]. Seither ist die briefliche Stimmabgabe der Stimmabgabe an der Urne gleichgestellt[1517]. Für die Auslandschweizer war die briefliche Stimmabgabe ursprünglich nicht nutzbar[1518]. Seit 1977 konnten die Auslandschweizer ihre politischen Rechte ausüben, allerdings nur in der Schweiz selbst[1519]. Dies hing eng mit der ständigen Praxis des Bundesrates zusammen, dass Ausländer auf Schweizer Boden keine politischen Handlungen vornehmen durften. Dies wurde als mit der Schweizer Souveränität nicht vereinbar betrachtet[1520]. In dieser Situation konnte die Schweiz kein Begehren an andere Staaten richten, um den Auslandschweizern die briefliche Stimmabgabe im betreffenden Land zu ermöglichen. Denn sonst

---

[1513] Art. 61 Abs. 1bis BPR. Diese Bestimmung gilt analog auch für Initiativen, vgl. Art. 70 BPR.
[1514] Art. 6 BPR.
[1515] Vgl. z.B. § 5 GPR ZH; § 61 Abs. 2 SRG LU; Art. 36 Abs. 3 WAVG UR; § 28 Abs. 2 WAG SZ; Art. 30a AG OW; Art. 33 Abs. 2 und 3 WAG ZG; Art. 14 Abs. 4 und 29 PRR FR; Art. 81 und 85 GPR SO; § 9 Abs. 1 WAG BS; § 7 Abs. 3 GPR BL; Art. 29 Abs. 3 UAG SG; Art. 27 Abs. 2 PRG GR; Art. 30 LEDP TI; Art. 27 GPR VS; Art. 17 Abs. 2 RELDP NE; Art. 23 REDP GE.
[1516] Vgl. Rz. 422 und 430 hiervor.
[1517] Art. 5 Abs. 3 BPR: „Der Stimmberechtigte kann seine Stimme persönlich an der Urne oder brieflich abgeben. (...)". Vgl. dazu *Auer* et al. 2000, Bd. 1, Nr. 697.
[1518] Zu verschiedenen Anfragen betr. Einführung der brieflichen Stimmabgabe für Auslandschweizer seit 1920 vgl. *Burckhardt* 1930-1931, Bd. 2, Nr. 388.
[1519] Art. 1 BPRAS (Stand am 19.12.1975, AS 1976 1805ff.). Vgl. dazu Botschaft des Bundesrates an die Bundesversammlung über die politischen Rechte der Auslandschweizer vom 3. März 1975, BBl 1975 I 1285ff.; *Auer* et al. 2000, Bd. 1, Nr. 605.
[1520] BBl 1975 I 1292ff. Vgl. *Burckhardt* 1930-1931, Bd. 1, Nr. 23; *Burckhardt* 1930-1931, Bd. 2, Nr. 388 und dazu *Castella* 1959, S. 568af.

hätte sie entsprechend Gegenrecht gewähren müssen[1521]. Am 12.4.1989 änderte der Bundesrat seine Praxis[1522]. Seither dürfen Ausländer in der Schweiz an Wahlen und Abstimmungen ihres Staates auf Schweizer Boden teilnehmen. Gleichzeitig wurde das BG über die politischen Rechte der Auslandschweizer revidiert und die briefliche Stimmabgabe der Auslandschweizer eingeführt[1523].

513 Auf kantonaler Ebene kennen heute alle Kantone bis auf einen[1524] auch für kantonale Angelegenheiten die voraussetzungslose briefliche Stimmabgabe. Die Verfahren zur brieflichen Stimmabgabe sind von Kanton zu Kanton unterschiedlich ausgestaltet. Im Kanton *Bern* beispielsweise bestehen drei unterschiedliche Varianten der brieflichen Stimmabgabe: Das Antwortkuvert enthält entweder *zwei getrennte Innentaschen, eine Sichttasche* oder *keine Sichttasche*[1525]. Bei der Benutzung des Antwortkuverts mit zwei Innentaschen werden die unterschriebene Ausweiskarte in die eine, mit Sichtfenster versehene Innentasche und die Stimm- oder Wahlzettel in die andere Innentasche gelegt und das Kuvert anschliessend zugeklebt[1526]. Wird das Antwortkuvert mit Sichttasche benutzt, so stecken die Stimmberechtigten die unterzeichnete Ausweiskarte in die Sichttasche und legen die Stimm- oder Wahlzettel in das Antwortkuvert und kleben dieses zu[1527]. Bei der dritten Variante erhalten die Stimmberechtigten zwei Kuverts. In das eine – das Stimmkuvert – wird der Stimm- oder Wahlzettel gelegt. Das verschlossene Stimmkuvert wird zusammen mit der unterschriebenen Ausweiskarte in das Antwortkuvert gelegt[1528]. Das Kuvert, welches den Stimm- oder Wahlzettel enthält, darf keine Kennzeichen tragen[1529]. Das Antwortkuvert wird der Post oder der zuständigen Gemeindeamtsstelle übergeben[1530].

514 Der Gesetzgeber verlangt von den Kantonen bei der Regelung der brieflichen Stimmabgabe zwar einerseits die *Ermöglichung der Kontrolle der Stimmberechtigung*, aber andrerseits auch die *Wahrung des Stimmgeheimnisses*. Das Verfahren für die briefliche Stimmabgabe muss zudem einfach ausgestaltet sein[1531]. Die Kantone haben also unterschiedlichen, *teilweise gegenläufigen Anliegen* Rechnung zu tragen. Dies hat auch das Bundesgericht erkannt. Es hält deshalb als Primat fest, dass die Ausgestaltung des Abstimmungsverfahrens „*insgesamt eine*

[1521] BBl 1975 I 1292.
[1522] BBl 1990 III 448.
[1523] Art. 1 BPRAS, Änderung vom 22.3.1991 in: AS 1991 2388ff. Vgl. dazu Botschaft über die Revision des Bundesgesetzes über die politischen Rechte der Auslandschweizer vom 15. August 1990, BBl 1990 III 445ff. und *Auer* et al. 2000, Bd. 1, Nr. 606f.
[1524] Art. 32 LEDP TI.
[1525] Art. 23 Abs. 1 VPR BE.
[1526] Art. 25 Abs. 1 und 2 VPR BE.
[1527] Art. 25a Abs. 1 und 2 VPR BE.
[1528] Art. 25b Abs. 1 und 3 VPR BE.
[1529] Art. 25 Abs. 3, 25a Abs. 3, 25b Abs. 2 und Art. 27 Abs. 1 Bst. e VPR BE.
[1530] Art. 26 Abs. 1 VPR BE.
[1531] Art. 8 Abs. 1 BPR.

zuverlässige und unverfälschte Willenskundgabe ermöglichen" muss[1532]. Und es fährt fort: „Die verschiedenen Aspekte des gewählten Abstimmungsmodus sind deshalb in ihrem Zusammenwirken zu beurteilen. Werden in einzelnen Punkten Vereinfachungen eingeführt, kann dies eine Kompensation durch zusätzliche Schutzvorkehrungen in anderen Punkten erfordern. So bedarf die Erleichterung des Abstimmungsmodus auf der einen Seite – etwa die Zulassung der brieflichen Abstimmung in einem ausgedehnteren Umfang – im Allgemeinen erhöhter Schutzmassnahmen gegen Missbräuche auf der anderen Seite. Die briefliche Abstimmung ist daher so zu regeln, dass den teilweise gegenläufigen Anforderungen von Art. 8 Abs. 1 BPR insgesamt in optimaler Weise entsprochen wird"[1533].

515   Im konkreten, vom Bundesgericht zu beurteilenden Fall ging es um die Ausgestaltung der brieflichen Stimmabgabe im Kanton *Basel-Stadt*. Anfechtungsgegenstand war eine Regelung, die vorsah, dass die Stimmbürger bei der brieflichen Stimmabgabe das ihnen zugesandte Stimmkuvert zu verwenden hatten, das gleichzeitig als Stimmrechtsausweis ausgestaltet war. Bei der Rücksendung des Stimmkuverts war zur Wahrung des Stimmgeheimnisses das Adressfeld zu entfernen. Eine Überprüfung der Stimmberechtigung konnte nicht mehr stattfinden, da die Stimmunterlagen *vollständig anonym* beim Gemeinwesen eintrafen. Die Möglichkeit der anonymen Stimmabgabe bot zwar den besten Schutz vor Verletzungen des Stimmgeheimnisses[1534]. Das Bundesgericht hat sie dennoch nicht zugelassen, da die Gefahr von Mehrfachstimmabgaben und anderen Missbräuchen dadurch erheblich erhöht werde und die entsprechende Regelung somit Verfassungsrecht verletze[1535]. Die Identifizierbarkeit der Stimmenden ist unentbehrlich zur Verhinderung von Mehrfachstimmabgaben und Sicherstellung, dass nur stimmberechtigte Personen ihre Stimme abgeben. Demgegenüber hatte die Gewährleistung der absoluten Anonymität im konkreten Fall keinen Vorrang, was aber nicht bedeutet, dass die Wahrung des Stimmgeheimnisses vernachlässigt werden darf. Vielmehr müssen andere Schutzvorkehrungen getroffen werden, um auch bei der brieflichen Stimmabgabe einen möglichst hohen Schutz vor Missbrauch *und* die Aufrechterhaltung der Anonymität zu gewährleisten. Aus dem Grundsatz der Unverzichtbarkeit des Stimmgeheimnisses folgt ferner, dass offene Stimmkuverts, welche einem Verzicht auf das Stimmgeheimnis gleichkommen, ungültig zu erklären sind.

516   Die Regelung in Basel-Stadt wurde infolge des Bundesgerichtsentscheids ergänzt. Die Stimmrechtsausweise werden seither für jeden Urnengang mit einer

---

[1532]   BGE 121 I 187 E. 3a S. 191. Hervorhebung durch die Verfasserin.
[1533]   BGE 121 I 187 E. 3a S. 191. Vgl. dazu *Von Arx* 1998, S. 946f.
[1534]   BGE 121 I 187 E. 3d S. 193.
[1535]   BGE 121 I 187 E. 3e S. 194 und E. 3g, S. 195.

Kennziffer versehen, welche eine Identifizierung der Stimmenden erlaubt[1536]. Diese Vorkehrung genügt dem Bundesgericht[1537].

517 Den organisatorischen Massnahmen zum Schutz des Stimmgeheimnisses kommt bei der brieflichen Stimmabgabe eine wichtige Bedeutung zu. Zentral ist die Verwendung von neutralen, verschlossenen Stimmkuverts[1538]. Weder die Stimmzettel noch die Kuverts dürfen individualisierende Merkmale enthalten[1539]. Da bei der brieflichen Stimmabgabe der Stimmrechtsausweis und die Stimm- oder Wahlzettel zusammen verschickt werden, besteht theoretisch die Möglichkeit, den Inhalt der Stimm- und Wahlzettel mit einer bestimmten Person in Verbindung zu bringen. Insbesondere die mit der Auszählung betrauten Personen könnten theoretisch feststellen, welche Personen wie abgestimmt haben. Es ist deshalb wichtig, dass der Auszählungsvorgang von einem politisch pluralistischen Kollektiv durchgeführt wird. Der ganze Auszählungsvorgang sollte begleitet und überwacht werden[1540].

518 Die Tatsache, dass bei der brieflichen Stimmabgabe die Stimm- oder Wahlzettel ausserhalb des Wahllokals ausgefüllt werden können, stellt keine neue Situation dar. Dasselbe können Stimmberechtigte auch tun, wenn sie ihre Stimm- oder Wahlzettel anschliessend im Wahllokal in die Urne legen[1541].

519 Borbély kommt in seiner Arbeit zum Schluss, dass die voraussetzungslose briefliche Stimmabgabe mit dem Stimmgeheimnis nicht vereinbar und deshalb verfassungswidrig sei[1542]. Der Gang zur Urne könne den meisten Stimmberechtigten nämlich durchaus zugemutet werden[1543]. Zeitgewinne und Bequemlichkeit rechtfertigten die Einschränkungen des Stimmgeheimnisses nicht[1544]. Die briefliche Stimmabgabe sei zur Stimmabgabe an der Urne subsidiär[1545]. Borbély verkennt in praktisch ausschliesslicher Abstützung auf die deutsche Doktrin die rechtshistorische Entwicklung der brieflichen Stimmabgabe in der Schweiz und setzt sich nicht mit der vom Bundesgericht und der schweizerischen Doktrin anerkannten Rechtfertigung der brieflichen Stimmabgabe auseinander. Die Argumentation von Borbély kann in dieser Arbeit nicht nachvollzogen werden und ist unter Verweis auf die vorstehenden rechtshistorischen und rechtsvergleichenden Aus-

---

[1536] § 3 WAV BS. Vgl. auch §§ 8 und 10 WAV BS.
[1537] Vgl. ZBl 98, 1997, 351ff.
[1538] Vgl. *Poledna* 1988, S. 271.
[1539] Vgl. *Poledna* 1988, S. 271.
[1540] *Hangartner/Kley* 2000, Rz. 2542. Vgl. auch *Poledna* 1988, S. 271, der vorschlägt, das Öffnen der Zustellkuverts und der Stimmkuverts zeitlich und personell zu trennen.
[1541] Vgl. dazu Rz. 490ff. hiervor.
[1542] *Borbély* 2004, S. 73.
[1543] *Borbély* 2004, S. 65.
[1544] *Borbély* 2004, S. 65.
[1545] *Borbély* 2004, S. 66.

führungen[1546] sowie zur Untersuchung der geltenden Rechtslage in der Schweiz[1547] abzulehnen.

520 Die briefliche Stimmabgabe wird bisweilen kritisiert sie verleite zu Missbräuchen[1548]. Zur Frage der vorkommenden Missbräuche bei der brieflichen Stimmabgabe gibt es jedoch keine umfassende Untersuchung. Zwei kürzere Studien nehmen sich der Frage teilweise an[1549]. Von Arx kommt dabei zum Schluss, dass „Missbräuche und Unregelmässigkeiten (...) nie ganz zu vermeiden" seien, die briefliche Stimmabgabe jedoch „keine unverhältnismässig grosse Gefahr" darstelle[1550]. In der Studie der Universität Bern wurde festgestellt, dass der Wille von Stimmberechtigten häufig beim Ausfüllen des Stimm- oder Wahlzettels auf familiärer Ebene verfälscht werde. Dabei komme es vor allem vor, dass der Mann gleichzeitig auch den Stimmzettel der Frau ausfülle, während der umgekehrte Fall nicht vorkomme[1551]. Die Studie gibt keine Auskunft über die Häufigkeit der vorkommenden Missbräuche[1552]. Die Untersuchung kommt aber dennoch zum Schluss, dass „die Feststellung gerechtfertigt" scheint, „dass Missbrauch und Betrug eher seltene und singuläre Ereignisse darstellen."[1553] Die befragten Gemeindekanzleien schätzten in der Studie die Gefahr von Missbräuchen bei der brieflichen Stimmabgabe jedoch als deutlich geringer ein als bei der Stellvertretung[1554].

13.4 Offene Stimmabgabe auf kantonaler und kommunaler Ebene

521 Auf kantonaler Ebene kennen noch zwei Kantone – Appenzell Innerrhoden und Glarus – die Landsgemeinde und damit die offene Stimmabgabe in gewissen Angelegenheiten. An der Landsgemeinde in Appenzell Innerrhoden wird mittels offener Stimmabgabe die Wahl der Standeskommission (Landammann, stillstehender Landammann, Statthalter, Säckelmeister, Landeshauptmann, Bauherr und Landesfähndrich), des Kantonsgerichts[1555] und des Mitglieds des Ständerats[1556] sowie die Abstimmung über Gesetze[1557] durchgeführt. Die Stimmenmehrheit wird durch die Standeskommission geschätzt, in zweifelhaften Fällen unter Bei-

---

[1546] Vgl. insbes. Rz. 140ff. und 192ff. hiervor.
[1547] Vgl. insbes. Rz. 496ff. hiervor.
[1548] Vgl. etwa NZZ Nr. 110 (15.5.2002), S. 15 („Unsicher und fehlerhaft? Nebulöse Behauptungen zur brieflichen Stimmabgabe").
[1549] *Moser* et al. 1990, S. 12ff.; *Von Arx* 1998, S. 946f. Die Studie der Universität Bern (= *Moser* et al. 1990) entstand im Anschluss an eine äusserst knappe und in der Folge angefochtene Abstimmung über die Kantonsverfassung, vgl. auch BGE 114 Ia 42.
[1550] *Von Arx* 1998, S. 947.
[1551] *Moser* et al. 1990, S. 29f.
[1552] *Moser* et al. 1990, S. 65.
[1553] *Moser* et al. 1990, S. 65.
[1554] *Moser* et al. 1990, S. 69ff.
[1555] Art. 20 Abs. 2 KV AI.
[1556] Art. 20bis KV AI.
[1557] Art. 20 Abs. 1 KV AI.

ziehung von Mitgliedern des Kantonsgerichtes[1558]. Wenn durch Abschätzung keine Mehrheit gefunden werden kann, erfolgt eine Abzählung[1559].

522   An der Landsgemeinde in Glarus erfolgt mittels offener Stimmabgabe die Wahl des Landammanns, des Landesstatthalters, der Richter, des Staatsanwaltes und der Verhörrichter[1560] sowie die Abstimmungen über Änderungen der Kantonsverfassung, Gesetze, Zustimmung zu Konkordaten und andern Verträgen zu Gegenständen der Verfassung, Gesetzgebung oder Ausgaben, Beschlüsse über einmalige Ausgaben für den gleichen Zweck von mehr als einer Million Franken und wiederkehrende Ausgaben für den gleichen Zweck von mehr als 200'000 Franken im Jahr, den Erwerb von Grundstücken als Anlage oder zur Vorsorge von mehr als fünf Millionen Franken und weitere durch den Landrat vorgelegte Beschlüsse und die Festsetzung des Steuerfusses[1561]. Die Mehrheit wird durch den Landammann mittels Abschätzung ermittelt. Im Zweifelsfall kann er vier Mitglieder des Regierungsrates beratend beiziehen[1562]. Der Entscheid des Landammanns ist unanfechtbar[1563].

523   Auf Gemeindeebene kommt das System der Versammlungsdemokratie in der Mehrheit der Gemeinden[1564] vor[1565]. In den meisten Gemeinden mit Versammlungssystem kann jedoch die geheime Stimmabgabe beschlossen werden, zum Beispiel wenn ein Fünftel[1566] oder ein Sechstel[1567] der Anwesenden dies verlangt oder wenn ein Zwanzigstel der Stimmberechtigten es vor der Versammlung schriftlich beantragt[1568].

524   Das Bundesgericht[1569] und der Bundesgesetzgeber[1570] anerkennen die Landsgemeinde und die damit einhergehende offene Stimmabgabe. Gleichzeitig äussert das Bundesgericht auch Bedenken betreffend das Stimmgeheimnis: „Die offene Abstimmung kann unter psychologischen und sozialen Gesichtspunkten Beein-

---

[1558] Art. 16 Abs. 1 LV AI.
[1559] Art. 16 Abs. 2 LV AI.
[1560] Art. 68 KV GL. Mitglieder des Ständerates, des Landrates und des Regierungsrates werden geheim an der Urne gewählt, vgl. Art. 70 Abs. 1; 71 und 72 KV GL.
[1561] Art. 69 Abs. 1 und 2 KV GL. Über Stellungnahmen des Kantons zuhanden des Bundes über die Errichtung von Atomanlagen wird geheim abgestimmt, vgl. Art. 57 Abs. 1 Bst. d KV GL.
[1562] Art. 67 Abs. 1 KV GL. Vgl. dazu *Stauffacher* 1962, S. 311ff.
[1563] Art. 67 Abs. 2 KV GL.
[1564] 1984 hatten lediglich 450 der damals 3'031 Gemeinden ein Parlament, 1987 stieg die Zahl der Gemeindeparlamente auf 495. Vgl. *Jans* 1984, S. 491f.; NZZ Nr. 296 (20.12.1989), S. 19.
[1565] Vgl. z.B. Art. 10 Abs. 1 KV GR; Art. 28 PRG GR; § 95 Abs. 1 KV LU; §§ 18 Abs. 2 und 107 SRG LU; Art. 40 GG SG; § 83 Abs. 1 WAG ZG. Vgl. auch *Häfelin/Haller* 2005, N. 1398; *Hangartner/Kley* 2000, Rz. 189; *Widmer* 1989, S. 26f. und 141. Zur historischen Entwicklung der Kantone mit Gemeindeversammlungen vgl. *Schaffhauser* 1978, S. 69ff.
[1566] §§ 107, 121 Abs. 2, 122 und 125 SRG LU. Vgl. dazu *Stöckli* 1989, S. 204f.
[1567] § 77 Abs. 3 GG ZG.
[1568] § 83 Abs. 3 WAG ZG.
[1569] Vgl. z.B. BGE 100 Ia 362; BGE 104 Ia 428; BGE 121 I 138.
[1570] Vgl. zur Ratifzierung des UNO-Pakts II mit entsprechendem Vorbehalt zugunsten der kantonalen Regelungen (Rz. 474 hiervor) und Gewährleistung der totalrevidierten Glarner Kantonsverfassung vom 1. Mai 1988 in: BBl 1989 III 730ff. und 1723. Vgl. auch BBl 1997 I 191.

flussungen des Stimmbürgers bewirken, nämlich durch einen gewissen Konformitätsdruck, durch eigentliche unzulässige Druckausübung in allen möglichen Formen und Abstimmungen oder durch Falschinformationen (...).“[1571] Demgegenüber weise die Landsgemeinde die Vorteile der Bürgernähe, der Information „aus erster Hand“ und des unmittelbaren Erlebens des Entscheidungsvorgangs auf[1572]. Eine Abwägung der Vor- und Nachteile der Landsgemeinde fällt dem Bundesgericht nicht leicht[1573]. Es sei zwar einzuräumen, „dass die Institution der Landsgemeinde mit gewissen, bereits erwähnten systembedingten Unzulänglichkeiten verbunden“ sei[1574]. „Diese Umstände allein aber führen nicht schon für sich alleine zu Abstimmungs- und Wahlergebnissen, die den freien Willen der Stimmbürger nicht zuverlässig wiedergeben würden. (...) Es kann abstrakt auch nicht gesagt werden, dass eine freie Willensäusserung trotz denkbarer Beeinflussungen zum vornherein nicht möglich sein sollte; denn es kann nicht bestimmt werden, in welcher Weise, ob zugunsten oder zuungunsten einer bestimmten Vorlage sich solche auswirken würden. (...) Alle diese Rügen und Bedenken sind aus der Sicht der Versammlungsdemokratie gewissermassen systembedingt. Sie haben sich gegenseitig überschneidende und kompensierende Auswirkungen und sind demgemäss in bezug auf die Ergebnisse von Wahlen und Abstimmungen neutral.“[1575]

525   Die Anerkennung von Landsgemeinde und Gemeindeversammlung durch das Bundesgericht führte zur Formulierung unterschiedlich strenger Anforderungen an die Einhaltung des Stimmgeheimnisses. Die Anforderungen, die das Bundesgericht an die Geheimhaltung im Versammlungssystem stellt, sind weniger streng, während das Bundesgericht in einem Entscheid betreffend die geheime Stimmabgabe im Urnensystem ausführte, dass die staatlichen Behörden diejenigen Vorkehrungen zu treffen hätten, die eine Beobachtung der Wähler von vornherein ausschliessen[1576]. Dabei ist unbeachtlich, ob eine Beobachtung der Wähler nicht denkbar ist: „Die politischen Verhältnisse können sich ändern, und im Hinblick darauf ist das Wahlgeheimnis auch dann streng zu hüten, wenn solche Vorkommnisse fern liegen. Entgegen der Auffassung des Regierungsrats ist deshalb nicht wesentlich, ob im konkreten Fall eine Kontrolle der Wähler tatsächlich stattfindet oder nicht. Ein Verstoss gegen den mit dem System der Urnenwahl verankerten Grundsatz der geheimen Stimmabgabe liegt schon dann vor, wenn ein Wahllokal so eingereicht ist, dass die Wahlzettel nicht unbeobachtet ausgefüllt werden können.“[1577]

[1571] BGE 121 I 138 E. 4 S. 143.
[1572] BGE 121 I 138 E. 4 S. 143f.
[1573] Vgl. BGE 121 I 138 E. 4 S. 144 und E. 5b S. 146.
[1574] BGE 121 I 138 E. 5b S. 148.
[1575] BGE 121 I 138 E. 5b S. 148f.
[1576] BGE 98 Ia 602 E. 10b S. 613. Vgl. auch Rz. 479 hiervor.
[1577] BGE 98 Ia 602 E. 10b S. 613f.

526   Dagegen erklärte das Bundesgericht eine im Rahmen einer Gemeindeversammlung durchgeführte geheime Abstimmung für gültig, obwohl anstelle der vorgeschriebenen Urnen zwei Herrenhüte zum Einsammeln der Stimmen Verwendung fanden[1578]. Die Verwendung von Herrenhüten sei zulässig, solange keine ernsthaften Anhaltspunkte dafür vorlägen, dass das Stimmgeheimnis wirklich verletzt werde oder eine solche Verletzung zu befürchten sei: „Die Stimmfreiheit ist schon gewahrt, wenn man, objektiv betrachtet, annehmen kann, dass bei der fraglichen Abstimmung der Durchschnittsbürger die Möglichkeit hatte, sich frei auszusprechen. Bei der Entscheidung hierüber ist nicht nur auf abstrakte Kriterien abzustellen, sondern dem Ortsgebrauch und den lokalen Verhältnissen in weitem Umfange Rechnung zu tragen (...).“[1579] Beim Urnensystem reicht zur Verletzung des Stimmgeheimnisses allein die Möglichkeit zur Einsichtnahme, auch wenn sich diese im konkreten Fall nicht verwirklicht hatte, während bei der geheimen Stimmabgabe im Versammlungssystem auf die Wahrscheinlichkeit einer effektiv vorgekommenen Einsichtnahme abgestellt wird.

527   Die beiden Urteile des Bundesgerichts stehen in einem direkten Widerspruch zueinander. Dies ist umso bemerkenswerter, als die beiden Urteile innerhalb von zwei Jahren gesprochen wurden.

528   Die hier vertretene Auffassung entspricht derjenigen des Bundesgerichts in BGE 98 Ia 602: Die stimmberechtigte Person soll gar nicht erst die Möglichkeit haben, offen zu stimmen. Denn das Stimmgeheimnis schützt gerade diejenigen, die eine solche Wahl nicht mehr frei wahrnehmen könnten, weil jemand sie bedrängt, die Stimme offen abzugeben. Gerade der Akt der Stimmabgabe muss deshalb geheim erfolgen[1580].

529   Die Anerkennung der offenen Stimmabgabe an der Landsgemeinde oder in der Gemeindeversammlung beruht auf einer Abwägung verschiedener Grundsätze. Dabei wird zugunsten der Versammlungsdemokratie die direkte Meinungsbildung und –äusserung angeführt[1581]. Des Weiteren werden die erleichterte Ausübung des Initiativ- und Referendumsrechts genannt[1582]. Die Versammlung habe zudem staatspolitisch erzieherische Wirkung, weil sie den Bürger zur intensiveren Mitwirkung veranlasse als im Urnensystem[1583] und das Verantwortungsbe-

---

[1578] ZBl 71, 1970, 470ff. Vgl. auch den Entscheid des Luzerner Regierungsrats, der das Einsammeln der Stimmzettel von Hand an einer Gemeindeversammlung nicht als ungültig betrachtete: LGVE 1986 III N. 4.

[1579] ZBl 71, 1970, 471.

[1580] Vgl. auch Rz. 479 und 483.

[1581] BGE 121 I 138 E. 4 S. 143f. Vgl. auch *Appert* 1965, S. 179; *Häfelin/Haller* 2005, N. 1398; *Scherrer* 1965, S. 277; *Schweizer* 1977, S. 48; *Schweizer* 1981, S. 176f.; *Stauffacher* 1962, S. 25ff.; *Stöckli* 1989, S. 168; *Thürer* 1996, S. 447; *Wildhaber* 1986, Rz. 19.

[1582] *Schweizer* 1977, S. 48; *Wildhaber* 1986, Rz. 19.

[1583] *Stöckli* 1989, S. 168.

wusstsein fördere[1584]. Ausserdem sei die (Gemeinde)Versammlung im Unterschied zum Urnensystem kostensparender[1585]. Die Vorteile der Versammlungsdemokratie überwiegen nach dieser Ansicht die durch die offene Stimmabgabe möglichen Nachteile[1586]. Wildhaber geht sogar soweit zu sagen: „Bei sinngemässer Auslegung müsste man die Vereinbarkeit der Landsgemeinden mit der Garantie freier und geheimer Wahlen annehmen."[1587]

530   Dagegen wird der fehlende Stimmgeheimnis-Schutz in der Versammlungsdemokratie kritisiert, da dadurch die Entscheidungsfreiheit eingeschränkt werde oder unzulässige Beeinflussungen möglich seien[1588]. Mit der Landsgemeinde sind noch weitere, das Stimmgeheimnis nicht direkt betreffende Nachteile verbunden. So ist die Landsgemeinde faktisch nicht allen Stimmberechtigten zugänglich, da sie an einem einzigen Tag stattfindet und somit Angehörige verschiedener Berufe oder Personen, die aus familiären oder gesundheitlichen Gründen verhindert sind, ausgeschlossen werden[1589]. Zudem wird insbesondere an der Glarner Landsgemeinde kritisiert, dass die Stimmen lediglich geschätzt und nicht gezählt würden und damit kein zuverlässiges Resultat ermittelt werde[1590].

531   Die Versammlungsdemokratie wird teilweise als „urdemokratische" Form betrachtet[1591] und die Argumentation dagegen dadurch erschwert. Es wird deshalb etwa auch argumentiert, dass die Landsgemeinde früher unproblematisch gewesen sei, da keine gesellschaftlichen Unterschiede der Bürger bestanden hätten. Mit den aufkommenden wirtschaftlichen und sozialen Abhängigkeiten sei die Landsgemeinde jedoch keine adäquate Form der Demokratie mehr[1592].

532   Die offene Stimmabgabe wird teilweise lediglich in grösseren Versammlungen, also etwa den kantonalen Landsgemeinden, befürwortet, da dort ein von persönlichen Gegnern unbeobachteter Standort eingenommen werden könne[1593]. Es gibt allerdings auch Stimmen, welche die Versammlungsdemokratie lediglich in kleinen Gemeindeversammlungen befürworten, da sich nur dort die Teilnehmer ge-

[1584] Scherrer 1965, S. 276; Stauffacher 1962, S. 25. Vgl. auch Streiff 1959, S. 65.
[1585] Stöckli 1989, S. 168. Vgl. auch Appert 1965, S. 179; Streiff 1959, S. 271f.
[1586] Schweizer 1977, S. 48; Schweizer 1981, S. 181; Stauffacher 1962, S. 29; Thürer 1996, S. 447.
[1587] Wildhaber 1986, Rz. 19.
[1588] Appert 1965, S. 181; Bolla-Vincenz 1978, S. 87; Borbély 2004, S. 11ff. und 70ff.; Häfelin/Haller 2005, N. 1398; Hangartner/Kley 2000, Rz. 190; Scherrer 1965, S. 192 und 278f.; Schweizer 1981, S. 179; Stauffacher 1962, S. 24; Stöckli 1989, S. 170; Tschannen 1995, N. 221; Winzeler 1982, S. 77; Usteri 1959, S. 424af.
[1589] Appert 1965, S. 180f.; Hangartner/Kley 2000, Rz. 191; Scherrer 1965, S. 277; Schweizer 1981, S. 177; Stöckli 1989, S. 169; Streiff 1959, S. 257.
[1590] Schweizer 1981, S. 180, 195 und 216; Stauffacher 1962, S. 23f.
[1591] Vgl. Giacometti 1941, S. 253; Usteri 1959, S. 424af.; Stöckli 1989, S.167; Von Waldkirch 1948, S. 122f.
[1592] Usteri 1959, S. 424af.; Winzeler 1982, S. 77. A.A. jedoch Stauffacher 1962, S. 24f., der eine Abnahme der wirtschaftlichen Abhängigkeiten feststellt.
[1593] Schweizer 1977, S. 47.

genseitig kennen und damit ein Hineinwachsen der Bürger in die Gemeinde möglich sei[1594].

533 Auffallend ist, dass trotz der Fülle der in der Literatur genannten Vorteile keiner der hier untersuchten Autoren die Wiedereinführung oder weitere Verbreitung der Versammlungsdemokratie fordert[1595]. Es scheint eher so, als ob man die Landsgemeinde als historische Institution irgendwie rechtfertigen will.

534 Der verfassungsrechtliche Grundsatz der geheimen Stimmabgabe gilt für Abstimmungen und Wahlen auch auf kommunaler und kantonaler Stufe[1596]. Die offene Stimmabgabe an Landsgemeinden und Gemeindeversammlungen ist demnach verfassungswidrig[1597].

535 Die angeführten Vorteile der Landsgemeinde sind zwar durchaus anzuerkennen, rechtfertigen allerdings die offene Stimmabgabe nicht. Diskussionen können auch so veranstaltet werden; die eigentliche Stimmabgabe selbst hat jedoch geheim zu erfolgen[1598]. Dabei ist ein geeignetes System zu wählen, welches die wirklich geheime Stimmabgabe in der Versammlung zulässt, oder aber ist die Stimmabgabe auf einen Zeitpunkt nach der Versammlung anzusetzen.

536 In der Literatur wird teilweise gefordert, dass in den Versammlungsdemokratien generell das Recht einer bestimmten Anzahl von Bürgern, die geheime Stimmabgabe zu verlangen, eingeführt werden sollte[1599]. Diese ist allerdings zur Gewährleistung der Geheimhaltung nicht geeignet, da sich die Stimmberechtigten an der Versammlung nicht in eine geschlossene Zelle zum Ausfüllen ihres Stimmzettels zurückziehen können[1600]. Zudem wären die Antragsteller, welche vermutungsweise zu den Gegnern einer Vorlage gehören würden, nicht geschützt[1601].

13.5 Bedeutung des Stimmgeheimnisses

537 Das Stimmgeheimnis hat sich in der schweizerischen Demokratie als fundamentaler Grundsatz etabliert und steht als solcher nicht mehr zur Debatte. Dies zeigt nicht zuletzt auch die Verankerung der Wahl- und Abstimmungsfreiheit und damit des Stimmgeheimnisses in der Verfassung. Mit dem Stimmgeheimnis vereinbar sind Stimmabgabeerleichterungen wie die Stellvertretung durch Botengang oder die voraussetzungslose briefliche Stimmabgabe. Die konkreten Verfahren

---

[1594] *Stöckli* 1989, S. 167.
[1595] So wehrt sich z.B. *Stauffacher* 1962, S. 29 explizit gegen eine solche Schlussfolgerung.
[1596] *Hangartner/Kley* 2000, Rz. 2477 und Rz. 468 hiervor.
[1597] Zu diesem Resultat kommt auch *Borbély* 2004, S. 73f.
[1598] Vgl. auch *Stauffacher* 1962, S. 30.
[1599] *Garrone* 1990, S. 50.
[1600] Vgl. *Meyer* 1951, S. 225 und 227; *Scherrer* 1965, S. 192.
[1601] *Scherrer* 1965, S. 279; *Streiff* 1959, S. 68.

zur Stimmabgabe haben einen optimalen Schutz des Stimmgeheimnisses zu gewährleisten. Im Widerspruch zur grossen Bedeutung des Grundsatzes des Stimmgeheimnisses steht die nach wie vor teilweise offene Stimmabgabe an der Landsgemeinde und an Gemeindeversammlungen.

14 E-VOTING

538 In jüngster Zeit erfährt der Grundsatz des Stimmgeheimnisses im Zusammenhang mit E-Voting erhöhte Aufmerksamkeit. In diesem Kapitel wird E-Voting im Hinblick auf die Vereinbarkeit mit dem Stimmgeheimnis untersucht. Dazu wird einleitend geklärt, was unter dem Begriff E-Voting verstanden wird und welches die aktuellen Erfahrungen mit E-Voting in der Schweiz sind. Danach werden die technischen Probleme hinsichtlich der Wahrung des Stimmgeheimnisses zusammengefasst und die in der Literatur vorgeschlagenen Lösungsmöglichkeiten dargestellt. Abschliessend wird die rechtliche Handhabung dieser Frage untersucht sowie die Bedeutung des Stimmgeheimnisses in Kontext von E-Voting thematisiert.

539 Da es sich bei der vorliegenden Untersuchung um eine juristische Arbeit handelt, werden die technischen Ausführungen auf ein Minimum beschränkt und die technischen Problembereiche und Lösungsvorschläge, wie sie in der Literatur genannt werden[1602], lediglich zusammengefasst, nicht aber auf ihre Korrektheit hin überprüft.

14.1 E-Voting in der Schweiz

14.1.1 Definition

540 E-Voting steht für „electronic voting" und bezieht sich auf die Möglichkeit der Nutzung elektronischer Mittel zur Stimmabgabe bei Abstimmungen und Wahlen[1603]. Weltweit sind zurzeit ganz unterschiedliche E-Voting Systeme in Gebrauch oder in Diskussion. Es gibt Systeme, bei welchen die Stimme direkt an einer Maschine abgegeben und von dieser auch gespeichert wird, also ohne Übermittlung der Stimmdaten über das Internet oder andere Netzwerke[1604]. Daneben ist vor allem die Stimmabgabe an einem PC mit Internet-Verbindung im Gespräch[1605]. Neben dem PC können auch andere Geräte zur elektronischen Stimmabgabe, zum Beispiel Personal Digital Assistants (PDAs), Telefone oder Mobiltelefone genutzt werden[1606].

[1602] Wo aufgrund ähnlicher Problemstellungen möglich, wird dabei nicht nur die Schweizer Literatur berücksichtigt, sondern auch auf ausländische Untersuchungen abgestellt.

[1603] Vgl. die Definition des Europarats in: Conseil de l'Europe, Recommendation sur le vote électronique (30.9.2004) sowie ferner *Gibson* 2005, S. 31. Machmal wird auch die elektronische Auszählung unter E-Voting subsumiert, vgl. *Pratchett* et al. 2002, S. 13.

[1604] *Pratchett* et al. 2002, S. 13f. Im englischen Sprachraum werden diese Systeme auch DRE („direct recording electronic voting") genannt, vgl. *Gibson* 2005, S. 31; *Mercuri/Neumann* 2003, S. 33.

[1605] Vgl. Bericht über den Vote électronique: Chancen, Risiken und Machbarkeit elektronischer Ausübung politischer Rechte vom 9. Januar 2002, BBl 2002 645ff.; *Gibson* 2005, S. 31; *Hanssmann* 2003, S. 39ff.; *Lange* 2002, S. 127ff.; *Otten* 2001, S. 73ff.; *Will* 2002, S. 15ff.

[1606] Vgl. *Gibson* 2005, S. 31; *Pratchett* et al. 2002, S. 14; *Will* 2002, S. 17.

541 Eine grundlegende Unterscheidung muss zwischen E-Voting Lösungen, welche die Stimmabgabe an einem Gerät *innerhalb* des Wahllokals voraussetzen und solchen, welche die Stimmabgabe von einem beliebigen Ort *ausserhalb* des Wahllokals ermöglichen, gemacht werden[1607]. Im Gegensatz zu anderen europäischen Staaten wird in der Schweiz als E-Voting ausschliesslich die letztgenannte Form umzusetzen versucht[1608]. Zur Verhinderung von Missverständnissen wird in der vorliegenden Arbeit zur Bezeichnung von E-Voting, welches ausserhalb des Wahllokals möglich ist, der Ausdruck „Distanz-E-Voting" verwendet.

542 Distanz-E-Voting in der Schweiz umfasst neben der elektronischen Stimmabgabe bei Wahlen und Abstimmungen auch die elektronische Unterzeichnung von Initiativen, Referendumsbegehren und Nationalratswahlvorschlägen[1609]. Die heutige Debatte dreht sich darum, Distanz-E-Voting als zusätzliche Methode zur Stimmabgabe einzuführen[1610]. Der traditionelle Gang zur Urne und die briefliche Stimmabgabe sollen weiterhin möglich bleiben.

14.1.2 Erfahrungen mit Distanz-E-Voting

543 Der Einsatz von Technologien für die Durchführung von Wahlen und Abstimmungen ist kein neues Thema. Bereits in seiner Botschaft zur Einführung des Bundesgesetzes über die politischen Rechte aus dem Jahre 1975 hat der Bundesrat die Möglichkeiten der zentralisierten Stimmenzählung mittels elektronischer Geräte sowie die Stimmabgabe mittels Lochkarten diskutiert. Die elektronische Auszählung hielt er allerdings für verfrüht; die Stimmabgabe mittels Lochkarten betrachtete er als wünschenswert, doch sollten weitere Abklärungen getätigt werden[1611].

544 Im BPR selbst war 1976 die Möglichkeit der Verwendung technischer Hilfsmittel für die Feststellung der Wahl- und Abstimmungsergebnisse unter Ermächtigung durch den Bundesrat vorgesehen[1612]. Als Voraussetzung für die Erteilung der Genehmigung durch den Bundesrat wurde insbesondere die Eignung der technischen Mittel zur Wahrung des Stimmgeheimnisses genannt[1613].

[1607] Vgl. *Brändli/Schläpfer* 2004, S. 306; *Kersting* et al. 2004, S. 277f. Im englischen Sprachraum wird die Unterscheidung etwa durch die Verwendung der Begriffe „remote e-voting" oder „remote voting by electronic means" (RVEM) für das zweite System ausgedrückt, vgl. *Pratchett* et al. 2002, S. 14.

[1608] Vgl. BBl 2002 680ff.; *Braun* 2004a, S. 44; *Braun* 2004b, S. 99. In der Schweiz wird statt des Begriffs „E-Voting" häufig „Vote électronique" verwendet. Vgl. BBl 2002 645ff.; *Brändli/Schläpfer* 2004, S. 305ff.; *Braun* 2003, S. 109.

[1609] Vgl. BBl 2002 646, 651 und 673f.; *Brändli/Schläpfer* 2004, S. 308; *Braun* 2004a, S. 44; *Braun* 2004b, S. 100; *Braun* 2003, S. 110.

[1610] Vgl. BBl 2002 654 und 673f.; *Brändli/Schläpfer* 2004, S. 308; *Braun* 2004a, S. 44; *Braun* 2004b, S. 100; *Braun* 2003, S. 110. Es gibt jedoch auch Stimmen, die eine Ablösung der brieflichen Stimmabgabe durch E-Voting auf längere Sicht für denkbar halten, vgl. *Burmeister* 1998, S. 127.

[1611] Botschaft des Bundesrates an die Bundesversammlung zu einem Bundesgesetz über die politischen Rechte (9.4.1975), BBl 1975 I 1317ff., insbes. S. 1326f. Vgl. auch Rz. 431 hiervor.

[1612] Art. 84 BPR (Stand am 17.12.1976, AS 1978 I 688ff.).

[1613] BBl 1975 I 1358.

545   Auch in der Literatur wurden immer wieder Stimmen laut, welche die Erleichterung der Stimmabgabe oder der Auszählung durch technische Hilfsmittel forderten[1614].

546   Im Rahmen der Einführung der voraussetzungslosen brieflichen Stimmabgabe auf Bundesebene befasste sich der Bundesrat 1993 sodann mit der Einführung der Stimmabgabe per Computer. Diese schien ihm allerdings noch fraglich. Er verzichtete auf eine diesbezügliche Rechtsänderung, da die technischen Voraussetzungen zur Wahrung des Stimmgeheimnisses, zum Datentransfer und zur Verhinderung von Missbräuchen noch fehlten[1615]. Einzig die Gleichstellung der amtlichen Wahlzettel mit kantonalen elektronischen Erfassungsbelegen wurde im Hinblick auf die Rationalisierung und Beschleunigung der Resultatermittlung vorgesehen[1616].

547   Der jüngste Anstoss zur Diskussion des Themas E-Voting in der Schweiz ging vom Parlament aus. Verschiedene parlamentarische Vorstösse haben den Bundesrat aufgefordert zu prüfen, ob und wie in der Schweiz die direkte Demokratie durch die neuen Informations- und Kommunikationstechnologien gestärkt werden kann[1617]. In der Folge hat die Bundeskanzlei das Projekt „Vote électronique" gestartet[1618]. In diesem Rahmen werden in drei Kantonen – Genf, Neuenburg und Zürich – seit 2001 Pilotprojekte durchgeführt[1619]. Diese sollen 2005 abgeschlossen und evaluiert werden, damit der Bundesrat und das Parlament anschliessend entscheiden können, ob E-Voting in der Schweiz eingeführt werden soll[1620].

14.1.3 Rechtliche Grundlage für Pilotversuche

548   Als Grundlage für versuchsweise – rechtlich verbindliche – Einsätze von E-Voting anlässlich einer Wahl oder Abstimmung auf Bundesebene wurde das BPR um Art. 8a ergänzt[1621]. Damit hat der Bundesrat die Möglichkeit erhalten, kanto-

---

[1614] Vgl. *Bolla-Vincenz* 1978, S. 159f.; *Schweizer* 1981, S. 218ff., der die Möglichkeiten der Technik zur Auszählung an der Landsgemeinde diskutiert, und *Usteri* 1959, S. 453a.

[1615] BBl 1993 III 471. Zur Einführung der voraussetzungslosen brieflichen Stimmabgabe Rz. 512ff. hiervor.

[1616] Art. 5 Abs. 1 BPR. Vgl. BBl 1993 III 472f.

[1617] Vgl. Amtl. Bull. NR 2000 769, 1193, 1196; Amtl. Bull. StR 2000 485f., 655; BBl 2002 649f.

[1618] Vgl. zur Organisation der Arbeiten im Bereich E-Voting *Brändli/Braun* 2003, S. 126ff.

[1619] Vgl. BBl 2002 680ff.; *Brändli/Schläpfer* 2004, S. 309ff.; *Bonard* 2003 (Genf); *Reber* 2003 (Neuenburg); *Sorg-Keller* 2003 (Zürich); *Trechsel* et al. 2003, S. 183ff. (Genf). Informationen zu den Projekten sind auch im Internet abrufbar unter: <http://www.geneve.ch/evoting>; <http://www.ne.ch/gvu> und <http://www.statistik.zh.ch/produkte/evoting> (abgerufen am 1.6.2005).

[1620] *Brändli/Schläpfer* 2004, S. 311.

[1621] Vgl. Botschaft über eine Änderung des Bundesgesetzes über die politischen Rechte vom 30. November 2001, BBl 2001 6401ff.; Amtl. Bull. NR 2002 331ff., 863ff., 966, 1069f. (Gesetzesberatung und Differenzbereinigung im Nationalrat, 19.3.2002-20.6.2002); Amtl. Bull. StR 2002 333ff., 439ff., 486ff., 548 (Gesetzesberatung und Differenzbereinigung im Ständerat, 5.6.-20.6.2002); Amtl. Bull. NR 2002 1139 (Schlussabstimmung vom 21.6.2002); Amtl. Bull. StR 2002 553 (Schlussabstimmung vom 21.6.2002); Bundesgesetz über die politischen Rechte. Änderung vom 21. Juni 2002, AS 2002 3193ff.

nale Gesuche um Durchführung von E-Voting Versuchen zu genehmigen[1622]. Dabei müssen insbesondere die „Kontrolle der Stimmberechtigung, das Stimmgeheimnis und die Erfassung aller Stimmen" gewährleistet werden und „Missbräuche ausgeschlossen" bleiben[1623]. Die Versuche müssen örtlich, zeitlich und sachlich begrenzt sein[1624]. Die Bestimmungen über ungültige Stimm- und Wahlzettel mussten ebenfalls ergänzt werden; es ist dem kantonalen Recht übertragen, die Voraussetzungen gültiger Stimmabgabe und die Ungültigkeitsgründe zu umschreiben[1625]. Versuche mit E-Voting sind auch für Auslandschweizer Stimmberechtigte möglich[1626]. Zusammen mit den revidierten Bestimmungen des BPR traten am 1.1.2003 auch detaillierte Ausführungsbestimmungen zu E-Voting[1627] in Kraft. Besondere Aufmerksamkeit hat der Bundesrat dabei dem Stimmgeheimnis-Schutz zukommen lassen[1628].

549 In den parlamentarischen Beratungen wurden Bedenken hinsichtlich der Sicherheit, der Missbrauchsverhinderung und der Wahrung des Stimmgeheimnisses bei E-Voting geäussert[1629]. Allerdings wurde auch eingeräumt, dass erst praktische Erfahrungen in der Form von Versuchen Aufschluss über die Risiken von E-Voting liefern würden[1630]. Als Konsequenz aus dem Vorgehen mit Versuchen wurde explizit darauf hingewiesen, dass Distanz-E-Voting als Projekt auch wieder fallen gelassen werden sollte, „wenn eine genügende Nachfrage absehbar fehlen würde, Sicherheitsrisiken nicht überwunden werden könnten und die Kosten unverhältnismässig hoch ausfallen würden."[1631]

550 Zur Durchführung von Distanz-E-Voting-Versuchen bedarf es zusätzlich zu den gesetzlichen Grundlagen auf Bundesebene auch gesetzlicher Grundlagen auf Kantonsebene[1632]. Die entsprechenden Grundlagen in Genf[1633] und Neuen-

---

Es gab Stimmen, welche eine Revision für unnötig hielten und die Durchführung von Versuchen mit E-Voting z.B. durch Art. 84 BPR gedeckt sahen, vgl. *Auer/Von Arx* 2001, S. 87ff.; *Tattini/Ayer* 2001, S. 47.

[1622] Art. 8a Abs. 1 BPR. 2004 wurde E-Voting zweimal anlässlich einer eidgenössischen Abstimmung (26.9. und 28.11.2004) im Kanton Genf eingesetzt.

[1623] Art. 8a Abs. 2 BPR.

[1624] Art. 8a Abs. 1 BPR.

[1625] Art. 12 Abs. 3, 38 Abs. 5 und 49 Abs. 3 BPR.

[1626] Art. 1 Abs. 1 zweiter Satz BPRAS.

[1627] Verordnung über die politischen Rechte. Änderung vom 20. September 2002, AS 2002 3200ff.

[1628] Art. 27f-h und 27m Abs. 2 VPR.

[1629] Amtl. Bull. NR 2002 333.

[1630] Amtl. Bull. NR 2002 334f.

[1631] Amtl. Bull. NR 2002 335.

[1632] Vgl. *Auer/Von Arx* 2001, S.82; *Hottelier* 2003, S. 76.

[1633] Art. 188 LEDP GE. Die einzelnen Einsätze von E-Voting werden jeweils vom Genfer Conseil d'Etat genehmigt; vgl. Feuille d'Avis Officielle du canton de Genève (FAO) vom 13.12.2002, S. 4 (Abstimmung in der Gemeinde Anières vom 19.1.2003); FAO vom 27.10.2003, S. 2 (Abstimmung in der Gemeinde Cologny vom 30.11.2003); FAO vom 30.4.2004, S. 4 (Abstimmung in der Gemeinde Meyrin vom 13.6.2004); FAO vom 2.8.2004, S. 2 (Abstimmung in den Gemeinden Anières, Carouge, Cologny und Meyrin anlässlich einer nationalen Abstimmung vom 26.9.2004); FAO vom 22.9.2004, S. 4 (Abstimmung in der Gemeinde Vandoeuvres vom 24.10.2004); FAO vom 22.10.2004, S. 3 (Abstim-

burg[1634] erlauben eine versuchsweise Einführung von E-Voting. In Zürich geht die Regelung weiter und ermöglicht eine Einführung von E-Voting (auf kantonaler Ebene)[1635].

551 Neben den drei Kantonen, welche Pilotversuche mit E-Voting durchführen, bestehen auch in weiteren Kantonen Grundlagen für Versuche mit E-Voting[1636] oder für eine Einführung von E-Voting[1637].

14.2 Probleme und Lösungsvorschläge

552 Die verfassungsrechtliche Zulässigkeit von E-Voting und damit auch die Vereinbarkeit von E-Voting mit dem Grundsatz des Stimmgeheimnisses hängt davon ab, wie gut die Technik des E-Voting Systems funktioniert[1638]. Die juristische Auseinandersetzung kommt deshalb nicht darum herum, sich mit den technischen Problemen und Lösungsvorschlägen auseinanderzusetzen. In dieser Arbeit wird insbesondere auf die Risiken eingegangen, welche das Stimmgeheimnis betreffen.

553 In fünf entscheidenden Phasen des Wahl- oder Abstimmungsvorgangs muss garantiert sein, dass es nicht zu Manipulationen kommen kann und dass das Stimmgeheimnis nicht anderweitig verletzt wird; bei der Stimmabgabe, beim Transfer der Daten, bei der Kontrolle der Stimmberechtigung, bei der unverfälschten Ermittlung des Ergebnisses und schliesslich bei der zeitlich beschränkten, geschützten Aufbewahrung der Daten bis zu ihrer definitiven Vernichtung.

554 Für die elektronische Unterzeichnung von Initiativ- und Referendumsbegehren[1639] stellt sich die Problematik an einem anderen Punkt: es muss sichergestellt werden, dass die Namen der Unterzeichner nach Einreichung des Begehrens nur noch für die Bundeskanzlei erkennbar sind und ansonsten von niemandem mehr eruiert werden können.

555 Die Probleme und Lösungsvorschläge werden am Ende dieses Kapitels zusammenfassend bewertet.

---

mung in den Gemeinden Anières, Carouge, Collonge-Bellerive, Cologny, Meyrin, Onex, Vandoeuvres und Versoix anlässlich einer nationalen Abstimmung vom 28.11.2004). Für die Abstimmung vom 18.4.2004 in Carouge wurde jedoch kein Erlass im FAO publiziert, vgl. aber FAO vom 13.2.2004, S. 3. Zu den rechtlichen Grundlagen für E-Voting in Genf vgl. *Flückiger* 2003, S. 112ff.; *Hottelier* 2003, S. 77f.

[1634] Décret sur l'introduction à titre expérimental des moyens électroniques facilitant l'exercice des droits politiques du 3 octobre 2001, SGK 141.03.

[1635] § 4 Abs. 4 GPR ZH. Vgl. auch § 21 GPR ZH.

[1636] Art. 60 Abs. 1 WAVG UR, Art. 6a Abs. 1 AG OW, Art. 162 PRG FR, § 91bis Abs. 1 GPR SO, § 10a SWG TG.

[1637] § 17 Abs. 6 GPR AG, Art. 126 Abs. 2 LEDP VD, Art. 28 Abs. 1 GPR VS.

[1638] *Kley/Rütsche* 2002, S. 261.

[1639] Für die Unterzeichnung von Nationalratswahlvorschlägen stellt sich dieses Problem nicht, da kein Schutz vorgesehen ist. Vgl. dazu Rz. 498ff. hiervor.

14.2.1 Stimmabgabe

556 Das Stimmgeheimnis ist während dem Akt der Stimmabgabe in dreierlei Hinsicht erhöhten Risiken ausgesetzt: erstens wird der „elektronische Stimmzettel" ausserhalb des Wahllokals ausgefüllt, zweitens bestehen Manipulationsmöglichkeiten am Stimmabgabegerät sowie interne Attacken und drittens könnten neue Möglichkeiten zur Beweisbarkeit des Stimminhalts eröffnet werden.

557 Was den *ersten* Punkt angeht, so stellt der Umstand, dass der elektronische Stimmzettel nicht im geschützten Bereich des Wahllokals ausgefüllt wird, keine völlig neue Situation dar. Auch bei den traditionellen Stimmabgabemöglichkeiten, kann die stimmberechtigte Person den Stimmzettel ausserhalb des Wahllokals ausfüllen[1640]. Neu ist hingegen, dass die stimmberechtigte Person ihre Stimme von einem Gerät aus abgeben kann, auf welches unter Umständen auch andere Personen zugreifen können (z.B. Systemadministrator am Arbeitsplatz). Dadurch besteht für das Stimmgeheimnis erhöhte Gefahr. Systemadministratoren könnten eine Software benutzen, die es ihnen erlaubt, von ihrem PC aus die Vorgänge auf einem anderen PC zu beobachten[1641].

558 Als Lösung empfiehlt Oppliger den Einsatz von Codelisten. Jede stimmberechtigte Person erhielte für jede mögliche Antwort einen Zahlencode. Anstelle der Antwort „JA" beziehungsweise „NEIN" gäbe die Person den entsprechenden Zahlencode ein[1642]. Dies würde verhindern, dass Systemadministratoren bei Beobachtung der Stimmabgabe den Inhalt der Stimme erkennen könnten.

559 Was den *zweiten* Aspekt angeht, so besteht die Gefahr, dass die stimmende oder wählende Person, welche ihre Stimme am PC über Internet abgeben möchte, auf einer gefälschten Internetseite oder einem gefälschten Abstimmungsserver landen („spoofing"[1643]) und dort vermeintlich ihre Stimme abgeben könnte[1644]. Erfassen diejenigen, welche die gefälschte Internetseite oder den gefälschten Server betreiben, den Inhalt der vermeintlichen Stimmabgabe, so wäre damit das Stimmgeheimnis verletzt. Denn das Stimmgeheimnis schützt die stimmende Person vor Bekanntgabe ihrer Willensäusserung. Dabei ist es nicht relevant, ob diese Willensäusserung rechtlich verbindlich geschehen ist, solange die stimmende Person davon überzeugt ist, ihre Stimme sei korrekt abgegeben. Ein ähnlich gelagertes Risiko besteht darin, dass sich jemand zwischen die Kommunikationspartner stellt und vorgibt, der richtige Kommunikationspartner zu sein („man in the

---

[1640] Vgl. Rz. 490ff. hiervor.
[1641] *Jefferson* et al. 2004b, S. 13f.; *Oppliger* 2002b, S. 12.
[1642] *Oppliger* 2002a, S. 187; *Oppliger* 2002b, S. 24ff. und 29ff.
[1643] Vgl. dazu *Eckert* 2004, S. 93f., 107ff. und 130; *Schneier* 2004, S. 173f.
[1644] *Alvarez/Hall* 2004, S. 84; *Burmester/Magkos* 2003, S. 67; Independent Commission on Alternative Voting Methods (U.K.) 2002, S. 92; *Jefferson* et al. 2004a, S. 63; *Jefferson* et al. 2004b, S. 16ff. *Mitchison* 2003, S. 259; *Oppliger* 2002a, S. 185; Comité Sécurité (28.1.2002), S. 7f.; *Rubin* 2002, S. 41 und 43f.; *Schryen* 2004, S. 127.

middle attack"[1645]). Diese Person könnte den Kommunikationsinhalt ausspionieren und diesen verändert weitergeben.

560   Als Schutz vor Spoofing wird einerseits gefordert, dass die Wahlbehörden entsprechende Internetseiten ausfindig machen und schliessen sollten[1646]. Andrerseits sollen die Stimmberechtigten einen Code erhalten, der ihnen die Möglichkeit gibt, die Authentizität der zur Stimmabgabe benutzten Internetseite beziehungsweise des Abstimmungsservers zu prüfen[1647]. Daneben wird aber auch vorgeschlagen, eine vom Benutzer unabhängige Kontrolle vorzusehen, etwa durch eine automatische Verifizierung des Abstimmungsservers[1648].

561   Des Weiteren besteht das Risiko, dass das zur Stimmabgabe benutzte Gerät so manipuliert werden könnte, dass die Art der Stimmabgabe sowie Informationen, die eine Identifikation der stimmberechtigten Person zulassen, gespeichert beziehungsweise ausspioniert werden könnten[1649]. Dies kann etwa durch die Verwendung bösartiger Software wie „Viren"[1650], „Trojaner"[1651], „Würmer"[1652] oder auch Mischformen[1653] aus den drei Typen geschehen. Dieses Risiko wird dadurch erhöht, dass die zur Stimmabgabe benutzten Geräte ausserhalb des Kontrollbereichs der Wahlbehörden liegen und anzunehmen ist, dass die Stimmberechtigten nicht unbedingt genügend Kenntnisse besitzen, um bösartige Software zu erkennen und zu entfernen[1654].

562   Zur Verhinderung von Viren, Trojanern oder Würmern auf dem Stimmabgabegerät wird die Verwendung von – allenfalls kostenlos zur Verfügung gestellter – Anti-Viren Software und „Firewalls"[1655] empfohlen[1656]. Ein für die Stimmberech-

---

[1645] *Eckert* 2004, S. 411; *Schneier* 2004, S. 106f.
[1646] Independent Commission on Alternative Voting Methods (U.K.) 2002, S. 92.
[1647] Independent Commission on Alternative Voting Methods (U.K.) 2002, S. 92; *Oppliger* 2002b, S. 25 und 32f.
[1648] Comité Sécurité (28.1.2002), S. 12 und 16.
[1649] *Alvarez/Hall* 2004, S. 83; BBl 2002 668; *Jefferson* et al. 2004a, S. 62; *Jefferson* et al. 2004b, S. 12ff.; *Mitchison* 2003, S. 259; *Oppliger* 2002b, S. 12 und 18f.; *Oppliger* 2002a, S. 185; Comité Sécurité (28.1.2002), S. 7f.; *Rubin* 2002, S. 40ff.; *Schryen* 2004, S. 124f.
[1650] Viren sind unselbständige Computercodes, die sich an ein anderes Programm anhängen. Die Wirtprogramme werden auf die Produktion weiterer Virenkopien ausgerichtet. Diese Kopien hängen sich wiederum an Programme etc., vgl. *Eckert* 2004, S. 43ff.; *Schneier* 2004, S. 143ff.
[1651] „Trojanische Pferde" sind Programme, die eine Vertrauen erweckende Funktionalität vortäuschen, die aber durch eine verborgene, bedrohliche Funktion ergänzt wird, vgl. *Eckert* 2004, S. 61ff.; *Schneier* 2004, S. 147f.
[1652] Würmer sind unabhängige Programme, die sich in einem Netzwerk selbst reproduzieren können, vgl. *Eckert* 2004, S. 55ff.; *Schneier* 2004, S. 146f.
[1653] Vgl. *Schneier* 2004, S. 148f.
[1654] Vgl. *Burmester/Magkos* 2003, S. 67; *Cranor* 2003, S. 27; Independent Commission on Alternative Voting Methods (U.K.) 2002, S. 91f.; *Jefferson* et al. 2004a, S. 62f.; *Jones* 2003, S. 14; Comité Sécurité (28.1.2002), S. 8; *Rubin* 2002, S. 40. Zum Faktor „Mensch" im Bereich der digitalen Sicherheit vgl. *Schneier* 2004, S. 249ff.
[1655] Eine Firewall besteht aus einer oder mehreren Hard- und Softwarekomponenten und hat zum Ziel, Eindringlinge von einem Netzwerk fernzuhalten. Vgl. *Eckert* 2004, S. 652ff.; *Schneier* 2004, S. 181ff.
[1656] Independent Commission on Alternative Voting Methods (U.K.) 2002, S. 92. Kritisch zur Nützlichkeit solcher Massnahmen: *Jefferson* et al. 2004b, S. 14 und 30ff.

tigten aufwändigeres Vorgehen bestünde – im Falle der Benutzung von PCs – in der Neuinstallation des Betriebssystems beziehungsweise im Aufstarten des PCs mittels einer von den Wahlbehörden zur Verfügung gestellten CD-ROM[1657]. Dadurch könnte sichergestellt werden, dass der PC der stimmenden oder wählenden Person frei von schädigender Software ist. Dieser Vorgang müsste vor jeder Wahl oder Abstimmung durchgeführt werden. Als weitere Lösungsmöglichkeit taucht etwa auch der Vorschlag auf, den Stimmberechtigten sichere Geräte abzugeben[1658]. Letzteres wäre allerdings mit sehr hohen Kosten verbunden.

563   Der *dritte* Risikobereich bezieht sich darauf, dass auf dem zur Stimmabgabe benutzten Gerät Informationen gespeichert oder angezeigt werden könnten, welche der stimmenden oder wählenden Person ermöglichen – freiwillig oder unfreiwillig – den Beweis über die Art der Stimmabgabe zu erbringen[1659].

564   In der Literatur werden verschiedene Lösungen vorgeschlagen. So könnte etwa eine mehrfache Stimmabgabemöglichkeit eingeführt werden, wobei lediglich die zuletzt abgegebene Stimme als gültig anerkannt würde[1660]. Damit könnte die stimmberechtigte Person, die ihre Stimmabgabe beweisen müsste, ihre Stimmabgabe nachträglich ersetzen[1661].

565   Ein anderer Vorschlag besteht darin, den Personen, die über Internet wählen und stimmen wollen, zwei verschiedene Codes zu geben. Der eine Code würde zur gültigen Stimmabgabe, der andere zur ungültigen Stimmabgabe benutzt werden. So könnte die stimmende Person, welche sich beeinflusst fühlt, ihre Stimme – für die beeinflussende Person unbemerkbar – ungültig abgeben[1662].

14.2.2 Stimmübertragung

566   Unter dem Gesichtspunkt der geheimen Stimmabgabe muss sichergestellt werden, dass die Stimmen bei der Übermittlung vor Einsichtnahme geschützt sind. Diese Anforderung scheint insbesondere für das Medium Internet nicht einfach erfüllbar zu sein. Internet wird als von seiner Konzeption her ungeeignet zur sicheren und geschützten Kommunikation betrachtet[1663].

567   Die befürchteten Manipulationen während der Datenübermittlung bestehen in sämtlichen (erfolgreichen) Versuchen Aussenstehender, in das System einzudrin-

---

[1657] BBl 2002 669; *Mitchison* 2003, S. 261; *Oppliger* 2002a, S. 186; *Oppliger* 2002b, S. 20ff.; Comité Sécurité (28.1.2002), S. 12 und 16. Vgl. auch *Brändli/Schläpfer* 2004, S. 322f.

[1658] Kritsch dazu *Oppliger* 2002a, S. 186.

[1659] Vgl. auch *Burmester/Magkos* 2003, S. 73; *Peralta* 2003, S. 156 und 158.

[1660] *Damgård* et al. 2003, S. 96; Independent Commission on Alternative Voting Methods (U.K.) 2002, S. 91; *Jones* 2003, S. 14. Ähnlich in der Schweiz auch *Roth* 2003, S. 40f., der zum Schutz vor Stimmenkauf und Stimmentwendung vorschlägt, nach erfolgter elektronischer Stimmabgabe noch die briefliche Stimmabgabe oder die Stimmabgabe an der Urne zuzulassen.

[1661] Eine ähnliche Möglichkeit ist heute z.B. in England bei der traditionellen Stimmabgabe vorgesehen („tendered ballot"). Vgl. Rz. 187 hiervor.

[1662] *Peralta* 2003, S. 156.

[1663] *Jefferson* et al. 2004a, S. 60; *Jefferson* et al. 2004b, S. 21 und 32. So auch *Kley/Feller* 2003, S. 98.

gen und dieses zu manipulieren. Dies könnte etwa für politische Parteien, aber auch Terroristen oder andere Staaten von Interesse sein[1664]. Zu den potentiell gefährlichen Personen gehören aber auch „Insider" wie beispielsweise Systemadministratoren oder Mitarbeiter der Herstellerfirmen, welche sich einen unerlaubten Zugriff auf die Daten verschaffen[1665] – sei dies aufgrund eigener Interessen oder weil sie dazu gezwungen werden[1666].

568   Die Probleme, die sich bei der Datenübertragung über Internet stellen, werden in der Regel durch den Einsatz der Kryptographie gelöst. Kryptographie ist die Technik der Verschlüsselung von Daten. Ihre Aufgabe ist es, Daten vor Kenntnisnahme Unbefugter zu schützen[1667]. Die Kryptographie bietet die Möglichkeit, anhand von mathematischen Verfahren Daten so umzuwandeln, dass sie nur mit einem passenden Schlüssel wieder zurückverwandelt werden können[1668]. Eine weitere Funktion der Kryptographie ist die sogenannte digitale Signatur, welche es erlaubt, ein Dokument einem Urheber zuzuordnen[1669].

569   Im Hinblick auf E-Voting wurden verschiedene kryptographische Modelle entwickelt, die als sicher postuliert werden[1670]. Diese Behauptung kann im Rahmen der vorliegenden Arbeit nicht überprüft werden.

570   Eine gewisse Einschränkung von Missbrauchsmöglichkeiten kann zudem durch eine zeitliche Beschränkung des Angebots von Distanz-E-Voting erfolgen. Je kürzer der Zeitraum, während welchem eine Hacker-Attacke erfolgen kann, desto geringer die Chancen auf Erfolg. Dabei muss aber immer bedacht werden, dass Distanz-E-Voting nicht so eingeschränkt werden sollte, dass die davon erhofften Vorteile, wie einfache Zugänglichkeit etc., zunichte gemacht werden.

571   Zur Verhinderung von internen, aber auch externen Attacken und zur allgemeinen Erkennung von Softwarefehlern wird die Verwendung von „open-source" Software beziehungsweise die Bekanntgabe des benutzten Quellcodes (englisch: „Sourcecode") empfohlen[1671]. Politische Parteien sollen Techniker mit der Kontrolle der Software beauftragen und so die Korrektheit des Systems verifizieren lassen können[1672].

[1664] *Jefferson* et al. 2004b, S. 11; *Pratchett* et al. 2005, S. 171.

[1665] Vgl. *Mitchison* 2003, S. 260f.; *Pratchett* et al. 2005, S. 172; *Rubin* 2002, S. 42. Vgl. auch *Schneier* 2004, S. 44f. und 259.

[1666] Comité Sécurité (28.1.2002), S. 9.

[1667] *Chaum* 2003, S. 212. Vgl. dazu grundlegend *Eckert* 2004, S. 281ff.; *Schneier* 2004, S. 79ff.

[1668] Vgl. *Schneier* 2004, S. 80ff.

[1669] Vgl. *Eckert* 2004, S. 370ff.; *Schneier* 2004, S. 90f.

[1670] Vgl. *Burmester/Magkos* 2003, S. 68ff.; *Damgård* et al. 2003, S. 78ff.; *Grimm* 2001, S. 96ff.; *Kiayias/Yung* 2003, S. 143f.; *Lambrinoudakis* et al. 2003, S. 116ff.; *Otten/Küntzler* 2002, S. 274ff.; *Peralta* 2003, S. 159ff.; *Prosser* et al. 2003a, S. 473ff.; *Prosser* et al. 2003b, S. 214ff.; *Ullmann* et al. 2001, S. 644ff.; *Warynski* 2003, S. 220ff.

[1671] BBl 2002 669; *Mitchison* 2003, S. 260f. Vgl. auch *Brändli/Schläpfer* 2004, S. 321f.

[1672] *Mitchison* 2003, S. 260f.

572 Die Offenlegung des Quellcodes ist umstritten[1673]. Zugunsten einer Offenlegung
werden die Erhöhung der Transparenz, die bessere Kontrolle und damit die Ver-
trauensförderung angeführt[1674]. Als Gegenargument wird die Gefährdung der Sicherheit vorgebracht. Wenn der Quellcode eines Systems publik gemacht werde,
so könnten Lücken und Schwachstellen herausgefunden und für allfällige Angrif-
fe genutzt werden[1675]. Die Sicherheitsbedenken in Zusammenhang mit der Offenlegung des Quellcodes können eingeschränkt werden, indem der Quellcode nicht
über Internet publiziert wird, sondern auf Antrag an einer bestimmten Stelle eingesehen werden kann. Die Offenlegung der Quellcodes stellt allerdings nicht die
einzige Kontrollmöglichkeit dar. Sie sollte durch weitere Kontrollen ergänzt werden[1676].

14.2.3 Kontrolle der Stimmberechtigung

573 Wie bei der traditionellen Stimmabgabe, muss beim E-Voting die Stimmberechtigung der wählenden oder stimmenden Person kontrolliert werden, ohne dass
dabei eine Zuordnung des Stimminhalts möglich sein darf. Die Kontrolle der
Stimmberechtigung (und die damit zusammenhängende Identifikationsmöglich-
keit) muss also von der Auswertung des elektronischen Stimmzettels getrennt
sein.

574 Dies kann durch die Verwendung von anonymisierten Stimmrechtsausweisen
geschehen[1677]. Aus den Stimmregisterdaten der stimmberechtigten Person wird
mittels mathematischer Verfahren eine Zahlenfolge generiert, von welcher nicht
auf die stimmberechtigte Person zurück geschlossen werden kann. Diese „numerische Identität"[1678] wird der stimmberechtigten Person auf dem Stimmrechtsausweis zugestellt und muss für die Stimmabgabe verwendet werden.

575 Beim Eintreffen des verschlüsselten elektronischen Stimmzettels prüft die Wahlbehörde die numerische Identität und – sofern diese die Stimmberechtigung an-
zeigt – trennt die numerische Identität vom verschlüsselten elektronischen
Stimmzettel und legt letzteren in die elektronische Urne[1679].

576 Die einzig mögliche Verbindung zwischen numerischer Identität und Namen der
stimmberechtigten Person könnte mithilfe des Stimmregisters hergestellt werden.
Und zwar müsste dazu entweder eine Liste mit den Angaben zur stimmberechtig-

---

[1673] Vgl. *Flückiger* 2003, S. 150ff.; *Oppliger* 2002b, S. 18; *Oppliger* 2003, S. 669ff.
[1674] *Oppliger* 2003, S. 671ff.
[1675] *Oppliger* 2003, S. 673f.
[1676] *Flückiger* 2003, S. 154. Vgl. auch Conseil de l'Europe, Recommendation sur le vote électronique (30.9.2004), Nr. 24 und Erläuterungen dazu in: Conseil de l'Europe, Exposé des motifs, Rec(2004)11, Rz. 62.
[1677] Vgl. *Kley/Rütsche* 2002, S. 266; *Tattini/Ayer* 2001, S. 50.
[1678] *Kley/Rütsche* 2002, S. 266.
[1679] Bei der konventionellen Stimmabgabe entspricht dies der vom Bundesgericht geschützten Lösung mit Kennziffern in Basel-Stadt, vgl. ZBl 98, 1997, 351ff. und Rz. 516 hiervor.

ten Person und deren numerischer Identität vorhanden sein, oder aber die mathematischen Angaben über die Herstellung der numerischen Identität aus den Stimmregisterdaten müssten bekannt sein. Zur Verhinderung dieser Möglichkeit ist es notwendig, dass nach Erstellung der numerischen Identitäten keine solche Liste gespeichert oder aufbewahrt wird und die mathematischen Angaben vernichtet werden.

577 In der Literatur wird zur Wahrung des Stimmgeheimnisses ferner eine Verteilung der Einsicht in die eingegangenen Informationen verlangt. Der Inhalt eines elektronischen Stimmzettels soll nur durch das Zusammenwirken mehrerer Autoritäten erkannt werden können[1680]. Bei der sogenannten „informationellen Gewaltentrennung" sollen verschiedene Akteure Einblick in Teilbereiche des gesamten Wahl- oder Abstimmungsprozesses erhalten. Diejenige Stelle, welche die Stimmberechtigung überprüft, soll den Stimminhalt nicht lesen können; die mit der Auszählung betraute Stelle soll Zugang zum Stimminhalt, nicht aber Informationen über ihre Herkunft erhalten etc.[1681].

14.2.4 Ergebnisermittlung

578 Bei der Öffnung der elektronisch eingegangenen Stimmen ist darauf zu achten, dass kein Rückschluss auf die Person, welche die Stimme abgegeben hat, möglich ist. Eine Nachzählung muss ebenfalls ohne Gefährdung des Stimmgeheimnisses möglich sein[1682].

579 Zur Verhinderung von Manipulationen im Bereich der elektronischen Urne wird der Einsatz von Anti-Viren Systemen, „Firewalls"[1683] und „Intrusion Detection Systems"[1684] gefordert[1685]. Den besten Schutz vor Verletzung des Stimmgeheimnisses bietet allerdings die Trennung der personenbezogenen Daten vom Stimminhalt. Befinden sich die elektronischen Stimmzettel in der elektronischen Urne, so sollte keine Verbindung zur stimmenden oder wählenden Person mehr möglich sein[1686]. Weiteren Schutz bietet die Durchmischung der Stimmen in der elektronischen Urne, so dass kein Rückschluss auf die Identität aufgrund des Stimmeneingangs gezogen werden kann[1687].

580 Ein weiterer Ansatz zur Wahrung des Stimmgeheimnisses beim Auszählungsvorgang besteht in der Verwendung einer homomorphen Verschlüsselung. Diese er-

---

[1680] *Kiayias/Yung* 2003, S. 140.
[1681] *Grimm* 2001, S. 91f.
[1682] *Auer/Von Arx* 2001, S. 102.
[1683] Vgl. Fn. 1655 hiervor.
[1684] Das „Einbrucherkennungssystem" hält im Netzwerk nach verdächtigen Aktionen Ausschau und warnt vor einem in Gang befindlichen oder (erfolgreich) durchgeführten Angriff, vgl. *Schneier* 2004, S. 187ff.
[1685] *Burmester/Magkos* 2003, S. 68.
[1686] *Warynski* 2003, S. 225.
[1687] *Warynski* 2003, S. 225; Comité Sécurité (28.1.2002), S. 14.

laubt es, den Inhalt der abgegebenen Stimmen zusammenzuzählen, ohne die einzelnen Stimmen vorher zu entschlüsseln[1688]. Die Stimmen werden für dieses Verfahren binär dargestellt[1689]. Dies bringt es mit sich, dass ein solches Verfahren für Sachabstimmungen zwar durchaus geeignet, für Wahlen und Sachabstimmungen mit Alternativantworten (wie beim Doppelten Ja und bei Mehrfachabstimmungen nach einem oder mehreren konstruktiven Referenden) aber schwer umzusetzen ist.

581   Von entscheidender Bedeutung ist die Forderung, dass die Abläufe beim E-Voting überprüfbar sein müssen. Insbesondere der Zählvorgang ist bei der traditionellen Stimmabgabe für die Stimmberechtigten nachvollziehbar und meist persönlich kontrollierbar[1690]. Die Auszählung und allfällige Nachzählungen beim E-Voting hingegen sind nur spezialisierten Personen, zum Beispiel Informatikern verständlich[1691]. Dies kann das Vertrauen der Stimmberechtigten in E-Voting gefährden[1692]. In den kantonalen Pilotprojekten sind deshalb Parteivertreter bei allen wichtigen Vorgängen, insbesondere bei der Verschlüsselung der elektronischen Urne und der Auszählung, zugegen[1693]. Zudem kann eine Kontrolle anhand einer Testurne durchgeführt werden. Parallel zur Durchführung einer Wahl oder Abstimmung mit E-Voting sollen ausgewählte Testpersonen eine Stimme an einer separaten elektronischen Testurne abgeben und die Stimmabgabe sowie den Verschlüsselungs- und Entschlüsselungsvorgang kontrollieren können[1694].

582   Eine weitere Kontrollmöglichkeit besteht darin, dass einige Stimmberechtigte – zum Beispiel vorgängig bestimmte Parteivertreter – den „Hashwert"[1695] ihrer Stimme notieren und nach Beendigung der Wahl oder Abstimmung bis zur Erwahrung im Wahl- oder Abstimmungsbüro vorbeigehen und in einem geschützten Raum an einem Monitor die Übereinstimmung ihrer Stimme mit der eingegangenen Stimme überprüfen können[1696]. Die Verbindung zwischen Stimme und stimmberechtigter Person kann dabei einzig durch die stimmberechtigte Person selbst gemacht werden. Durch die Kontrolle des Hashwertes kann nachgewiesen

---

[1688]   Vgl. *Meissner* et al. 2004, S. 107f.; *Prosser* 2004, S. 209f.
[1689]   *Prosser* 2004, S. 209f.
[1690]   *Kley/Feller* 2003, S. 91.
[1691]   BBl 2002 661; *Flückiger* 2003, S. 146ff.; *Kley/Rütsche* 2002, S. 271; *Steinmann* 2003, S. 500; *Warynski* 2003, S. 232.
[1692]   *Kley/Feller* 2003, S. 98f.; *Steinmann* 2003, S. 500.
[1693]   *Brändli/Schläpfer* 2004, S. 321.
[1694]   Comité Sécurité (28.1.2002), S. 4 und 15f. Dieser Vorschlag wird von *Oppliger* 2002b, S. 25 und 29 unterstützt.
[1695]   Der Hashwert ist eine Art digitaler Fingerabdruck eines bestimmten Dokumentes. Er wird mithilfe einer mathematischen Transformation aus diesem gewonnen. Wird das Dokument verändert, entsteht daraus ein anderer Hashwert. Die Unversehrtheit des Originaldokuments wird durch die Generierung eines identischen Hashwertes bewiesen. Aus dem Hashwert kann jedoch nicht auf das Originaldokument geschlossen werden, vgl. *Schneier* 2004, S. 87f.
[1696]   *Mitchison* 2003, S. 264f.

werden, ob die Stimme manipuliert worden ist oder nicht[1697]. Damit die Kontrolleure nicht fälschlicherweise behaupten können, ihre Stimme sei manipuliert worden, müsste die Korrektheit des Hashwertes durch Abgleich mit dem Speicher des zur Stimmabgabe benutzten Computers überprüft werden[1698].

583 Neben der Überprüfbarkeit der Vorgänge nach einer Wahl oder Abstimmung muss ein E-Voting System auch jeweils vor dem Einsatz überprüft werden[1699]. Flückiger schlägt zwei Kontrollgremien vor. Einerseits sollen kantonale Informatiksicherheitskommissionen eingesetzt werden. Diese Kommissionen bestünden aus von den politischen Parteien ernannten Spezialisten[1700] und dem jeweiligen kantonalen Datenschutzbeauftragten[1701] und hätten die Kontrolle sämtlicher zum E-Voting System gehöriger Infrastrukturen sowie die Beobachtung der Wahl- und Abstimmungsvorgänge zur Aufgabe[1702]. Diese müsste in einer Art und Weise geschehen, dass die Kontrolleure keine Änderungen oder Eingriffe am System vornehmen könnten[1703]. Daneben sollte andrerseits eine unabhängige eidgenössische Expertenkommission eingesetzt werden, welche die Gesamtsicht wahrnehmen, die Interoperabilität der einzelnen Systeme und die Einhaltung der neusten Sicherheitsstandards gewährleisten sollte[1704].

14.2.5 Stimmenaufbewahrung

584 Zum Schutz der elektronischen Urne kann auf das oben gesagte verwiesen werden[1705].

585 Eine weitere Herausforderung stellt die Vernichtung der Stimmen nach Ablauf der Aufbewahrungsfrist dar. Wegen der einfachen digitalen Kopiermöglichkeiten lässt sich dies nämlich schwer kontrollieren. Die Vernichtung von Daten im digitalen Bereich ist unzuverlässig, da nicht sicher ist, ob irgendwo Kopien existieren[1706].

586 Hier bedarf es organisatorischer Massnahmen. Die Vernichtung der Daten muss protokolliert werden und die dafür verantwortliche Person muss namentlich bekannt sein.

[1697] *Mitchison* 2003, S. 264f.
[1698] *Mitchison* 2003, S. 265.
[1699] Vgl. Art. 271 VPR; Conseil de l'Europe, Recommendation sur le vote électronique (30.9.2004), Nr. 25 und 31.
[1700] Vgl. auch *Auer/Von Arx* 2002, S. 497.
[1701] *Flückiger* 2003, S. 147.
[1702] *Flückiger* 2003, S. 147.
[1703] *Flückiger* 2003, S. 147.
[1704] *Flückiger* 2003, S. 147.
[1705] Vgl. Rz. 579 hiervor.
[1706] *Jefferson* et al. 2004b, S. 10; *Grimm* 2001, S. 90.

14.2.6 Elektronische Unterzeichnung von Initiativ- und Referendumsbegehren

587 Wollte man die elektronische Unterzeichnung von Initiativ- und Referendumsbegehren vom Prinzip her gleich aufbauen wie die traditionelle Unterzeichnung, würde man auf Probleme im Bereich des Stimmgeheimnisses stossen[1707].

588 Wie ausgeführt[1708], unterliegen einmal eingereichte Unterschriftenlisten dem Schutz durch das Stimmgeheimnis. Während die papiernen Unterschriftenlisten physisch bei der Bundeskanzlei eingereicht werden und danach physisch von dieser Stelle weder im Original noch als Kopie herausgegeben oder zur Einsicht freigegeben werden, kann dies im elektronischen Bereich kaum gleich vorgenommen werden. Würde ein Initiativkomitee beispielsweise auf einer eigenen Internetseite elektronische Unterschriften sammeln und danach bei der Bundeskanzlei einreichen, könnte nicht verhindert werden, dass die elektronischen Unterschriften vor ihrer Einreichung kopiert worden wären. Zwar besteht diese Möglichkeit auch im konventionellen Bereich, etwa durch Kopie der Unterschriftenlisten. Im konventionellen Bereich bedarf die Anfertigung von Kopien jedoch eines viel grösseren Aufwandes als im elektronischen Bereich.

589 Die Einführung der elektronischen Unterzeichnung von Initiativ- und Referendumsbegehren bedarf einer Neukonzipierung dieses Rechts. Die traditionelle Organisation kann im elektronischen Bereich nicht nachgebildet werden.

590 Um den Schutz der Unterzeichner zu gewährleisten, wäre etwa ein System denkbar, bei welchem sich die Stimmberechtigten zur elektronischen Unterzeichnung des Begehrens direkt auf einer von der Bundeskanzlei zur Verfügung gestellten Internetseite eintragen könnten. Eine Kontrolle der Stimmberechtigung und die Verhinderung von mehrfacher Unterzeichnung eines Begehrens würden bei der elektronischen Unterzeichnung direkt durch Rückgriff auf ein zentrales elektronisches Stimmregister oder die elektronischen Stimmregister der Gemeinden[1709] sichergestellt. Bereits bei Unterzeichnung des Begehrens müssten die Namen der Unterzeichner anonymisiert (verschlüsselt) werden. Ansonsten bestünde die – im Vergleich zur traditionellen Unterzeichnung stark erhöhte – Gefahr, dass Kopien der Listen verfertigt und aufbewahrt würden.

591 Dies würde gegenüber der geltenden Rechtslage eine faktische Ausweitung des Stimmgeheimnis-Schutzes darstellen und gleichzeitig eine Ungleichbehandlung der physischen Unterschriften nach sich ziehen. Diejenigen, die ein Begehren e-

---

[1707] Dies gilt nur für die effektiv elektronisch vorgenommene Unterzeichnung von Initiativ- und Referendumsbegehren. Das elektronische Angebot von Unterschriftenlisten (Art. 60a und 69a BPR), welche ausgedruckt und anschliessend handschriftlich unterzeichnet werden, bereitet unter dem Gesichtspunkt des Stimmgeheimnisses keine besonderen Schwierigkeiten.
[1708] Vgl. Rz. 427, 435 und 486 hiervor.
[1709] Vgl. zum Stimmregister Rz. 608ff. hiernach.

lektronisch unterzeichnen würden, wären von Anfang an anonym, während die traditionell auf Papier Unterschreibenden bis zur Einreichung bei der Bundeskanzlei des Stimmgeheimnis-Schutzes entbehren würden.

592 Neben diesen Vorkehrungen zur Wahrung des Stimmgeheimnisses müssten bei der elektronischen Unterzeichnung von Initiativ- und Referendumsbegehren auch die Frist für die Unterzeichnung und die notwendige Anzahl Unterschriften überdacht werden. Eine zeitliche Beschränkung wäre aufgrund der Missbrauchsmöglichkeiten wohl unumgänglich[1710]. Daneben sollte die Sammlung von Unterschriften auf Papier erhalten bleiben. Eine Vermischung der beiden Verfahren empfiehlt sich aufgrund der unterschiedlichen Konzeption nicht.

14.2.7 Bewertung der Probleme und Lösungsvorschläge

593 Die vorliegende Arbeit kann die einzelnen Probleme und Lösungsvorschläge nicht abschliessend beurteilen. Klar ist aber, dass ein E-Voting System nur so sicher ist wie die schwächste Komponente des gesamten Systems. Aufgrund der konsultierten Literatur eröffnet sich der Eindruck, dass hinsichtlich Stimmgeheimnis der potentiell am schlechtesten geschützte Bereich das Gerät zur Stimmabgabe – etwa der PC – ist[1711]. Bei einer Einführung von E-Voting müsste diesem Aspekt erhöhte Aufmerksamkeit zukommen.

594 Hinsichtlich der Kryptographie lässt sich die Aussage machen, dass diese lediglich für einen begrenzten Zeitraum als sicher gelten kann. Die fortlaufende Entwicklung der Technik und die Effizienzsteigerung von Rechenressourcen tragen dazu bei, dass früher als sicher geltende Verschlüsselungen später mit relativ wenig Aufwand entschlüsselt werden können[1712]. Der Löschung der Daten nach Erwahrung der Ergebnisse kommt also eine erhöhte Bedeutung zu.

595 Die potentielle Gefahr von Massenmanipulationen ist bei der elektronischen Stimmabgabe grösser als bei der traditionellen Stimmabgabe[1713]. Im Unterschied zu traditionellen Verfahren könnten im digitalen Bereich Attacken automatisiert und aus dem Ausland durchgeführt werden[1714]. Systemkontrollen spielen daher eine zentrale Rolle. Sobald E-Voting eingesetzt wird, sind regelmässige Kontrollen, fortwährende Anpassung des Systems an neue Gefahrenquellen und eine dauernde Wartung sicherzustellen.

[1710] Denkbar wäre zum Beispiel eine Frist von 14 Tagen und die Senkung der notwendigen Anzahl Unterschriften auf 20'000.

[1711] *Jefferson* et al. 2004b, S. 12ff.

[1712] *Jefferson* et al. 2004b, S. 10; *Grimm* 2001, S. 90 und 94.

[1713] *Burmester/Magkos* 2003, S. 66.

[1714] *Flückiger* 2003, S. 138; *Jefferson* et al. 2004b, S. 11 und 14; *Schneier* 2004, S. 15ff. In diesem Zusammenhang muss auch bedacht werden, dass Attacken gegen den Volkswillen aus dem Ausland wohl nicht unter den Schutz des schweizerischen Strafgesetzbuches fallen. Es stellt sich die Frage, wie auf diese Problematik am besten reagiert werden kann. Vorgeschlagen werden eine Revision des StGB oder eine Lösung durch internationale Zusammenarbeit, vgl. BBl 2002 672; *Flückiger* 2003, S. 162.

596 Bei der Konzeption der Sicherheit von E-Voting und dem Schutz des Stimmgeheimnisses darf aber auch nicht vergessen werden, dass das System möglichst benutzerfreundlich sein sollte[1715]. Andernfalls würden die mit E-Voting in Verbindung gebrachten Vorteile – einfache Zugänglichkeit, Zugang aus dem Ausland, Ermöglichung der Stimmabgabe für körperlich behinderte Personen, eventuell höhere Stimmbeteiligung[1716] – zunichte gemacht[1717]. Insofern wäre wohl die Auflage, vor jeder Wahl oder Abstimmung mittels CD-ROM ein neues Betriebssystem zu installieren, zu kompliziert und würde viele Stimmberechtigte von der Nutzung von E-Voting abhalten[1718].

597 Abschliessend soll darauf hingewiesen werden, dass es unter den Experten sowohl Meinungen gibt, welche sämtliche Probleme von Distanz-E-Voting im Hinblick auf das Stimmgeheimnis für lösbar halten[1719], als auch Meinungen, die eine genügende Sicherheit für die Wahrung der geheimen Stimmabgabe in Frage stellen[1720].

14.3 Vereinbarkeit von Distanz-E-Voting und Stimmgeheimnis

598 Die Ausführungen zu den Problemen und Lösungsvorschlägen zeigen, dass Distanz-E-Voting mit gewissen Risiken verbunden ist. Zusammenfassend kann gesagt werden, dass Distanz-E-Voting keine 100-prozentige Sicherung des Stimmgeheimnisses bieten kann. Es geht deshalb bei einer Beurteilung der Vereinbarkeit von Distanz-E-Voting mit dem Stimmgeheimnis – wie auch bei der brieflichen Stimmabgabe – darum eine Abwägung durchzuführen. Auf der einen Seite stehen dabei die Risiken, die sich für das Stimmgeheimnis bieten, auf der anderen Seite die Vorteile, welche mit Distanz-E-Voting verbunden sind.

599 Im Folgenden werden deshalb – basierend auf den Untersuchungen zu den Problembereichen und Lösungsvorschlägen – die Grösse der Risiken von Distanz-E-Voting aufgezeigt und anschliessend die mit Distanz-E-Voting verbundenen Vorteile skizziert. Abschliessend werden aufgrund des Schutzbereichs des Stimmgeheimnisses Mindestanforderungen aufgestellt, welchen Distanz-E-Voting genügen muss, um das Stimmgeheimnis zu wahren.

14.3.1 Risikoeinschätzung

600 Bisher gibt es keine Untersuchung, welche die Risiken von Distanz-E-Voting zu quantifizieren versucht[1721]. Vielmehr wird der Schluss gezogen, dass die Wahr-

---

[1715] Art. 8 Abs. 1 BPR hat analog auch für E-Voting zu gelten, vgl. *Flückiger* 2003, S. 158; BBl 2002 652.
[1716] BBl 2002 654f.; Amtl. Bull. NR 2002 335.
[1717] Vgl. *Pratchett* et al. 2005, S. 166ff.
[1718] *Flückiger* 2003, S. 159.
[1719] Vgl. *Lambrinoudakis* et al. 2003, S. 118; *Otten/Küntzler* 2002, S. 276f.; *Prosser* et al. 2003a, S. 479.
[1720] *Jefferson* et al. 2004a, S. 60ff.; *Jefferson* et al. 2004b, S. 20f.; *Rubin* 2002, S. 44.
[1721] Vgl. allerdings die Ansätze dazu in: BBl 2002 670; *Van Acker* 2004, S. 55ff.

scheinlichkeit, dass eines der für die Gefährdung des Stimmgeheimnisses genannten Risiken auch eintritt, nicht eruiert werden kann[1722].

601   Der Bundesrat hat sich hinsichtlich des tolerierten Risikos in der Botschaft zur Einführung von Art. 8a Abs. 2 BPR wie folgt geäussert: „Auch jede Art von Pilotversuchen bedarf daher intensivster Vorbereitung, weil das Vertrauen der Stimmberechtigten selber in die halbdirekte Demokratie auf dem Spiele steht und daher Fehler weder politisch noch rechtlich toleriert werden können."[1723] Damit zeigt der Bundesrat, dass er nicht bereits ist, Fehler zu tolerieren. Dennoch ist er bereit, ein gewisses Risiko einzugehen.

602   Im Bericht über den Vote électronique[1724] hielt der Bundesrat fest: „Elektronische Wahl- und Abstimmungssysteme und die elektronische Sammlung von Unterschriften müssen unter allen Umständen sicher funktionieren und vor möglichen Gefahren und Einwirkungen von aussen geschützt sein. Sie müssen dabei ebenso viel Sicherheit bieten wie die gegenwärtig geltenden Systeme. Das bedeutet allerdings nicht hundertprozentige Sicherheit. Auch das geltende Abstimmungssystem kennt Schwachstellen."[1725] Noch expliziter wird der Bundesrat einige Seiten weiter hinten im Bericht: „Absolute, andauernde Sicherheit ist eine Illusion."[1726]

603   Die Haltung des Bundesrates hinsichtlich der nie zu erreichenden 100-prozentigen Sicherheit wird in der VPR bestätigt. Die Verordnungsbestimmungen fordern das Verhindern von „systematischen", „gezielten" und/oder „wirkungsvollen" Manipulationsmöglichkeiten[1727]. Im Kreisschreiben[1728] zur Revision des VPR hinsichtlich Distanz-E-Voting geht der Bundesrat davon aus, dass Einzelfälle, in denen ein Passwort geknackt oder eine Stimmabgabe genau im richtigen Moment der Übermittlung abgefangen und verändert oder umgeleitet wird, nie gänzlich verhindert werden können[1729]. Damit allein sei aber ein Abstimmungs- oder Wahlergebnis kaum je gefährdet[1730]. Es müsse, was beim klassischen Abstimmen an Risiken in Kauf genommen werde, auch beim Distanz-E-Voting gelten[1731]. Auch bei der brieflichen Stimmabgabe oder der Stimmabgabe an der Urne könnten Fälschungen (beispielsweise Diebstahl eines Postsacks, Vernichtung von

---

[1722] *Jefferson* et al. 2004a, S. 60; *Jefferson* et al. 2004b, S. 20.
[1723] BBl 2001 6408.
[1724] Bericht über den Vote électronique: Chancen, Risiken und Machbarkeit elektronischer Ausübung politischer Rechte vom 9. Januar 2002, BBl 2002 645ff.
[1725] BBl 2002 664.
[1726] BBl 2002 670.
[1727] Art. 27d Abs. 1 Bst. c und Abs. 2 Bst. a-c VPR; Art. 27e Abs. 4 VPR; Art. 27f Abs. 3 VPR; Art. 27q Abs. 1 VPR.
[1728] Kreisschreiben des Bundesrates an die Kantonsregierungen zur Teilrevision der Verordnung über die politischen Rechte vom 20. September 2002, BBl 2002 6603ff.
[1729] BBl 2002 6605.
[1730] BBl 2002 6605.
[1731] BBl 2002 6604.

Stimmen, Brand eines Urnenlokals) keineswegs hundertprozentig ausgeschlossen werden[1732]. Der Bundesrat setzt sich deshalb für ein kalkulierbares Risiko ein[1733].

604 Auch in der Literatur wird der Risikovergleich zwischen E-Voting und brieflicher Stimmabgabe oder der Stimmabgabe an der Urne unterstützt[1734]. Allerdings ist ein solcher Vergleich nur unter gewissen, einschränkenden Bedingungen sinnvoll[1735]. Im Unterschied insbesondere zur brieflichen Stimmabgabe sind beim E-Voting zu bedenken:

➢ die Automatisierung der Manipulationsmöglichkeiten[1736]

➢ Manipulationen sind schwieriger zu erkennen[1737]

➢ die Urheber von Manipulationen sind schwieriger zu eruieren[1738]

➢ Nachzählungen sind weniger Vertrauen erweckend[1739]

➢ die schnelle Weiterentwicklung der Technik bedarf ständiger Anpassung

➢ die schnelle Weiterentwicklung der Technik ermöglicht es, eine zu einem bestimmten Zeitpunkt als sicher geltende Verschlüsselung einige Jahre später zu entschlüsseln[1740]

➢ eine Kontrolle kann nur noch von wenigen spezialisierten Personen durchgeführt werden[1741]

➢ die Nachvollziehbarkeit der Operationen ist nicht gewährleistet, einschliesslich der Nachvollziehbarkeit allfälliger Fehler und Pannen und damit ist das Vertrauen in die korrekte Funktionsweise des Systems[1742]

605 Nicht alle teilen die Risikobereitschaft des Bundesrates. Flückiger beispielsweise ist der Meinung, dass die Risiken von E-Voting beim jetzigen Stand der Technik grösser als bei der brieflichen Stimmabgabe und deshalb nicht akzeptierbar sind[1743]. Dies insbesondere wegen der Gefahr der Automatisierung der Manipulationen und der schlechteren Möglichkeit der Nachzählung[1744].

606 Auch Kley/Feller kommen zum Schluss, dass das Internet beziehungsweise die Informations- und Kommunikationstechnologie ein für die Übermittlung der

---

[1732] BBl 2002 6604.
[1733] BBl 2002 6603f.
[1734] *Auer/Von Arx* 2002, S. 492; *Auer/Von Arx* 2001, S. 79, 96f. und 98; *Flückiger* 2003, S. 138; *Steinmann* 2003, S. 498f. A.A. allerdings *Borbély* 2004, S. 103.
[1735] *Steinmann* 2003, S. 498f.
[1736] *Flückiger* 2003, S. 138. Vgl. auch Rz. 595 hiervor.
[1737] *Flückiger* 2003, S. 139.
[1738] *Flückiger* 2003, S. 139.
[1739] *Flückiger* 2003, S. 139.
[1740] *Flückiger* 2003, S. 139 und 141.
[1741] *Flückiger* 2003, S. 139.
[1742] *Auer/Von Arx* 2002, S. 493.
[1743] *Flückiger* 2003, S. 138f.
[1744] *Flückiger* 2003, S. 165.

Stimme ungenügendes Medium ist und den Anforderungen von Art. 34 Abs. 2 BV nicht zu genügen vermag[1745].

14.3.2 Chancen

607 Neben die Risiken, welche mit Distanz-E-Voting verbunden sind, müssen die Chancen gestellt werden. In erster Linie handelt es sich dabei um die Erleichterung der Teilnahme an Wahlen und Abstimmungen, also um die Stärkung des Grundsatzes der Allgemeinheit der Stimmabgabe[1746]. Daneben wird aber etwa auch ein besserer Schutz vor mehrfacher Stimmabgabe als Argument für E-Voting angeführt[1747]. Während die Stärkung des Grundsatzes der Allgemeinheit der Stimmabgabe keiner näheren Erläuterung bedarf, soll im Folgenden das Argument des besseren Schutzes vor mehrfacher Stimmabgabe näher dargestellt werden.

608 Zur Kontrolle der Stimmberechtigung dient beim E-Voting wie bei der traditionellen Stimmabgabe der Eintrag im Stimmregister. Das Stimmregister wird jeweils aus Daten der Einwohnerregister gebildet[1748]. Die Stimmregister werden in den meisten Kantonen von den Gemeinden geführt[1749]. Lediglich in Genf wird das Stimmregister zentral vom Kanton geführt[1750]. In den Kantonen Waadt und Neuenburg werden die Stimmregisterdaten vor jeder Wahl oder Abstimmung auf kantonaler Ebene zusammengezogen[1751] und in Appenzell Innerrhoden werden die Stimmregister anstatt in den Gemeinden an zwei Orten[1752], in Basel-Stadt elektronisch vernetzt an drei Orten[1753] geführt.

609 Die Eintragungen in die Stimmregister sind für Wahlen oder Abstimmungen in Bundesangelegenheiten bis zum fünften Tag vor der Wahl oder Abstimmung vorzunehmen[1754]. Für die Stimmrechtsausübung in kantonalen und kommunalen

---

[1745] *Kley/Feller* 2003, S. 98 und 103. Vgl. auch *Borbély* 2004, S. 124f.; *Kley* 2003, S. 141; *Kley/Rütsche* 2002, S. 272. Nichts destotrotz ist gemäss *Borbély* 2004, S. 129 eine Zulassung von E-Voting für Personen, welche ansonsten von der Stimmabgabe ausgeschlossen wären, denkbar.

[1746] BBl 2002 653ff.

[1747] BBl 2002 646.

[1748] *Probst* 2003, S. 204.

[1749] Vgl. § 2 Abs. 1 VPR ZH; Art. 3 VPR BE; § 8 Abs. 1 SRG LU; Art. 7 Abs. 2 WAVG UR; § 9 Abs. 1 WAG SZ; Art. 1 Abs. 1 AV OW; § 10 Abs. 1 EVBPR NW; Art. 4 Abs. 1 i.V.m. Art. 3 Abs. 1 AbstG GL; § 5 Abs. 1und 3 WAG ZG; Art. 4 Abs. 1 PRG FR; § 9 Abs. 1 GPR SO; § 4 VPR BL; Art. 13 Abs. 1 WAG SH; Art. 5 Abs. 1 i.V.m. Art. 4 Abs. 2 GPR AR; Art. 118 GG SG; Art. 5 Abs. 1 PRG GR; § 7 Abs. 1 i.V.m. § 4 Abs. 1 GPR AG; § 3 Abs. 1 VSWG TG; Art. 6 Abs. 1 LEDP TI; Art. 16 Abs. 1 GPR VS; Art. 6 Abs. 1 LDP NE; Art. 4 Abs. 1 LDP JU. Für die Auslandschweizer Stimmberechtigten wird im Kanton Luzern ein zentrales Register geführt, vgl. § 83b Abs. 3 SRG LU.

[1750] Art. 5 Abs. 1 und 2 LEDP GE.

[1751] Art. 9 RLEDP VD; Art. 6a-6e LDP NE. Für die Auslandschweizer Stimmberechtigten wird im Kanton Waadt ein zentrales Register geführt, vgl. Art. 13 Abs. 2 RLEDP VD.

[1752] Art. 4 Abs. 3 VPR AI. Für die Auslandschweizer Stimmberechtigten wird ein zentrales Register geführt, vgl. Art. 4 Abs. 4 VPR AI.

[1753] § 4 Abs. 3 WAG BS. Für die Auslandschweizer Stimmberechtigten wird ein zentrales Register geführt, vgl. § 4 Abs. 4 WAG BS.

[1754] Art. 4 Abs. 2 BPR.

Angelegenheiten unterscheiden sich die kantonalen Regelungen; nicht alle Stimmregister schliessen zum gleichen Zeitpunkt vor der Wahl oder Abstimmung[1755]. Für kantonale und kommunale Wahlen und Abstimmungen können auch die Karenzfristen für die Eintragung im Rahmen der verfassungsmässig zulässigen Maximaldauer von drei Monaten seit der Niederlassung[1756] variieren[1757].

610   Neben der Kontrolle der Stimmberechtigung muss auch sicher gestellt werden, dass niemand das Stimmrecht in mehr als einem Kanton[1758] beziehungsweise in mehr als einer Gemeinde ausübt.

611   Die Vielzahl der Stimmregisterlösungen verhindert eine effiziente Verhinderung von Mehrfachunterzeichnungen von Volksinitiativen. Wer innerhalb der 18-monatigen Sammelfrist den Wohnort wechselt, kann bei relativ geringer Entdeckungswahrscheinlichkeit eine Initiative zweimal – vor und nach dem Umzug – unterzeichnen[1759].

612   Für die Einführung von E-Voting in der Schweiz sind verschiedene Lösungen vorstellbar[1760]. Die Stimmregister können weiterhin von den Gemeinden geführt werden oder diese Aufgabe kann einer zentralen Stelle auf Kantonsebene zugeordnet werden. Als dritte, allerdings aus föderalismusrechtlichen, politischen und historischen Gründen schwer zu realisierende Variante erscheint die Erstellung eines zentralen, gesamtschweizerischen Stimmregisters. Unabdingbar ist in jedem Fall die Vereinheitlichung der Form, in welcher die Stimmregister auf Kantons- und/oder Gemeindeebene geführt werden.

613   Alle drei für E-Voting denkbaren Stimmregisterlösungen ermöglichen eine vereinfachte und effizientere Verhinderung der mehrfachen Ausübung der politischen Rechte.

14.3.3 Mindestanforderungen

614   In diesem letzten Abschnitt sollen nicht sämtliche Mindestanforderungen, wie sie bereits in der VPR hinsichtlich des Stimmgeheimnisses formuliert sind[1761], wiederholt, sondern vielmehr auf ihre Vollständigkeit hin überprüft werden. Dabei wird auf die untersuchten Probleme und Lösungsvorschläge abgestellt, sowie die

---

[1755]   Vgl. z.B. § 5 Abs. 1 VPR ZH (Schliessung fünf Tage vor Wahl oder Abstimmung); Art. 13 GPR SO (Schliessung am Vortag zum Urnengang); Art. 14 Abs. 1 LEDP GE (Schliessung sechs Tage vor dem letzten Tag der Wahl oder Abstimmung).
[1756]   Art. 39 Abs. 4 BV.
[1757]   Vgl. z.B. Art. § 5 Abs. 1 SRG LU (fünf Tage); Art. 2 Abs. 3 WAG ZG (10 Tage); Art. 6 c Abs. 3 und 5 LDP NE (30 Tage). Die meisten Kantone sehen jedoch keine Karenzfrist vor.
[1758]   Art. 39 Abs. 3 BV.
[1759]   BBl 2002 664.
[1760]   Vgl. dazu BBl 2002 676ff.
[1761]   Vgl. insbes. Art. 27f-27h VPR.

VPR mit den Anforderungen der Empfehlung des Europarats bezüglich der Wahrung des Stimmgeheimnisses bei Distanz-E-Voting[1762] verglichen.

615 Daraus folgt, dass die folgenden Bestimmungen der VPR anzupassen sind: Art. 27f Abs. 4, Art. 27h Abs. 3 und Art. 27m Abs. 2, 1. Satz. Zudem sind weitere Ergänzungen in der VPR vorzunehmen.

616 *Art. 27f Abs. 4* lautet: „Angaben zur stimmberechtigten Person dürfen erst beim Wahl- und Abstimmungsserver entschlüsselt werden, namentlich zur Kontrolle darüber, dass eine stimmberechtigte Person nur eine einzige Stimme abgibt." Dieser Wortlaut ist irreführend, denn er könnte zur Annahme verleiten, dass die Angaben zur stimmberechtigten Person verschlüsselt übermittelt und danach entschlüsselt werden müssen. Dies ist allerdings nicht unbedingt notwendig. Wichtiger ist, dass auch von den unverschlüsselten Daten zur stimmberechtigten Person nicht auf den Namen dieser Person geschlossen werden kann. Einzig die Stimmberechtigung und die Einmaligkeit der Stimmabgabe müssen überprüfbar sein. Die entsprechende Bestimmung könnte wie folgt umformuliert werden: *Die Angaben zur Kontrolle der Stimmberechtigung dürfen keinen direkten Schluss auf die stimmende oder wählende Person zulassen. Sie müssen geeignet sein zu kontrollieren, dass eine Person nur eine einzige Stimme abgibt.*

617 *Art. 27h Abs. 3* lautet: „Die Bedienungsanleitung muss darüber informieren, wie die Stimme in dem zur Stimmeingabe verwendeten Gerät auf allen Speichern gelöscht werden kann." Diese Anforderung sollte strenger formuliert werden. Aufgrund der Technik ist es zumindest bei der Stimmabgabe mittels PC über Internet möglich, das System so einzustellen, dass die entsprechenden Speicher auf dem zur Stimmeingabe verwendeten Gerät automatisch gelöscht werden. Eine entsprechende Formulierung könnte lauten: *Die Stimme muss in dem zur Stimmeingabe verwendeten Gerät automatisch auf allen Speichern gelöscht werden.*

618 *Art. 27m Abs. 2, 1. Satz* lautet: „Die verschlüsselten Voten sind nach Abschluss des elektronischen Urnengangs entsprechend den kantonalen Bestimmungen unverzüglich zu entschlüsseln." Diese Formulierung schliesst die Verwendung von homomorphen Verschlüsselungsmethoden[1763] aus. Letztere könnten aber in Zukunft eine wichtige Rolle im Bereich von Distanz-E-Voting spielen und sollten deshalb ebenfalls ermöglicht werden. Der Satz könnte deshalb wie folgt abgeändert werden: *Die verschlüsselten Voten sind, falls zur Auszählung nötig, nach Ab-*

[1762] Es handelt sich dabei um: Conseil de l'Europe, Recommendation sur le vote électronique (30.9.2004), Nr. 16-19, 35, 51, 54, 90, 92 und 93, wobei die folgenden Empfehlungen durch die VPR bereits abgedeckt sind: Nr. 16 durch Art. 27f Abs. 2 VPR, Nr. 17 durch Art. 27g Abs. 1 VPR, Nr. 19 durch Art. 27g Abs. 4 VPR, Nr. 35, 1. Satz durch Art. 27f Abs. 4 und Abs. 5 VPR, Nr. 51 durch Art. 27h Abs. 4 VPR, Nr. 93 durch Art. 27h Abs. 3 VPR.

[1763] Vgl. Rz. 580 hiervor.

schluss des elektronischen Urnengangs entsprechend den kantonalen Bestimmungen unverzüglich zu entschlüsseln[1764].

619   Die VPR sollte um drei zusätzliche Bestimmungen ergänzt werden:

620   Die (geringe) Anzahl der elektronischen Stimmen in einer Urne darf keinen Rückschluss auf den Inhalt der Stimmabgabe einer stimmberechtigten Person ermöglichen. Es muss deshalb von Anfang an sichergestellt werden, dass die elektronische Urne eine Mindestanzahl Stimmen in Empfang nimmt[1765]. Wird diese Anzahl nicht erreicht, so ist die elektronische Urne vor der Öffnung mit dem Inhalt einer oder mehrerer Urnen aus anderen Gemeinden zusammen zu legen. Eine entsprechende Bestimmung könnte lauten: *Die elektronische Urne darf nur geöffnet werden, wenn mehr als 20 Stimmen eingegangen sind. Falls dies nicht der Fall ist, muss der Inhalt der elektronischen Urne vor deren Öffnung mit dem Inhalt einer oder mehrer Urnen aus anderen Gemeinden zusammengelegt werden.*

621   Eines der Probleme von Distanz-E-Voting ist das sog. „Spoofing"[1766]. Die Lösung dieses Problems besteht u.a. in der Möglichkeit der Kontrolle der zur Stimmabgabe benutzten Internetseite und des Servers durch die stimmberechtigte Person selbst. Dazu benötigt sie aber entsprechende Informationen der Wahlbehörde. Da diese Kontrolle eine wichtige Komponente zur Wahrung des Stimmgeheimnisses beim Distanz-E-Voting darstellt, ist generell die Abgabe der notwendigen Informationen durch die Wahlbehörden zu fordern[1767]. Eine entsprechende Bestimmung zur Ergänzung der VPR könnte lauten: *Die Stimmberechtigten erhalten die zur Kontrolle der Authentizität der zur Stimmabgabe benutzten Internetseite und des Servers notwendigen Angaben.*

622   Das schwächste Element der für Distanz-E-Voting notwendigen elektronischen Hilfsmittel stellt das zur Stimmabgabe benutzte Gerät dar[1768]. Distanz-E-Voting darf erst dann zugelassen werden, wenn dieser heikle Punkt genügend geschützt wird. Dies sollte auch in der Verordnung festgehalten werden[1769]. Eine entsprechende Bestimmung könnte lauten: *Durch geeignete Massnahmen ist sicherzustellen, dass die von den Stimmberechtigten zur Stimmabgabe benutzten Geräte gegen Einflussnahme Dritter geschützt sind.*

14.4   Bedeutung des Stimmgeheimnisses

623   Distanz-E-Voting als Möglichkeit zur Ausübung der politischen Rechte muss als langfristiges, visionäres Projekt betrachtet werden. Dabei darf auch nicht ausser

---

[1764]   Vgl. auch die Formulierung in: Conseil de l'Europe, Recommendation sur le vote électronique (30.9.2004), Nr. 55.
[1765]   Vgl. auch Conseil de l'Europe, Recommendation sur le vote électronique (30.9.2004), Nr. 18.
[1766]   Vgl. Rz. 559f. hiervor.
[1767]   Vgl. auch Conseil de l'Europe, Recommendation sur le vote électronique (30.9.2004), Nr. 90.
[1768]   Vgl. Rz. 593 hiervor.
[1769]   Vgl. auch Conseil de l'Europe, Recommendation sur le vote électronique (30.9.2004), Nr. 92.

Acht gelassen werden, dass weitere Entwicklungen Einfluss auf die demokratische Partizipation ausüben können. So ist zum Beispiel heute nicht sicher, wie sich die briefliche Stimmabgabe weiter entwickeln wird. Es ist denkbar, dass aufgrund einer Verkleinerung des Poststellennetzes oder einem Vertrauensverlust in die Post die briefliche Stimmabgabe einmal nicht mehr als valable Alternative zur Stimmabgabe an der Urne betrachtet werden kann. Unter diesen Umständen könnte es soweit kommen, dass der Staat verpflichtet ist, den Stimmberechtigten neue Möglichkeiten zur Ausübung der politischen Rechte einzuräumen.

624   Dabei darf die Bedeutung des Stimmgeheimnisses nicht in Frage gestellt werden. Die technische Umsetzung von Distanz-E-Voting so, dass das Stimmgeheimnis gewahrt ist, ist anspruchsvoll und zeitintensiv. Distanz-E-Voting sollte nicht vorschnell eingeführt werden, sondern erst dann, wenn die technischen Voraussetzungen für eine genügende Sicherheit geschaffen sind.

15 ZUSAMMENFASSUNG TEIL 2

625 Zur Zeit der *alten Eidgenossenschaft* kam der geheimen Stimmabgabe nur marginale Bedeutung zu. Vorläufer der geheimen Stimmabgabe können in der Ostschweiz (z.B. die St. Galler „Raun") und in Genf gefunden werden. Damit ist die Idee der geheimen Stimmabgabe für die Zeit der alten Eidgenossenschaft belegt. In den Landsgemeindeorten war die geheime Stimmabgabe kein Thema.

626 Zur Zeit der *Helvetik* und der *Mediation* kam dem Stimmgeheimnis lediglich marginale Bedeutung zu. Vereinzelt taucht das Stimmgeheimnis auf, allerdings ohne sich in der Praxis durchsetzen zu können. Derselbe Befund kann auch für die Zeit der *Restauration* gemacht werden.

627 In der *Regenerationszeit* wurden verschiedene Grundsätze, wie die Volkssouveränität und die Rechtsgleichheit eingeführt, sowie die Volksrechte ausgeweitet. Die geheime Stimmabgabe gehörte jedoch nicht zu den zentralen Forderungen in dieser Zeit. Wo das Stimmgeheimnis auf kantonaler Ebene eingeführt wurde, war dies weniger eine Folge theoretischer demokratischer Überzeugungen, sondern oft nur eine (zufällige) Frage technischer Natur. Die praktische Umsetzung des Stimmgeheimnisses entspricht denn auch noch nicht heutigen Vorstellungen.

628 Seit *1872* ist in Bundesangelegenheiten die geheime Stimmabgabe vorgeschrieben. Zur praktischen Umsetzung dieser Bestimmungen bedurfte es jedoch mehrerer Reformanläufe. Erst mit der Durchsetzung des Urnensystems zu Beginn des 20. Jahrhunderts konnten die Stimmberechtigten ihre Stimmen wirklich geheim abgeben.

629 Der Schutzbereich des Stimmgeheimnisses kann in einen direkten und einen indirekten Bereich geteilt werden. Direkten Schutz entfaltet das Stimmgeheimnis dadurch, dass es der stimmberechtigten Person das Recht gibt, ihre Stimme abzugeben, ohne dass Dritte vom Inhalt der Stimme Kenntnis erhalten können. Der direkte Stimmgeheimnisschutz wird ab jenem Zeitpunkt relevant, ab welchem eine beweisbare Verbindung zwischen dem Inhalt der Stimme und der stimmberechtigten Person herstellbar ist. Indirekten Schutz entfaltet das Stimmgeheimnis beispielsweise vor der Stimmabgabe, indem sich die stimmberechtigte Person nicht verbindlich verpflichten kann, die Stimme in einer bestimmten Weise abzugeben.

630 Die Handhabung der Stimmabgabeerleichterungen auf Bundesebene zeigt, dass dem Stimmgeheimnis heute zentrale Bedeutung zukommt. So wird als Stellvertretung nur der „Botengang" anerkannt und die Sicherung des Stimmgeheimnisses bei der brieflichen Stimmabgabe hat vorrangige Bedeutung. Zwar kennt die Schweiz auf Bundesebene im Vergleich zu den anderen untersuchten Ländern die breiteste Zugänglichkeit zur brieflichen Stimmabgabe, indem heute alle Schwei-

zer Stimmberechtigten im In- und Ausland voraussetzungslos zur brieflichen Stimmabgabe zugelassen sind. Allerdings darf dies nicht so verstanden werden, dass dem Stimmgeheimnis geringere Bedeutung zukommt. Vielmehr muss die briefliche Stimmabgabe im Rahmen des gesamten Systems betrachtet werden. Wichtig dabei ist insbesondere auch die bestehende Tradition und Anerkennung des Ausfüllens des Stimmzettels ausserhalb des Wahllokals.

631 Die direkt demokratische Ordnung der Schweiz wirft auch die Frage nach dem Schutz der Unterzeichner von Wahlvorschlägen, Initiativ- und Referendumsbegehren auf. Während die Unterzeichner von Wahlvorschlägen keinerlei Schutz aus dem Stimmgeheimnis geltend machen können, sind Unterzeichner von Initiativ- und Referendumsbegehren ab demjenigen Zeitpunkt geschützt, ab welchem die Unterschriften bei der entsprechenden Behörde eingereicht werden.

632 Die offene Stimmabgabe an der Landsgemeinde, welche heute noch in zwei Kantonen mindestens teilweise vorgesehen ist, steht im Widerspruch zum verfassungsmässigen Grundsatz des Stimmgeheimnisses. Das Bundesgericht und der Bundesgesetzgeber anerkennen die offene Stimmabgabe jedoch unter Verweis auf die historische Bedeutung und die direkt-demokratischen Vorzüge der Landsgemeinde. Diese Ansicht wird nicht geteilt.

633 In jüngster Zeit wird die Diskussion um die Bedeutung und Tragweite des Stimmgeheimnisses durch Versuche mit Distanz-E-Voting neu aufgeworfen. Das Stimmgeheimnis darf durch diese neue Form der Stimmabgabe nicht beeinträchtigt werden. Gewisse Einschränkungen sind aufgrund einer Abwägung insbesondere gegenüber dem Grundsatz der Allgemeinheit der Stimmabgabe sowie dem besseren Schutz vor mehrfacher Stimmabgabe möglich. Allerdings darf dadurch der Kerngehalt des Schutzbereichs des Stimmgeheimnisses nicht beeinträchtigt werden.

TEIL 3: ERGEBNISSE DER UNTERSUCHUNG

634   Die Ergebnisse der vorliegenden Untersuchung können wie folgt zusammengefasst werden:

635   Die geheime Stimmabgabe taucht seit der Antike immer wieder auf, vermag sich allerdings nicht durchzusetzen. Lange Zeit wurde allein die offene Stimmabgabe als mit der Demokratie vereinbar betrachtet.

636   In der Schweiz ist die geheime Stimmabgabe bereits vor der französischen Revolution bekannt. Die Diskussion der geheimen Stimmabgabe in Frankreich mag die Entwicklung in der Schweiz beeinflusst haben; alleiniger Auslöser war sie allerdings nicht.

637   Erst im 19. Jahrhundert vermag sich die geheime Stimmabgabe in den untersuchten Ländern durchzusetzen.

638   In den meisten Ländern ging der Einführung der geheimen Stimmabgabe ein heftiger Kampf voraus, der zu einem grossen Teil auf opportunistischen Ursachen gründete. Wer sich von der geheimen Stimmabgabe einen Vorteil versprach, war dafür und umgekehrt.

639   Die vielen Argumente, die seit dem 19. Jahrhundert zu Gunsten der geheimen Stimmabgabe angeführt werden, können zum grössten Teil auf einen Nenner gebracht werden: die Geheimhaltung dient dem Schutz der – in der konkreten Situation – Schwächeren vor der Einflussnahme durch die Stärkeren.

640   Die geheime Stimmabgabe stellt sich in der Schweiz nicht als theoretisch-abstraktes Konzept dar, welches zuerst von Gelehrten und Demokratietheoretikern erarbeitet und dann eingeführt worden war. So kann in der Schweiz die Forderung der geheimen Stimmabgabe nicht etwa einer Gruppierung wie den Radikalen zugeschrieben werden.

641   Im Unterschied zur Schweiz kam der theoretischen Begründung der geheimen Stimmabgabe in England oder auch in Frankreich eine grössere Bedeutung zu. Auch bedurfte die geheime Stimmabgabe insbesondere in England gewisser Lobby-Gruppen, die ihr zum Durchbruch verhalfen. In der Schweiz erscheint dies weniger nötig. Die Einführung auf Bundesebene geschah 1872 relativ problemlos, da einfach auf die Erfahrungen in den Kantonen verwiesen werden konnte.

642   Die direkt demokratischen Beteiligungsmöglichkeiten in der Schweiz gaben dem Interesse an einer Debatte vor der Abstimmung mehr Gewicht als in den anderen untersuchten Ländern. Auch die historische Tradition der Landsgemeinde spielte in dieser Richtung eine Rolle. Man war vielerorts überzeugt, dass eine solche Diskussion nur im Zusammenhang mit der gleich anschliessenden und damit grösstenteils offenen Stimmabgabe funktionieren könne.

643 Die Einführung der geheimen Stimmabgabe ist oft – aber nicht nur – in Zusammenhang mit der Ausweitung des Stimm- und Wahlrechts zu sehen.

644 Ein weiterer Faktor, der die Einführung der geheimen Stimmabgabe förderte, war die allmähliche Alphabetisierung und Verbreitung der Schriftlichkeit.

645 In der Schweiz erleichterte der Übergang vom Prinzip der Geheimhaltung zur Öffentlichkeit der Parlamentsverhandlungen in der Regenerationszeit das Abkehren von der Durchführung öffentlicher Versammlungen und damit von der offenen Stimmabgabe, da die Vorlagen nicht mehr nur an der Versammlung dargestellt und erläutert wurden, sondern man sich durch die Medien oder direkt durch Besuch der Parlamentsverhandlungen informieren konnte.

646 Gleichzeitig ist die Zeit der Einführung der geheimen Stimmabgabe geprägt von der gedanklichen Trennung zwischen Staat und Gesellschaft. Die „ökonomischen" Abhängigkeiten sollen nicht zu „politischen" Abhängigkeiten werden. Wer im beruflichen Alltag zu den Arbeitnehmern und damit zu den Abhängigen im gesellschaftlichen Bereich gehört, soll nicht zu einem Abhängigen im politischen Bereich werden. Dies wird durch die Geheimhaltung der Stimmabgabe verhindert.

647 Mit der rechtlichen Einführung der geheimen Stimmabgabe ist das Ziel noch nicht erreicht. Es bedarf weiterer (organisatorischer) Massnahmen und Anstrengungen, um die Geheimhaltung auch wirklich durchzusetzen. Diese Entwicklung zieht sich bis in heutige Zeiten hin.

648 Die geheime Stimmabgabe ist ein heute in der schweizerischen Rechtsordnung vordergründig unbestrittener Grundsatz, an dem nicht zu rütteln ist. Bei genauerem Hinsehen erkennt man, dass sowohl die rechtliche Erfassung der geheimen Stimmabgabe noch nicht abgeschlossen ist als auch deren praktische Durchsetzung noch Mühe bereitet.

649 Auch in den übrigen untersuchten Ländern wird die geheime Stimmabgabe unterschiedlich ausgelegt. Was beispielsweise in England mit der Beibehaltung einer potentiellen Verbindung zwischen Stimmzettel und Wähler als mit dem Stimmgeheimnis vereinbar gilt, würde in der schweizerischen Rechtsordnung das Stimmgeheimnis verletzen.

650 Die Erfahrungen und Ausgestaltung des Stimmgeheimnisses in anderen Ländern können nicht eins zu eins auf die Schweiz übertragen werden. Insbesondere sind die spezifischen historischen Umstände, welche zum Beispiel in Deutschland zu einer restriktiven Handhabung der brieflichen Stimmabgabe führen, nicht vorbehaltlos auf die Schweiz übertragbar. Genauso wenig wie etwa die englische Einrichtung des „tendered ballot" für die Schweiz unter dem Gesichtspunkt der Wahrung des Stimmgeheimnisses in Frage käme.

651 Die geheime Stimmabgabe ist im Bereich der Wahlrechtsgrundsätze eine relativ junge Errungenschaft, die noch keineswegs gefestigt ist.

652 Auch heute noch gibt es Stimmen, die sich für eine offene Stimmabgabe einsetzen. Dahinter ist teilweise totalitäres Gedankengut auszumachen.

653 Bei einer allfälligen Einführung von Distanz-E-Voting ist deshalb besonders darauf zu achten, dass das Stimmgeheimnis in seinem Kerngehalt gewahrt bleibt. Es darf keine unbedachte Aufweichung des Grundsatzes stattfinden. Grundsätzlich steht das Stimmgeheimnis einer Einführung von Distanz-E-Voting jedoch nicht entgegen.

AUTORENREGISTER

Autor...**Rz**....*Fn.*

Achermann, Alberto/Caroni, Martina/Kälin, Walter...*1414ff.*

Alvarez, R. Michael/Hall, Thad E....*1644, 1649*

Anderson, Margaret Lavinia...*416, 419, 422, 429*

Angeli, Alexandre...*182, 224, 228f., 234, 238, 240, 259*

Année, Robert...*159f., 172, 174, 176, 198, 207, 211ff., 215, 222ff., 228f., 232f., 243ff., 264*

Appert, Karl...*1581, 1585, 1588f.*

Aristoteles...**19, 23f., 32**...*17, 19, 23f., 26ff., 34f., 41ff.*

Arsenschek, Robert...*416, 418ff.*

Aubert, Jean-François...*1135, 1152, 1157f., 1160, 1164*

Auer, Andreas...*1380, 1382*

Auer, Andreas/Malinverni, Giorgio/Hottelier, Michel...*1390, 1472f., 1476f., 1517, 1519, 1523*

Auer, Andreas/Von Arx, Nicolas...*1621, 1632, 1682, 1700, 1734, 1742*

Ayer, Ariane...s. Tattini, Vincent/Ayer, Ariane

Bahar, Alexander/Kugel, Wilfried...*529*

Barber, Benjamin R....**212**...*589*

Baumann-Bruckner, Marie-Louise...*1285, 1305, 1307, 1314f.*

Beetham, David...s. Weir, Stuart/Beetham, David

Below, Georg von...*428*

Benoist, Charles...*226, 278*

Bentham, Jeremy...**109, 116, 118ff., 122, 124, 138**...*333ff.*

Besson, Michel...*1380*

Biaudet, Jean-Charles...*816, 818f., 821, 823f., 827, 831, 853, 893, 901, 932, 1026*

Birch, Sarah...s. Pratchett, Lawrence/Birch, Sarah/Candy, Sara/Fairweather, Ben/Rogerson, Simon/Stone, Vanessa/Watt, Bob/Wingfield, Melvin

Bismarck, Otto von...**144f.**...*413, 415*

Blackburn, Robert...*492, 494ff., 498, 500ff., 506, 511*

Blackstone, William...**67, 71**...*81, 142ff.*

Blake, Robert...*319*

Bleicken, Jochen...*5, 8, 10ff., 14, 18, 25, 28ff., 33, 50, 52f., 55, 58, 61*

Blocher, Eugen...*607, 609, 614f., 620, 693, 728, 785, 793, 804, 833, 855, 867, 870, 873, 875, 880, 893f., 917, 1127*

Blum, Roger...*940, 960, 990, 992*

Blumer, Johann Jakob...*626ff., 635*

Bodéüs, Richard...*41*

Böglin, Markus Christoph...**263**...*666f., 691, 697, 700, 712f.*

Bolla-Vincenz, Claudia...*1269, 1304, 1308, 1311, 1452, 1498, 1500, 1505, 1510, 1588, 1614*

Bonard, Claude...*1619*

Bonnet, Georges...*167, 180, 187ff., 192, 207, 217, 224, 228f., 234f., 240ff.*

Boorstin, Daniel J....*141*

Borbély, Cornel...**9, 469, 519**...*1ff., 1390, 1396, 1418, 1445, 1450, 1455, 1542ff., 1588, 1597, 1734, 1745*

Brailsford, H. N....*131, 133ff.*

Brändli, Daniel/Braun, Nadja...*1618*

Brändli, Daniel/Schläpfer, Rafa-
el...*1607ff., 1619f., 1657, 1671, 1693*
Braun, Nadja...*1608ff.*...s. auch
- Brändli, Daniel/Braun, Nadja
- Kaufmann, Bruno/Büchi,
Rolf/Braun, Nadja/Carline, Paul
Braunias, Karl...*161, 165f.*
Breitenbach, Alphons...*837, 940, 942*
Bremke, Nils...*571f.*
Brennan, Geoffrey/Pettit, Phil-
ip...**213**...*591ff.*
Brothén, Martin...*491, 511, 558*
Brunner, R(udolf)...**450**...*1353f.*
Büchi, Kurt...*998f.*
Büchi, Rolf...s. Kaufmann, Bruno/Büchi,
Rolf/Braun, Nadja/Carline, Paul
Buchstein, Hubertus...**22, 203, 210**...*9,
15f., 21, 55, 59, 61, 316, 567ff., 578,
584ff.*
Bugiel, Karsten...*528, 530*
Burckhardt, Walther...*1217, 1220f.,
1241, 1247f., 1266, 1379, 1428,
1518, 1520*
Burdeau, Georges...*478f.*
Burmeister, Karl-Heinz...*552, 649, 652f.,
1269, 1610*
Burmester, Mike/Magkos, Emma-
nouil...*1644, 1654, 1659, 1670, 1685,
1713*
Buser, Walter...*1472ff.*
Busolt, Georg...*13*
Busolt, Georg/Swoboda, Heinrich...*7, 13*
Candy, Sara...s. Pratchett, Law-
rence/Birch, Sarah/Candy,
Sara/Fairweather, Ben/Rogerson,
Simon/Stone, Vanessa/Watt,
Bob/Wingfield, Melvin
Carlen, Louis...*611f., 614, 816*
Carline, Paul...s. Kaufmann,
Bruno/Büchi, Rolf/Braun,
Nadja/Carline, Paul

Caroni, Martina...s. Achermann, Alber-
to/Caroni, Martina/Kälin, Walter
Cartledge, Paul...*117*
Castell, Anton...**241**...*638f., 845, 1048f.,
1053, 1056*
Castella, Jean...*1207, 1211, 1214, 1231,
1269, 1379, 1382, 1520*
Caviezel, Ivo...*811, 848, 1380*
Chaum, David...*1667*
Cherbuliez, A(ntoine-Elysée)...**97**...*253ff.*
Christie, William Dougal...**124**...*280,
351ff.*
Churchill, Winston S....*321*
Cicero, Marcus Tullius...**42, 44ff.**...*56,
66, 68ff., 74*
Comtesse, F.H....*1228*
Cortelazzo, Manlio/Zolli, Paolo...*89*
Cranor, Lorrie Faith...*1654*
Cranston, Maurice...*139*
Curti, Theodor...*640, 648, 660ff., 1085,
1125, 1129, 1161*
Cusanus, Nikolaus...**49, 57, 59, 71f.**...*80,
109ff.*
Damgård, Ivan/Groth, Jens/Salomonsen,
Gorm...*1660, 1670*
Dändliker, Karl...*643, 645, 839*
Danton, Georges-Jacques...**95**...*248ff.*
Decurtins, Gion-Andri...*1380, 1382*
Denison, S. C....*364f., 370ff., 385f.*
Deporcq, Bruno...*472*
Derendinger, Hans...*646*
Dickens, Charles...**117**...*328f.*
Diderot...*711*
Dierauer, Johannes...*810, 812, 819, 821,
834, 851, 875, 880, 893, 917, 932,
939f., 943f., 1024f., 1057*
Diethelm, Ernst...*950*
Donatsch, Andreas/Wohlers, Wolf-
gang...*1223ff., 1229f., 1232*
Du Bois-Melly, Charles...*662*
Ducrocq, Th....*213, 215, 224, 229, 245*

Duft, Johann...*842, 955, 958, 1188*
Düggelin, Katja...*1387*
Duguit, Léon...*219, 222*
Dünki, Robert...*939*
Duttweiler, Max...*1187f., 1200*
Eckert, Claudia...*1643, 1645, 1650ff., 1655, 1667, 1669*
Ehrle, Peter Michael...*390*
Erni, Christian...*640, 642, 645*
Eschenburg, Theodor...*530*
Fairweather, Ben...s.
- Pratchett, Lawrence/Birch, Sarah/Candy, Sara/Fairweather, Ben/Rogerson, Simon/Stone, Vanessa/Watt, Bob/Wingfield, Melvin
- Pratchett, Lawrence/Wingfield, Melvin/Fairweather, N.
Ben/Rogerson, Simon
Favoreu, Louis/Gaïa, Patrick/Ghevontian, Richard/Mestre, Jean-Louis/Pfersmann, Otto/Roux, André/Scoffoni, Guy...*473, 475, 480*
Feller, Reto...s. Kley, Andreas/Feller, Reto
Feller, Richard...*853, 855, 859, 939, 1035, 1037*
Ferté, Charles...*167, 188, 217, 224, 228, 237f., 263*
Feuz, Roland...*1485*
Fisch, Hermann...*1204, 1214, 1269*
Flückiger, Alexandre...**583, 605**...*1633, 1673, 1676, 1691, 1701ff., 1714f., 1718, 1734, 1736ff., 1743f.*
Frei, Daniel...*779, 809*
Frowein, Jochen...*550*
Fulpius, Lucien...*917, 926, 1071, 1079, 1081f., 1084*
Furrer, Otto...*838, 939f., 1009, 1012f.*
Gagel, Walter...*412*
Gaïa, Patrick...s. Favoreu, Louis/Gaïa, Patrick/Ghevontian, Richard/Mestre,

Jean-Louis/Pfersmann, Otto/Roux, André/Scoffoni, Guy
Garrigou, Alain...**99**...*214, 220f., 224f., 227, 261f., 268f., 276f.*
Garrone, Pierre...*1380, 1382, 1599*
Geiser, Karl...*640, 648*
Gerlach, H. v....*168, 396, 400, 402f., 427*
Ghevontian, Richard...s. Favoreu, Louis/Gaïa, Patrick/Ghevontian, Richard/Mestre, Jean-Louis/Pfersmann, Otto/Roux, André/Scoffoni, Guy
Ghiringhelli, Andrea...*941, 1173, 1364*
Giacometti, Z(accaria)...*1186, 1231, 1245, 1284, 1338, 1382, 1447, 1452, 1591*
Gibson, Rachel K....*1603ff.*
Gisiger, Walter...*954, 1471*
Glauser, Fritz...*998*
Gneist, Rudolf von...*450*
Goetschel, Roger L....*1239, 1269*
Gondard, Paul...*167, 224, 228f., 240*
Gonié, Jean...*491*
Goodin, Robert E....**212**...*590*
Gotthelf, Jeremias...**442f.**...*1339f.*
Grabenwarter, Christoph...*1410*
Grandpierre, Louis...*367*...*1060, 1062*
Grimm, Rüdiger...*1670, 1681, 1706, 1712*
Gritzalis, Dimitris...s. Lambrinoudakis, Costas/Gritzalis, Dimitris/Tsoumas, Vassilis/Karyda, Maria/Ikonomopoulos, Spyros
Gross, Charles...*86, 136f.*
Grote, George...**109, 116, 122, 130**...*287, 289, 347ff.*
Groth, Jens...s. Damgård, Ivan/Groth, Jens/Salomonsen, Gorm
Gruber, Eugen...*787, 847*
Gruen, Erich S....**43**...*59, 63f.*

Gruner, Erich...*1037, 1127, 1132, 1135, 1141, 1149, 1152, 1164, 1185, 1220, 1361*
Grünthal, Günter...*399, 402*
Guyot, Raymond...*700*
Habicht, Christian...*74*
Haefliger, Hans...*646*
Häfelin, Ulrich/Haller, Walter...*1390, 1393, 1472f., 1484, 1565, 1581, 1588*
Hafter, Ernst...*1226, 1232*
Hägele, Günter/Pukelsheim, Friedrich...*102, 105ff.*
Halder, Nold...*840, 882*
Hall, Thad E....s. Alvarez, R. Michael/Hall, Thad E.
Haller, Walter...*1443*...s. auch Häfelin, Ulrich/Haller, Walter
Hangartner, Yvo...*598, 1484*
Hangartner, Yvo/Kley, Andreas...*1225, 1228, 1230, 1298, 1322, 1382, 1420, 1423f., 1434ff., 1446, 1456, 1463f., 1472f., 1487f., 1493f., 1540, 1565, 1588f., 1596*
Hanssmann, Anika...*561f., 567, 571f., 1605*
Hardmeier, Sibylle...s. Moser, Christian/Hardmeier, Sibylle/Linder, Wolf
Harrington, James...**62ff., 68, 71f.**....*120, 122ff., 126ff., 130f.*
Hartmann, Peter C....*170f., 175, 184, 200, 208*
Hartmann, Volker...s. Meissner, Niels/Hartmann, Volker/Richter, Dieter
Heller, Kurt...*93, 101*
Henne-Amrhyn, Otto...*651f.*
Herodot...*24, 27, 41*
Herren, Stephan...*1380, 1482, 1484f.*
Heusler, Andreas...*700, 810, 827, 867, 870, 880*
Hill, Christopher...*119*

Hiller, Christoph...*1380, 1435ff., 1440*
Hilty, Carl...**280**...*609, 625, 640ff., 648, 761, 772, 810, 900f., 909, 1160f., 1163, 1178, 1291ff., 1327, 1378*
Hirschmann, Albert O....*579, 587*
His, Eduard...*700, 775, 790ff., 803f., 819, 865, 932, 978, 1024f., 1046, 1137, 1200*
Hörni, Albert...*1187, 1335*
Hottelier, Michel...*1632f.*....s. auch Auer, Andreas/Malinverni, Giorgio/Hottelier, Michel
Hotz, Reinhold...*1472ff.*
Hovell, Mark...*293, 295*
Huber, Ernst Rudolf...*400f., 409f.*
Hubert, Peter...*530*
Huser, Martin...**407**...*955, 958, 1186, 1188, 1207f., 1277, 1284, 1447, 1452, 1498*
Ihl, Olivier...*470*
Ikonomopoulos, Spyros...s. Lambrinoudakis, Costas/Gritzalis, Dimitris/Tsoumas, Vassilis/Karyda, Maria/Ikonomopoulos, Spyros
Im Hof, Ulrich...*664*
Jacobi, Erwin...*83, 85, 135, 159, 162, 164ff., 172, 176, 229, 327, 394, 404, 408, 524*
Jans, Armin...*1564*
Jefferson, David/Rubin, Aviel D./Simons, Barbara/Wagner, David...*1641, 1644, 1649, 1654, 1656, 1663f., 1706, 1711f., 1714, 1720, 1722*
Jehne, Martin...*55, 61*
Jones, Douglas W....*1654, 1660*
Jung, Otmar...*529f.*
Junker, Beat...**339**...*761, 763, 773, 835, 939, 949f., 972, 1034f., 1037ff., 1043f.*
Kaisenberg, Georg...*526*

Kaiser, Tino...*1009ff.*
Kälin, Walter...*1381*...s. auch
- Achermann, Alberto/Caroni, Martina/Kälin, Walter
- Zimmerli, Ulrich/Kälin, Walter/Kiener, Regula
Karger, Pia...*571ff.*
Karger, Pia/Rüss, Oliver...*571, 573*
Karyda, Maria…s. Lambrinoudakis, Costas/Gritzalis, Dimitris/Tsoumas, Vassilis/Karyda, Maria/Ikonomopoulos, Spyros
Kaufmann, Bruno/Büchi, Rolf/Braun, Nadja/Carline, Paul...*1330*
Keel, Rudolf...*1370f.*
Kellenberger, Max...**233**...*610f., 624, 1356f.*
Kelter, Harald...s. Ullmann, Markus/Koob, Frank/Kelter, Harald
Kershaw, Ian...*529f.*
Kersting, Norbert...*571f., 574*
Kersting, Norbert/Leenes, Ronald/Svensson, Jörgen...*1607*
Kiayias, Aggelos/Yung, Moti...*1670, 1680*
Kiener, Regula...s. Zimmerli, Ulrich/Kälin, Walter/Kiener, Regula
Kies, Raphaël…s. Trechsel, Alexander/Mendez, Fernando/Kies, Raphaël
Kinzer, Bruce (L.)...*285, 288, 290, 294, 298, 301, 320ff., 330, 358, 361f., 368, 374, 379*
Kley, Andreas...*1443, 1745*...s. auch Hangartner, Yvo/Kley, Andreas
Kley, Andreas/Feller, Reto...**606**...*1392, 1663, 1690, 1692, 1745*
Kley, Andreas/Rütsche, Bernhard...*1638, 1677f., 1691, 1745*
Kloetzli, Hans...*940, 942*
Kloth, Hans Michael...*532*
Klüber, Hans...*547*

Kluxen, Kurt...*81, 84, 282*
Kofler, Robert...s.
- Prosser, Alexander/Kofler, Robert/Krimmer, Robert
- Prosser, Alexander/Kofler, Robert/Krimmer, Robert/Unger, Martin Karl
Kölz, Alfred...*603f., 607ff., 618ff., 663, 667, 670, 677, 679, 681, 683, 685f., 688, 691, 697f., 773, 775, 778f., 782, 809, 815, 818, 823f., 827, 834, 851, 853, 875, 931f., 934, 939, 943f., 964, 1026, 1038, 1042, 1088, 1092, 1101, 1108, 1110, 1114, 1119, 1124f., 1133, 1157, 1159f., 1187f., 1210, 1353, 1355, 1368, 1381*
Koob, Frank...s. Ullmann, Markus/Koob, Frank/Kelter, Harald
Krimmer, Robert...s.
- Prosser, Alexander/Kofler, Robert/Krimmer, Robert
- Prosser, Alexander/Kofler, Robert/Krimmer, Robert/Unger, Martin Karl
Kubicek, Herbert/Wind, Martin...*571ff.*
Kugel, Wilfried...s. Bahar, Alexander/Kugel, Wilfried
Kühne, Thomas...*402*
Küntzler, Jürgen...s. Otten, Dieter/Küntzler, Jürgen
Lambrinoudakis, Costas/Gritzalis, Dimitris/Tsoumas, Vassilis/Karyda, Maria/Ikonomopoulos, Spyros...*1670, 1719*
Lancelot, Alain...*480*
Lane, Frederic C....*91f., 95ff., 101*
Lange, Nicol...*1605*
Leenes, Ronald…s. Kersting, Norbert/Leenes, Ronald/Svensson, Jörgen

Lefèvre-Pontalis...*211, 216, 218, 222, 245*

Leonard, Dick/Mortimore, Roger...*494f., 500*

Levi, Robert...*1381*

Leys, Léon...*203ff., 211ff., 218, 224, 228ff., 238f., 257f.*

Liebeskind, Wolfgang A....*605*

Liefeldt, Joachim...*438, 526*

Linder, Wolf...s. Moser, Christian/Hardmeier, Sibylle/Linder, Wolf

Liver, Peter...*811f., 900*

Locke, John...**66f**....*140*

Loewenstein, Karl...*81*

Lomas, Robert...*138*

Lyon, Bryce Dale...*81f., 84*

Magkos, Emmanouil...s. Burmester, Mike/Magkos, Emmanouil

Mahon, Pascal...*1390f.*

Malecek, Werner...*75, 88, 95, 100*

Malinverni, Giorgio...*1414, 1417*...s. auch Auer, Andreas/Malinverni, Giorgio/Hottelier, Michel

Masclet, Jean-Claude...*468f., 473ff.*

McKenna, Mark...*279, 297, 302, 312, 318, 325, 355f., 362, 366f.*

Meissner, Niels/Hartmann, Volker/Richter, Dieter...*1688*

Mendez, Fernando...s. Trechsel, Alexander/Mendez, Fernando/Kies, Raphaël

Mercuri, Rebecca T./Neumann, Peter G....*1604*

Mestre, Jean-Louis...s. Favoreu, Louis/Gaïa, Patrick/Ghevontian, Richard/Mestre, Jean-Louis/Pfersmann, Otto/Roux, André/Scoffoni, Guy

Meuwly, Olivier...**291**...*795, 797f., 844, 939f., 1027ff.*

Meyer, Georg...**155, 159**...*83ff., 159, 161ff., 177, 390f., 395f., 400, 441ff., 449, 459f.*

Meyer, Gerold...*1186, 1600*

Mez, Carl-Gustav...*1045f.*

Michel, Kaspar...*1050*

Mill, James...**109, 116, 118, 120ff., 124, 132**...*337ff., 344f.*

Mill, John Stuart...**116, 127, 132ff.**...*375ff., 380ff.*

Mitchison, Neil...*1644, 1649, 1657, 1665, 1671f., 1696ff.*

Mock, Peter...*1414, 1417*

Möckli, Silvano...*611, 614, 618, 621f., 624ff., 636f.*

Montesquieu, Charles-Louis de...**56, 68f., 71f.**...*148ff.*

Mortimore, Roger...s. Leonard, Dick/Mortimore, Roger

Morus, Thomas...**60, 65**...*117f., 131*

Mösch, Johann...*1349*

Moser, Christian/Hardmeier, Sibylle/Linder, Wolf...*1549, 1551ff.*

Muheim, Anton...*1298*

Muheim, Franz-Xaver...*1472ff.*

Müller, Jörg Paul...*1380, 1384, 1472f., 1475f.*

Nabholz, Hans...*940*

Neumann, Peter G....s. Mercuri, Rebecca T./Neumann, Peter G.

Nicolet, C....*6, 55, 60, 67*

Nohlen, Dieter...s. Vogel, Bernhard/Nohlen, Dieter/Schulze, Rainer-Olaf

Norris, Pippa...*516*

Nowak, Manfred...*1413, 1482*

O'Leary, Cornelius...*287, 293, 321, 327, 387*

Ochs, Peter...**250, 252, 259, 262**...*666, 697*

Oechsli, Wilhelm...*697, 700, 761, 809, 826*

Oehler, Edgar...*651, 842, 939f., 958, 1188*

Offe, Claus...*580ff.*, *587*
Oppliger, Rolf...**558**...*1641f.*, *1644*, *1647*, *1649*, *1657f.*, *1673ff.*, *1694*
Otten, Dieter...*571*, *1605*
Otten, Dieter/Küntzler, Jürgen...*1670*, *1719*
Park, Joseph H....*283*, *286*, *292*, *294*, *298*, *300*
Peralta, Rene...*1659*, *1662*, *1670*
Pettit, Philip...s. Brennan, Geoffrey/Pettit, Philip
Peyer, Hans Conrad...*599f.*, *602*
Pfersmann, Otto...s. Favoreu, Louis/Gaïa, Patrick/Ghevontian, Richard/Mestre, Jean-Louis/Pfersmann, Otto/Roux, André/Scoffoni, Guy
Pfyffer, Kasimir...*836*, *932*, *978*
Picenoni, Vito...*1379*, *1452*
Pickering, Paul A....*291*
Pieroth, Bodo...*543*, *547*, *550*
Pieth, Friedrich...*605*
Platon...**32f.**, **45**, **56**...*27*, *30*, *36ff.*, *42ff.*
Poledna, Tomas...**491**...*1298*, *1338*, *1380*, *1382*, *1419ff.*, *1445ff.*, *1452f.*, *1455*, *1457f.*, *1460f.*, *1463f.*, *1467*, *1487*, *1495ff.*, *1505*, *1510ff.*, *1538ff.*
Poledna, Tomas/Widmer, Stephan...*1162*, *1380f.*
Pollmann, Klaus Erich...*417*
Pratchett, Lawrence/Birch, Sarah/Candy, Sara/Fairweather, Ben/Rogerson, Simon/Stone, Vanessa/Watt, Bob/Wingfield, Melvin...*514f.*, *519ff.*, *1603f.*, *1606f.*
Pratchett, Lawrence/Wingfield, Melvin...*514*, *522*
Pratchett, Lawrence/Wingfield, Melvin/Fairweather, N. Ben/Rogerson, Simon...*515*, *517*, *1664f.*, *1717*
Probst, Thomas...*1748*

Prosser, Alexander...*1688f.*
Prosser, Alexander/Kofler, Robert/Krimmer, Robert...*1670*, *1719*
Prosser, Alexander/Kofler, Robert/Krimmer, Robert/Unger, Martin Karl...*1670*
Pukelsheim, Friedrich...s. Hägele, Günter/Pukelsheim, Friedrich
Quartier-la-Tente...*647*
Radbruch, Gustav...**151**...*434f.*
Raissig, Jürgen...*1472ff.*
Rappard, William E....**325**...*819*, *919*, *927f.*, *932*, *1072ff.*, *1092*, *1100*, *1119*, *1124f.*, *1129*
Rathgeb, Christian...*811*, *848*, *1057*
Reber, Jean-Marie...*1619*
Reimer, Franz...*541f.*
Rhinow, René...*1380*
Richter, Dieter...s. Meissner, Niels/Hartmann, Volker/Richter, Dieter
Riklin, Alois   *93ff.*, *122f.*, *125*, *129*, *132*, *634*, *663*
Rilliet, Albert...*928*
Ritter von Lex, (Hans)...*552*
Rogerson, Simon...s.
- Pratchett, Lawrence/Birch, Sarah/Candy, Sara/Fairweather, Ben/Rogerson, Simon/Stone, Vanessa/Watt, Bob/Wingfield, Melvin
- Pratchett, Lawrence/Wingfield, Melvin/Fairweather, N. Ben/Rogerson, Simon
Roget, Amédée...*1089f.*
Rokkan, Stein...**123**...*350*, *464*
Rösch, Ulrich...*543f.*, *550*
Roth, Marius...*1660*
Rouiller, Claude...*1414f.*, *1418*
Rousseau, Jean-Jacques...**56**, **68**, **70ff.**...*154ff.*

Roux, André…s. Favoreu, Louis/Gaïa,
Patrick/Ghevontian, Richard/Mestre,
Jean-Louis/Pfersmann, Otto/Roux,
André/Scoffoni, Guy
Rubin, Aviel D....*1644, 1649, 1654,
1665, 1720*…s. auch Jefferson, Da-
vid/Rubin, Aviel D./Simons, Barba-
ra/Wagner, David
Rufer, Alfred...*665, 669, 671f., 674f.,
678f., 681, 683, 688, 712, 726f., 753,
773ff.*
Rüss, Oliver...*561ff.*...s. auch Karger,
Pia/Rüss, Oliver
Rütsche, Bernhard...s. Kley, Andre-
as/Rütsche, Bernhard
Ryffel, Heinrich...**233**...*610, 621*
Sabine, George H....*120f., 123, 129, 334*
Salomonsen, Gorm…s. Damgård, I-
van/Groth, Jens/Salomonsen, Gorm
Sartre, Jean-Paul...**214f.**...*471, 595ff.*
Sauter, Beat Walter...*843, 935*
Sawer, Marian...*317, 332*
Schäffer, Heinz...*552*
Schaffhauser, René...*1565*
Schäffle, Georg...**152f.**...*184, 195f., 426f.,
436f., 462*
Schaufelberger, Walter...*600*
Schefer, Markus...*1442, 1473*
Schefold, Dian...*950, 958, 960, 1029,
1041, 1087*
Scherrer, Josef...*1581, 1584, 1588f.,
1600f.*
Schimmelpfennig, Bernhard...*77*
Schläpfer, Rafael...s. Brändli, Da-
niel/Schläpfer, Rafael
Schmitt, Carl...**208f., 215**...*576ff.*
Schneider, Reinhard...*79*
Schneier, Bruce...*1643, 1645, 1650ff.,
1665, 1667ff., 1684, 1695, 1714*
Schnewlin, Bliss Meinrad...*1210, 1214*

Schnüriger, Xaver...*616f., 621, 623,
626ff.*
Scholla, Peter...*693*
Schollenberger, J(ohann Jacob)...*1187*
Schoop, Albert...**293**...*802, 841, 883,
939f., 950*
Schreiber, Paul...*848*
Schreiber, Wolfgang...*539, 542f., 545f.,
548ff., 558*
Schryen, Guido...*1644, 1649*
Schudel, Reinhold...*809*
Schuler, Frank...*605, 810f., 813, 901*
Schulze, Rainer-Olaf...s. Vogel, Bern-
hard/Nohlen, Dieter/Schulze, Rainer-
Olaf
Schweizer, Rainer J....*1410f., 1581f.,
1586, 1588ff., 1593, 1614*
Schwingruber, Anton...*1239, 1246, 1307,
1311*
Scoffoni, Guy…s. Favoreu, Louis/Gaïa,
Patrick/Ghevontian, Richard/Mestre,
Jean-Louis/Pfersmann, Otto/Roux,
André/Scoffoni, Guy
Scott, Ernest...*279, 303ff., 313ff., 318,
331*
Segesser, Jürg...*1123*
Segesser, Philipp Anton von...**455**...*644,
978, 1220, 1349, 1369, 1371ff.*
Seifert, Helmut...*439f.*
Seifert, Karl-Heinz...*547, 549, 551*
Seiler, Andreas...*849, 902, 1064f., 1068f.*
Seiler, Franz...*909, 1064f., 1068*
Selinger, Reinhard...*25, 28, 54, 57, 60*
Seymour, Charles...*284, 288, 320, 358,
388f.*
Sidler, Kurt...*836, 939, 978, 1200*
Sigrist, Hans...*862, 939, 971*
Simons, Barbara…s. Jefferson,
David/Rubin, Aviel D./Simons, Bar-
bara/Wagner, David
Smith, Sidney...**127**...*359f., 383f.*

Sorg-Keller, Susanne...*1619*
Sprat, Thomas...*138*
Staehelin, Andreas...*664, 670, 674, 679, 681, 683, 685, 688, 773, 775*
Staehelin, Heinrich...*1002ff., 1007f.*
Stauffacher, Werner...*1562, 1581, 1584, 1586, 1588, 1590, 1592, 1595, 1598*
Staveley, E(astland) S(tuart)...**20, 26**...*8, 12f., 16, 55*
Steinauer, Dominik...*1056*
Steinbach, Peter...*414*
Steiner, Gustav...*710*
Steinmann, Gerold...*1380, 1390f., 1393, 1443, 1473, 1477, 1483ff., 1491f., 1734f.*
Stöckli, Alex...*1566, 1581, 1583, 1585, 1588f., 1591, 1594*
Stone, Vanessa...s. Pratchett, Lawrence/Birch, Sarah/Candy, Sara/Fairweather, Ben/Rogerson, Simon/Stone, Vanessa/Watt, Bob/Wingfield, Melvin
Stratenwerth, Günter...*1226, 1228, 1232*
Streiff, Ullin...*1584f., 1589, 1601*
Stribrny, Wolfgang...**367**...*606, 822, 850, 911f., 1060, 1063*
Stubbe-da Luz, Helmut...*147*
Stucki, Fritz...*622, 632, 635*
Studer-Jeanrenaud, Georges...*1269*
Svensson, Jörgen...s. Kersting, Norbert/Leenes, Ronald/Svensson, Jörgen
Swoboda, Heinrich...s. Busolt, Georg/Swoboda, Heinrich
Tattini, Vincent/Ayer, Ariane...*1621, 1677*
Taylor, Miles...*296*
Tecklenburg, Adolf...*159*
Thukydides...*29, 33*
Thürer, Daniel...*1581, 1586*

Trechsel, Alexander/Mendez, Fernando/Kies, Raphaël...*1619*
Tschannen, Pierre...*1295, 1380, 1382, 1384, 1393, 1433, 1488, 1495ff., 1588*
Tsoumas, Vassilis...s. Lambrinoudakis, Costas/Gritzalis, Dimitris/Tsoumas, Vassilis/Karyda, Maria/Ikonomopoulos, Spyros
Ullmann, Markus/Koob, Frank/Kelter, Harald...*1670*
Unger, Martin Karl...s. Prosser, Alexander/Kofler, Robert/Krimmer, Robert/Unger, Martin Karl
Usteri, Martin...*1269, 1284, 1382, 1588, 1591f., 1614*
Usteri, Paul...**320**...*891ff., 895, 897ff.*
Van Acker, Bernard...*1721*
Vogel, Bernhard/Nohlen, Dieter/Schulze, Rainer-Olaf...*456, 535*
Vogt, Albert...*1220*
Vogt, G....*937, 958*
Von Arx, Nicolas...**520**...*1498, 1500, 1533, 1549f.*...s. auch Auer, Andreas/Von Arx, Nicolas
Von Muralt, Leonhard...*657f.*
Von Salis, L(udwig) R(udolf)...*1162, 1174f., 1180, 1205, 1246, 1379*
Von Stürler, M(oritz)...*640, 642, 648*
Von Tillier, Anton...*763, 771*
Von Waldkirch, Eduard...*1214, 1231, 1591*
Wagner, David...s. Jefferson, David/Rubin, Aviel D./Simons, Barbara/Wagner, David
Wallner, Thomas...**359**...*1009, 1011ff., 1017, 1021, 1023*
Wartburg, Walther von...*711*
Warynski, Michel...*1670, 1686f., 1691*
Watt, Bob...s. Pratchett, Lawrence/Birch, Sarah/Candy, Sa-

ra/Fairweather, Ben/Rogerson, Si-
mon/Stone, Vanessa/Watt,
Bob/Wingfield, Melvin
Weber-Dürler, Beatrice...*1484f.*
Wehrle, Stefan...*1225f., 1228ff., 1232,
1294, 1321f., 1457*
Weir, Stuart/Beetham, David...*498, 502f.,
506*
Wettstein, Walter...*997*
Widmeier, Kurt...*1036, 1038, 1041*
Widmer, Stephan...*1298, 1380, 1382,
1419, 1424, 1444, 1446ff., 1452,
1457*...s. auch Poledna, To-
mas/Widmer, Stephan
Wigmore, John H....*279*
Wildhaber, Luzius...**529**...*1410, 1581f.,
1587*
Wili, Hans-Urs...*605, 640, 812, 900, 909,
1246*
Will, Martin...*561f., 566f., 571f., 1605f.*
Wind, Martin...s. Kubicek, Her-
bert/Wind, Martin
Wingfield, Melvin...s.
- Pratchett, Lawrence/Birch, Sa-
rah/Candy, Sara/Fairweather,

Ben/Rogerson, Simon/Stone, Vanes-
sa/Watt, Bob/Wingfield, Melvin
- Pratchett, Lawrence/Wingfield,
Melvin
- Pratchett, Lawrence/Wingfield,
Melvin/Fairweather, N.
Ben/Rogerson, Simon
Winteler, Jakob...*626, 632, 635, 766,
846, 1057*
Winzeler, Christoph...*1378, 1382, 1440,
1588, 1592*
Wohlers, Wolfgang...s. Donatsch, An-
dreas/Wohlers, Wolfgang
Wolfson, Arthur...*90*
Wüthrich, Werner...*840*
Yakobson, Alexander...*60*
Yung, Moti...s. Kiayias, Aggelos/Yung,
Moti
Zen-Ruffinen, Piermarco...*1390*
Zimmerli, Ulrich/Kälin, Walter/Kiener,
Regula...*1435ff., 1443*
Ziswiler, Hans Ulrich...*939, 1002f.,
1007f.*
Zolli, Paolo...s. Cortelazzo, Manlio/Zolli,
Paolo

SACHREGISTER

Begriff...Rz.

Aargau...290, 305, 315, 336, 343f., 357, 373, 491

Abgeordnetenhaus...144, 147

Abgeordnetenwahl...76f., 82...s. auch Parlamentswahl

Abgeordneter...50, 58, 67, 76, 78, 117, 121, 131, 143, 158, 192, 195, 321, 367, 473

Abhängigkeit...41, 101, 124, 145, 440, 531, 646

Abstimmung... 8f., 12, 18ff., 25, 30f., 36ff., 50, 60, 62, 69, 99, 109, 144f., 149, 153, 155f., 193, 208, 217, 233, 255, 270, 273, 275ff., 296, 303, 322, 327, 331, 337, 339ff., 353, 358, 362f., 365, 379, 387, 391, 394, 396, 398, 400, 403f., 408, 417, 423, 425, 431, 439f., 449, 451, 453, 457, 459, 463, 471, 474, 480, 482, 502, 504ff., 512, 514, 521f., 524, 526, 534, 540, 542f., 548, 562, 580ff., 596, 607ff., 642...s. auch Sachentscheidung, Referendum und Volksabstimmung

Abstimmungsfreiheit...s. Wahl- und Abstimmungsfreiheit

Abstimmungskampf....216

Act for the better government of Her Majesty's Australian Colonies...112

Administrator...s. Systemadministrator

Agitation...93, 157, 358

Agreement of the People...65

Akklamation...52, 208...s. auch Zurufe

Aktiengesellschaft...66

Aktivbürger...274, 279, 313, 341, 501, 504

Aktives Wahlrecht...258, 268, 290, 294, 310, 312, 314, 342, 356

Alleinherrschaft...34

Allgemeines (Stimm- und) Wahlrecht...62, 64f., 77f., 83f., 90, 102, 108, 110ff., 119, 127, 138, 143, 145, 169, 192, 195, 203, 205, 220, 234, 474, 607, 633

Almosengenössig...312

Alte Eidgenossenschaft...226f., 229f., 247ff., 625

Alter...s. Stimmrechtsalter, Wahlrechtsalter

Ammann...s. Gemeindeammann, Landammann

Amphore...23f., 27

Amtsgeheimnisverletzung...411, 435

Amtszunftmeister...243, 247

Anonym...109, 202, 209f., 515, 574, 590f.

Antike...5, 13, 17f., 21, 27f., 32, 45, 47, 49, 71f., 217, 635

Antrag...112, 145, 176, 189, 200, 202, 373, 422, 523, 536, 572

Anwalt...112, 522

Appellationsgericht...315, 319

Appenzell...231, 288

Appenzell Innerrhoden...305, 320, 336, 366, 373, 521, 608

Apppenzell Ausserrhoden...320, 336, 366, 373

Arbeiter...86, 99, 110, 398, 415, 439, 646

Arbeitgeber...86, 90, 146, 148, 439

Aristokratie...33f., 45, 53f., 56, 61f., 69ff., 218f., 231f., 287, 294, 305

Assemblée Nationale Législative...77

Athen...13, 18ff., 25, 27, 29ff., 36f., 44, 47, 217

Aufbewahrung (der Stimmen)...187, 363, 475f., 553, 576, 585, 590

Auflage (auf einem Amt)...239

Aufseher...33, 308

Auslandsfranzosen...180

Auslandschweizer...415, 430, 506, 512, 548

Ausser-Schwyz...336, 365

Australian Ballot...113

Australien...5, 15, 74, 107, 111ff., 115ff., 125, 128f., 134, 136f., 163

Ausweis...184f., 397ff., 403f., 513, 515ff., 574

Ausweitung (des Stimm- und Wahlrechts)...108, 119f., 127, 133, 169, 257, 377, 415, 446, 643

Auszählung...59, 84, 236, 279, 338, 375, 475f., 517, 521, 543, 545, 577, 580f., 618...s. auch Ergebnisermittlung

Authentizität...560, 621

Bahn...398, 439

Ballot...107ff., 124ff., 132ff., 138f....s. auch Australian Ballot, Tendered Ballot

Ballot Act...114, 181, 183

Ballotino...s. Knabe

Ballòtta...51f.

Ballot Society...111

Basel...231, 294, 305, 311ff., 328f., 345, 373, 382

Basel-Landschaft...336, 341ff., 350f., 353, 364, 375, 379, 491

Basel-Stadt...336, 364, 421, 491, 515f., 608

Beamte...21, 25, 33, 143, 148, 157, 186, 236, 276, 327, 398, 439

Bedrohung...117, 152, 173, 209, 230, 277, 389

Beeinflussung...44f., 52f., 66f., 90, 97, 106f., 110, 120f., 134, 143, 146, 148f., 152, 154, 157ff., 166, 169, 174, 191, 217, 237, 271, 291, 295, 336, 339, 389, 404, 419, 439, 442f., 452f., 524, 530, 565, 622, 639

Bern...242, 306ff., 328, 336, 338f., 343ff., 348, 362, 379, 382, 390, 392, 402, 404, 513, 520

Beruf...175, 200, 422, 530, 646

Bestechung...27, 53, 86, 117, 120, 152, 155, 166, 213, 238f., 246, 291, 336, 359, 412, 454

Beteiligung...s. Partizipation

Betrug...58f., 72, 135, 455, 520

Beutel...59

Bevormundeter...342

Bezirk...146, 200, 253, 307f., 310, 317, 324, 364f.

Bildung...448

Bischof...245, 323

Blätter...21

Bohnen...51

Boule...19, 21

Botschaft...398, 400, 408, 422, 428, 441, 543, 601

BPR...425f., 430, 434, 470, 480, 498, 506, 511, 514, 544, 548, 601

BPRAS...512

Brescia...51

Briefliche Stimmabgabe...2, 9, 170, 176ff., 189f., 199f., 205, 222f., 244, 415f., 418ff., 429ff., 460, 487, 492, 505, 509, 512ff., 517ff., 537, 542, 545, 598, 603ff., 623, 630, 650

Briefumschlag...s. Kuvert

Bright, John...111, 114

Bülach...243

Bürgermeister...158, 176, 243f.

Bürgerrecht...20, 37, 235, 249, 312

Büro...81ff., 86, 94, 101, 176, 351, 354,
  391, 398, 403, 405, 411, 582
Busse...241, 291, 411
Bund...228, 282, 284, 302, 334, 374f.,
  380, 383, 387, 389, 400, 406ff., 410,
  415, 424f., 430, 436, 438, 444, 452,
  458, 468f., 470, 481, 506f., 511, 546,
  548, 550, 609, 628, 630, 641...s. auch
  deutscher Bund, Norddeutscher Bund
Bundesgericht...428, 462f., 469, 471,
  477, 480f., 491, 493, 499, 509,
  514ff., 519, 524ff., 632
Bundeskanzlei...427, 435, 547, 554, 588,
  590f.
Bundesrat...394, 398, 400, 407f., 413,
  416ff., 422, 428f., 431, 441, 444,
  459, 468, 477, 480, 487, 512, 543f.,
  546ff., 601ff., 605
Bundesrepublik...194f.
Bundesstaat...226, 228, 254, 284, 383,
  458, 473
Bundesurkunde...375f.
Bundesverfassung...1, 282ff. 353, 383,
  385ff., 398, 461f., 465, 467ff., 480,
  494, 497, 606
Bundesverfassungsgericht...199
Bundesversammlung...387, 426
Bundesvertrag...300ff., 372, 385
BV...s. Bundesverfassung
BWIS...434, 436
Catilinarische Verschwörung...46
CD-ROM...562, 596
Chapman, Henry S....112, 134
Chartismus...109f., 115, 125, 138
Citoyen...123, 168
Code...558, 560, 565, 603...s. auch Quell-
  code
Comitien...37, 39
Common law...67
Computer...s. PC
Conseil Général...77, 245, 371

Conseil supérieur des Français de l'étranger...180
Datenschutz...583
DDR...194
Demokratie...18f., 29ff., 33ff., 45, 47, 54,
  56, 69f., 71, 73, 122, 208, 212, 214,
  217f., 231, 246, 280, 451, 455, 523f.,
  529ff., 536f., 635, 640...s. auch di-
  rekte Demokratie, halbdirekte De-
  mokratie, repräsentative Demokratie
Deutscher Bund...141
Deutsches Reich...144, 163
Deutschland...5, 15f., 49, 74, 147f., 150,
  154ff., 161, 170, 194, 198f., 202,
  204f., 208f., 222f., 650...s. auch Bun-
  desrepublik, deutsches Reich und
  DDR
Dienstboten...312, 342
Digitale Signatur...s. elektronische Signa-
  tur
Dikasteria...19, 22f., 25, 27, 32, 217
Diktatur...36, 46
Direkte Demokratie...214, 547
Direkte Volkswahl...319, 343, 367, 369,
  371, 387
Direkte Wahl...144, 205, 359, 363
Direktorialverfassung...79, 259f., 262
Direktorium...261ff.
Diskussion (vor der Stimmabgabe)...31,
  216f., 457, 535, 642
Disraeli (Benjamin)...114
Distanz-E-Voting...179f., 190f., 202ff.,
  210, 223, 541ff., 549f., 570, 597ff.,
  603, 607, 614, 618, 621ff., 633, 653
Doge...14, 48, 52f., 219
Dominikanerorden...49
Dreiklassenwahlrecht...143f.
Drohung...s. Bedrohung
Ehrenfähigkeit...342
Eidgenossenschaft...285, 301...s. auch
  Alte Eidgenossenschaft, Bund

Einkommen...342
Einfluss...s. Beeinflussung
Eingschränktes (Stimm- und) Wahl-
recht...79, 97, 169
Eisenbahn...s. Bahn
Ekklesia...19f., 25, 27
Ekphyllophoria...s. Blätter
Elektronische Signatur...202, 568
Elektronische Wahl...s. E-Voting
EMRK...191, 473f.
England...5, 14ff., 48, 50, 56, 60ff., 74,
88, 107ff., 119, 122, 124f., 127ff.,
134, 136f., 139, 147f., 150, 154f.,
162f., 170, 181, 183, 190f., 205, 219,
222f., 420, 641, 649
Englische Revolution...50, 56, 61
Ergebnisermittlung...236, 546, 553,
578...s. auch Auszählung
Erwahrung...394, 396, 425f., 582, 594
Europäische Menschenrechtskonventi-
on...s. EMRK
Europarat...614
E-Voting...2, 6, 8f., 11, 16, 170, 179,
190f., 203f., 223, 226, 461, 538,
540f., 547ff. 569, 573, 581, 583, 593,
595f., 602, 604f., 607f., 612f....s.
auch Distanz-E-Voting
Fabrikbesitzer...86, 149
Fälschung...53, 412, 603
Fernsehgerät...190
Firewall...562, 579
Florenz...51
Föderalismus...228, 231, 252, 254f., 270,
275, 283, 322f., 375, 407, 612
Föderalistische Verfassung...250, 255,
269, 275
Föderatives Referendum...287, 296, 368
Frankfurt...140ff.
Frankreich...5, 15f., 68, 74ff., 83, 88f.,
92, 97, 100, 147, 161ff., 170, 172ff.,
176, 205, 214, 222f., 229, 241, 249,
262, 283, 352, 367, 636, 641
Französische Revolution...75, 95, 227,
247, 249, 636
Frauenfeld...243
Frauenstimmrecht...104, 133, 415
Freiburg...231f., 242, 294, 305f., 309f.,
328f., 336f., 342ff., 360, 373, 375,
382
Freiheit...59, 65, 90, 95, 158, 173, 245,
284, 302f., 306, 360, 370, 374, 428,
436, 441, 447, 530...s. auch Wahl-
und Abstimmungsfreiheit
Freiheit der Rede...28
Gebildete...69, 72, 159
Gebrechliche...422, 510
Gefäss...264, 308, 348f.
Gefangenenstimmrecht...415
Geheimer Rat...232
Geisteskranke...342
Geistliche...146, 342
Gemeinde...192, 228, 258, 278, 283, 296,
312, 322, 341, 351, 422, 455f., 468,
513, 523, 532, 590, 608, 610, 612,
620
Gemeindammann...340
Gemeindekanzlei...276, 417, 520
Gemeindeversammlung...1, 242, 270,
341, 353, 449, 455, 525f., 529, 532,
534, 537
Generalstände...76
Genf...97, 229, 231, 245, 247, 301, 305,
325, 327, 331, 336, 369, 371, 373,
379f., 421, 547, 550, 608, 625
Gericht...s. Appellationsgericht, Bundes-
gericht, Bundesverfassungsgericht,
Dikasteria, Hochgericht, Obergericht
Gerichtsbezirk...310, 324
Gerichtskreis...310
Gersau...365
Geschworenengericht...s. Dikasteria

Gesetzesinitiative...361...s. auch Initiative

Gesetzgebende Versammlung...77, 367

Gesetzgebender Rat...254, 266, 280

Gladstone, William...114

Glarus...231, 240, 277, 288, 305, 320f., 336, 366, 373, 375, 491, 521f.

Gleiches (Stimm- und) Wahlrecht...65, 83, 112, 127, 144, 192, 195, 205, 474

Gouverneur...231, 324

Grabeau...294f.

Grafschaftsversammlung...50

Graubünden...231, 287, 296f., 305, 322f., 336, 366, 373

Grosser Rat...232, 261, 290, 294ff., 306f., 309, 311, 313ff., 328, 337, , 340, 342ff., 348, 356ff., 361, 363f., 368, 370f., 375, 382, 455

Guillotine...77

Hacker...570

Halbdirekte Demokratie...601

Handelsgesellschaft...66

Handheben...20f., 50, 240, 242, 365

Handschrift...59, 411

Hashwert...582

Herauszählen...236

Herrschaft...29, 34, 75, 230...s. auch Alleinherrschaft, Volksherrschaft

Hinaustragen mit Blättern...s. Blätter

Hochgericht...296

Hochverrat...21, 38

Hörner- und Klauenstreit...365

Hut...520

Identifikation...515f., 561, 573

Indirekte Volkswahl...343, 359

Indirekte Wahl...52, 272, 294, 343, 368

Initiative...9, 340, 377, 426f., 435, 486, 501f., 511, 529, 542, 554, 587ff., 592, 611, 631...s. auch Gesetzesinitiative, Verfassungsinitiative

Internet...11, 540, 559f., 565f., 568, 572, 588, 590, 606, 617, 621

Intrusion Detection System...579

Invalide...509ff.

Isoloir...87ff., 100, 102ff., 151, 174, 195, 213f., 354

Isegorie...s. Freiheit der Rede

Italien...51, 66

Jakobiner...77

Jesuiten...360. 362

Juden...342

Julimonarchie...82

Julirevolution...333, 336

Kaiser...75, 86, 159

Kantonstagsatzung...255, 270f., 275

Kantonsverfassung...283, 285, 288, 328, 331, 336, 338, 344, 372, 374, 382, 387, 522

Karte...109, 176, 182, 338, 391, 397f., 400, 455, 513

Katholisch...342, 357f., 360, 372, 452, 455

Kennziffer...516

Kirche...49, 57f., 443, 452

Kleiner Rat...232, 256, 306f., 315f.

Klient...39ff.

Kloster...357

Klub...128, 131

Knabe...52, 240

Knechte...312

König...34, 49, 57, 59, 66, 71, 143, 149, 157, 231, 324, 367

Kollegium...s. Wahlkollegium

Kommunismus...215

Konkursit...312, 342, 415

Konsulatsverfassung...80, 260

Kooptation...309f., 313f., 328, 343f., 359

Korruption...53f., 72, 86, 93, 100, 106, 122, 125, 136, 221, 240, 246

Kranke...176, 200, 244, 422, 450, 509

Kreis...290, 315ff....s. auch Gerichtskreis,
   Wahlkreis
Kryptographie...s. Verschlüsselung
Kugel...51ff., 240, 367
Kurfürst...59, 71
Kuvert...87ff., 102f., 105f., 146, 174,
   196, 200, 400, 403ff., 411, 417, 422,
   475, 477, 487, 513, 515, 517
Kyburg...243
Lachen...365
Landammann...235, 237, 521f.
Landrat...323, 342f., 351f., 365, 368, 522
Landsgemeinde...1, 229, 231, 233ff.,
   241, 246, 287ff., 297, 303, 305,
   320f., 365f., 375, 448f., 451, 468f.,
   521f., 524f., 529ff., 537, 625, 632,
   642
Landstände...324
Landtag...143
Levellers...64ff., 68, 71
Lochkarte...431, 543
Los...19, 25, 28f., 31f., 52f., 69f., 240,
   258, 261, 263, 272, 290, 321, 325
Lüge...98, 135, 214
Luzern...231f., 242, 271, 294, 305f., 310,
   328f., 336, 342ff., 347, 356, 360,
   373, 375, 382, 390f., 398, 402, 405,
   455
Magnesia...33
Malmaison...250, 254f., 267ff., 274
Man in the middle attack...559
Manipulation...27, 29, 47, 53, 56, 69, 72,
   124f., 161, 177f., 184, 238, 371, 389,
   399, 410, 413, 420, 442, 553, 556,
   567, 579, 595, 603ff.
Militär...398, 420, 430, 442
Missbrauch...86, 146, 186, 394, 396, 416,
   431, 455, 515, 520, 549, 570, 592
Mobiltelefon...s. Telefon
Modena...51
Mönch...51

Monarchie...34, 75, 231, 324
Montagnardverfassung...78
Nachzählung...578, 581, 604f.
Namensaufruf...77, 359, 397
Napoleon...75, 80f., 250, 254, 283, 294f.,
   297, 301
Napoleon III....84f., 94
Nationalkonvent...77
Nationalversammlung...140, 142, 177
Nationalrat...352, 383, 387, 389ff., 394,
   399, 408, 410, 413, 416, 418, 421,
   423, 428, 430f., 431, 433, 444, 451,
   455, 480, 496, 499, 542
Nationalsozialismus...153, 193f., 208,
   215
Nebenstrafe...415
Neuenburg...231, 242, 301, 305, 324,
   336, 367, 373, 380, 421, 547, 550,
   608
New South Wales...113, 163
Nicholson, William...112
Nidwalden...230f., 301, 305, 320, 336,
   366
Norddeutscher Bund...144f., 147, 149,
   163
Nominierungsausschuss...52f.
Notar...76
Obergericht...316
Oberwallis...323
Obwalden...231, 305, 320, 336, 366
Öffentlichkeitsprinzip...150, 156, 342,
   645
Oligarchie...29, 34
Optimat...42, 45
Ostrakismos...20
Pandur...s. Wahlpandur
Papier...52, 83, 86, 477, 588, 591f.
Papstwahl...49
Paris...77, 252, 283, 333, 336

Parlament...50, 67, 87, 89, 99, 109ff.,
114, 120, 122, 152, 343, 413, 436,
547, 549, 645
Parlamentswahl...12, 14, 48, 66f., 74, 83,
99, 112, 117, 131, 155, 184, 343,
473...s. auch Abgeordnetenwahl
Partizipation...91, 138, 596, 623
passives Wahlrecht...268, 290, 294, 312,
324, 357
Passwort...s. Code
Patriziat...39, 232, 295, 306f.
Patronat...39ff., 45
Paulskirche...142, 147, 150, 159
PC...190, 540, 546, 557, 559, 562, 582,
593, 617
PDA...540
Peloponnesischer Krieg...23
Personal Digital Assistants...s. PDA
People's Charter...110
Petition...109, 360, 362, 370, 385, 494f.
Petitionsgeheimnis...436, 495
Pfarrer...76, 342
Philosophical Radicals...109f., 118, 120,
132
Plebiszit...80
Politie...34
Politik...61, 110, 157, 171, 212, 214
Post...176, 391, 417, 420, 430, 513, 603,
623
Practiciren...s. Tröhlen
Präsident...81ff., 86, 143, 176, 324, 351f.
Presse...426
Preussen...140, 143f., 147ff., 155, 157,
163, 231, 324
Priester...59, 342
Propaganda...s. Wahlpropaganda
Proporzwahl...192, 408
Protokoll...143, 155, 157, 339, 353, 586
Quartier...290
Queensland...113, 163
Quellcode...202, 571f.

Quroum...s. Unterschriftenquorum
Rät und Hundert...310
Rat der Fünfhundert...s. Boule
Rat der Volksbeauftragten...192
Raun...243, 247, 625
Rechtsgleichheit...306, 342, 377, 387,
627
Referendum...9, 323, 359, 368, 377,
395f., 426f., 435, 486, 501f., 511,
529, 542, 554, 580, 587, 589, 592,
631...s. auch Abstimmung, föderati-
ves Referendum, Volksabstimmung
Registrierungsnummer...182, 184
Regierungsrat...266, 522, 525
Reichstag...144
Repräsentantenrat...325f., 369
Repräsentative Demokratie...372
Representation of the People Act...181
Republik...18, 51, 62, 69, 75, 83, 86, 192,
218, 252, 268, 325
Revolution...s. englische Revolution,
französische Revolution, Julirevolu-
tion
Revolutionsverfassung...83
Richter...22ff., 27, 47, 112, 217, 235, 522
Robespierre...77, 98
Rom...13, 18, 36, 38, 40f., 43ff., 47, 218
Rorschach...243
Royal Society...66
Run...s. Raun
Sachentscheidung...51, 216...s. auch Ab-
stimmung, Referendum, Volksab-
stimmung
Sanktion...91, 209, 487
Schachtel...367, 391
Schaffhausen...231, 243, 294, 305, 311,
313, 336, 343ff., 373, 375, 382, 491
Schutzbereich (des Stimmgeheimnis-
ses)...461, 482, 599, 629, 633

Schwyz...230f., 234, 236, 240f., 246, 288, 305, 320, 336, 360, 365, 380, 398

Senat...36, 69, 86, 177, 218, 255f., 261, 268ff., 272, 275f., 283

Server...559f., 616, 621

Signatur...s. elektronische Signatur

Solothurn...231f., 242, 294, 305f., 309f., 328f., 336, 343ff., 358f., 373, 375, 382, 421

Sonderbund...360, 385

Sourcecode...s. Quellcode

Spoofing...560, 621

Staatenbund...228, 284

Staatsrat...319, 324f., 367

Stämpfli, Jakob...362

Ständerat...387, 394, 416ff., 421, 423, 428, 430, 444, 447, 451, 473, 521

Statistikgeheimnis...436

Stecklikrieg...283

Stellvertretung...172, 175, 177, 189, 394, 397, 400, 431, 460, 505ff., 520, 537, 630

St. Gallen...231, 243f., 247, 290, 305, 317, 328, 336, 340f., 343ff., 373, 375, 382, 402f., 410, 413, 416, 421

StGB...411ff., 433, 435

Stimmabgabe...s. Abstimmung, briefliche Stimmabgabe

Stimmbeteiligung...s. Partizipation

Stimmberechtigung...104, 234, 289, 394, 397, 399, 422, 432, 514f., 548, 553, 573, 575, 577, 590, 608, 610, 616...s. auch Wahlberechtigung

Stimmberechtigte...12, 26, 125, 148, 175, 178, 199, 208, 215f., 233, 257, 279, 310, 314, 322f., 328, 340, 343f., 352ff., 356, 363, 386f., 392, 398, 400, 403ff., 410ff., 417, 419, 422, 424f., 428f., 450, 460. 475, 482ff., 487ff., 498, 500f., 503ff., 507, 509,

511, 513, 515, 518ff., 523, 528, 530, 536, 548, 557f., 560ff., 564, 574, 576, 581f., 590, 596, 601, 616, 620ff., 628ff....s. auch Wahlberechtigte

Stimmbezirk...s. Bezirk

Stimmbüro...s. Büro

Stimmenfang...413f., 433

Stimmenkauf...66, 120, 124, 135f., 455

Stimmenzähler 338, 348, 351, 353, 363, 392f., 397, 477

Stimmgeheimnisverletzung...179, 197, 203, 205, 264, 271, 280, 352, 393, 396, 398, 408, 410, 431, 459, 479f., 489f., 515, 526, 553, 559, 579, 649

Stimmkarte...s. Karte

Stimmkuvert...s. Kuvert

Stimmlokal...s. Wahllokal

Stimmrecht...132, 134, 156, 169, 228, 234, 273, 275, 305, 322, 415, 428, 430, 440, 462, 609f....s. auch Frauenstimmrecht, Gefangenenstimmrecht, Wahlrecht, Stimmberechtigung

Stimmrechtsalter...320...s. auch Wahlrechtsalter

Stimmrechtsausweis...s. Ausweis

Stimmregister...394, 410, 574, 576, 590, 608f., 611ff....s. auch Wählerverzeichnis

Stimmstein...20ff., 27

Stimmtafel...22, 38, 45

Stimmzettel...52, 59, 76, 78, 81ff., 86ff., 142ff., 146, 174, 176f., 182ff., 187, 189, 195f., 200, 222, 264, 291f., 308, 319, 326, 338, 348f., 351ff., 358f., 363, 371, 389, 392ff., 396ff., 403ff., 409ff., 413, 416f., 419, 425, 432, 445, 475, 477, 484, 487, 490ff., 507ff., 513, 517f., 520, 525, 536, 546, 548, 556f., 573, 575, 577, 579, 630, 649

Strafe...389, 411ff., 435...s. auch Neben-
strafe
Student...176, 200
Süd-Australien...112f., 163
Syndic...325
Systemadministrator...557f., 567
Tafel...s. Stimmtafel
Tagsatzung...230, 254f., 267ff., 272, 285,
301f., 306, 321, 357, 365, 373ff.,
385f.
Tasmanien...113, 163
Telefon...190, 540
Tendered Ballot...187f., 650
Tessin...290, 303, 305, 318, 336, 343f.,
373, 399, 445, 452, 454, 456
Thurgau...290, 293, 297, 305, 316, 336,
343ff., 373, 375, 382, 491
Tonscherbe...20f.
Tradition...1, 50, 94, 128f., 154, 296,
451, 630, 642
Tröhlen...238
Trojaner...561f.
Tyrannis...34
Unabhängigkeit...90, 92, 121, 125, 284,
301, 374, 428, 445
Ungeschriebene Verfassung...53, 67
Unitarier...254ff., 283
Unitarische Verfassung...250, 254, 266,
268f., 274
UNO-Pakt II...191, 474
Unterhaus...109, 111
Unterschrift...142, 144, 340f., 395, 426f.,
486, 501, 503, 511, 588, 591f., 602,
611, 631
Unterschriftenquorum...503
Untertanengebiet...230, 252
Unterwalden...288, 360, 373
Unterwallis...323
Uri...230f., 288, 305, 320, 336, 360, 366,
373

Urne...38, 51ff., 84, 86ff., 146, 174, 199,
352, 369, 393, 400, 403ff., 411, 419,
422, 424, 429, 475, 477, 508, 512,
518f., 542, 579, 581, 584, 603f., 620,
623...s. auch Amphore, Gefäss, Hut,
Schachtel
Urnenlokal...s. Wahllokal
Urnensystem...400, 402, 407, 420, 450,
455, 457f., 471, 525f., 529, 628
Urversammlung...258f., 265f., 270f.,
273, 281, 348
Urwahl...76ff.
USA...113
Utilitarismus...119
Utopia...60, 65
Venedig...14, 48, 51ff., 62, 72, 219, 240
Verbannung...s. Ostrakismos
Verfassung... s. Bundesverfassung, Di-
rektorialverfassung, föderalistische
Verfassung, Kantonsverfassung,
Konsulatsverfassung, Montagnard-
verfassung, Revolutionsverfassung,
ungeschriebene Verfassung, unitari-
sche Verfassung
Verfassungsinitiative...340, 363, 387...s.
auch Initiative
Verfassungsrat...362, 450, 456f.
Verlesung...338f., 348, 352f., 392
Verletzung...s. Stimmgeheimnisverlet-
zung
Vermögen...310, 314, 342, 441
Vernetzung...204, 608
Vernichtung...326, 394, 425, 475, 553,
576, 585f., 603
Versammlung...20, 50, 52, 84, 86, 233,
245, 247, 258ff., 265, 278, 281,
289ff., 290f., 296, 302, 315ff., 324,
338f., 348, 353, 361ff., 397, 449f.,
453, 457, 474, 523f., 529ff., 535f.,
645...s. auch Bundesversammlung,
Gemeindeversammlung, gesetzge-

bende Versammlung, Grafschaftsver-
sammlung, Nationalversammlung,
Urversammlung, Volksversammlung
Versammlungssystem...402, 450, 457,
523, 525f.
Verschlüsselung...202, 568f., 580f., 590,
594, 604, 616, 618
Vertrauen...509, 572, 581, 601, 604, 623
Veto...276, 341, 356, 368, 377
Vicenza...51
Victoria...111f., 134, 163
Virus...561f., 579
Volksabstimmung...256, 279, 283, 327,
337f., 340, 357f., 364, 395, 398...s.
auch Abstimmung, Referendum,
Sachentscheidung
Volksanfrage...229, 242, 247
Volkshaus...142
Volksherrschaft...217
Volksinitiative...s. Initiative
Volksschule...448
Volkssouveränität...156, 280, 288, 303,
306, 340, 360, 368, 372, 377, 627
Volkstribun...38, 47
Volksverein...362
Volksversammlung...19f., 20, 25, 27,
36ff., 69f., 218, 336, 356, 362,
365...s. auch Ekklesia
Volksvertretung...144, 192, 272, 285
Volkswahl...81, 369, 371, 380...s. auch
direkte Volkswahl, indirekte Volks-
wahl, Wahl
Vollziehungsrat...254
Vordruck...86, 397, 400, 409, 425
Vote électronique...s. E-Voting
Vote tracing...183ff.
VPR...6, 434f., 603, 614f., 619, 621
Waadt...290ff., 297, 305, 319, 328, 331,
336, 343ff., 350, 354, 361, 373, 382,
390, 393, 421, 608

Wähler...38, 41, 43, 50f., 59, 66f., 69, 72,
76f., 81ff., 90, 92, 95ff., 100, 102,
106, 109, 119, 121ff., 125, 131f.,
134f., 143, 146, 148, 151ff., 156,
158, 168f., 173ff., 182ff., 187, 189,
191, 197f., 200, 209, 212f., 243, 292,
308, 348, 351f., 367, 371, 391, 393,
399, 410, 428, 442f., 447, 525,
649...s. auch Wahlberechtigte
Wählerverzeichnis...200, 204...s. auch
Stimmregister
Wahl...12, 18,ff., 25, 29, 32f., 37f., 49f.,
52f., 55ff., 59ff., 65ff., 70f., 76ff., 80,
83, 85f., 91, 93f., 101f., 112f., 117,
119f., 122, 124, 130f., 138, 142ff.,
146, 148ff., 155, 158f., 174, 177,
179f., 182, 186ff., 192f., 195, 197,
199, 204f., 208f, 216, 219, 233, 235,
244, 263ff., 271, 280, 289f., 295,
307, 309ff., 313, 321, 324ff., 328,
331f., 336, 343f., 347f., 353, 359,
363, 368, 371, 374, 379, 382, 389,
391f., 394, 399f., 403f., 408, 423,
425, 431, 443, 451, 459, 463, 471,
473f., 480, 482, 502, 504ff., 509,
512, 521f., 524, 528f., 534, 542f.,
548, 562, 580ff., 596, 607ff....s. auch
Abgeordnetenwahl, direkte Volkswahl, direkte Wahl, indirekte Volkswahl, indirekte Wahl, Papstwahl,
Parlamentswahl, Proporzwahl, Urwahl, Volkswahl
Wahlanleitung...59
Wahlberechtigung...74, 79, 97, 110, 234,
289, 310, 312, 342...s. auch Stimmberechtigung
Wahlberechtigte...12, 64, 74, 79, 110,
124, 131, 157, 197ff., 311, 324f....s.
auch Stimmberechtigte, Wähler
Wahlbeteiligung...s. Partizipation
Wahlbezirk...s. Bezirk

Wahlbüro...s. Büro
Wahlfreiheit...40, 63, 72, 192, 198f.
Wahlkabine...s. Isoloir
Wahlkarte...s. Karte
Wahlknechte...410
Wahlkollegium...307f., 311, 313, 315f.,
  328
Wahlkommission...270, 319
Wahlkreis...136, 290, 317, 358, 394, 399,
  410, 428, 485, 487, 498
Wahllokal...83f., 86, 146, 182f., 187,
  189, 196f., 200, 204, 222, 326, 371,
  400, 403ff., 475, 477, 491f., 507f.,
  518, 525, 541, 556f., 603, 630
Wahl- und Abstimmungsfreiheit...428,
  437, 444, 462ff., 468f., 497, 499,
  526, 537
Wahlmänner...76, 78, 143, 258, 265, 270,
  272, 343
Wahlpandur...442
Wahlpropaganda...359
Wahlprotokoll...s. Protokoll
Wahlrecht...56, 64f., 75, 79f., 92, 96f.,
  108, 119f., 127, 130, 132f., 141f.,
  144ff., 152f., 155f., 160, 171, 187,
  192, 199, 220, 228, 234, 257f., 267,
  272f., 286, 295, 300, 304, 307, 322,
  342f., 367, 369, 387, 415, 446f., 462,
  643...s. auch aktives Wahlrecht, allgemeines Wahlrecht, Dreiklassenwahlrecht, eingeschränktes Wahlrecht, gleiches Wahlrecht, passives
  Wahlrecht, Stimmrecht

Wahlrechtsalter...310, 320, 363, 387...s.
  auch Stimmrechtsalter
Wahlvorschlag...9, 52, 313, 315, 391,
  428, 496, 498f., 501ff., 542, 631
Wahlzelle...s. Isoloir
Wahlzettel...s. Stimmzettel
Wallis...231, 301, 305, 323, 336, 360,
  368, 373
Weimar...153, 192f.
West-Australien...112f., 163
Will...243
Wollerau...365
Wurm...561f.
Zählung...s. Auszählung
Zehnden...323, 368
Zensur...61...s. auch Grabeau
Zensus...267ff., 272, 290, 294, 312, 314,
  323f., 356f., 363, 369f.
Zollikon...243
Zürich...231, 242, 294, 301, 305, 311ff.,
  328f., 336, 338, 343ff., 356, 373,
  375, 379, 382, 420f., 438, 453, 491,
  547, 550
Züriputsch...256f.
Zug...231, 235, 288, 321, 336, 360, 366,
  373, 491
Zugewandter Ort...230f., 252
Zunft...231f., 305, 311
Zurufe...50, 208...s. auch Akklamation
Zwang...90, 197
Zweikammersystem...112, 38